Jan Horstmann
Theaternarratologie

Jan Horstmann
Theaternarratologie

Ein erzähltheoretisches Analyseverfahren
für Theaterinszenierungen

DE GRUYTER

ISBN 978-3-11-070904-9
e-ISBN (PDF) 978-3-11-059786-8
e-ISBN (EPUB) 978-3-11-059447-8
ISSN 1612-8427

Library of Congress Cataloging-in-Publication Data
Names: Horstmann, Jan, 1987- author.
Title: Theaternarratologie: ein erzahltheoretisches Analyseverfahren fur Theaterinszenierungen/ Jan Horstmann.
Description: Boston : Walter de Gruyter, 2018. | Series: Narratologia
Identifiers: LCCN 2018017820| ISBN 9783110595000 (print) | ISBN 9783110594478 (e-book (epub) | ISBN 9783110597868 (e-book (pdf)
Subjects: LCSH: Discourse analysis, Narrative. | Narration (Rhetoric)
Classification: LCC P302.7 .H675 2018 | DDC 401/.41--dc23 LC record available at https://lccn.loc.gov/2018017820

Bibliographic information published by the Deutsche Nationalbibliothek
The Deutsche Nationalbibliothek lists this publication in the Deutsche Nationalbibliografie; detailed bibliographic data are available on the Internet at http://dnb.dnb.de.

© 2020 Walter de Gruyter GmbH, Berlin/Boston
Dieser Band ist text- und seitenidentisch mit der 2018 erschienenen gebundenen Ausgabe.
Printing and binding: CPI books GmbH, Leck

www.degruyter.com

Für meine Großeltern, Gertrud und Max Brink

Vorwort

Das vorliegende Buch basiert auf meiner 2016 an der Universität Hamburg in der Fakultät für Geisteswissenschaften eingereichten und im Mai 2017 mit dem Prädikat *summa cum laude* ausgezeichneten Dissertation.

Den an glücklichen Zufällen reichen Weg hin zur Idee und Umsetzung der *Theaternarratologie* möchte ich an dieser Stelle ein wenig narrativieren. Meine große Begeisterung für das Theater war länger eine persönliche, bevor sie auch eine fachliche wurde. Während meines Bachelorstudiums an der Westfälischen Wilhelms-Universität in Münster hatte ich die Möglichkeit, das erste Mal „hinter die Kulissen" zu schauen und bei zwei Produktionen der Städtischen Bühnen die Theaterwelt genauer kennen zu lernen – und süchtig zu werden. Diese Faszination hat sich seitdem eher vertieft als verflüchtigt und begleitete mich durch meine Hospitationen auch an den Hamburger Theaterhäusern (wie dem Thalia Theater). Ein besonderer Dank geht hier an die produktive Zusammenarbeit mit meinen Theaterkollegen und lieben Freunden des Theaters das Zimmer in Hamburg, die meinen dramaturgischen Blick auf ihre Inszenierungen stets in ihren künstlerischen Prozess zu integrieren wussten. Meine Beschäftigungen an der Universität nahmen einen (vermeintlich) ganz anderen Weg: Hier war es von Beginn an die Erzähltheorie, die mich besonders begeisterte. Die Initialzündung dafür verdanke ich meiner brillanten Dozentin Frau Dr. Mirjam Springer, die mich zusätzlich darin bestärkt hat, für das Masterstudium an eine andere Universität zu gehen – und durch die ich auch das erste Mal auf eine Inszenierung des Thalia Theaters (Nicolas Stemanns *Die Räuber*, damals noch auf DVD) aufmerksam wurde. Hamburg was calling. Hier hat sich so unendlich viel ergeben! Meine beiden (vermeintlich) völlig unterschiedlichen Interessengebiete Theater und Narratologie wurden im Masterstudium durch ein – ich möchte fast sagen – lapidares Beiseitesprechen meiner damaligen Kommilitonin Lydia White kurzerhand zusammengeschnürt: „Mach doch einfach Theaternarratologie". Da mich diese nuancierte Argumentation auf Anhieb überzeugte, ließ ich den Gedanken in mir reifen. Gleichzeitig lernte ich mit Kuhns Filmnarratologie in einem seiner eigenen Seminare die Möglichkeiten der Übertragung narratologischer Kategorien auf ein anderes Medium kennen. Mittags im Seminar, abends im Theater – und die gleichen Kategorien im Kopf: Da musste doch etwas möglich sein? Auf dem Weg zur fertiggestellten Promotion gab es dann eine ganze Reihe von Menschen, die mich begleitet und unterstützt haben und denen ich ganz herzlich danken möchte.

Allen voran gilt mein großer Dank meinem Betreuer Prof. Dr. Jan Christoph Meister, der dieses Buch nach mir selbst wohl am häufigsten gelesen und unermüdlich kommentiert hat. Meinen Freunden und Kollegen aus dem Promovierendenkolloquium danke ich ebenso für viele und ausführliche Diskussionen von großen Konzeptionen und kleinen Details. Der Studienstiftung des deutschen Volkes verdanke ich, dass ich mit einem Promotionsstipendium relativ ungestört drei Jahre an meiner Dissertation arbeiten konnte. Ebenso danke ich meinen Kollegen aus dem *Interdisciplinary Center for Narratology* für die Möglichkeiten von privaten Diskussionen (Prof. Dr. Markus Kuhn und Prof. Dr. Inke Gunia) und öffentlichen Präsentationen im Erzähltheoretischen Kolloquium (ETK). Auch international gingen der Veröffentlichung dieses Buches viele Präsentationen und Diskussionen voraus. Ganz besonders möchte ich hier Prof. Dr. Stefan Iversen von der Aarhus Universität für eine phantastische Zusammenarbeit im Zuge zahlreicher *Summer Courses in Narrative Studies* (SINS) danken, auf denen ich mein Projekt mit hochkarätigen internationalen Narratologen diskutieren und wertvolle Hinweise bekommen konnte (mange tak, Stefan!). Auch meinen Forschungsaufenthalt an der Aarhus Universität im Sommer 2015 und die sich ergebenden Möglichkeiten dort haben meine Arbeit sehr voran gebracht, wofür ich dankbar bin. Meinem Kollegen Jan-Erik Stange gilt mein Dank für die professionelle Erstellung der Schaubilder. Schließlich möchte ich noch dem Verlag Walter de Gruyter für die produktive Zusammenarbeit und ganz besonders dem Herausgeber der *Narratologia*-Reihe Prof. Dr. Dr. h.c. Wolf Schmid für seine Unterstützung und Beförderung der Publikation danken.

In der besten aller Welten hat man eine Korrekturleserin wie Meike Stegkemper. Mit ihr verbindet mich eine großartige Freundschaft und für ihre Mühen bin ich ihr unendlich dankbar! Von unschätzbarem Wert ist schließlich auch der liebevolle Rückhalt meiner Freunde und ganz besonders meiner Familie, die mich während des Verfassens dieser Arbeit stets unterstützt und bestärkt haben. Mehr noch als die finanzielle Nothilfe meiner Schwester bevor ich in der Studienstiftung aufgenommen wurde, haben mir dabei Kleinigkeiten das Herz gewärmt, wie zum Beispiel, dass meine Oma den Titel meiner Arbeit wie die Vokabeln einer Fremdsprache auswendig gelernt hat, um ihren Bekannten sagen zu können, was ihr Enkel denn eigentlich tut. Es ist wundervoll, euch zu haben.

Inhalt

1	**Einleitung** —— 1	
1.1	Narrativität und Performativität: Zwei Seiten einer Medaille —— 1	
1.2	Aus der Praxis: Narrative Repräsentation in Roland Schimmelpfennigs *Der Goldene Drache* (2009) —— 13	
2	**Narrativitätsbedingungen und Theater** —— 15	
2.1	Kognitive Konzeptionen von Narrativität, *experientiality*, *tellability* und *narrative point* —— 19	
2.2	Zustandsveränderung und Ereignishaftigkeit —— 25	
2.3	Die Bedingung der Mittelbarkeit —— 31	
2.3.1	Der anthropomorphe Erzähler der klassischen Narratologie —— 31	
2.3.2	Chatmans *teller* und *shower*: Mittelbarkeit als Erfüllung narrativer Funktionen —— 38	
2.4	Transmediale Narratologie und Performativität —— 40	
2.4.1	Medialität des Erzählens —— 40	
2.4.2	Bedeutungsgenerierendes und performatives Theater —— 48	
3	**Theorie der Erzählkommunikation** —— 60	
4	**Erzähltheoretische Kommunikationsstruktur im Theater** —— 64	
4.1	Der strukturelle Unterschied von Drama und Erzähltext nach Manfred Pfister —— 64	
4.2	Aspekte der Dramennarratologie —— 70	
4.2.1	Homodiegetische Erzähler in Dramen —— 71	
4.2.2	Das Drama als erzählender Text —— 76	
4.2.3	Drama und Performativität —— 80	
4.2.4	Resümee —— 86	
4.3	Von der Dialogizität zur Trialogizität: Die Kommunikation im performativen Erzählen —— 87	
4.4	Metalepsen: Aufweichung kommunikativer Grenzen in der performativen Narration —— 92	
4.5	Autorenkollektiv und impliziter Autor —— 95	
4.6	Exkurs: Theater als Untersuchungsfeld von *Interactive Storytelling* und *Emergent Narrative* —— 103	
4.7	Aus der Praxis: Erzählkommunikation im *Goldenen Drachen* —— 108	

5	**Das Theatrale Repräsentationssystem (TRS) und seine Kanäle** —— 110	
5.1	Das Narrativitätspotential der TRS-Kanäle —— 114	
5.1.1	Der sprachliche Kanal —— 114	
5.1.2	Der visuelle Kanal —— 116	
5.1.3	Der auditive Kanal —— 121	
5.1.4	Der olfaktorische, der haptische und der gustatorische Kanal —— 127	
5.1.5	Resümee —— 128	
5.2	Das Verhältnis der Erzählkanäle zueinander: Von Reduktion und postdramatischer Reizüberflutung —— 129	
5.3	Aus der Praxis: Erzählkanäle im *Goldenen Drachen* —— 135	
6	**Zeitlichkeit einer Theaterinszenierung** —— 137	
6.1	Vergänglichkeit der Aufführung und Unvergänglichkeit der Inszenierung —— 137	
6.2	Gleichzeitiges Erzählen? Die *liveness* einer Aufführung versus Zeitpunkt des Erzählens —— 138	
6.3	Erzählzeit, TRS-Zeit und erzählte Zeit —— 143	
6.3.1	Ordnung —— 145	
6.3.2	Dauer —— 146	
6.3.3	Der Umgang mit Zeit im zeitgenössischen Theater —— 147	
6.3.4	Frequenz —— 150	
6.3.5	Traumrepräsentation, Monologe und Beiseitesprechen —— 150	
6.4	Das Theaterphänomen des zeitgleichen Erzählens —— 151	
6.5	Aus der Praxis: Zeitverhältnisse im *Goldenen Drachen* —— 155	
7	**Raum als Analyseparameter** —— 156	
7.1	Raum als Container: Abgrenzung des Raumbegriffes —— 158	
7.2	Das Potential der einzelnen TRS-Kanäle zur Raumkonstitution —— 164	
7.3	Das Verhältnis von Zuschauerraum und Bühne/Spielfläche —— 168	
7.4	Erzählraum und erzählter Raum —— 173	
7.5	Aus der Praxis: Raumverhältnisse im *Goldenen Drachen* —— 182	
8	**Perspektive und Fokalisierung im Theater** —— 184	
8.1	Forschung und Begrifflichkeiten —— 184	
8.1.1	Fokalisierung und Perspetive in der textorientierten Narratologie —— 185	

8.1.2	Fokalisierung und Perspektive in transgenerischen und transmedialen Ansätzen —— 187	
8.2	Narratoriale und figurale Perspektive als Beschreibung der Wahrnehmungsverhältnisse —— 188	
8.3	Fokalisierung als Relation des Wissens —— 193	
8.3.1	Okularisierung, Aurikularisierung und andere TRS-Fokalisierungen —— 195	
8.3.2	Außensicht oder Übersicht? Nullfokalisierung als Regelfall im Theater —— 201	
8.3.3	Fälle der internen Fokalisierung auf der Bühne —— 205	
8.4	Aus der Praxis: Perspektive und Fokalisierung im *Goldenen Drachen* —— 208	
9	**Beispielanalysen —— 210**	
9.1	Nicolas Stemanns *Faust I + II* als grenzüberschreitende Erzählung des klassischen Dramas —— 211	
9.1.1	Trialogizität und TRS-Kanäle —— 212	
9.1.2	Zeit und Raum —— 218	
9.1.3	Perspektivierung und Fokalisierung —— 223	
9.1.4	Resümee —— 226	
9.2	Jette Steckels *Der Fremde* als räumlich-perspektivische Erzählung des Romans —— 227	
9.2.1	Räumlichkeit und Perspektive —— 229	
9.2.2	Zeitlichkeit —— 235	
9.3	Bastian Krafts *Orlando* als vergegenwärtigende metanarrative Verhandlung von Identität —— 238	
9.3.1	Räumlichkeit —— 240	
9.3.2	Zeitlichkeit —— 243	
9.3.3	Resümee —— 247	
10	**Fazit: Die Produktivität eines narratologischen Analysemodells für Theaterinszenierungen —— 248**	

Literaturverzeichnis —— 257

Abbildungsverzeichnis —— 270

Inszenierungsregister —— 271

Sachregister —— 272

1 Einleitung

1.1 Narrativität und Performativität: Zwei Seiten einer Medaille

> Narrative and performance are two of the most widespread and best appreciated cultural forms in our time: now, both seem to be everywhere. It is only appropriate that the site in which they are fused together is given the attention it deserves.
>
> (Richardson 2001, 690)

Mit dieser Feststellung benennt Richardson vor nunmehr 17 Jahren die beiden großen Forschungsbereiche, zwischen denen sich die hier vorliegende Studie bewegt. Narrativität und Performativität sind nicht nur zwei der weitestverbreiteten kulturellen Ausdrucksformen, sie treten auch in vielen Medien in fruchtbare Interaktion – allen voran im Theater, das seit jeher Geschichten performativ erzählt. Das Theater – als konkrete Aufführung einer Inszenierung und somit als eine besondere Form der Erzählperformanz verstanden – ist narrativ organisiert und kann folglich auch erzähltheoretisch erfasst werden. Die narratologische Forschung wird diesem Tatbestand allerdings bislang nicht gerecht. Zwar gibt es Ansätze zu einer Narratologie des Dramas, in der auch Aspekte der theatralen Darstellung diskutiert werden,[1] und auch die Performativität wird als Phänomen bereits mit der Narration in Verbindung gebracht und diskutiert.[2] Dennoch zeugen die bisherigen Beiträge einerseits häufig von einer großen Konfusion der Begrifflichkeiten und weisen andererseits kaum konsistente Analysekriterien aus, die in ein konzises Modell zur Analyse performativen Erzählens integriert werden könnten.

Grund dafür mag die große Bandbreite der erzähltheoretischen Forschung auf der einen und die Abgrenzung der – strukturalistisch fundierten literatur- wie medienwissenschaftlich geprägten – Narratologie von der Theaterwissenschaft mit ihren eher dekonstruktivistischen und posthermeneutischen Denkansätzen auf der anderen Seite sein. Sowohl die deutsche literaturwissenschaftliche Erzählforschung als auch die Theaterwissenschaft finden ihre Ursprünge bereits zu Beginn des zwanzigsten Jahrhunderts und positionierten sich in ihrer Entwicklung bis heute häufig in konkreter Abgrenzung zueinander. Mit der stetigen Erweiterung narratologischer Forschungsfelder ist die Zeit für ein umfassendes und

---

[1] Vgl. z. B. Jahn 2001; Weidle 2009; diverse Beiträge von Richardson sowie von Nünning und Sommer; Fludernik 2008; vgl. Kap. 2 dieser Arbeit.
[2] Vgl. z. B. Berns 2014, Fludernik 2008; vgl. Kap. 2 dieser Arbeit.

zusammenhängendes narratologisches Analysemodell für das theatrale performative Erzählen jedoch mehr als reif.

Der französische Begriff *narratologie* wurde 1969 von Tzvetan Todorov (1969, 10) eingeführt. Die große Karriere der französischen Narratologie, die ihrerseits Wurzeln im Prager Strukturalismus, russischen Formalismus und der deutschen Erzähltheorie hatte, begann dann vor allem mit Gérard Genettes Buchkapitel „Discours du récit" (1972) und der später erschienenen Monographie *Nouveau discours du récit* (1983) und rückte damit auch ins Interesse der angloamerikanischen Forschung. Die deutsche Erzählforschung hingegen blieb noch lange den Ansätzen Käte Friedemanns (1910), Franz K. Stanzels (1955, 1979), Eberhard Lämmerts (1955) und Käte Hamburgers (1977) treu. Erst 1994 wurde Genettes Forschungsbeitrag zusammengefasst in *Die Erzählung* ins Deutsche übertragen und schließlich durch die Einführung von Matías Martínez und Michael Scheffel (1999) auch in die deutschsprachige narratologische Grundlagenlehre integriert. Für diese klassische Narratologie erschlossen sich Ende des zwanzigsten Jahrhunderts neue Themenfelder im Zuge einer Ausweitung des Narrativitätsbegriffes (vgl. Kap. 2) und der damit verbundenen Hinwendung zu anderen Medien und Disziplinen. Aus diesem Grund sollte heute nicht mehr von *der* Narratologie, sondern von mehreren Narratologien gesprochen werden, wie es durch David Hermans Sammelband *Narratologies. New perspectives on narrative analyses* (1999) initiiert wurde. Seit dem wird die Erzählforschung transgenerisch und transmedial vorangetrieben, sowohl in der internationalen als auch der deutschsprachigen Forschung. Man fragt nach narrativer Identität, feministischem und queerem Erzählen, nach narrativen Psychotherapien, der Narrativität von Konflikterzählungen, narrativer Interviewtechnik, narrativer Rekonstruktion historischer Ereignisse etc. Die einzelnen Forschungsfelder treten dabei häufig in ein reziprokes Verhältnis und bringen die Forschung gemeinsam voran.[3]

Die beiden genannten, dieser Arbeit zugrundeliegenden Phänomene der Narrativität und Performativität müssen zunächst grob umrissen werden, bevor man ihre Nuancen und ihr Zusammenspiel in den Folgekapiteln näher betrachten kann. Narrativität wird hier grundsätzlich nicht – und das sollte allgemein gelten – als dualistisches Konzept begriffen, sondern als graduierbares Phänomen. Wichtiger als die Frage, *ob* ein Medium narrativ ist oder nicht, ist die Frage, *wie* narrativ es ist oder sein kann (vgl. Wolf 2002a). Eine dieser Arbeit zugrundeliegende Frage ist somit, wie narrativ performatives Erzählen im Theater sein kann. Narrativität und Performativität betrachte ich in Bezug auf das Theater als

---

[3] Vgl. z. B. Grünzweig und Solbach (1999); Nünning und Nünning (2002); Meister, Kindt und Schernus (2005); Alber und Fludernik (2010) und Ryan und Thon (2014).

zwei Seiten einer Medaille. Die Seite der Performativität wurde bislang vor allem von theaterwissenschaftlicher Warte aus behandelt. Die dort erlangten Erkenntnisse sollen die vorliegende Studie ebenfalls stützen.

Die Performativität steht in der Theaterforschung in Verbindung mit Konzepten wie Inszenierung oder der *liveness* von Aufführungen (vgl. Allain 2008, 168–170, 181–186). Theater verstehe ich grundsätzlich mit Fischer-Lichte (1983, 16) als ikonographische Darstellung von Geschehnissen oder Ereignissen durch einen oder mehrere Schauspieler vor einem Publikum, das aus mindestens einem Zuschauer besteht: „Person A, welche X verkörpert, während S zuschaut." Diese sehr breite Definition schließt sämtliche Formen der theatralen repräsentativen Darbietung mit ein, weshalb ich bereits hier darauf aufmerksam machen möchte, dass ich mich vor allem dem Schauspieltheater zuwenden werde und sowohl Formen des Tanz- und Musiktheaters als auch einmalige Happenings der Performance Art außerhalb des regulären Spielbetriebs von Stadt- und Staatstheatern oder festen Schauspielensembles in dieser Studie lediglich Randerscheinungen bleiben.

„Inszenieren" heißt „wörtlich übersetzt ‚In-Szene-Setzen', ‚Auf-die-Bühne-Bringen', im weiteren Sinne ‚Zur-Erscheinung-Bringen'" (Früchtl und Zimmermann 2001, 29). In ihrem Sammelband zum Phänomen der Inszenierung sprechen Früchtl und Zimmermann (2001, 9) von der „Konjunktur" eines „neue[n] Leitbegriff[es]". Fischer-Lichte (2001) konstatiert in diesem Zusammenhang ebenfalls:

> Eine schier endlose Abfolge von inszenierten Ereignissen weist darauf hin, daß sich eine „Erlebnis- und Spektakelkultur" gebildet hat, die sich mit der Inszenierung von Ereignissen selbst hervorbringt und reproduziert. In ihr wird Wirklichkeit mehr und mehr als Darstellung und Inszenierung erlebt.
>
> (Fischer-Lichte 2001, 300)

Der Performancetheoretiker Turner (1988, 81) fasst diesen Status des Phänomens als anthropologische Grundkonstante zusammen: „If man is a sapient animal, a toolmaking animal, a self-making animal, a symbol-using animal, he is, no less, a performing animal, *Homo performans*." In der Narratologie ist es hingegen en vogue vom Menschen als „storytelling animal" (MacIntyre 1981) oder vom „homo narrans" (Fisher 1984) zu sprechen.

Verbunden werden die beiden Phänomene Narrativität und Performativität auch in performativen Sprechakten, deren gesellschaftskonstituierendes Potential z. B. die nicht nur für die poststrukturalistische Sozialwissenschaft, Philosophie und Geschlechterforschung tonangebende Judith Butler (2006, 249) auslotet: „Die performative Äußerung ist nicht nur eine rituelle Praxis; sie ist eines der einflußreichen Rituale, mit denen Subjekte gebildet und reformuliert werden." Performativität hat dabei auch direkten politischen Einfluss, wie Butler (2006, 250) bemerkt: „Jenes Moment, in dem ein Sprechakt ohne vorgängige Autorisierung dennoch im Vorgang seiner Äußerung Autorität gewinnt [wie es im Falle der von Butler untersuchten *excitable speech* ist; Anm. J.H.], kann einen veränderten Kontext seiner zukünftigen Rezeption antizipieren und setzen." In der performativen Bühnenkunst ist diese Autorisierung zwar häufig gegeben, sie spielt jedoch gerne mit der Grenze zwischen vorheriger Inszenierung und ungeplanter Emergenz einer zukünftig veränderten Kontextualisierung des performativ Gezeigten oder Gesagten. Die technische oder sinnesphysiologische Unmittelbarkeit der theatralen Darbietung, die *liveness* der Aufführung, sorgt für diese Möglichkeit des Unvorhersehbaren. Nicht nur die Sprechakte sind dabei auf der Bühne performativ, es gibt auch eine tatsächliche Performativität im Sinne von verkörperten Geschehnissen und Ereignissen mit mehreren Übermittlungskanälen.

Performativität ist wie Narrativität überall. So spricht Loxley in seiner Monographie über Performativität sogar stets von der „standard narrative" des Konzepts der Performativität und den „significant figures in this story" (Loxley 2007, 3), wodurch er beide Phänomene auch sprachlich zusammenführt. In jüngerer Vergangenheit veröffentlichten Breger (2012) und Tecklenburg (2014) jeweils eine Monographie zum Themenkomplex Narrativität und Performativität/Theater. Während Breger die vermeintliche Opposition von Narrativität und Performativität negiert und die beiden Bereiche in Hinblick auf verschiedene Medien in einen fruchtbaren Dialog bringt, nähert sich Tecklenburg als Theaterwissenschaftlerin und Performancekünstlerin der Narrativität des Performativen, dem „Erzählen als Performanz" (Tecklenburg 2014, 17), von der theatralen Seite: Sie behandelt Phänomene des Narrativen „jenseits dramatischer Handlung oder epischer Rede" (2014, 9). Ihrem Verständnis nach ist Narrativität der Umgang mit zeitlichen Abfolgen, wird also als eine Aktivität und nicht – wie in der narratologischen Forschung – als Merkmal einer zeitlichen Struktur begriffen. Möchte man dieses Verständnis von Narrativität in den gängigen narratologischen Konzeptionen verorten, findet man Parallelen zum Verständnis der Zustandsveränderung bzw. der Ereignishaftigkeit. Tecklenburg hat zudem einen transmedialen und damit postklassischen Narrativitätsbegriff. Mit ihrer Betonung des rezeptionsgestützten Erzählvorgangs („Rezeption und Produktion der Erzählung fallen [...] in eins" [39]) deckt sie grundlegend auch kognitive Narrativitätsparameter ab.[4] Das Erzählen als Performanz ist für Tecklenburg „nicht statisch oder geschlossen [...],

---

[4] Vgl. Tecklenburg 2014, 37f. und zu den genannten Narrativitätsbedingungen Kapitel 2.1 und 2.2 dieser Arbeit.

sondern – vom Erzählakt ausgehend – [ein] offenes, dynamisches und unkalkulierbares Ereignis" (2014, 23). Sie untersucht daher Formen des Improvisationstheaters und des Rollenspiels, bei denen ein die Erzählung vorab produzierendes *top down*-Prinzip nur sehr gering vertreten ist.[5] Tecklenburg (2014, 41) betont somit das Prozesshafte des Erzählaktes selbst. Eine performative Narration ist nicht ein im Vorfeld abgeschlossenes Produkt; die Erzählung entfaltet sich erst im interaktiven Akt der Aufführung. Das Performative als „absolute Gegenwärtigkeit" und die Narration als Wiederholung und Reproduktion von Geschehenem werden häufig als Gegensatz angesehen, der aber nicht nur im zeitgenössischen Theater so nicht existiert (vgl. Tecklenburg 2014, 15f.). Tecklenburgs theaterwissenschaftlich geprägte Beobachtungen aus narratologischer Warte erweiternd, nähert sich mein Beitrag dem Phänomen der performativen Narration in einem umfassenderen Rahmen. Während sie narrative Performances betrachtet, interessiere ich mich für performative Narration, der Ausgangspunkt ist daher ein anderer. Dabei ist es ein vorrangiges Ziel dieser Arbeit, operationalisierbare narratologische Kategorien für ein konzises heuristisches Analysemodell aufzustellen.[6]

Auch von narratologischer Seite werden die beiden Phänomene Performativität und Narrativität vermehrt zusammengebracht. Fludernik (1996, 13), die „spontaneous conversational storytelling" als Grundmodus des Erzählens definiert, legt hierzu bereits einen Grundstein. Das mündliche Erzählen ist per se ein performatives Erzählen mit mehreren Kanälen bzw. Modi. Grishakova und Ryan schließen sich in der Einleitung ihres Sammelbandes zu intermedialem Erzählen der Auffassung an, dass die Herkunft des Erzählens im Mündlichen liege, das in sich bereits die Sprache als semiotisches System mit auditiven (stimmlichen) und visuellen (gestischen und mimischen) Aspekten vereinigt, und stellen fest: „From its very beginning, then, narrative performance has been a multimodal phenomenon" (Grishakova und Ryan 2010, 4). Die *liveness* des Performativen bringt es mit sich, dass auch performative Narration über sämtliche sinnesphysiologische Kanäle stattfindet, die häufig wiederum in viele Modi unterteilt werden können. So sind beispielsweise Kostüme, Bühnenbild, Licht, Gestik, Mimik usw. allesamt Modi des visuellen Kanals.[7]

Der bisherige kurze Forschungsüberblick diente dazu, die große Diversität der einzelnen Zugriffe auf die zusammenhängenden Phänomene Narrativität und

---

5 Zum Zusammenspiel von *top down-* und *bottom up-*Prozessen in der interaktiven Narratologie vgl. Kap. 4.6.
6 Zur Operationalisierbarkeit (narratologischer) Analysekategorien vgl. Moretti (2013).
7 Vgl. Kap. 5.

Performativität zu veranschaulichen. In der vorliegenden Arbeit stelle ich zwei grundlegende Leitfragen: 1) Was ist der Unterschied zwischen den Gattungen Drama und Erzähltext bzw. zwischen den Medien Drama und Theater? und 2) Welchen Beitrag leisten theaterspezifische Komponenten zur performativen Narration? Die erste Frage bezieht sich vor allem auf die Bereiche der transgenerischen narratologischen Forschung und der Dramentheorie, die meiner Arbeit zugrunde liegen, über die sie jedoch hinausgeht. Frage zwei umreißt dann den transmedialen Aspekt und bezieht sich auf die eigentliche Theaternarratologie als solche, wobei sowohl Erkenntnisse der Theaterwissenschaft – und hierbei besonders der Theatersemiotik – als auch der transmedialen Narratologie für die Erstellung eines eigenen heuristischen Analysemodells der performativen Narration im Theater fruchtbar gemacht werden sollen.

Mit dem vermeintlichen Unterschied der Gattungen Drama und Erzähltext müssen sich dramennarratologische Ansätze immer wieder auseinandersetzen. Der konventionelle Unterschied zwischen dramatischen und epischen Erzählungen ist schon bei Platon (*Politeia*) und Aristoteles (*Poetik*) angelegt und bezieht sich auf die Differenzierung von Mimesis – der Imitation von Rede und Handlungen – und Diegesis, der Darstellung von Handlungen und Ereignissen (vgl. Sommer 2005, 120). Inwieweit diese Differenzierung als Grundlage für die Annahme zweier getrennter Gattungen genügt und ob nicht vielmehr sowohl „Erzähltexte" als auch „Dramen" Geschichten erzählen, wird unter der ersten Leitfrage zu diskutieren sein. Verbunden mit der Behandlung von „Drama" als Gattung ist zudem eine häufig anzutreffende Ungenauigkeit in der Verwendung dieses Begriffs. „Drama" und „Theater" sollten streng unterschieden werden – eine Differenzierung, die in vielen Forschungsbeiträgen kaum oder gar nicht vorgenommen wird. Gerade in der angloamerikanischen Forschung wird „drama" häufig synonym zu „theatre"/„theater" oder „play" verwendet. Nicht zuletzt deshalb ist die dramennarratologische Forschung ein wichtiger Ausgangspunkt für eine Theaternarratologie, da in ihr häufig auch transmediale Aspekte berücksichtigt werden. Ein Drama ist jedoch ein in der Regel von einem Autor geschriebener sprachlicher Text, der vom Leser nachträglich rezipiert wird. Dieser Text enthält Hinweise auf eine „Plurimedialität" (Pfister 2001) der szenischen Umsetzung dieses Textes. Im Theater hingegen finden wir eine tatsächliche Plurimedialität bzw. eine Repräsentation von Ereignissen nicht nur durch den sprachlichen, sondern durch mehrere Kanäle. Außerdem erzeugt ein Autorenkollektiv im Theater das performativ Dargestellte, das bereits im Moment der Performanz rezipiert wird. Die theatrale

Aufführung ist damit – im Gegensatz zum Drama – nicht tradierbar, und Inszenierungen können nur in einzelnen, sich in Details stets unterscheidenden Aufführungen betrachtet werden.[8]

In meinem transmedialen Ansatz frage ich dann zweitens vor allem danach, was Erzählen in einem performativen und damit mehrkanaligen Medium bedeutet, und welchen Beitrag theaterspezifische Kategorien (wie die *liveness* der Aufführung, die Formung des jeweiligen Repräsentationssystems, das Verhältnis von Zuschauerraum und Bühne/Spielfläche, die Gestaltung der *Mise en Scène* und damit Verhältnisse von Erzählräumen und erzählten Räumen etc.) zur Produktion des Erzählvorgangs leisten. Auch der Zusammenhang von dramenspezifischem Erzählen und der Formung desselben in der Inszenierung ist von Interesse (z. B. durch vorgetragene Regieanweisungen, dargestellte/ausgeführte Regieanweisungen oder sogar ein Voice-over). Grundlegend ist im Zuge der Behandlung der zweiten Leitfrage außerdem, ein theaterspezifisches narratologisches Kommunikationsmodell zu entwerfen, das trotz der Besonderheiten der innertheatralen Kommunikation zwischen Produzenten und Rezipienten funktioniert und mit den narratologischen Modellen anderer Medien vergleichbar ist.

Auf Grundlage dieser mein Forschungsinteresse umreißenden Leitfragen sollen im Folgenden die einzelnen Stationen erläutert werden, entlang derer meine Arbeit auf dem Weg zu einem heuristischen Analysemodell performativer Narration im Theater voranschreiten wird. Kapitel 2 bietet zunächst eine systematische Sichtung und Ordnung existierender Narrativitätsbedingungen; denn grundlegend für jede Übertragung narratologischer Kategorien auf andere Medien ist ein Verständnis von Narrativität, das eine transmediale Gültigkeit beanspruchen kann. Dabei werde ich zunächst generell feststellen, wie es um den potentiellen Grad der Narrativität im performativen Erzählen bestellt ist, um dann zu fragen, ob das Theater mit seiner performativen Narration das jeweilige Kriterium erfüllen kann. Hierbei tritt z. B. das Problem unterschiedlicher Konzeptionen der Mittelbarkeit auf. Auf den ersten Blick ist Theater unmittelbar, da es in der Regel keine technischen Apparate gibt, die uns das auf der Bühne Dargestellte vermitteln. Diese technische oder sinnesphysiologische Unmittelbarkeit bedeutet jedoch nicht, dass es ebenfalls keine narrative Mittelbarkeit gibt, die sich am ehesten durch unterschiedliche Zeitkonzepte von Darstellung und Dargestelltem entdecken lässt: Da die dargestellte Geschichte häufig mehr Zeit in Anspruch nimmt als die Darstellung der Geschichte selbst, lässt sich eine doppelte Zeitlichkeit von *histoire* und *discours* ausmachen, die hier das Hauptindiz für narrative

---

[8] Vgl. Kap. 2 dieser Arbeit. Zu weiteren Differenzkriterien und einer eingehenden medienspezifischen Differenzierung von Theater und Drama vgl. Hauthal (2009, insbesondere 68f.).

Mittelbarkeit ist. Die raumzeitliche Koexistenz von Sendern und Empfängern fordert somit auch die Unterscheidung von phänomenalem Leib und semiotischem Körper des Schauspielers in der performativen Narration. Nur ersterer teilt mit uns die Bedingungen des Raums und der Zeit. Der zeichenhafte Körper agiert in anderen raumzeitlichen Strukturen, nämlich denen der erzählten Geschichte.

Die beiden Folgekapitel widmen sich der Erzählkommunikation, wie sie allgemein in der narratologischen Forschung verstanden wird (Kapitel 3) und wie sie sich auf die theatrale Situation übertragen lässt (Kapitel 4). Die erste der beiden Leitfragen und die Unterscheidung von transgenerischen und transmedialen Ansätzen spielt dabei eine entscheidende Rolle. Hierbei soll auch die Differenzierung zwischen dramatischem und theatral-performativem Erzählen noch einmal genau herausgearbeitet werden. Ich komme zu dem Schluss, dass eine nominale Unterscheidung von Drama und Erzählung hinfällig ist, da auch das Drama eine Erzählung ist. Die Differenz liegt vielmehr im jeweils dominanten Erzählmodus, der stärker „episch" oder stärker „dramatisch" sein kann. Das Drama könnte somit besser bezeichnet werden als eine Erzählung, die überwiegend im dramatischen Modus vermittelt wird. Entsprechend ist das Charakteristikum des „Epischen"[9] nicht auf klassischerweise als solche bezeichnete Erzähltexte zu reduzieren. Die Performativität des theatralen Erzählens sorgt schließlich für ein Phänomen, das ich „Trialogizität" nenne (Kapitel 4.3). Die Existenz einer narrativen Mittelbarkeit sorgt dafür, dass im gesprochenen Wort des Schauspielers seine eigene leibliche Stimme, die Stimme der von ihm verkörperten Figur und die metaphorische „Stimme" der vermittelnden Instanz bzw. der Mittelbarkeit selbst zu hören ist, will man – wie ich es tue – vom Instanzenbegriff Abstand nehmen. Dem von Bachtin stammenden Dialogizitätsbegriff wird durch die leibliche Anwesenheit des Schauspielers also eine *dritte* Ebene hinzugefügt; deshalb meine Wortschöpfung „Trialogizität". Die raumzeitliche Koexistenz von Sendern und Empfängern in der theatralen Kommunikation sorgt schließlich auch für ein einfacheres Überschreiten ontologischer Grenzen zwischen den einzelnen narrativen Ebenen. Kapitel 4.4 versucht daher, den Begriff der Metalepse für den theatralen Kontext fruchtbar zu machen, bevor Kapitel 4.5 sich mit dem Autorenkollektiv und dem damit einhergehenden veränderten Konzept eines impliziten

---

[9] Der Begriff des „Epischen" wird in dieser Arbeit aus Mangel an besseren Alternativen verwendet und mit Goethe verstanden als „klar erzählend" (zitiert nach Burdorf, Fasbender, und Moennighoff 2007, 196). Gründe für die Verwendung dieses problematischen und veralteten Begriffes sind auch Phänomene wie das „epische Theater" oder die von Pfister (1977) benannten „Episierungstendenzen", die für den hier untersuchten Gegenstand und seine wissenschaftliche Analyse sehr einflussreich waren oder sind.

Autors beschäftigt. Den Themenkomplex abschließend versuche ich in Kapitel 4.6 die Anschlussfähigkeit des Mediums Theater mit seinen Interaktionsmöglichkeiten für Sender und Empfänger an die Forschung in der interaktiven Narratologie aufzuzeigen, die sich bislang zumeist auf Computerspiele oder modernere Formen des *interactive drama* konzentriert.

Im fünften Kapitel stelle ich schließlich das Theatrale Repräsentationssystem (TRS) vor, das im zuvor entworfenen Kommunikationsmodell jene vermittelnde Position einnimmt, die traditionell vom Erzähler ausgefüllt wurde. Das TRS spaltet sich in sechs Kanäle auf, die für jede Inszenierung von Neuem ein dynamisches Ganzes bilden. Der sprachliche und visuelle Kanal sind dabei diejenigen Kanäle, welche die Narration am meisten bestimmen, da sie die höchste potentielle Narrativität aufweisen, gefolgt vom auditiven, olfaktorischen, haptischen und gustatorischen Kanal. Die einzelnen Kanäle werden auf ihre Narrativität hin überprüft und bilden zusammen schließlich eine Matrix des performativen Erzählens. In einer Evaluation lassen sich diese TRS-Kanäle in ihrer Narrativität gegenüberstellen, sodass verdeutlicht werden kann, welche Kanäle wie viel Einfluss auf die Gesamtnarration haben. Dies wird vor allem bedeutsam, wenn einzelne Kanäle anderes erzählen als die übrigen Kanäle, sie also in einem diskrepanten Verhältnis zueinander stehen. Das Präfix „Re-" im Repräsentationssystem soll dabei nicht etwa eine Nachträglichkeit der Darstellung einer zuvor geschehenen Geschichte implizieren, sondern deutet hin auf die Ikonizität des Dargestellten, das „X" in Fischer-Lichtes oben besprochener Definition. Mein Repräsentationsbegriff ist somit nicht nur im Sinne einer Nachahmung oder Mimesis (s. o.) von außerhalb Existierendem oder Geschehenem, sondern konstruktivistisch zu verstehen. Das dynamische Zusammenspiel der einzelnen Kanäle des TRS bildet die performative Erzählung, in der repräsentierte Ereignisse eine fiktive Realität erzeugen bzw. konstruieren. Hierin findet sich schließlich auch der wichtigste Unterschied zwischen Theater und Performance Art (die freilich Schnittmengen aufweisen; vgl. Allain 2008, 183, 209): Während in der Performance Art Ereignisse präsentiert werden und die Künstler z. B. wirklich verletzt werden und bluten, werden sie im Theater repräsentiert – d. h. die dargestellten Figuren bluten und nicht etwa die Schauspieler selbst.

Das zu entwerfende Kommunikationsmodell beinhaltet als wesentliche Bestandteile einerseits das Phänomen der Trialogizität und andererseits das Theatrale Repräsentationssystem (TRS). Die Trialogizität beschreibt eine allgemeine Eigenart der performativ-narrativen Kommunikation, die in Inszenierungen gezielt eingesetzt und insofern auch als Analysekategorie behandelt werden kann. Dieses Phänomen erstreckt sich über mehrere Ebenen des Kommunikationsmodells. Das TRS hingegen bildet eine Ebene des Kommunikationsmodells, die jedoch in Hinblick auf die performative Narration ausschlaggebend ist. Die Trialogizität als Phänomen, das Kommunikationsmodell mit seinen einzelnen Ebenen und darin vor allem das TRS bilden fundamentale Analysekategorien, d. h. „Werkzeuge" des theaternarratologischen Modells. Als solche umrahmen sie die in den drei Folgekapiteln (6–8) entworfenen Analysekategorien, die sich auf Grundkategorien der Anschauung im Theater (namentlich Zeit, Raum und Perspektive/Fokalisierung) konzentrieren.

Kapitel 6 widmet sich der Zeitlichkeit performativ-theatralen Erzählens. Dabei sollen zunächst metaphorische Zeitaspekte wie die Vergänglichkeit von Aufführungen und Möglichkeiten des Tradierens von Inszenierungen besprochen werden (6.1). Auch die Frage nach einem Erzählzeitpunkt bzw. einer spezifischen Erzählerzeit oder Zeit der Repräsentation, die im Verhältnis zu Erzählzeit und erzählter Zeit gesehen werden kann, muss diskutiert werden (6.2). Die unterschiedlichen Möglichkeiten, die mit einer doppelten Zeitlichkeit von *discours* und *histoire* einhergehen und die in der erzähltheoretischen (Zeit-)Forschung zu den meistdiskutierten Phänomenen gehören, übertrage ich in Kapitel 6.3 auf das Theater. Schließlich entwickle ich in Kapitel 6.4 die Kategorie des „zeitgleichen Erzählens", das nur im performativen Erzählen möglich ist, da mehrere Ereignisse der *histoire* zeitgleich im *discours* erzählt werden können. Es handelt sich um eine Zeithandhabung, die im lediglich schriftsprachlichen Erzählen so nicht realisierbar ist.

Da Theater sich nicht nur in der Zeit entfaltet, sondern immer auch in einem bestimmten Raum stattfindet, werden in Kapitel 7 Aspekte des Raums diskutiert. Das Prinzip der Raumschachtelung, d. h., dass ein spezifischer Raum immer einen jeweils kleineren Raum enthalten kann, lässt sich dabei sowohl auf das Theatergebäude selbst als auch auf Erzählräume und erzählte Räume übertragen. Welche TRS-Kanäle raumkonstituierendes Potential besitzen und ob Raum immer ein visuelles Phänomen ist, bespreche ich in Kapitel 7.2 Außerdem können die möglichen räumlichen Verhältnisse von Zuschauerraum und Spielfläche bzw. Bühne analytisch fruchtbar gemacht werden (7.3). Schließlich ist auch das Verhältnis von Erzählraum bzw. Erzählräumen und den erzeugten erzählten Räumen ein relevantes Kriterium der narratologischen Analyse (7.4). Die behaupteten erzählten Räume (*histoire*) können dabei größer, genauso groß wie oder kleiner als die Erzählräume (*discours*) sein – auch dies ein spezifisches Phänomen performativer Narration.

Das mein Analysemodell abschließende theoretische Kapitel 8 widmet sich schließlich dem großen narratologischen Forschungsbereich der narrativen Perspektive bzw. der Fokalisierung. Diese Kategorien sollten nicht mit den Blickwinkeln gleichgesetzt werden, wie sie durch die jeweilige räumliche Anordnung von Zuschauerraum und Spielfläche (Kapitel 7) entstehen, sondern immer das Verhältnis der Darstellung zur Figurenperspektive beschreiben. Die beiden Komplexe Perspektive und Fokalisierung werden häufig vermischt, da es sich überschneidende Bereiche gibt. Ich werde versuchen, eine klarere Trennlinie zu ziehen als dies in vielen bisherigen Forschungsbeiträgen geschehen ist. In Bezug auf die Perspektive (8.2) orientiere ich mich dabei maßgeblich am umfassenden Model von Wolf Schmid und seinen fünf Parametern der Perspektive, die ich diskutiere und bei der Übertragung auf das Theater in vier Parameter umwandeln werde. Die entscheidene Frage ist dabei *Wer nimmt wahr?*, die zwei Antworten sind: entweder die Figur oder der Erzähler. Da ich jedoch von einem Repräsentationssystem ausgehe, das selbst nicht wahrnehmen kann, weil es ein gedankliches Konstrukt ist, argumentiere ich dafür, dass die Zuschauerwahrnehmung als Pendant zur Erzählerwahrnehmung gewertet werden kann, zumal auch in Erzähltexten davon ausgegangen wird, dass der Erzähler nicht mehr wahrnimmt als er dem Leser vermittelt. Die Frage der Fokalisierung (8.3) lautet dann schließlich: *Weiß der Erzähler mehr, genauso viel wie oder weniger als irgendeine der Figuren?* Schon die Formulierung der Frage zeigt, dass es drei Antwortmöglichkeiten gibt, wodurch Genettes Kategorien der Null-, der internen und der externen Fokalisierung auch für das Theater fruchtbar gemacht werden können. Die fünf im Theater möglichen perzeptiven Perspektiven, die den fünf Sinnesorganen entsprechen, finden jeweils ein Äquivalent auf der Ebene der Fokalisierung, sodass neben den in der Forschung bereits bekannten Konzepten der Okularisierung und Aurikularisierung für die drei übrigen Sinnesfokalisierungen neue Begrifflichkeiten gefunden werden müssen.

Das damit komplettierte narratologische Analysemodell für performatives Erzählen im Theater soll in Kapitel 9 auf drei kontemporäre Theaterinszenierungen angewendet werden, wodurch ich den möglichen Erkenntnismehrwert eines solchen analytischen Vorgehens zu demonstrieren suche. Die Inszenierungen stammen alle aus dem Bereich des Repertoiretheaters des Thalia Theaters Hamburg und feierten ihre Premieren im Jahr 2011. Mir geht es bei dieser Auswahl weder darum, die Vielfalt kontemporärer theatral-narrativer Erzeugnisse zu beschneiden, noch eine Repräsentativität zu behaupten. Auch erhebt meine beispielhafte Analyse keinesfalls Anspruch auf Vollständigkeit. Die spezifische und keinesfalls repräsentative Auswahl und die exemplarische Demonstration theaternarratologischer Analysevorgänge dienen lediglich der Veranschaulichung unterschiedlicher Aspekte der Theaternarratologie. Es handelt sich im Einzelnen um Nicolas Stemanns im gesamten deutschen Sprachraum gefeierte „Marathon"-

Inszenierung von Goethes *Faust I + II* auf der großen Bühne des Thalia Theaters, Jette Steckels Inszenierung von Camus *Der Fremde* und Bastian Krafts Inszenierung von Woolfs *Orlando*; beide auf der kleineren Studiobühne des Thalia Theaters in der Gaußstraße. Ein zusätzlicher Grund für diese Auswahl war die Absicht, zu zeigen, dass es für den regulären Spielbetrieb unserer Theater keinen Unterschied macht, ob ein zu inszenierender Text dramatischen oder epischen Ursprungs ist: Goethes *Faust* gilt als *das* deutsche Drama schlechthin (obwohl es die meisten gängigen Dramendefinitionen nicht erfüllt), wohingegen sowohl *Der Fremde* als auch *Orlando* als Romane nicht primär für die Bühne gedacht waren.

Im abschließenden Kapitel fasse ich schließlich die Produktivität eines theaternarratologischen Ansatzes zusammen. Ein deskriptives, *discours*- und *histoire*-basiertes Analysemodell für performatives Erzählen im Theater lässt sich einerseits mit den bereits existierenden transmedialen narratologischen Ansätzen vergleichen, sodass Parallelen und Unterschiede zwischen den einzelnen Medien präzise aufgezeigt werden können und das Forschungsfeld der transmedialen Narratologie komplettiert wird. Andererseits lassen sich derart gelagerte Ansätze auch auf die gemeinsame Basis der klassischen Narratologie Genette'scher Provenienz zurückführen, ohne dabei ihre klassifikatorische Genauigkeit einzubüßen. Da das Theater als Kompositmedium[10] die meisten potentiell narrativen Kanäle vereinigt, kann der hier vorgestellte Ansatz ebenfalls als solide Ausgangsbasis für verschiedenste Anknüpfungen verstanden werden, um rückwirkend die – in der klassischen wie in der transmedialen Narratologie – vertretenen Thesen und angewandten Analysekategorien zu hinterfragen und bei Bedarf neu zu fassen. Nicht zuletzt möchte ich mit meinem Beitrag eine Annäherung von Theaterwissenschaft und narratologischer Forschung befördern, die in der Beschäftigung mit dem gleichen Gegenstandsbereich in einen nutzbringenden Austausch treten sollten – wie er auch in der vorliegenden Arbeit skizziert wird –, statt ihre jeweilige Identität in gegenseitiger Abgrenzung zu suchen. Narrativität und Performativität sind zwei Seiten einer Medaille – und diese Medaille kann von beiden Seiten betrachtet werden: im Zuge narrativer Performanz von der theaterwissenschaftlichen und als performative Narration von der erzähltheoretischen Forschung. Die vorliegende Arbeit folgt diesem zweiten Zugang.

---

10 Vgl. Kap. 2.4.1.

1.2 Aus der Praxis: Narrative Repräsentation in Roland Schimmelpfennigs *Der Goldene Drache* (2009)

Um die in meiner Theaternarratologie vornehmlich theoretisch behandelten Themen auch als konkrete Beschreibungs- und Interpretationsprobleme greifbar zu machen, so wie sie sich der Betrachterin einer Inszenierung bzw. Aufführung stellen, beschreibe ich an dieser Stelle die erste Szene einer Inszenierung des Wiener Burgtheaters, auf die sich einzelne Kapitel („Aus der Praxis ...") der Arbeit immer wieder maßgeblich beziehen werden. Dieser Bezug soll der Illustration entworfener Analysekategorien und theaternarratologischer Prinzipien dienen und erhebt nicht den Anspruch, die Inszenierung vollständig zu analysieren.

In der Inszenierung seines eigenen Stückes *Der Goldene Drache* am Akademietheater Wien (Uraufführung am 5. September 2009) arbeitet Roland Schimmelpfennig mit fünf Schauspielern zusammen, die 17 Rollen spielen, wobei die Geschlechter in der Regel vertauscht sind. Die Schauspieler stehen auf einer weißen Fläche vor einer weißen Rückwand, an der ein großer Gong und fünf Stühle stehen, die von auf dem Boden liegenden Requisiten und Kostümelementen umgeben sind. Diese Requisiten und Kostümelemente dienen den Schauspielern im Verlauf der Aufführung dazu, die jeweiligen Rollen, in die sie schlüpfen, zu markieren. In den ersten zwei Minuten der für das Fernsehen aufgezeichneten Aufführung (Fernsehregie: Hannes Rossacher) treten die fünf Schauspieler hinten auf, blaue Schürzen und schlichte weiße Oberteile tragend, gehen zügig nebeneinander nach vorne an die Rampe und sprechen von dort gegen das Publikum den folgenden Dialog:

> **Falk Rockstroh** (*nach vorn*): Fünf Asiatinnen in der winzigen Küche des Thai-China-Vietnam-Schnellrestaurants „Der Goldene Drache". Früher Abend, fahles Sommerlicht fällt durch die Fensterscheiben auf die Tische.
> **Christiane von Poelnitz** (*nach vorn*): Ein Junger Chinese, panisch vor Zahnschmerzen (*schreit*): Der Schmerz, der Schmerz! Der Schmerz!
> **Philipp Hauß** (*beugt sich zu ihr*): Weine nicht! Weine nicht!
> **Christiane von Poelnitz**: Der Schmerz!
> **Barbara Petritsch** (*zum Publikum in den ersten Reihen*): Der Kleine hat Zahnschmerzen.
> **Johann Adam Oest** (*zum Publikum in den ersten Reihen*): Der Kleine hat Zahnschmerzen.
> **Philipp Hauß**: Nicht weinen, nicht weinen.
> **Falk Rockstroh** (*beugt sich zu ihr, schreit*): Nicht schreien! (*nach vorn*) Aber er schreit, er schreit. Und wie er schreit.
> **Christiane von Poelnitz**: Es tut zu weh, der Zahn tut so weh!
> **Johann Adam Oest** (*nach vorn*): Wir stehen in der winzigen Küche des China-Thai-Vietnam-Restaurants um den Kleinen herum. (*Beugt sich zu ihr*): Nicht schreien! (nach vorn) Wie er schreit.
> **Barbara Petritsch** (*nach vorn*): Die Nummer 82: Pad Thai Gai, gebratene Reisbandnudeln

mit Ei, Gemüse, Hühnerfleisch mit pikanter Erdnusssoße, mittelscharf.
Falk Rockstroh (*zum Publikum in den ersten Reihen*): Zahnschmerzen!
Johann Adam Oest (*zum Publikum in den ersten Reihen*): Der Kleine hat Zahnschmerzen.
Philipp Hauß: Ruhe! Ruhe!
Johann Adam Oest (*zum Publikum in den ersten Reihen*): Der Kleine (*deutet auf von Poelnitz*).
Philipp Hauß (*nach vorn*): Vorne setzen sich zwei Stewardessen an den Tisch ans Fenster, Tisch Nummer elf. (*Von Poelnitz hält sich die Hand vor den Mund und versucht die Schreie zu dämpfen. Hauß spricht zu Rockstroh*): Guten Tag.
Johann Adam Oest (*geht rechts neben von Poelnitz, beugt sich hinab*): Nicht so schreien!
Falk Rockstroh (*rechts von von Poelnitz; hält sich Halstuch um den Hals, nach vorn*): Die erste Stewardess sagt (*dreht sich zu Hauß, lächelt*) „Guten Tag."
Johann Adam Oest (*hält sich Halstuch um den Hals, nach vorn*): Die zweite Stewardess sagt (*dreht sich zu Hauß, lächelt*) „Guten Tag."
Philipp Hauß (*links von von Poelnitz; lächelt zurück*): Guten Tag.
Barbara Petritsch (*fasst Hauß am Arm, zu ihm*): Der Zahn muss raus (*schaut besorgt auf von Poelnitz*).
Philipp Hauß (*zu Rockstroh und Oest*): Darf ich Ihnen schon etwas zu trinken bringen?
Christiane von Poelnitz (*schreit*): Oh Gott der Zahn, oh Gott! Oh Gott!
(*Von Poelnitz hört schlagartig auf zu schreien. Sie, Rockstroh, Oest und Hauß gehen nach hinten, Petritsch nach vorne links, wo sie ihre Schürze ablegt. Die nächste Szene beginnt.*)

Zur Analyse der Szene oder auch der gesamten Inszenierung ließe sich aus der Theaterwissenschaft beispielsweise der theatralische Code von Fischer-Lichte (1983) heranziehen. Hiermit lassen sich die einzelnen Zeichensysteme getrennt beschreiben und nach ihrer Bedeutungshaftigkeit befragen – zum Beispiel Art und Farbe der Kostüme, Maske, Frisuren, die Beschaffenheit und Nutzung von Requisiten, Körperhaltungen usw. Dabei fällt jedoch schnell auf, dass die eigentlich außergewöhnlichen Aspekte des Inszenierungsstils im *Goldenen Drachen* damit nicht greifbar gemacht werden können. Es fehlt ein übergeordnetes System, ein Beschreibungszusammenhang, der die unterschiedlichen Ebenen, auf denen gesprochen, die einzelnen Zeitlichkeiten und unterschiedlichen Räume, in denen agiert und die verschiedenen Perspektiven, aus denen das Geschehen dargestellt wird, analysieren kann. Die Theaternarratologie macht es möglich, diese Desiderata zu beheben.

2 Narrativitätsbedingungen und Theater

Bevor ich mich in erzähltheoretischer Hinsicht mit der Performativität von Theaterinszenierungen auseinandersetze, müssen einige Begriffe diskutiert werden, um Definitionen zu finden, die für meinen Ansatz tauglich sind. In diesem Kapitel werde ich daher neben einer allgemeinen Klärung der Begriffe Drama, Theater, Aufführung und Inszenierung zunächst auf die Unterschiede und Besonderheiten von Drama und Theater eingehen, bevor ich diese mit den in der Narratologie vertretenen Konzeptionen von Narrativität in Verbindung bringe.

„Drama" wird in der Forschung gelegentlich synonym mit „Theater" oder „Theaterinszenierung" verwendet. Vor allem in der englischsprachigen Literatur wird der Terminus „drama" kaum anders benutzt als „theatre" bzw. „theater", obwohl der Theatersemiotiker Elam seine einflussreiche Monographie *The Semiotics of Theatre and Drama* bereits 1980 in diese beiden Teilbereiche aufteilte. Im deutschen Sprachraum wird in der Theaterwissenschaft ebenfalls streng unterschieden zwischen den Begriffen „Drama" und „Theater" (Fischer-Lichte und Roselt 2001, 237–238). In der literaturwissenschaftlichen und narratologischen Forschung hingegen werden die Begriffe häufig vermischt oder synonym verwendet (wie z. B. bei Nünning und Nünning 2002, 7). Ein dramennarratologischer Ansatz kann daher auch transmedial und nicht nur transgenerisch gemeint sein – wie z. B. bei Rajewsky (2007, 28, Fußnote 12), die sich dieser begrifflichen Ungenauigkeit jedoch wenigstens bewusst ist.

Eine Vermischung sollte jedoch auf jeden Fall vermieden werden: Ein Drama ist eine schriftsprachlich[1] vermittelte Handlung mit in der Regel einem einzigen Autor. Eine Theaterinszenierung hingegen verbindet sprachliche, visuelle, auditive, olfaktorische, haptische und gustatorische Inhalte zu einem systemischen Ganzen, hinter dem ein meist großes Autorenkollektiv steht. Das Drama ist eine sprachlich repräsentierte Handlung, d. h. der geschriebene Text[2], der zwar eine

---

[1] „Sprache" wird hier verstanden als „System von Lauten und grafischen Zeichen, das der mündlichen und schriftlichen Äußerung oder Mitteilung von Vorstellungen und Gefühlen dient, ebenso der zwischenmenschlichen Kommunikation sowie der Orientierung in der Welt" (Burdorf, Fasbender, und Moenninghoff 2007, 723).

[2] Im Metzler Lexikon Literatur wird „Text" als „über die Satzgrenze hinaus zusammenhängende Folge sprachlicher Einheiten, v.a. in schriftlicher Kommunikation" (Burdorf, Fasbender und Moenninghoff 2007, 760) definiert. In der vorliegenden Arbeit nutze ich den Textbegriff im engeren Sinne „als sprachlich strukturierte Größe" (760), wobei man gesprochenen und schriftsprachlichen Text unterscheiden kann. Im weiteren Sinne (also etwa im Theatertext oder performativen Text) bezeichnet „Text" hier eine „pragmatische bestimmte Größe; Kriterium ist die kommunikative Funktion von T.en" (760).

große Plurimedialität indizieren kann, wie Pfister (2001 [1977]) es betont, aber dennoch sprachlich manifestiert bleibt. Das Theater hingegen arbeitet sprachlich *und* mit sämtlichen Sinneskanälen, wodurch ihm sehr viel komplexere Möglichkeiten des Erzählens zukommen. Das Theater ist daher tatsächlich plurimedial, während die Plurimedialität im Dramentext nur angelegt ist bzw. auf sie verwiesen wird (vgl. Tecklenburg 2014, 66–67). Außerdem gibt es einen entscheidenden Unterschied in der Art der Rezeption: Während ein Dramentext nachträglich rezipiert wird, finden Performanz und Rezeption einer Theateraufführung gleichzeitig statt, wodurch sich sehr viel dynamischere Kommunikationsstrukturen ergeben, wie Kapitel 4 dieser Arbeit zeigen wird. Möchte man das Drama als schriftsprachlichen Text bezeichnen, so kann man die Theateraufführung als performativen Text verstehen, dessen Zeichenhaftigkeit sich ebenso mit semiotischen Mitteln untersuchen lässt wie die des schriftsprachlichen Textes.

Fischer-Lichte ist in diesem Forschungsfeld die wichtigste Vertreterin. Sie beschäftigt sich mit der Zeichenhaftigkeit des Theaters und interpretiert sie unter semiotischen Gesichtspunkten. Sie begreift die Aufführung als Text, an dem auch der Schauspieler mit seinem Körper mitschreibe. Stimme und Körperoberfläche verwandeln sich in einen Signifikanten, der Körper des Schauspielers werde zu einer symbolischen Ordnung, zum Körpertext. Es geschehe eine „Semiotisierung des Symbolischen" (Fischer-Lichte 1988, 29–31). Jedoch sei eine Aufführung nicht bloß unter semiotischen Aspekten zu lesen, ebenso wichtig sei das Performative: „In der Aufführung und ihrer Rezeption gehen Semiotisches und Performatives eine unauflösbare Verbindung miteinander ein" (Fischer-Lichte 2001, 23). Bezugnehmend auf die Wissenschaft spricht sie vom *semiotic turn* in den 1970er Jahren, der die Kultur als Text verstand, und dem *performative turn* in den 1990er Jahren, infolgedessen sich die Geisteswissenschaften mehr mit der „Materialität, Medialität und interaktive[n] Prozesshaftigkeit kultureller Prozesse" (Fischer-Lichte 2001, 9) auseinandersetzten. Die primär textorientierten Geisteswissenschaften wurden so zu Kulturwissenschaften mit breiter gefächertem Forschungsinteresse.

Auch Pavis (1989) versteht Theater als Text. Er unterscheidet zwischen dramatischem Text, Aufführung und Inszenierung. Während die Aufführung lediglich die Geschehnisse auf der Bühne meine, die noch in keinem sinnhaften Zusammenhang rezipiert würden, also ein „empirische[r] Gegenstand" sei, versteht er die Inszenierung als „Erkenntnisgegenstand", als „Inbezugsetzung aller Signifikantensysteme"; „als Struktur existiert die Inszenierung erst [...], wenn der Zuschauer sie rezipiert und nachvollzogen hat" (Pavis 1989, 14). Den Kommentar, den eine Inszenierung implizit über das dargestellte Stück abgibt, könnte man laut Pavis „als Metatext der Inszenierung bezeichnen" (Pavis 1989, 21).

Es erscheint mir sinnvoll, ebenfalls zwischen Aufführung und Inszenierung zu unterscheiden. Anders als Pavis verstehe ich die Inszenierung aber nicht als kognitives Phänomen in den Köpfen der Rezipienten. Die „Inbezugsetzung aller Signifikantensysteme" geschieht auch innerhalb einer Aufführung. Im Theater erleben wir vielmehr immer eine einmalige Aufführung, der eine bestimmte Inszenierung zugrunde liegt. Dabei ist jede Aufführung einer Inszenierung (wenn auch manchmal nur in kleineren Details) anders als die anderen. Eine Aufführung ist niemals wiederholbar, eine Inszenierung hingegen ist das Konzept, das hinter der Menge aller Aufführungen einer Produktion steht. Um eine Inszenierung wissenschaftlich zu analysieren, ist es daher notwendig, sich mehrere Aufführungen anzuschauen und diese zu vergleichen. Balme macht darauf aufmerksam, dass in der Praxis des Repertoiretheaters Inszenierungstext und Aufführungstext so konzipiert werden, dass sie einander möglichst ähneln, dass die „Bedeutungsstruktur" der beiden „möglichst wenig Variabilität" aufweist (Balme 2008, 88). Die Inszenierung ist in dieser Hinsicht einerseits eher das den Aufführungen zugrundeliegende Muster, setzt sich aber andererseits auch durch die vorangegangenen Probenarbeiten und die Menge aller Aufführungen zusammen, da die Inszenierung selbst – wie jede einzelne Aufführung – ein dynamisches Phänomen ist, das nicht tradierbar ist wie andere Kunstwerke mit (materiellem) Artefaktcharakter.[3] Fischer-Lichte (2004, 50) konzipiert schließlich einen Aufführungsbegriff mit Bezugnahme auf die Kategorien Raum und Körper: „Sie sind es, die in erster Linie die Aufführung mitkonstituieren, und nicht lediglich die von ihnen geschaffenen fiktiven Figuren und fiktiven Räume." Hierbei wird für die Aufführung die Wichtigkeit der Performativität als leibliche Kopräsenz von Schauspielern und Zuschauern in den Mittelpunkt der Definition gerückt. Bei der Inszenierungsanalyse können somit semantische und narrative Strukturen im Zentrum des Interesses stehen. Da eine narratologische Untersuchung immer auf semantischen Strukturen aufbaut, handelt es sich bei dem hier zu entwerfenden Modell um ein Analysemodell für Theaterinszenierungen, wobei immer angemerkt sei, dass Inszenierungen anhand einzelner Aufführungen betrachtet werden.

Die narratologische Analyse eines Artefakts basiert zwangsläufig auf einem Verständnis von Narrativität. Das Forschungsfeld der Narratologie boomt. Im Zuge des *narrative turn* der letzten zwanzig Jahre bedienen sich nicht nur immer mehr

---

3 Zu einem weniger materiellen Artefaktbegriff, der auch mündliche, nicht tradierbare Erzählungen umfasst, vgl. Currie (2010, 1–7). Currie verbindet seine Definition von Erzählung direkt mit dem Artefaktbegriff, für ihn sind Erzählungen intentional-kommunikative Artefakte (2010, 6); vgl. hierzu auch Kapitel 2.4 dieser Arbeit.

Wissenschaften der Kategorien der Narratologie. Auch innerhalb der Literaturwissenschaft verändert sich die Erzähltheorie und öffnet sich im Zuge der postklassischen Narratologien zunehmend anderen Untersuchungsfeldern, wie es auch in dem vorliegenden transmedialen Ansatz geschieht. Jeder narratologischen Untersuchung liegt dabei ein wesentliches Problem zugrunde: Die Frage, was eigentlich *narrativ* ist, wird immer wieder neu gestellt. Die Sichtung der verschiedenen Bedingungen für Narrativität offenbart, dass es engere und weitere Konzeptionen gibt, dass etwas potentiell Narratives also entweder viele oder weniger Bedingungen erfüllen muss, um als narrativ zu gelten. Die Übersicht in Abbildung 1, auf der die nachstehenden Abschnitte dieses Kapitels aufbauen werden, zeigt, wie viele unterschiedliche Ansätze es gibt und wie sich die einzelnen Narrativitätsparameter systematisch anordnen lassen.

Enge Konzeptionen beziehen sich meistens auf die Existenz einer *discours*-Ebene neben der erzählten *histoire*[4], fordern eine rein sprachliche Vermittlung oder setzen sogar einen anthropomorphen Erzähler voraus, weitere Konzeptionen zielen zumeist auf die *histoire*-Ebene ab. Bedingungen hierbei sind beispielsweise eine Ereignishaftigkeit oder eine Zustandsveränderung, die durch die erzählte Geschichte dargestellt oder zumindest angedeutet sein muss. Noch weiter gefasst wird Narrativität im Zusammenhang mit der *tellability* oder auch der *experientiality* als konstitutive Elemente. Die grundlegendsten Bedingungen sind ausschließlich kognitivistischer Natur; hier entsteht die Erzählung im Kopf des Rezipienten, der – da es keine weiteren Einschränkungen gibt – alles narrativieren kann, das er wahrnimmt.

Auf Grundlage des Schaubildes (Abb. 1) behaupte ich, dass performatives Erzählen im Theater sämtliche Narrativitätsbedingungen erfüllen kann – lediglich das Kriterium eines (anthropomorphisierten) Erzählers, der die Geschichte vermittelt, ist in der Regel nicht gegeben. Theater kann somit als potentiell hochnarratives Medium kategorisiert werden. Diese Argumentation werde ich im Folgenden weiter ausführen, indem ich zunächst weite Narrativitätskonzeptionen bespreche, bei denen verhältnismäßig wenige Bedingungen erfüllt sein müssen, und mich dann nach und nach enger gefassten Konzeptionen der Narrativität zuwende.

---

4 Vgl. zur Kritik an der *histoire-discours*- bzw. der *story-discourse*-Aufteilung Phelan (2017, 19–21), der im Zusammenhang der „character narration" auf das Problem der Zuordnung von Figuren zu einer dieser beiden Ebenen aufmerksam macht.

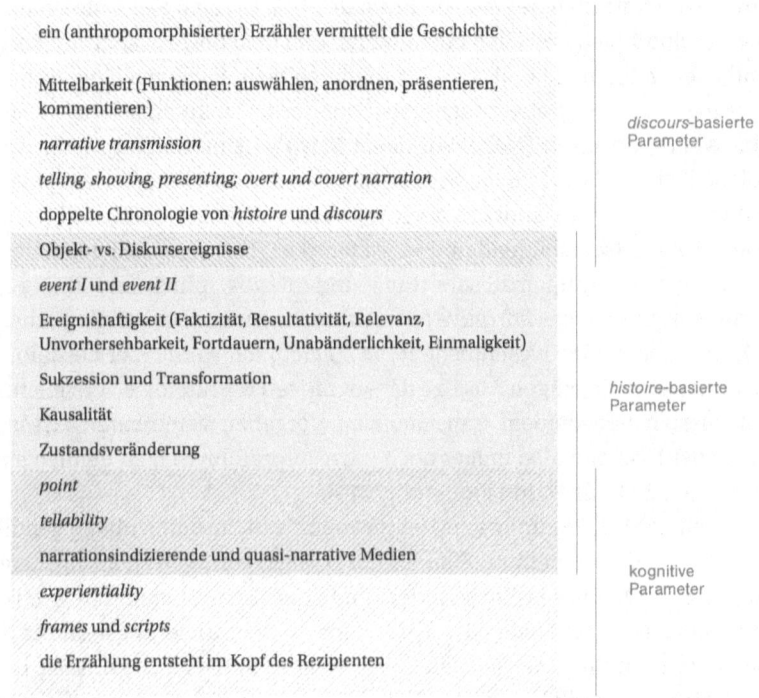

Abb. 1: Graduell abgestufte Bedingungen für Narrativität

2.1 Kognitive Konzeptionen von Narrativität, *experientiality*, *tellability* und *narrative point*

Es ist möglich, Narrativität unabhängig von der *histoire*- und *discours*-Aufteilung in Bezug auf die kognitive Leistung des Rezipienten zu beschreiben, der aus den Reizen, die auf ihn einwirken, selbst eine Geschichte formt.[5] Die kognitive Narratologie ist ein großer Zweig innerhalb der Narratologie, und einem ihrer Hauptvertreter – David Herman – ist es zu verdanken, dass man seit 1999 von Narratologien (im Plural) spricht, um der Vielzahl unterschiedlicher Ansätze gerecht zu werden. Herman brachte 1999 einen Sammelband heraus, der die *Narratologies* bereits im Titel führte. Die beiden wesentlichen Forschungsschwerpunkte der

---

[5] Vgl. z. B. Ryan (2005a, 8) oder Wolf (2002a), die beide die Narrativität als ein solches kognitives Schema verstehen.

kognitiven Narratologie sind laut Herman (2013, § 1) zum einen die Untersuchung der Verbindungen zwischen Erzählungen und dem Bewusstsein von Rezipienten und zum anderen die Rolle, die Erzählungen beim Erzeugen eines Sinns von Erfahrungen spielen. Dabei geht es nicht nur darum zu untersuchen, wie Erzählungen Welten erzeugen (wobei vor allem Bewusstseinswelten gemeint sind, d. h. solche Welten, die durch die Gedanken der in der *storyworld* anwesenden Aktanten erzeugt werden), sondern auch wie dieses Erzeugen selbst auf Rezipientenebene bewusstseinsbildend und -erweiternd ist. Die Ansätze der kognitiven Narratologie sind naturgemäß sehr trans- und interdisziplinär und häufig eher den Errungenschaften des *narrative turn* zuzurechnen, in dem soziologische, empirische Methoden eine wesentliche Rolle spielen. Ich werde hier deshalb nur ausschnittsweise diejenigen Ansätze der kognitiven Narratologie vorstellen, die sich am ehesten mit meinem transmedialen Vorgehen vereinbaren lassen, in der Frage der Disziplin also immer noch (post-)narratologisch zu nennen sind (Herman 1999, 2–3; Alber und Fludernik 2010).

Wolf (2002a, 96) unterscheidet im kognitiven Zusammenhang genuin narrative Medien (Erzählliteratur, Film, Drama, Comic) von „narrationsindizierend[en]" (wie z. B. Monophasen-Einzelbilder) und „quasi-narrativ[en]" (wie z. B. Instrumentalmusik) – abhängig davon, wie hoch die Narrativierungsleistung des Rezipienten veranschlagt werden muss. Wie viele kognitivistische Ansätze ist der von Wolf also intermedial angelegt. Geht man von der Prämisse aus, die eigentliche Erzählung entstehe erst im Kopf des Rezipienten, kommt es nicht darauf an, ob etwas sprachlich, visuell, musikalisch oder theatral vermittelt wird. Die Problematik hierbei ist, dass nicht nachprüfbar ist, in welchem Rezipienten wann und aufgrund welcher Auslöser Erzählungen entstehen. Es ist daher sinnvoll, die kognitivistische Grundannahme bei einer Narrativitätskonzeption mit anderen Bedingungen zu koppeln.

Ryan (2005a, 8) legt ihrer transmedialen Konzeption von Narrativität (vgl. Kap. 2.4 dieser Arbeit) ebenfalls ein kognitivistisches Verständnis zugrunde. Für sie hat Narrativität in ihren Ursprüngen immer zu tun mit unserem Denken und unseren „never-ending efforts to make sense of the world and of our lives with a process of ‚emplotting' or ‚storyfication'". Meister (2002), dessen Ansätze eher dem Themenfeld der Ereignishaftigkeit zuzurechnen sind (vgl. Kap. 2.2 dieser Arbeit), sieht ebenso die kognitive Leistung des Rezipienten als Grundbedingung: Für ihn ist Narrativität

> nicht ein direktes Merkmal der symbolischen *Repräsentation*, sondern vielmehr eine ihrer Funktionen, die sich erst in der rezeptiven Aktualisierung der Darstellung als Vorstellungs-

konstrukt ausdrückt: Narrative Texte ‚haben' also keine Narrativität *per se*, sondern sie ermöglichen diese, indem sie selbst spezifische logische Bedingungen der Möglichkeit zum Entwurf von Ereigniskonstrukten erfüllen.

(Meister 2002, Abschnitt II)

Fluderniks (1996) Ansatz konzipiert Narrativität wie die Vertreter der Ereignishaftigkeit oder der *tellability* auf der Inhaltsebene: Erzählungen stellen für sie immer auf quasi-mimetische Weise lebensweltliche Erfahrungen und Erlebnisse dar und sind demnach durch eine „experientiality" gekennzeichnet. „Experientiality" ist die Verbindung von „tellability and narrative ‚point'" (Fludernik 1996, 29) bzw. genauer: „the quasi-mimetic evocation of ‚real-life experience'". Da Fludernik das mündliche Erzählen als Prototyp des Erzählens annimmt, betont sie, dass stets die Repräsentation eines Bewusstseins auszumachen sein müsse, sodass entweder die eigene Erfahrung oder die Erfahrung anderer repräsentiert werde (Fludernik 1996, 14). Während andere kognitivistische Ansätze also eher rezipientenorientiert sind, geht Fludernik in diesem Punkt von der Produktionsebene oder der innerfiktionalen Ebene aus. Grundannahme für den Rezipienten ist bei Fludernik, dass dieser alles, was ihm erzählt wird, naturalisiert und mit seinem Weltwissen in Einklang zu bringen sucht. Neu ist in ihrem Ansatz auch die Unabhängigkeit der Narrativitätskonzeption von der *histoire-discours*-Aufteilung und von der Notwendigkeit der Ereignishaftigkeit (vgl. Kap. 2.2). Laut Fludernik (1996, 13) sind somit Erzählungen ohne „plot" möglich, solange nur das Bewusstsein eines wie auch immer gearteten menschlichen Wesens repräsentiert werde. Sie schreibt über den Zusammenhang von *tellability* und *experientiality*: „The events become tellable precisely because they have started to mean something to the narrator on an emotional level. It is this conjunction of experience reviewed, reorganized, and evaluated (‚point') that constitutes narrativity" (Fludernik 2003, 245).

Eine so geartete Narrativitätskonzeption benötigt weder einen Erzähler (dessen Vorhandensein Fludernik (1996, 26) als Voraussetzung von Narrativität vehement negiert) noch eine Mittelbarkeit im Sinne Stanzels oder Genettes (Fludernik 1996, 27; vgl. Kap. 2.3 dieser Arbeit). Die Mittelbarkeit bezieht sich bei Fludernik lediglich auf die Vermittlung von Erfahrungen durch kognitive Schemata (welche die Grundlage für ihr Modell bilden), und Narrativität wird als „macro-frame" behandelt (Fludernik 1996, 34), der sowohl in fiktionalen als auch in nicht-fiktionalen Erzählungen zu finden ist. Mit dieser sehr weiten und zudem prototypischen Definition von Narrativität öffnet sich das Feld der narratologischen Analyse stark, und auch das hier im Zentrum des Interesses stehende Theater wird zu einem hochnarrativen Medium (ist doch die Oralität des laut Fludernik ursprünglichen Erzählens hier noch gegeben). Fludernik nennt die Performanz „the most important constitutive feature of natural narrative" (1996, 44), da hier eine genuine Erzählsituation mit Interaktionsmöglichkeiten gegeben sei. Ausgeschlossen werden in Fluderniks Konzeption auf der anderen Seite z. B. historische Texte über Personen oder Ereignisse ohne *experientiality* und experimentelle Erzählungen, die keine menschenähnlichen Handlungsträger aufweisen.

Fluderniks Prototypen-Ansatz weist deutlich darauf hin, dass sich die klassische Narratologie immer nur mit speziellen Fällen von Erzählungen beschäftigt hat, anstatt nach dem Rahmen (*frame*) zu fragen, der dem Erzählen als Phänomen zugrunde liegt. Dennoch ist ihre Annahme, ein Rezipient naturalisiere alles, was ihm erzählt wird, nicht begründet und auch nicht haltbar – weder als deskriptive noch als normative Aussage: Ein *frame* für die Kenntnis der Gedanken anderer Personen existiert in der Welt nicht so wie in Erzählungen, in denen dieses Phänomen gang und gäbe ist.[6]

Fluderniks Konzeption von Narrativität über die *experientiality* basiert auf der Annahme, dass die Erzählung ein Bewusstsein repräsentieren muss. Somit können alle Medien potentiell narrativ sein, vor allem auch Drama und Theater: Auf der Bühne sind immer Charaktere, die ein Bewusstsein haben, etwas erleben und meistens auch sprechen und Gegenstand von Geschichten sind (vgl. Nünning und Sommer 2008, 334). Fludernik (2008) schreibt:

> A character on stage guarantees consciousness and usually speech; by dramatic convention, he or she is additionally located in a space-time frame that resembles human experience of space and time: the clock is ticking, time moves forward as the dramatic figure stands on stage, and this staging of the space-time continuum provides the concreteness of dramatic space which narratologists have traditionally found a necessary condition for narrativity.
>
> (Fludernik 2008, 360)

Die Figuren auf der Bühne erzeugen somit wie die Figuren eines Erzähltextes eine repräsentierte Welt – und das sogar viel direkter, da der erzählte Raum auch durch Mittel des physikalischen Aufführungsraums erzeugt wird (vgl. Kap. 7). Theaterinszenierungen weisen somit sowohl eine *tellability* als auch eine *experientiality* auf. Die kognitiven Parameter und die Rezeptions-*frames* sind im Theater die gleichen wie bei schriftlichen Erzähltexten. Alber und Fludernik (2014, § 24) betonen, dass es mit einer so gearteten Konzeption auch keiner Erzählerfigur

---

6 Auch die *theory of mind* (vgl. z. B. Zunshine 2006), die einen solchen realweltlichen *frame* bilden könnte, vermag das Phänomen der Repräsentation von Gedanken Dritter nur unzureichend zu naturalisieren.

auf der Bühne bedarf, auf die dramennarratologische Ansätze anfänglich häufig verwiesen haben.[7]

Wichtig ist wiederum, zwischen dem dramatischen Text und der Aufführung zu unterscheiden. Alber und Fludernik (2014, §§ 25–26) beobachten, wie viel komplizierter der *discours* einer Aufführung zu fassen ist, bilden hierbei doch akustische, kinetische und räumliche Parameter wesentliche Teilmengen der Narration. Auch die Frage nach der Mittelbarkeit werde dadurch schwieriger, da eine Aufführung keinen Artefaktcharakter habe und somit eine Mittelbarkeit über ein tradierbares Medium nicht gegeben sei. Der Mittelbarkeitsbegriff im Theater sei somit ein kognitiv eingefärbter, weil rezipientenorientierter: Die Geschichte wird dem Rezipienten durch die Erfahrung der Aufführung vermittelt.

Die explizit narratologische Beschäftigung mit Performativität ist nicht sehr umfassend.[8] Zunächst ist hierbei die Unterscheidung zweier Arten von Performativität wichtig, die Berns (2014) in ihrem Artikel *Performativity* vornimmt: Performativität I ist die genuine Verkörperung von Handlungen z. B. auf einer Bühne oder in Zeremonien. Dahingegen beschreibt der Begriff Performativität II die Imitation oder Illusion einer Performance in Texten. Diese zweite Form der Performativität bietet der traditionell textorientierten Narratologie weit mehr Anschlussmöglichkeiten. Ferner unterscheidet Berns bei beiden Formen der Performativität die Unterpunkte der *histoire*-Performativität (i) bzw. der Narrations-Performativität (ii), also einerseits die Verkörperung von Handlungen innerhalb der *histoire* und andererseits die Verkörperung dieser Handlungen selbst, also den Akt des Erzählens als eigenständigen performativen Akt. Auch in der Theaterwissenschaft wird darauf hingewiesen, dass es unterschiedliche Formen der Performativität gibt; so ist sowohl das Lesen eines dramatischen Textes als auch das Beiwohnen seiner Inszenierung als performativer Prozess zu verstehen: Performativität zeichne sich immer durch eine Bewusstmachung des Verstreichens der Zeit aus, so Fischer-Lichte (2001, 139).

Es ist augenfällig, dass vor allem die Performativität des Typs II kognitive Implikationen hat: Die Illusion der Verkörperung einer Handlung (Performance) wird im Kopf des Rezipienten erzeugt, der so die erzählte Handlung zusammensetzt. Dies gilt nicht nur für Texte, sondern auch für andere Medien wie Comics

---

7 Vgl. Kap. 4.2.
8 Damit steht sie im Gegensatz zu vielen anderen Bereichen wie der Sprechakttheorie J. L. Austins und John Searles, der dekonstruktivistischen Philosophie Jacques Derridas, Stanley Fishs, Shoshana Felmans oder Paul de Mans, den feministischen oder queeren Theorien Judith Butlers oder Eve Kosofsky Sedgwicks und natürlich der Performancetheorie selbst (vgl. Loxley 2007).

oder Filme (Berns 2014, § 4). Die Performativität I setzt die Kopräsenz von Schauspielern (bzw. von Handlung-Verkörpernden) und Zuschauern voraus, da sie nicht nur visuell, sondern auch auditiv, olfaktorisch, haptisch und gustatorisch arbeiten kann. Überraschenderweise legt Berns ihrem Artikel über Performativität – einem postklassisch-narratologischen Thema – eine sehr konservative Definition von Narrativität zugrunde: Sie setzt die Anwesenheit eines menschlichen Erzählers voraus, damit es zu einer Narrations-Performativität innerhalb der Performativität I kommen kann: „In the case of performativity I.ii, the spectator of a performance perceives an act of narration taking place. Here the performance consists in the presentation of a story by a narrator or presenter, e.g. in the figure of the rhapsodist vis-à-vis an audience" (Berns 2014, § 5).[9]

Zwischen den kognitiven und den *histoire*-basierten Narrativitätsparametern steht die Bedingung der *tellability*. Ryan schreibt darüber: „Tellability is a quality that makes stories inherently worth telling, independently of their textualisation" (Ryan 2005b, 589). Der Begriff selbst steht in enger Verbindung mit dem Konzept des *narrative point*. Beide tauchen bei Labov (1972, 366) zuerst auf. Sie beschreiben den Grund, die *raison d'être* von Erzählungen: Der *point* bezieht sich auf das kontextuelle Umfeld, also auf die Leserebene, die *tellability* bleibt innerdiskursiv. Baroni (2014, § 3) betont, dass *tellability* und Narrativität nicht gleichgesetzt werden dürfen: „stories that meet formal criteria of narrativity may remain pointless and simply fail to raise the interest of the audience". Die beiden Kategorien *tellability* und *point* lassen sich allerdings auch dem *event II* Hühns unterordnen (vgl. Kap. 2.2 dieser Arbeit), sind sie doch nähere Bestimmungen eines zu weit gefassten, *histoire*-orientierten Narrativitätsbegriffs (Hühn 2013, §§ 10–12). Ryan (1991, 148–166) erarbeitet ein System, nach dem die Struktur des jeweiligen Handlungsschemas die *tellability* der Erzählung birgt; je komplexer diese Struktur, desto höher die *tellability*. Hühn (2013, § 11) betont die Problematik dieser textzentrierten Konzeption: Sie lasse erstens textexterne, kulturelle Gegebenheiten außer Acht und zweitens sei es nicht richtig, einem Text lediglich auf Grundlage seiner strukturellen Komplexität *tellability* zuzusprechen. Die Problematik der Kategorie *tellability* bleibt: Da sie sehr stark leserorientiert ist, ist sie so dynamisch, dass es schwer fällt, einem Text *tellability* zu- oder abzusprechen. Baroni (2014, § 7) schreibt hierzu: „[T]he tellability of the same event might change according to the knowledge of the audience (we don't tell the same stories to someone we see everyday as compared to someone we see once in a while)." *Tellability* bzw. genauer: der *narrative point* ist damit also „context-sensitive and

---

[9] Eine genauere Besprechung verschiedener Performancetheorien findet sich in Kapitel 2.4.2, da sie nicht alle dem Thema kognitiver Narrativitätsdefinitionen untergeordnet werden können.

consequently culturally as well as generically specific and historically variable" (Hühn 2008, 143). Dennoch bildet die Bedingung der *tellability* in dem hier behandelten Kontext den Übergang zu den engeren, *histoire*-basierten Narrativitätsparametern, da sie sowohl kognitivistische als auch textliche Implikationen aufweist.

Es hat sich in diesem Abschnitt gezeigt, dass das Theater die Bedingungen der kognitiven Narrativitätskonzeptionen erfüllen kann. Die raumzeitliche Kopräsenz von Akteuren und Zuschauern ermöglicht zudem eine Kommunikationssituation, die dem prototypischen mündlichen Erzählen sehr viel ähnlicher ist als die Kommunikation in schriftlichen Erzähltexten. Auch eine postdramatische Theaterinszenierung, die sich bewusst der Narration entziehen will, lässt sich hiernach als Erzählung begreifen, da der Zuschauer die Ereignisse eines Bühnengeschehens oder einer Performance auf Grundlage der dargestellten *experientiality* narrativieren kann, unabhängig von der Konstruktion einer Repräsentation.

2.2 Zustandsveränderung und Ereignishaftigkeit

E. M. Forster betont als einer der ersten im Zusammenhang mit einer Definition von Narrativität die Wichtigkeit der zeitlichen Abfolge von Ereignissen in einer Geschichte: „[T]he basis of a novel is a story, and a story is a narrative of events arranged in time sequence" (Forster 1969 [1927], 31). Während in dieser Definition lediglich die zeitliche Abfolge relevant ist, um aus dem Satz eine Geschichte (*story*) zu machen, bedarf es laut Forster für eine Erzählung (*plot*) jedoch einer Kausalität. „The king died, and then the queen died of grief" (Forster 1969 [1927], 82) ist Forsters berühmt gewordenes Beispiel für eine Erzählung, während für eine Geschichte der folgende Satz genüge: „The king died and then the queen died" (82).

Im Gegensatz zu einer engen und *discours*-orientierten Konzeption von Narrativität, wie sie in Kapitel 2.3 besprochen werden soll, beziehen sich Ansätze wie Forsters also eher auf die *histoire*-Ebene und beschreiben Narrativität so, dass es mindestens eine Zustandsveränderung (natürliche, mentale oder handlungsbezogene) geben muss.[10] Grundlage dieser Überlegungen ist die Erkenntnis, dass die Mittelbarkeit als definierendes Kriterium nicht hinreichend sei: Alle Sprache

---

10 Vgl. z. B. Tzvetan Todorov (1969; 1972), Seymour Chatman (1978; 1990), Gerald Prince (1982; 1987; 2003).

sei vermittelt, narrative genauso wie deskriptive oder argumentative.[11] Was die narrative Sprache besonders mache – so die Vertreter dieser Forschungsrichtung –, sei die zeitliche Abfolge der vermittelten Ereignisse (Hühn 2013, § 19). Und so beschreibt z. B. Prince (1973) eine Minimalgeschichte als Abfolge dreier Zustände:

> A minimal story consists of three conjoined events: The first and third events are stative, the second is active. Furthermore, the third event is the inverse of the first. Finally, the three events are conjoined by three conjunctive features in such a way that (a) the first event precedes the second in time and the second precedes the third, and (b) the second event causes the third.
>
> (Prince 1973, 31)

Da jedoch beinahe alles nach diesem weit gefassten Parameter der Zustandsveränderung als Erzählung deklariert werden könnte (und in Hinblick auf eine Theaternarratologie auch jede Bewegung eines Schauspielers auf der Bühne), gibt es vielerlei Einschränkungsbemühungen. Anders als Forster, der die Kausalität als zusätzliche Kategorie einführt, schlägt Schmid (2003, 17–19, 23–24) vor, den zu weit gefassten Parameter der Zustandsveränderung um die Kategorie der *Ereignishaftigkeit* (*eventfulness*) zu ergänzen, da nicht jede Zustandsveränderung auch ein Ereignis darstelle (wie z. B. geträumte Veränderungen). Als notwendige Bedingungen für ein Ereignis benennt er daher *Faktizität* (die Ereignisse müssen innerhalb der fiktiven Welt real sein) und *Resultativität* (die Ereignisse müssen innerhalb der fiktiven Welt abgeschlossen sein). Darauf aufbauend entwirft er eine Liste graduell abgestufter Konstituenten eines Ereignisses (Schmid 2003, 26–29):

1. die *Relevanz* des Ereignisses innerhalb der fiktiven Welt (im Gegensatz zu trivialen Ereignissen, gemessen an den Axiomen des jeweiligen Werkes);
2. die *Unvorhersehbarkeit* des Ereignisses (innerhalb der fiktiven Welt und auf Grundlage der dort vorherrschenden Erwartungen);
3. das *Fortdauern* der Zustandsveränderung (betrifft die Konsequenzen, die das Ereignis für die weitere Handlung hat);
4. die *Unabänderlichkeit* des neuen Zustandes (und damit die Unmöglichkeit einer Rückkehr zu vorausgegangenen Zuständen) und

---

[11] Zu beachten ist hierbei, dass es sich bei dieser Argumentation um einen extrem weit gefassten Mittelbarkeitsbegriff handelt, der dem von mir im nächsten Teilkapitel (besonders unter 2.3.2) diskutierten nicht gleicht. Um als narrativ mittelbar zu gelten, muss eine Erzählung nach meinem Verständnis mehr Bedingungen erfüllen als „nur" eine Zustandsveränderung oder Ereignishaftigkeit aufzuweisen.

5. die *Einmaligkeit* bzw. die Nicht-Wiederholung des Ereignisses (je höher die Iteration, desto deskriptiver – und damit weniger narrativ – das Genre).[12]

Ereignishaftigkeit ist nach Schmid somit eine „skalierbare, gradationsfähige Eigenschaft" (Schmid 2008, 13). Es ist auffällig, dass diesen einschränkenden Bedingungen bereits die Bedingung einer Repräsentation inhärent ist. Ein Schauspieler, der einen anderen Schauspieler umstößt, erzeugt somit erst ein narratives Ereignis, wenn hierbei in der repräsentierten Welt etwas Relevantes, Unvorhergesehenes, Fortdauerndes, Unabänderliches oder Einmaliges passiert.

Hühn (2008, 148) fügt hinzu, dass es bei der Zuschreibung von Ereignishaftigkeit zu einer Zustandsveränderung auf die zuschreibende Instanz ankommt: Figuren, der Erzähler, Autor oder Leser bewerten Veränderungen von unterschiedlichen Standpunkten aus. In seinem Aufsatz im *living handbook of narratology*[13] unterscheidet Hühn außerdem zwischen zwei Sorten des Ereignisses:

> A type I event is present for every change of state explicitly or implicitly represented in a text. A change of state qualifies as a type II event if it is accredited – in an interpretive, context-dependent decision – with certain features such as relevance, unexpectedness, and unusualness. The two types of event correspond to broad and narrow definitions of narrativity respectively: narration as the relation of changes of any kind and narration as the representation of changes with certain qualities.
>
> (Hühn 2013, § 1)

Mit dieser Unterscheidung benennt er das oben angesprochene Problem einer zu weiten Narrativitätskonzeption, die ausschließlich von Zustandsveränderungen (ohne weitere Einschränkungen) ausgeht (= *event I*). Er sieht jedoch auch die Problematik einer solchen Unterscheidung – die auch in Schmids Modell klar hervortritt: Während ein *event I* linguistisch und objektiv identifiziert werden kann, bedarf es bei einem *event II* der Interpretation; es handelt sich hierbei um eine hermeneutische Kategorie, die einen größeren Referenzrahmen erfordert. Häufig jedoch wurde diese zweite Art von Ereignishaftigkeit als Kriterium herangezogen – auch für die Definition von Genres: Das wohl berühmteste Beispiel ist hier die „unerhörte Begebenheit", mit der Goethe die Novelle charakterisiert (Gespräch mit Eckermann, 29. Januar 1827; Eckermann 1999, 221; vgl. Hühn 2013, § 8). Da

---

12 Die Begrifflichkeiten von Schmids Modell der Ereignishaftigkeit wurden von mir ins Deutsche übersetzt.
13 Bezüge auf das *living handbook of narratology* werde ich im Folgenden mit dem Kürzel *lhn* kennzeichnen.

ein *event II* immer eines Bruches mit wie auch immer gearteten Normen oder Erwartungen bedarf, ist diese Kategorie auch keine absolute, wie Hühn feststellt: „eventfulness is not an absolute quality, but relative and a matter of degree: a text can be more or less eventful depending on the amount of deviation involved" (Hühn 2013, § 34). Auf Drama und Theater übertragen können wir feststellen, dass sich Ereignishaftigkeit sowohl sprachlich als auch visuell immer wieder ausmachen lässt. In Goethes *Faust. Der Tragödie erster Teil* sind beispielsweise u. a. der Teufelspakt oder die Begegnung von Faust und Margarete semantisch ausgezeichnete Ereignisse des Typs II, während Ereignisse des Typs I alle Abläufe auf der Bühne sind. Wo also liegen auf der *discours*-Ebene die Unterschiede zwischen Drama und Erzählung? Gibt es überhaupt Unterschiede? Dieser Frage werde ich in Kapitel 4.1 detaillierter nachgehen.

Unter dem Gesichtspunkt des *event I* betrachtet man häufig lediglich solche Ereignisse, die auf *histoire*-Ebene stattfinden. Meister (2003, 107–108, 114–116) unterscheidet daher in seiner Terminologie Objektereignisse und Diskursereignisse, um auch solche Ereignisse des Typs I analysieren zu können, die auf der Ebene des Erzählens (*discours*) stattfinden. Diese Unterscheidung hebt Hühn auf die Ebene des *event II*, wenn er Handlungsereignisse („events in the happenings"), Präsentationsereignisse („presentation events") und Rezeptionsereignisse („reception events") unterscheidet und damit den drei Agenten Figuren, Erzählinstanz und (idealer) Leser eine jeweils unterschiedliche Ereignishaftigkeit zuordnet (Hühn 2013, § 35).

Meister (2013, 212–213) trennt außerdem Ereignis- und Geschehnisbegriff und zielt damit genau auf Schmids Bedingung der Imprädiktibilität für ein Ereignis ab: Ein Geschehnis ist ein erwartbares und daher unmarkiertes Ereignis, wie z. B. der Wechsel der Tageszeiten. Analog bezeichnen der Begriff Geschehen die Gesamtheit der Geschehnisse und der Begriff Geschichte den Komplex hervorgehobener Ereignisse. Zur Sukzession und Transformation im Ereignisbegriff schreibt Meister (2002, Abschnitt III), ein Ereignis bestehe aus Prädikaten, die im Ablauf der Zeit (Sukzession) einem identisch bleibenden Ereignisargument zugeordnet würden. Die beiden Prädikate müssten dabei im Sinne einer Regel F ineinander übersetzbar sein (Transformation).[14] Das Ereignis ist nach Prince (1982, 148) im Subjekt (d. h. im Argument) der Handlung zu finden, nach Todorov (1971, 42) jedoch im Prädikat (Meister 2002, Abschnitt II). Vor allem die zeitliche Konzeption der Handlung einer Geschichte wird hierbei relevant. Ausgangs- und Endpunkt (d. h. die Prädikate) eines Ereignisses dürfen dabei nicht identisch, aber auch

---

14 Vgl. zu den beiden Begriffen Todorov (1971, 39).

nicht völlig verschieden sein, damit man die beiden distinkten Zustände zu einem zusammenhängenden Ereigniskonstrukt formen kann. In Pfisters Terminologie bezeichnet der Begriff *Handlung* diese Ereignishaftigkeit (Pfister 2001 [1977], 269).[15]

Anders als die bisher besprochenen Beiträge behandelt Vanhaesebrouck (2004) die Narrativität aus theaterwissenschaftlicher Sicht und bemerkt ihren Randstatus in jener an der Performanz orientierten Disziplin. Dabei hätten die neueren Errungenschaften der narratologischen Forschung genügend Dynamik bewiesen, um einen Nutzen für die dramaturgische Analyse von Aufführungen und für eine visuelle Semiotik erbringen zu können, so Vanhaesebrouck. Er stellt ferner die Frage, ob analog zur Theorie des postdramatischen Theaters eine postnarratologische Dramaturgie entworfen werden könne. Schließlich betont er die Möglichkeit, dass die Narratologie ein hilfreiches Werkzeug für die Historiographie des Theaters sein könnte, nämlich als Mittel zur Beschreibung der vielen theoretischen Transformationen desselben.

Vanhaesebrouck unterstreicht die zunehmende Wichtigkeit einer visuellen Narratologie im Hinblick auf postdramatisches Theater, in dem der Text häufig nur noch peripher auftritt, die Bilder also viel mehr erzählen als die gesprochene Sprache. An Jahns Ansatz des *Reading Dramas* (s. Kapitel 4.2) kritisiert er die immer noch vorhandene Textzentrierung als konstituierendes Element einer potentiellen Performanz. Diese Blickrichtung verschleiere die Wichtigkeit der Zuschauer bei der Produktion einer Performance und reduziere ihre Tätigkeit auf den bloßen Konsum der Aufführung. Aber: Im postdramatischen Theater „[t]he narrative entity which is presented to the spectator, is not longer a representation, a mirror image of a story; it is the presentation of an *event*" (Vanhaesebrouck 2004).

Hier wird deutlich, dass sich der Ereignisbegriff der Theaterwissenschaft von dem der Narratologie unterscheidet. Die Gegenwärtigkeit bzw. die *liveness* der Inszenierung selbst und die daraus folgende Einmaligkeit der Konfrontation der Schauspieler mit der bestimmten Zusammensetzung des Zuschauerkollektivs wird hier als Ereignis definiert, das ich als *performatives* Ereignis von narratologischen Ereigniskonstitutionen differenzieren will.[16] Die Theateraufführung selbst ist das Ereignis, und das vor allem bei postdramatischen Inszenierungen, bei denen die Verhandlung des äußeren Kommunikationssystems (an dem die Schauspieler und die Zuschauer teilhaben) an weit höherer Stelle steht als die

---

15 Vgl. zu Pfister vor allem Kapitel 4.1
16 Vgl. z. B. Fischer-Lichte (2001, 262–264; 2003, 16; 2004, 55) und Lehmann (1999, 243).

Repräsentation einer erzählten Welt und damit eines inneren Kommunikationssystems.[17] Lehmann (1999, 170–178) nennt das den „Einbruch des Realen". Beim Ereignis in theaterwissenschaftlicher Hinsicht handelt es sich somit um eine Relation zwischen den Beteiligten des äußeren Kommunikationssystems und nicht um ein repräsentiertes *histoire*-Ereignis, wie es in der Narratologie zur Narrativitätskonstruktion gefordert wird (Fischer-Lichte 2003, 12). Der Ereignisbegriff der Theaterwissenschaften steht daher dem Werkbegriff anderer Künste diametral gegenüber (Fischer-Lichte 2004, 55): Er bezieht sich auf phänomenologische Aspekte des Performativen, während im narratologischen Ereignisbegriff semantische Strukturen ablesbar sein müssen. Der den Ereignisbegriffen zugrundeliegende Unterschied zwischen ästhetischer und Realzeit wird von Bohrer (1994, 7) pointiert formuliert: „Ästhetische Zeit ist nicht die metaphorisch versetzte historische Zeit. Das ‚Ereignis' innerhalb der ästhetischen Zeit steht nicht referentiell zu den Ereignissen der Realzeit." Die spezifische Erfahrung der Realzeit eines ästhetischen Moments im Unterschied zur dargestellten Zeit ist für Bohrer ein Aspekt von Schock und Schrecken, die das performative (postdramatische) Ereignis häufig auszeichnen. Lehmann (1999, 259) beschreibt daher das postdramatische Theater als *„Theater des Präsens"*, das er „als Prozeß, als Verbum" verstanden wissen will. Das postdramatische Theater zeige „Gegenwart als etwas, *das sich ereignet*". Dieses *hic et nunc* der Aufführungssituation (und jedes einzelnen Momentes innerhalb dieser Situation) wird im postdramatischen Theater noch sehr viel mehr betont als im klassischen Repräsentationstheater: „Präsens [im] Sinne einer schwebenden, schwindenden Anwesenheit, die zugleich als ‚Fort', Abwesen, als Schon-Weggehen in die Erfahrung tritt, streicht im postdramatischen Theater die dramatische Repräsentation durch" (Lehmann 1999, 260).

Es wäre voreilig, Gemeinsamkeiten und mögliche Verbindungen zwischen den beiden Ereigniskonzepten komplett auszuschließen. Meisters (2003) Unterscheidung von Objektereignis und Diskursereignis und Hühns Differenzierung von Handlungs-, Präsentations- und Rezeptionsereignis können hier fruchtbar gemacht werden: Während ein Ereignis im klassischen narratologischen Sinn ein Objektereignis (bzw. Handlungsereignis) ist (also auf Ebene der *histoire* anzusiedeln ist), weist ein performatives Ereignis Ähnlichkeiten mit dem Diskursereignis (bzw. Präsentations- und Rezeptionsereignis) auf. Freilich ist hier nur eine bestimmte Art von Diskurs, nämlich der des äußeren Kommunikationssystems zwischen Zuschauer und Schauspieler, gemeint. Die anderen Diskursebenen (Erzählsysteme jeglicher Art, (impliziter) Autor/Regisseur und Leser/Zuschauer)

---

17 Zur Unterscheidung von äußerem und innerem Kommunikationssystem vgl. die Behandlung von Pfisters Thesen in Kapitel 4.1.

werden in der Theaterwissenschaft teilweise negiert und sind daher im dortigen Ereignisbegriff nicht inbegriffen. Die Ereigniskultur einer Theateraufführung stellt sich somit als komplexer dar als diejenige von schriftsprachlichen Texten: Zu den üblichen Objekt- und Diskursereignissen anderer Repräsentationsmedien tritt im Theater die direkte Konfrontation von Produzenten und Rezipienten und eine potentielle Vermischung dieser beiden Rollen, sodass es auch zu Diskursereignissen kommt, die sich auf das äußere Kommunikationssystem beziehen. Gumbrecht nennt diese Art von Ereignissen „Präsenzereignisse" (Gumbrecht 2001, 72); ich werde sie performative Ereignisse nennen. In Hühns Terminologie ausgedrückt, müssten die Präsentations- und Rezeptionsereignisse somit weiter gefasst werden, da auch das reale Autorenkollektiv und der reale Zuschauer in eine ereignishafte Interaktion treten.[18] Man kann insofern schlussfolgern, dass performatives Erzählen auf diskursiver Ebene per se ereignishaft ist (weiter *discours*-Begriff). Diese Ereignishaftigkeit des *discours* im Theater entsteht durch den speziellen Rahmen, der jeder performativen Kunstproduktion und -rezeption gegeben und damit obligatorisch ist. Ob zu dieser Ereignishaftigkeit der Kategorie *event I* oder des (weiten) Diskursereignisses auch eine Ereignishaftigkeit der Kategorie *event II* oder des Objektereignisses hinzutritt, ist im performativen Erzählen fakultativ und hängt mit der Eröffnung eines inneren Kommunikationssystems, einer repräsentierten Welt zusammen, dem sich zumindest das postdramatische Theater und Aktionen der Performance Art gerne entziehen. Freilich ist gerade diese innerrepräsentative Ereignishaftigkeit im Zusammenhang mit einer graduellen Bewertung der Narrativität einer performativen Erzählung interessanter. Die Feststellung einer diskursiven Ereignishaftigkeit der Performativität ist genereller Natur und im Zuge einer Analyse wenig operationalisierbar.[19] Man kann in Bezug auf die Ereignishaftigkeit den Schluss ziehen, dass Theater umso narrativer ist, je markierter *histoire*-Ereignisse dargestellt werden.

2.3 Die Bedingung der Mittelbarkeit

2.3.1 Der anthropomorphe Erzähler der klassischen Narratologie

Für viele Erzählforscher war oder ist die *Mittelbarkeit* ein unumgängliches Kriterium der Narrativität – so z. B. für Friedemann (1969 [1910]), Stanzel (1955 und

---

18 Zur genaueren Differenzierung und Visualisierung der unterschiedlichen (Erzähl-)kommunikationsebenen im Theater vgl. Kap. 4.
19 Zur Operationalisierbarkeit narratologischer Kategorien vgl. Moretti (2013).

1979), Prince (2003 [1987]) oder auch Genette (1998) –, und gleichzeitig ist sie die Grundlage für die engsten Narrativitätskonzeptionen.

Für Stanzel ist der vermittelnde Erzähler das wichtigste Merkmal von Erzähltexten. In seiner Monographie von 1955 unterscheidet er drei verschiedene Arten (bzw. „Typologien") des Romans, die er in einem Typenkreis zusammenfasst: der auktoriale Roman, der personale Roman und der Ich-Roman (Stanzel 1955, 163). Diese Grundtypen seien jedoch nicht streng voneinander trennbare Größen, sondern lägen auf einem kreisförmigen Kontinuum, auf dem sich die „unendlich abwandlungsfähigen Erzählsituationen des Romans" (Stanzel 1955, 163) einordnen ließen. Später hebt Stanzel (1982 [1979], 190–239) vor allem die binäre Opposition zwischen Erzählerfigur und Reflektorfigur im Erzählmodus hervor. Während Erzählerfiguren ihr eigenes Erzählen in den Vordergrund stellen, informieren und kommentieren, entsteht bei Reflektorfiguren die „Illusion der Unmittelbarkeit", bei der es sich aber um eine „verleugnete oder verdrängte Mittelbarkeit" (Stanzel 1982 [1979], 190) handele. Diese Opposition geht zunächst auf die Unterscheidung *telling* versus *showing* der englischsprachigen Erzählforschung (Lubbock 1968, 62; Friedman 1955) zurück. Stanzels „Illusion der Unmittelbarkeit" im Reflektormodus weist eine starke Ähnlichkeit mit Chatmans „covert narrator" (1993 [1978], 197) auf (s. u.). Für Stanzel bedarf Erzählung jedoch der Sprache als vermittelndes Medium, weshalb er Drama und Film in seine Theorie nicht mit einschließt. Näher geht Stanzel auf sein Verständnis des Erzählers ein, wenn er von der „Funktion des Erzählers als des relativierenden Mittlers zwischen Autor und Leser und zwischen Geschichte und Leser" (Stanzel 1979, 28) spricht.

Stanzels Verständnis von Mittelbarkeit steht in der Tradition von Platons Unterscheidung zwischen *mimêsis* und *haplê diêgêsis*, d. h. zwischen Nachahmung und einfacher Erzählung, die er in seinem Dialog *Politeia* (392c–395) vornimmt. In der einfachen Erzählung ist laut Platon der Dichter selbst der Sprecher. Er versteckt sich nicht hinter seinen Figuren, sondern tritt klar als Urheber des Sprechaktes in Erscheinung. In der Nachahmung hingegen lässt er die Figuren sprechen, er übermittelt die Rede, als wäre er selbst ein anderer (also eine seiner Figuren). Zu betonen ist hierbei, dass Platon *mimêsis* nicht als Gegenteil der dichterischen Erzählung auffasst, sondern nur als einen sich von der „einfachen" Erzählung (*haplê diêgêsis*) unterscheidenden Modus des Erzählens. Diese beiden Modi können laut Platon nun in der Erzählung auch kombiniert werden, wie es in epischer Dichtung, dem erzählenden Gedicht, geschehe (394c). Stanzels Unterscheidung von Mittelbarkeit und Illusion der Unmittelbarkeit greift genau diese Unterscheidung von *haplê diêgêsis* und *mimêsis* auf, wenn auch bei Platon noch die Vorstellung herrscht, der Dichter selbst fungiere als Erzähler, während in der modernen Erzähltheorie stattdessen allgemein eine Erzählinstanz angenommen wird, die vom Autor zu unterscheiden ist.

Stanzels Ansatz ist in seinem Grundsatz demjenigen Käte Friedemanns (1910) sehr ähnlich. Friedemann argumentiert, dass die Gegenwart eines Erzählers in Erzähltexten keineswegs ein Grund dafür sei, diese Gattung dem „unvermittelten" Drama unterzuordnen. Denn der Erzähler sei keine entpersonalisierte und objektive Instanz, sondern vielmehr

> der Bewertende, der Fühlende, der Schauende. Er symbolisiert die uns seit Kant geläufige erkenntnistheoretische Auffassung, daß wir die Welt nicht ergreifen, wie sie an sich ist, sondern wie sie durch das Medium eines betrachtenden Geistes hindurchgegangen. Durch ihn trennt sich für unsere Anschauung die Tatsachenwelt in Subjekt und Objekt.
> (Friedemann 1969 [1910], 26)

Schmid (2008, 129–130) baut – wie noch zu zeigen sein wird – auf diese Vorstellung auf, wenn er behauptet, dass alles Erzählte zunächst von einem Erzähler erfasst und dann vermittelt wird. Für Friedemann ist die Mittelbarkeit ebenfalls das epische Gattungsmerkmal schlechthin. Sie betont, dass „im Epos die Geschehnisse nicht direkt [wie im Drama], sondern durch ein organisch mit der Dichtung selbst verwachsenes Medium übermittelt werden [dem Erzähler]" (1969 [1910], 32). Friedemanns Vorstellung des vermittelnden Erzählers ist damit eine anthropomorphe.

Im Unterschied dazu spricht Genette (1998, 151) von der „narrativen Instanz" als Äquivalent zum Erzähler. Die narrative Instanz ist der kommunikative Akt, der sowohl den *discours* als auch die durch diesen *discours* produzierte *histoire* hervorbringt. Die *histoire*, oder *Geschichte*, ist dabei „die Gesamtheit der erzählten Ereignisse", und der *discours*, oder die *Erzählung*, ist „der schriftliche oder mündliche Diskurs, der von ihnen erzählt" (Genette 1998, 199). Was Stanzel Mittelbarkeit nennt, heißt bei Genette (1998, 199) *Narration*: „der reale oder fiktive Akt, der diesen Diskurs hervorbringt, also die Tatsache des Erzählens als solche". Wichtig ist bei Genette, dass er „die Erzählung *stricto sensu* als *sprachliche* Übermittlung definiert" (1998, 200). Es ist insofern unzulässig, auch visuelle oder audiovisuelle Zeichensysteme als vermittelnde narrative Instanzen im Sinne Genettes zu verstehen.[20]

---

[20] Dies geschieht z. B. bei Alber und Fludernik (2014, § 2), wenn sie Genettes Verständnis von Mittelbarkeit resümieren: „[T]he narrating instance represents events and existents (story), and they are thereby mediated in a particular (verbal, visual, or audio-visual) sign system (narrative) ([1983] 1988, 13)." Was Genette tatsächlich auf der angegebenen Seite sagt (es handelt sich hier-

Die wesentliche Erweiterung, die Genette gegenüber der Stanzel'schen Kategorisierung einführt, ist die genaue Unterscheidung von Stimme („*Wer spricht?*") und Modus („*Wer sieht?*") (Genette 1998, 132), wodurch Fragen nach dem Erzähler kategorial von solchen nach der narrativen Perspektive getrennt werden, die im Stanzel'schen Typenkreis auf der gleichen Ebene auftreten. Zu beachten ist auch die unterschiedliche Bedeutung von Platons (und Stanzels) *diêgêsis* bzw. „diegetisch" und Genettes Verwendung von *Diegese* (1998, 201 und 313). Während jene mit *diêgêsis* den narrativen Diskurs meinen, übernimmt Genette den Terminus *Diegese* aus der Filmwissenschaft (von Souriau 1951), die die gesamte fiktive Welt der Figuren unter den Begriff fasst, das „diegetische Universum als Ort des Signifikats im Gegensatz zum *Leinwand*universum als Ort des filmischen Signifikanten" (Genette 1998, 201). Diese Verwendung ist leicht auf das Theater zu übertragen, ist doch auch dort eine Unterscheidung von Erzählwirklichkeit (der erzählten Diegese) und Aufführungswirklichkeit (als Äquivalent zum „Leinwanduniversum") relevant. Sie ist zudem das Analogon der Unterscheidung von narrativen und performativen Ereignissen im vorigen Abschnitt.

Genettes Verständnis von *Diegese* weist damit eine starke Ähnlichkeit zu Aristoteles' Begriff der *mimêsis* (Nachahmung) auf, den dieser als Kriterium der Dichtung im Gegensatz zum Vers einführte (1994, 1447af.). Im Zuge der dichterischen Nachahmung werden Welten repräsentiert, die entweder bessere oder schlechtere Menschen zeigen. Die *mimêsis* ist dabei unterteilt in „berichten" oder „alle Figuren als handelnde und in Tätigkeit befindliche auftreten zu lassen" (1448a), also eine Unterteilung, die heute als die standardisierte Unterteilung von Erzähltexten und Dramen herangezogen wird. Man sollte hierbei jedoch aufmerksam die unterschiedlichen Ebenen betrachten: Die Nachahmung (*mimêsis*) ist die Oberkategorie, Erzählen und Darstellen sind hingegen die beiden ihr untergeordneten Modi. Somit kann auch in einer Genette'schen Diegese erzählt und dargestellt werden, und es wäre nur konsequent, dies ebenso für das – angeblich kategorial vom Erzähltext zu unterscheidende Drama anzunehmen.[71]

Der Vergleich von Stanzels und Genettes Ansätzen zeigt, dass für beide die Mittelbarkeit das wesentliche Kriterium des Erzählens ist. Für Genette wird diese Mittelbarkeit jedoch – im Unterschied zu Stanzels Erzähler- und Reflektorfiguren

---

bei um die englische Ausgabe *Narrative Discourse revisited*) ist, die *Erzählung* (also nicht die *Narration*) sei „das Produkt dieses Akts [des Akts der Narration], das diesen selbst eventuell oder virtuell als geschriebener Text, als Tonbandaufzeichnung oder im menschlichen Gedächtnis überdauern kann" (Genette 1998, 199). Eine transmediale Ausweitung des Narrativitäts- bzw. Mittelbarkeitsbegriffs ist also hier nicht zu finden.

21 Vgl. hierzu Kapitel 4.1.

– durch die narrative Instanz erzeugt, die mit ihrem Diskurs die Geschichte produziert.

Auch Prince (2003 [1987], 58) betont, eine Erzählung habe immer einen mehr oder weniger sichtbaren Erzähler (*overt narrator*), wobei er in der Neuauflage seines *Dictionary of Narratology* davon absieht, lediglich der sprachlichen Vermittlung die Möglichkeit der Narrativität zuzusprechen.[22]

In der erzähltheoretischen Analyse wird somit heute häufig zwischen *histoire* – der Ebene der Handlung – und *discours* – der Ebene des Erzählens – unterschieden, wie ich es auch in dieser Arbeit tue. Eine Erzählung muss nach dieser Auffassung folglich einen Erzähler haben, der das Geschehen vermittelt. Horn (1998, 141) konstatiert: „Geschichten können unmöglich sich selbst präsentieren: sie bedürfen dazu eines (möglicherweise fiktiven) Bewusstseins, das die Ereignisse angeblich ‚wahrgenommen' und verbalisiert hat."

Dieser Gedanke findet sich nicht nur bereits bei Friedemann (1969 [1910], 26, s. o.), sondern auch in der Theorie Schmids. Er entwickelt alternativ zu den dualistischen Modellen (*histoire* vs. *discours* bzw. im russischen Formalismus *fabula* vs. *sujet*) ein generisches Modell mit vier Kategorien: Geschehen, Geschichte, Erzählung und Präsentation der Erzählung (Schmid 1982, 94). Diese vier Stufen finden sich an unterschiedlichen Stellen in den anderen hier besprochenen Narrativitätskonzeptionen wieder. Im Geschehen geht es vor allem um die Ereignishaftigkeit (s. Kapitel 2.2), die Geschichte ist äquivalent mit der bisher als *histoire* bezeichneten Ebene, die Erzählung wird im Englischen auch als *plot* bezeichnet (Forster 1969), und die Präsentation der Erzählung ist Schmids Ausdruck für den narrativen Diskurs (*discours*). Diese Präsentation der Erzählung kann aber laut Schmid nur verbal erfolgen, er schließt filmische oder mimetische Präsentation explizit aus (vgl. 1982, 94). In diesem Modell, dem dennoch die Mittelbarkeit zugrunde liegt, ist es der Erzähler, der die Ereignisse selektiert, konkretisiert und segmentiert (Geschichte), diese dann auf der Ebene der Erzählung linearisiert, rafft oder dehnt und in bestimmter Weise anordnet (Permutation) und schließlich die Erzählung verbal präsentiert (Schmid 1982, 94 und 97). Schmids Modell ist dabei ein „ideal-genetisches".[23] Der Einwand, dass in fiktionalen Erzählungen üblicherweise nicht etwas bereits Existierendes in eine Erzählung umgeformt

---

22 Vgl. hierzu das folgende Kapitel 2.3.2.
23 Vgl. Schmid (2008, 251–254), der „ideal" hier jedoch im Sinne von „ideell" benutzt. Bereits die *Geschehens*-Stufe – und damit die unterste der vier Ebenen in seinem Modell – markiert er als „Resultat der Erfindung, jenes Aktes, den die antike Rhetorik *inventio* [...] nannte" (252). „Ideal" wird hier also nicht im Sinne von „empirisch", sondern im Sinne von „gedacht" verwendet.

wird, wie ihn z. B. Cohn (1990, 781) hervorbringt, ist insofern in Bezug auf Schmids ideelles Modell nicht berechtigt, da die *inventio* ihm bereits zugrunde liegt.

Schmid setzt voraus, dass alles Erzählte (ob von einer Figur oder einem Erzähler) zuerst erfasst werden muss, bevor es dargestellt wird (Schmid 2008, 129–130). Eine Gefahr ist hierbei jedoch, ein anthropomorphes Verständnis des Erzählers zu entwickeln, wodurch nicht nur andere Genres und Medien, sondern auch eine Reihe von Erzähltexten ausgeschlossen würden, in denen keine Erzählerfigur auftritt. Es ist daher besser, den Erzähler als eine Erzählinstanz – oder für mehrkanalige Medien wie z. B. das Theater als ein Repräsentationssystem (vgl. Kapitel 5 dieser Arbeit) – zu begreifen; sie wählt aus, konkretisiert, ordnet die ausgewählten dargestellten Momente der Erzählung (Komposition), präsentiert diese sprachlich und bewertet sie implizit oder explizit. Ferner kann die Erzählinstanz kommentieren, generalisieren oder sich anderweitig einmischen (Schmid 2008, 73).

In Hinblick auf die angesprochene *inventio* des erzählten Geschehens beschäftigt sich auch Walsh (2007) mit der Mittelbarkeit fiktionaler Texte. Er bezieht dabei eine provokante Gegenposition: Der Autor selbst erzähle, solange es keinen homodiegetischen Erzähler gibt (Walsh 2007, 78). Jeder extradiegetisch-heterodiegetische Erzähler müsse selbst repräsentiert werden und sei damit Teil der Diegese, also homodiegetisch oder intradiegetisch. Da dies nicht der Fall ist, seien extradiegetisch-heterodiegetische Erzähler nicht von Autoren zu unterscheiden (Walsh 2007, 84). Walshs Argumentation basiert dabei auf der Annahme, ein Erzähler berichte von Dingen, die er *kenne*, die für ihn also innerhalb der Fiktion Fakten sind, wohingegen ein Autor *erfinde*. Ein Erzähler könne somit nicht über eine Welt berichten, von der er selbst nicht Teil sei (Walsh 2007, 73). Diese Annahme geht zurück auf eine Äußerung Genettes:

> [A]uf eine zugleich subtilere und radikalere Weise „ist" der Erzähler von *Père Goriot* trotz allem nicht Balzac, selbst wenn er hier und da dessen Meinungen zum Ausdruck bringt, denn dieser Autor-Erzähler ist jemand, der die Pension Vauquer mit ihrer Wirtin und ihren Gästen „kennt", während Balzac sie sich nur ausdenkt.
>
> (Genette 1998, 152)

Hier kann man nun Genette den Vorwurf machen, die existierende literarische Vielfalt zu sehr einzuschränken. Es gibt durchaus viele Erzähler, die sich Geschichten ausdenken statt diese lediglich zu berichten. Nicht zuletzt liegt dieser Annahme wiederum ein anthropomorphes Verständnis der Erzählinstanz zugrunde. Die Forschungsrichtung der *unnatural narratology* beschäftigt sich u. a.

damit, Beispiele unnatürlicher Erzähler zu sammeln, und hier finden sich zahlreiche Fälle von Erzählinstanzen – insofern sie angenommen werden –, die nicht berichten können, weil sie schlicht und einfach nicht menschlich oder menschenähnlich sind oder in unnatürlichen Kommunikationssituationen sprechen (wie z. B. bei der Du-Erzählung).[24] Der eigentliche Vorwurf ist hier aber Walsh selbst zu machen, denn er erhebt Genettes Äußerung, die sich nur auf den Fall Balzacs bezieht, zu einer generell gültigen Aussage. Es bleibt dabei fraglich, was an der Behauptung, ein *fiktiver* heterodiegetischer Erzähler könne unnatürliche (Cohn 1999, 106) oder übernatürliche (Ryan 1991, 67) Fähigkeiten haben, problematisch sein sollte. Für Walsh ist somit jedoch die Allwissenheit eines Erzählers (Stanzel) nichts weiter als die Imaginationsfähigkeit des Autors (Walsh 2007, 73). Walshs Argumentation ist in sich sehr logisch, die Grundannahme ist jedoch nicht richtig. Ein Erzähler ist durchaus in der Lage, Dinge zu imaginieren, selbst Fiktionen zu entwerfen bzw. – um mit Schmid zu sprechen – zu erfinden. Und deshalb kann ein Erzähler auch eine Welt entwerfen, von der er selbst nicht Teil ist, also extradiegetisch oder heterodiegetisch sein. Die Frage nach der Ontologie von Autor und Erzähler – die vielmehr eine Frage nach dem Gegensatz von fiktiv und non-fiktiv ist – ist eine andere als die Frage, wer die Erzählfunktion wahrnimmt. Eine Erzählinstanz (bzw. ein Repräsentationssystem) muss nicht zwangsläufig ontologisch verortet werden, wichtiger ist, dass sie ihre Erzählfunktion wahrnimmt (auswählt, arrangiert, kommentiert etc.); sei sie realmenschlich oder nicht.[25] Diese Einsicht liegt nicht nur dem im Folgenden zu diskutierenden Ansatz Chatmans zugrunde, sondern wird auch der Ausgangspunkt für mein eigenes Theatrales Repräsentationssystem (vgl. Kap. 5) sein.

---

24 Vgl. z. B. Alber et al. (2010; 2013) und die *special issue*-Ausgabe von *Style* 50.4 mit Richardsons (2016b) „Target"-Artikel „Unnatural Narrative Theory", zahlreiche auf diesen Artikel eingehenden Antworten internationaler Narratologen, sowie den „Rejoinders to the Respondents" von Richardson (2016a).
25 Aczel behandelt in seinem Beitrag den Erzähler in genau diesem Sinne, wenn er sich gegen „narratorless narrative[s]" ausspricht. Der Erzähler sei vielmehr ein pragmatisches Konstrukt des Lesers, auch wenn jener nicht als Figur in Erscheinung tritt. „Ultimately the question of the narrator [is] framed less as an existential or ontological question than as a pragmatic aspect of stategic reading" (Aczel 1998, 494).

2.3.2 Chatmans *teller* und *shower*: Mittelbarkeit als Erfüllung narrativer Funktionen

Es ist beachtenswert, dass bereits Aristoteles, wenn er über die verschiedenen Formen der Nachahmung (*mimêsis*) spricht, „größtenteils – das Flöten- und Zitherspiel" und auch „die Tanzkunst" in dieses Korpus mit aufnimmt. So „verwenden das Flöten- und Zitherspiel [...] nur Melodie und Rhythmus, die Tanzkunst allein den Rhythmus ohne Melodie; denn auch die Tänzer ahmen mit Hilfe der Rhythmen, die die Tanzfiguren durchdringen, Charaktere, Leiden und Handlungen nach" (1994, 1447a). Aristoteles' Verständnis von Nachahmung kann man zwar nicht mit der hier zu suchenden Konzeption von Erzählen gleichsetzen, augenfällig ist jedoch, dass auch diese nicht-sprachlichen Kunstformen laut Aristoteles zu den mimetischen gehören und damit eine Welt repräsentieren.

Die Frage für meinen Ansatz ist, inwieweit tatsächlich jenseits der Sprache auf mimetische Art erzählt werden kann. Den wichtigsten Grundstein für diese transmediale Herangehensweise an das Phänomen Erzählen legt Seymour Chatman, der sich vor allem mit narrativen Filmen beschäftigt, dessen Thesen aber ebenso für Ballett, Musik oder Pantomime gelten. Er bezeichnet Mittelbarkeit als „narrative transmission", narrative Übermittlung (Chatman 1993 [1978], 22). Auch Chatmans Theorie ist *histoire*- und *discours*-orientiert und stützt sich insbesondere auf eine doppelte Chronologie dieser beiden Elemente.

> [W]hat makes Narrative unique among the text-types is its "chrono-logic," its doubly temporal logic. Narrative entails movement through time not only "externally" (the duration of the presentation of the novel, film, play) but also "internally" (the duration of the sequence of events that constitute the plot). The first operates in that dimension of narrative called Discourse (or *récit* or *syuzhet*), the second in that called Story (*histoire* or *fabula*).
> (Chatman 1990, 9)

Basierend auf dieser Narrativitätskonzeption unterscheidet Chatman *overt narrators* und *covert narrators*, also jene Erzählinstanzen, die sich im Diskurs direkt zu erkennen geben und mit dem Leser kommunizieren, und solche, die nicht direkt in Erscheinung treten, sondern in den diskursiven Schatten verborgen bleiben (Chatman 1993 [1978], 197). Verborgene Erzähler treten durch linguistische Subjektivitätsmerkmale, durch die Anordnung des Erzählten, durch Auslassungen und (indirekte) Kommentare und Bewertungen in Erscheinung. Es handelt sich auch hier nicht um diametral gegenüberstehende Gegensätze, sondern um die beiden Pole einer Skala: Eine Erzählinstanz kann mehr oder weniger sichtbar (*overt*) sein, wie sie auch mehr oder weniger verborgen (*covert*) sein kann. Gemeinsam haben sie die Erfüllung der Erzählfunktionen. Während Chatman in

Story and Discourse (1978) unerzählte Geschichten (*non-narrated stories*) für möglich hält, weicht er in *Coming to Terms* (1990) von dieser Sichtweise ab und stellt klar: „every narrative is by definition narrated – that is, narratively presented" (Chatman 1990, 115). Die Präsentation der Erzählung ist für ihn also wie für Schmid (s. Kapitel 2.3.1) obligatorisch. Allerdings führt Chatman eine entscheidende Neuerung ein: Der Präsentator oder Erzähler einer Geschichte kann sowohl verbal als auch visuell erzählen. „Once we decide to define Narrative as the composite of story and discourse (on the basis of its unique double chronology), then *logically*, at least, narratives can be said to be actualisable on the stage or in other iconic media" (Chatman 1990, 114). Damit umfasst Narrativität auch visuelle, nicht sprachlich vermittelnde Erzählmodi. Chatman differenziert nach dieser weiteren Konzeption Erzählungen diegetischer – im Modus des *telling* erzählter – und mimetischer – im Modus des *showing* dargestellter – Fasson (1990, 114–115). Er gliedert folglich den Erzähler (*narrator* oder *presenter*) einer Geschichte in den „tell-er" und den „show-er" (1990, 113). Mit dieser Kategorisierung werden sowohl sprachlich als auch visuell oder performativ vermittelte Erzählungen als solche klassifiziert. Für Chatman steht die Kategorie „narrativ" dabei auf einer Ebene mit anderen Modi wie „argumentativ" oder „deskriptiv":

> „Narrative" still seems best to cover both diegetic and mimetic forms as these are opposed to other text-types such as Argument and Description. If we adopt an appropriately broad sense of the term, mimetic forms – dramas, films, ballets – are just as much „narrated" as short stories and novels.
>
> (Chatman 1990, 118)

Chatmans Differenzierung von *overt* und *covert narration* entspricht Stanzels Unterscheidung von Mittelbarkeit und der Illusion von Unmittelbarkeit, die ich im vorigen Abschnitt 2.3.1 erläutert habe. Die beiden Modelle lassen sich gut parallelisieren, nur reduziert Chatman die narrative Übermittlung eben nicht auf verbale Erzählungen, wie Stanzel es tut.

Sowohl Chatman als auch Stanzel, Genette, Schmid, Aczel und andere stehen in klarer Opposition zu Theorien wie jener von Ann Banfield (1982), die Geschichten für möglich halten, welche sich ohne Erzählinstanz gleichsam selbst präsentieren. So betont z. B. Chatman, dass jede Geschichte von einer Instanz präsentiert werden müsse. Dabei sei es nicht notwendig, dass diese Instanz anthropomorphisiert werde. Sein „cinematic narrator" ist lediglich „the organizational and sending agency [that] need not be human" (Chatman 1990, 127).

Diese Entwicklung der Narratologie, auch visuelles Erzählen als solches zu klassifizieren, lässt sich im *Dictionary of Narratology* von Prince ablesen. Er schließt in seiner Konzeption von Narrativität Theaterinszenierungen zunächst explizit aus: „[A] dramatic performance, representing [...] events does not constitute a narrative [...] since these events, rather than being recounted, occur directly on stage" (Prince 1987, 58). In der durchgesehenen Neuauflage des *Dictionary of Narratology* (2003) weitet er diese Konzeption jedoch aus, indem er „recount" im Wesentlichen durch „representation" ausdrückt, eine Wortwahl, der sich die theatrale Repräsentation von Ereignissen durchaus unterordnen lässt. Prince (2003, 58) schreibt: „The narrative media of representation are diverse (oral, written, and sign language, for example, still or moving pictures, gestures, or any ordered combination thereof)."

Ich sehe wie Kuhn (2011, 78), dessen transmediales Vorgehen in der Filmnarratologie ebenfalls auf Chatman basiert und für meinen Beitrag Maßstäbe gesetzt hat, im *showing* die Möglichkeit, visuelle Aspekte des Erzählens von den sprachlichen separiert zu behandeln. Filme, Cartoons und eben auch Theaterinszenierungen fallen in den Bereich solcher mimetischen Erzählungen.[26] Somit erfüllt das klassische Theater, das eine erzählte Welt repräsentiert, auch die engen Narrativitätsbedingungen der Mittelbarkeit, insofern man die vermittelnde Erzählinstanz nicht auf verbale Aspekte beschränkt und zudem anthropomorphisiert, sondern sie in der Erfüllung erzählerisch-vermittelnder Funktionen sieht.

2.4 Transmediale Narratologie und Performativität

2.4.1 Medialität des Erzählens

Vor dem Hintergrund der oben diskutierten Modelle gibt es nun eine Reihe von Ansätzen, Narrativität dezidiert als intermediales Phänomen zu beschreiben. Eine solche intermediale Konzeption wird auch meinem transmedialen Ansatz zugrunde liegen.

Für Genette (1998, 200–201) sind nicht-verbale Medien nur unter dem *histoire*-Aspekt narratologisch zu untersuchen. Den *discours*-Aspekt schließt er für narratologische Analysen aus, da es in diesen Medien keine vermittelnde Instanz gebe. Diese gleichsam zur Crux der Bestrebungen einer post-klassischen transmedialen Narratologie gewordene Annahme muss von allen transmedialen oder transgenerischen Narratologien immer wieder verhandelt werden und steht einer

---

[26] Da es im Theater nicht nur sprachliches und visuelles Erzählen gibt, werde ich in Kapitel 5 die unterschiedlichen potentiell narrativen Kanäle des Theaters genauer behandeln und systematisieren.

histoire- und *discours*-orientierten Herangehensweise im Weg. Um dem entgegenzuwirken, beschäftigen sich einige Narratologen wie z. B. Jahn (2001) oder Weidle (2009) vor allem mit der *discours*-Ebene in Dramen (vgl. Rajewsky 2007, 31). Das zum narratologischen Standard gewordene Vokabular Genettes dennoch für eine transmediale Modellbildung zu verwenden – und damit eine enge Narrativitätskonzeption zugrunde zu legen, die sich auf die Mittelbarkeit des Dargestellten bezieht –, kann durchaus von Erfolg gekrönt sein, wie Kuhns Arbeit über Filmnarratologie (2011) zeigt.

Was ist unter einer transmedialen Theorie- oder Modellbildung genau zu verstehen? Und was ist ein intermedialer Narrativitätsbegriff? Hierfür ist es zunächst wichtig, einen genauen Medienbegriff zu definieren. Viele Narratologen – darunter z. B. Kuhn (2011, 26) – weisen auf die noch immer geringe Anzahl transmedialer Ansätze hin. Zentrale Konzepte würden weiterhin aus der Erzählliteratur kommend entwickelt.[27] Wolf (2002a, 24) tritt für eine „intermediale Erzähltheorie" ein, also die Anwendung narratologischer Kategorien auf mehr als zwei verschiedene Medien. Da der Dramentext häufig die sprachliche Grundlage bildet und die Bühnensituation selbst eine große Plurimedialität bietet, könnte mein Ansatz insofern als *intermedial* klassifiziert werden. Weil ich das Medium Theater jedoch trotz der hohen Komplexität des theatralen Zeichens als ein Kompositmedium und damit als einen Gesamtkomplex begreifen möchte, wende ich die Kategorien der Narratologie auf *ein* anderes Medium an; weshalb mein Ansatz *transmedial* ist.[28] Das Theater lässt sich in dem Sinne als *ein* Medium begreifen, als dass man einen weitgefassten Medienbegriff zugrunde legt, wie Wolf (2002b) ihn umreißt:

> Im Unterschied zu manchem medientheoretischen Begriffsgebrauch bedeutet ‚*Medium*' [...] nicht vorrangig einen bloß technisch-materiell definierten Übertragungskanal von Informationen (wie z. B. Schrift, Druck, Rundfunk, CD usw.), sondern ein konventionell im Sinn eines kognitiven *frame of reference* als distinkt angesehenes Kommunikationsdispositiv. Dieses ist in erster Linie durch einen spezifischen (z. B. symbolischen oder ikonischen) Gebrauch eines semiotischen Systems (Sprache, Bild), in manchen Fällen auch durch die Kombination mehrerer Zeichensysteme (wie beim Tonfilm als einem ‚Kompositmedium' aus Sprache, Bild und Musik/Geräuschen) zur Übertragung kultureller Inhalte gekenn-

---

27 Einen Gegenentwurf liefert in jüngerer Vergangenheit Thon (2016) mit seiner transmedialen Theorie, die sich nicht auf narrative Prosaliteratur, sondern auf Filme, Comics und Computerspiele stützt.
28 Vgl. auch Fischer-Lichte (2001, 311–312), die die Medialität einer Inszenierung in Zusammenhang bringt mit dem spezifischen Wahrnehmungsmodus des Rezipienten bei einer *live*-Performance gegenüber technologisch tradierbaren Medien.

zeichnet und erst in zweiter Linie [...] durch bestimmte technische Medien bzw. Kommunikationskanäle. Medium in diesem Sinne umfasst also die traditionellen Künste mit ihren Vermittlungsformen ebenso wie neue Kommunikationsformen [...].

(Wolf 2002b, 165)

Will man nun narratologische Kategorien auf derlei geartete „Kompositmedien" übertragen, stellt sich nicht nur das Problem einer Vielzahl von potentiell narrativen Kanälen, die in Interaktion treten (können). Genauer zu betrachten ist bei diesen mehrkanaligen oder multimodalen Medien außerdem die Unterschiedlichkeit der einzelnen Zeichensysteme: Nur die linguistischen Zeichen haben lexikalisch festgeschriebene Denotate[29]; Ikone und Indizes sind in der Regel offener und daher ungenauer. Das hat zwar Auswirkungen auf die Art und Weise des Erzählens dieser Zeichen, muss aber nicht als Nachteil gesehen werden, denn zeigende Zeichen (und darunter auch die nicht-linguistischen Symbole) bieten in der Regel größere Möglichkeiten der Assoziationsweckung und Bedeutungszuweisung als solche genuin sprachlichen Charakters.

Auch Ryan (2005a, 9) stellt fest, dass Bilder für sich genommen weniger narrativ seien als die Sprache, da visuelle Medien keine syntaktischen Regeln oder eine Grammatik hätten. Noch frappanter sei dies bei musikalischen Werken, weil Klänge für sich genommen keine semiotischen Objekte seien.[30] Möglichkeiten, Kausalitäten, in der erzählten Welt abwesende Dinge – all dies sei nur durch das narrativste Medium, die Sprache, auszudrücken. Diese Problematik bestünde aber nur, wenn man Narrativität als ein linguistisches Objekt definiere. Weiter gefasste Definitionen (auch Ryan legt ihrem Beitrag eine kognitive zugrunde) seien geeignet, ebenfalls visuelle und auditive Medien in den Narrativitätsbegriff zu integrieren (Ryan 2005a, 10). Ich halte es – mit Ryan (2005a, 8-9) und auch Meister (2002) – für wichtig, zu betonen, dass die Narrativität im Zusammenspiel der einzelnen Kanäle – also im Text im weiteren Sinne – angelegt ist, sodass sie im Kopf des Rezipienten entstehen kann. Diese Narrativierungsleistung des Rezipienten ist auch beim visuellen Erzählen nicht unerheblich, wie Wolf (2011, 164) bemerkt: „[T]he visual narrative remains implicit [...] and needs the recipient to detect it." Hier wird deutlich, wie wichtig der (produktive) Zuschauer einer Theaterinszenierung ist, um derselben einen Sinn zu verleihen, indem er visuelle und andere Elemente narrativiert.

---

[29] Im Metzler Lexikon Literatur wird „Denotation" als „begrifflicher Kern eines Zeichens" definiert und benennt „den klar abgegrenzten und situationsunabhängigen begrifflichen Inhalt des Zeichens" (Burdorf, Fasbender und Moennighoff 2007, 145).
[30] Eine genauere Auseinandersetzung mit dem narrativen Potential der im Theater eingesetzten Kanäle findet sich in Kapitel 5.

Die angerissenen Problemstellungen deuten auf die Komplexität hin, die eine mediale Erweiterung erzähltheoretischer Fragestellungen mit sich bringt. In der Forschung wird häufig versucht, den Narrativitätsbegriff mit einer Definition von Inter- bzw. Transmedialität zu kombinieren. Dass dies vor allem für die spezifische Form des Theaters substantiell ist, zeigt auch Richardsons Äußerung, für den nicht nur das Erzählen in der menschlichen Kultur allgegenwärtig ist, sondern auch das Performative: „Narrative and performance are two of the most widespread and best appreciated cultural forms in our time: now, both seem to be everywhere. It is only appropriate that the site in which they are fused together is given the attention it deserves" (Richardson 2001, 690). Einige Beispiele für narratologische Konzepte, die über verschiedene Medien hinweg anwendbar sind, bringt Ryan (2005a, 3): die Unterscheidung von *histoire* und *discours*, die Vorstellung von Figuren, Ereignissen, fiktiven Welten und Metalepsen.

Wichtige Impulse zu einer Theoriebildung der transmedialen Narratologie stammen von Wolf (2002a) und sollen im Folgenden besprochen werden. Auch in seinen Ansätzen bildet der Narrativitätsbegriff eine wichtige Grundlage: „Die außerhalb der Literaturwissenschaft oft unreflektierte Verwendung von ‚narrativ' und verwandten Begriffen ist unbefriedigend, und die zumal innerhalb dieser Wissenschaft bisher dominierende intramediale Sicht darauf, was ‚narrativ' sei, häufig zu eng" (Wolf 2002a, 26). Wolf versucht deshalb ein Modell des Narrativen zu entwerfen, das nicht nur intra-, sondern auch intermedialen Theorieansprüchen und damit ebenso nicht-verbal-literarischen Medien genügen kann. Er geht dabei von literarischen Kategorien aus – da auch für ihn das sprachlich-literarische Erzählen der Prototyp des Erzählens ist – und weitet diese aus. Wolf fasst das Narrative insgesamt

> als kulturell erworbenes und mental gespeichertes kognitives Schema im Sinne der *frame theory* auf, d. h. also als stereotypes verstehens-, kommunikations- und erwartungssteuerndes Konzeptensemble, das als solches medienunabhängig ist und gerade deshalb in verschiedenen Medien und Einzelwerken realisiert, aber auch auf lebensweltliche Erfahrung angewandt werden kann.[31]
>
> (Wolf 2002a, 26)

Diese Definition sei sinnvoll, da sie „wahrnehmungspsychologisch unterschiedlich wirksame Repräsentationsweisen [sprich vor allem verbale und visuelle] auf ähnliche Grundstrukturen und Elemente rückzuführen vermag" (Wolf 2002a, 29). Die diesem Ansatz inhärente Möglichkeit, grundsätzlich und medienunabhängig

---

[31] Die Begriffe *frame* (Situationskontext) und *script* (Handlungsabfolge) wurden geprägt von Schank und Abelson (1977), die zu künstlicher Intelligenz forschen.

zwischen Produzenten, Werken und Rezipienten zu unterscheiden, gereicht auch meiner eigenen Modellbildung zum Vorteil, wenn ich mich mit den kommunikativen Ebenen des Theaters auseinandersetze (vgl. Kap. 4).

Der von Fludernik (1996, 13) postulierten Bedingung der *experientiality* (vgl. Kap. 2.1) widerspricht Wolf (2011, 163–164). Die Repräsentation eines Bewusstseins als obligatorische Narrativitätsbedingung dränge die visuellen Medien an den Rand, die oft zwar Hinweise auf Gedanken geben, diese aber häufig nicht völlig repräsentieren könnten. Vielmehr müssten, so Wolf, mindestens implizit Zeitlichkeit, Kausalität und Teleologie in einer Erzählung zu finden sein. Sie seien insofern notwendig Teil einer Narrativitätskonzeption. Als narrative Basisfunktionen nennt er die philosophische Sinngebung (Identitäts- und Zeit-Stiftung), die Repräsentation und (Re-)Konstruktion zeitlichen Erlebens sowie Sozialität, Kommunikation und Unterhaltung (Wolf 2002a, 32–33). Vor diesem Hintergrund bezeichnet er „das Narrative als ein *transmediales Phänomen* innerhalb einer Typologie intermedialer Formen" (Wolf 2002a, 36), da das Narrative per definitionem medienunabhängig als kognitives Schema existiere und die individuellen (verbalen, visuellen, auditiven) Erscheinungsformen auf dieses Schema zurückgeführt würden. Auch Rajewsky (2005, 46) definiert Transmedialität in dieser Richtung als „the appearance of a certain motif, aesthetic, or discourse across a variety of different media".

Wolfs Konzept behauptet keine binäre Opposition (narrativ vs. nicht-narrativ), sondern eine Skala des Narrativen mit mehreren Abstufungen/Graden des Erzählerischen, die durch sogenannte Narreme näher zu bestimmen sind – d. h. prototypische, medienunabhängige Elemente des Erzählens, wie z. B. Elemente der Sinnstiftung oder des Spannungsaufbaus, Chronologie, Teleologie, thematische Einheitsstiftung, Kausalität etc. (Wolf 2002a, 37, 43–51). Dabei gilt:

> Dieselben Geschichten können in unterschiedlichen Medien, Textsorten und Gattungen in Erscheinung treten, und deren Inhalte sind daher an sich ebenso mental-abstrakt wie das formale Schema des Narrativen.
>
> (Wolf 2002a, 38)

Auch auf *discours*-Ebene sind nach Wolf Narration, Deskription und Argumentation gattungs- und medienunabhängig anzutreffen. „Damit gilt: Ein narratives Werk liegt dann vor, wenn in ihm insgesamt der Diskursmodus der Narration bzw. das Schema des Erzählerischen vorherrscht" (Wolf 2002a, 41). Ansonsten können nur einzelne Werkteile als narrativ bezeichnet werden. Vor diesem Hintergrund entwirft Wolf eine intermediale Definition von Erzählen. Es ist für ihn

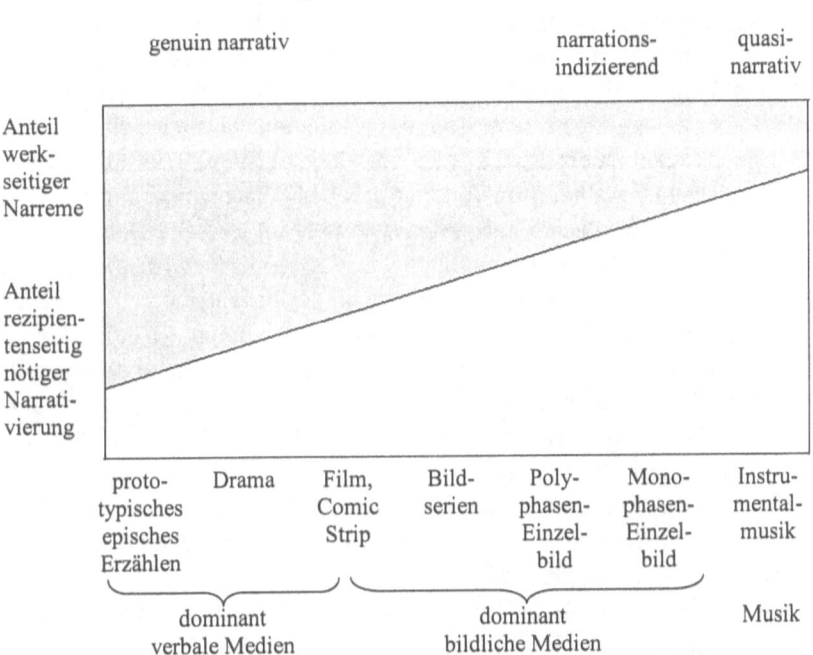

Abb. 2: Narratives Potential unterschiedlicher Medien (Wolf 2002a, 96)

die Darstellung wenigstens von Rudimenten einer vorstell- und miterlebbaren Welt, in der mindestens zwei verschiedene Handlungen oder Zustände auf dieselben anthropomorphen Gestalten zentriert sind und durch mehr als bloße Chronologie miteinander in einem potentiell sinnvollen, aber nicht notwendigen Zusammenhang stehen.

(Wolf 2002a, 51)

Diese in einen kognitivistischen Rahmen eingebettete Definition bezieht sich vor allem auf Aspekte der Ereignishaftigkeit. Die erforderte rezipientenseitige Narrativierung ist dabei bei einigen Medien größer (z. B. bei Instrumentalmusik), bei anderen sehr klein (z. B. bei sprachlichen Erzähltexten), aber niemals gleich null. Auf Grundlage dieser Annahmen erstellt Wolf schließlich das abgebildete Schaubild (Abb. 2) einer skalaren Abstufung von Narrativität bei unterschiedlichen Medien.

In einem transmedialen Ansatz ist es wichtig, die Gemeinsamkeiten der Medien aufzudecken und Kategorien zu entwickeln, die transmedial anzuwenden sind. Ebenso sollten aber auch medienspezifische Besonderheiten und damit Differenzen in der jeweiligen Narrativität aufgedeckt werden (vgl. Rajewsky 2007, 28). Transmediale Narratologien sollten somit sowohl „media blindness" als auch „media relativism" (Thon 2016, 20) vermeiden. Am Beispiel der Metalepse beschreibt Wolf (2005, 101–104) die heuristischen Vorteile des Exportierens narratologischer Kategorien in andere Genres und Medien, die auch mein Ansatz für sich beanspruchen möchte. Dabei steht vor allem der Vorteil der Präzision des narratologischen Vokabulars im Vordergrund. Das Aufzeigen der verschiedenen Funktionen narratologischer Kategorien (wie z. B. der ludischen Funktion oder des antiillusionistischen und metafiktionalen Effektes der Metalepse) sei, so Wolf (2005), durch eine transmediale Anwendung besser gewährleistet. Zudem macht ein medienübergreifendes Vokabular eine präzise Beschreibung historischer Veränderungsprozesse und Ähnlichkeiten in den Medien möglich. Eine übermäßige Ausweitung des Themenbereiches einer transmedialen Narratologie birgt jedoch immer eine Gefahr: „[I]f everything becomes equally narrative, no one thing can be particularly narrative any more" (Wolf 2011, 157).

Die bisher in Wolfs intermedialem Narrativitätskonzept besprochenen Bedingungen lassen sich den kognitiven Konzeptionen von Narrativität wie den Bedingungen der Ereignishaftigkeit zuordnen. Zwar gehört das jeweilige Medium einer Erzählung nach Wolf (2011, 167) zu ihrem *discours*, dem Kriterium der Mittelbarkeit wird dabei jedoch nicht genügend Rechnung getragen. Für Wolf (2002a, 39) – wie für viele andere – gehören Theateraufführungen zu den nicht vermittelten Medien, bei denen Geschichten ohne Erzählinstanz vermittelt, also gleichsam un-mittelbar dargestellt werden. Diese Grundannahme, die Pfisters (1977) zum Standard der Dramenanalyse gewordener Monographie entstammen, werde ich in Kapitel 4.1 eingehend untersuchen. Schon hier sei aber Folgendes angemerkt: Die Annahme, dass Dramen und Theateraufführungen unvermittelt seien, schließt erstens bei genauer Betrachtung auch innere Monologe wie z. B. Schnitzlers *Lieutenant Gustl* aus dem Korpus erzählender Texte aus, und schreibt zweitens dem Autor der Theaterinszenierung – dem Regisseur[32] – die ideologischen Kommentare, moralischen Wertungen etc. direkt zu, wodurch der Inszenierung ein faktualer bzw. nicht-repräsentativer Charakter zuzusprechen wäre, was im Theater genauso falsch ist wie in fiktionalen Erzähltexten. Ein wichtiger Unterschied zwischen Fiktionalität und Faktualität besteht in der *doppelten* Kommunikationssituation fiktionaler Texte, da in fiktionalen Werken zwischen Autor

---

32 Genau genommen handelt es sich beim „Autor" der Theaterinszenierung um ein Autorenkollektiv – von Pfister (2001, 29) „Produzentenkollektiv" genannt –, das ich in Kapitel 4.5 näher betrachten werde.

und Erzähler unterschieden wird, in faktualen Texten hingegen eine Identität der beiden Instanzen angenommen werden kann.[33] Der Theatersemiotiker Elam teilt dieses Verständnis von Mittelbarkeit, das sich auf die Fiktionalität des Dargestellten bezieht: „[T]he actor-spectator transaction within the *theatrical* context is mediated by a *dramatic* context in which a fictional speaker addresses a fictional listener" (Elam 1980, 38).

Die Fiktionalität eines Werkes scheint daher ebenfalls ein wichtiger Indikator für eine narrative Mittelbarkeit zu sein. Ein transmedialer narratologischer Ansatz, der sich auf narrative Spielfilme konzentriert – wie der von Kuhn (2011) –, kann die Mittelbarkeit insofern durchaus als ein grundlegendes Element seiner Narrativitätskonzeption betrachten. Gleiches gilt für Theaterinszenierungen.

Vor diesem Hintergrund und in Anlehnung an Princes bereits besprochene, weiter gefasste Definition versteht Kuhn unter Narrativität eine nicht notwendig *sprachliche* Vermittlung und spezifiziert die Definition transmedialen Ansätzen genügend:

> Als *narrative* Werke im *engeren* Sinne fasse ich Repräsentationen auf, in denen eine Geschichte (das ist mindestens eine Zustandsveränderung) von einer oder mehreren nicht anthropomorph zu verstehenden narrativen Instanz(en) durch ein beliebiges Zeichensystem vermittelt oder kommuniziert wird. [...] *Narrativ* im *weiteren* Sinne sind Repräsentationen, die die Veränderung eines Zustands oder einer Situation darstellen.
>
> (Kuhn 2011, 55)

Kuhn übernimmt hier die Vorstellung einer graduell abgestuften Narrativität, wie sie von Wolf (2002a, 96) illustriert wurde. Um die Minimalbedingung der weiter gefassten Narrativität dahingehend einzuschränken, dass z. B. Monophasen-Bilder ausgeschlossen werden (bei denen die Geschichte höchstens im Kopf des Rezipienten ausgelöst, nicht aber im Medium selbst repräsentiert werde), schlägt Kuhn (2011, 61) in Anlehnung an Schmid (2003; 2008) vor, dass Ausgangs- und Endzustand vor und nach der Zustandsveränderung explizit repräsentiert sein müssen, die Veränderung selbst aber nicht zwangsläufig. Monophasenbilder und Minimalsätze wie „Ich gehe" erhalten somit einen nur narrationsindizierenden Status. Dies passt zu Kuhns werkinternem Argumentationsansatz und klammert Narrativitätstheorien ausschließlich kognitiver Art aus. Entscheidend ist in seiner Konzeption jedoch, dass auch die engere Bedingung der Mittelbarkeit auf Filme angewendet werden kann.

---

33 Vgl. z. B. Genette (1993, 72–73); Kuhn (2011, 69); Martínez und Scheffel (2012, 19–20); Rimmon-Kenan (2004, 3–4); Schmid (2008, 41–42).

Kuhn weist auf die Vorteile einer so gelagerten Definition hin: „Sowohl Erzählliteratur als auch Film können potenziell als narrativ im weiteren *und* engeren Sinne angenommen werden" (Kuhn 2011, 55). Er konstatiert jedoch weiter: „Das unterscheidet sie u. a. vom Drama, das ‚nur' narrativ im weiteren Sinne ist, weil es im Drama im Normalfall keine narrative Instanz gibt" (Kuhn 2011, 55–56), womit auch er trotz seines Ansatzes Pfisters Grundannahme treu bleibt. Der „Normalfall", von dem Kuhn spricht, ist hier das ideale Bild des von Pfister (1977) entworfenen „absoluten Dramas".

Um zu resümieren: Jedes Werk oder Segment kann narratologisch analysiert werden, wenn es eine weite Narrativitätskonzeption erfüllt. In dieser Arbeit untersuche ich jedoch nur solche theatralen Erscheinungen, die in ihrer Gesamtheit auf einer graduellen Skala der Narrativität eindeutig als narrativ eingestuft würden, die also auch die Bedingung der Mittelbarkeit erfüllen. Mir geht es darum, die performative Theaterinszenierung auch als vermitteltes Erzählen zu begreifen. Die weiter gefassten Minimalbedingungen der Narrativität werden erst in Bezug auf einige postdramatische Performances des *Concept Theatre* wichtig, die sich bewusst dem narrativen Element verweigern und nicht Geschichten erzählen oder Sinn vermitteln wollen (Lehmann 1999, 241–243). Dem gegenüber steht ein klassischeres Verständnis von (Repräsentations-)Theater „als ein kulturelles System unter anderen, [das] generell die Funktion [hat], Bedeutung zu erzeugen [...] vermittels der Herstellung von *Zeichen*" (Fischer-Lichte 1983, 8). Auch in jüngeren theatralen Erzeugnissen scheint es wiederum eine Hinwendung zu narrativeren Formen zu geben (vgl. Tecklenburg 2014). Die Bedeutungsgenerierung durch die spezifische Zeichenhaftigkeit des Theaters werde ich im Folgenden näher betrachten und mit narratologischen Überlegungen in Verbindung bringen.

2.4.2 Bedeutungsgenerierendes und performatives Theater

2.4.2.1 Erkenntnisse und Einflüsse aus der Theaterwissenschaft – Semantik, Performativität, Artefakt

Die Theaterwissenschaft untersucht vor allem die Aufführung eines Dramas, die Literaturwissenschaft hingegen beschäftigt sich klassischerweise mit dem Dramentext. Diese Dichotomie besteht in dieser Form etwa seit der zweiten Dekade des zwanzigsten Jahrhunderts (vgl. Fischer-Lichte 2004, 43). In einem transmedialen narratologischen Ansatz müsste man demnach die Aufführung wie Fischer-Lichte in ihrem semiotischen Modell als Text begreifen und sie unter dieser

Prämisse (mit narratologischen Mitteln) analysieren.[34] Um sich dem Phänomen Theateraufführung bzw. -inszenierung[35] unter narratologischen Gesichtspunkten nähern zu können, müssen jedoch zunächst die spezifischen Probleme des Mediums Theater und seiner wissenschaftlichen Analyse erörtert werden, wie es in theaterwissenschaftlichen Forschungsbeiträgen beispielhaft geschieht.

Das größte Problem jeder wissenschaftlichen Annäherung an einzelne Theaterinszenierungen ist die Medialität der theatralen Aufführungssituation, die sich durch Flüchtigkeit bzw. Nicht-Tradierbarkeit auszeichnet: „Während Bilder oder Texte als fixierte und tradierbare Artefakte unmittelbar einer Analyse zugänglich sind, ist das bei Aufführungen nicht der Fall. Sie verfügen über kein fixiertes, tradierbares Artefakt, sondern erschöpfen sich in ihrem Vollzug" (Fischer-Lichte 2001, 233).

Diese Flüchtigkeit von Aufführungen beschrieb bereits Lessing in seiner Hamburgischen Dramaturgie als „transitorisch" (Lessing 1954 [1769], 10); andere Forscher bezeichnen dieses Phänomen auch als ephemer, unwiederholbar oder singulär (vgl. Brandstätter 2004, 40). Aufführungen gehören damit nicht zu den Kunstwerken, die Walter Benjamin als technisch reproduzierbar beschreibt und nehmen daher unter den Medien eine Sonderstellung ein (vgl. Benjamin 1991, 436–437). Theaterwissenschaftler und auch Theaterkritiker müssen sich vor allem auf ihr Gedächtnis verlassen, wenn sie eine Inszenierung analysieren oder bewerten wollen. Das Memorieren kann freilich durch den Rückgriff auf andere, tradierbare Medien, wie das Anfertigen von Notizen während oder unmittelbar nach der Aufführungssituation, unterstützt werden. Vor allem helfen Videoaufzeichnungen bei der Analyse einer Theaterinszenierung und sind wohl das beste Mittel, dieses flüchtige Medium zu fixieren. Man darf diese Form der Aufzeichnung jedoch nicht mit der tatsächlichen Aufführungs- und Rezeptionssituation gleichsetzen. Benjamin beschreibt das Hier und Jetzt der Aufführungssituation, das jedem technisch reproduzierten Kunstwerk fehlt, auch als „Aura" des Kunstwerkes, welches seine „Echtheit" ausmache (1991, 437–438). Bei der Aufzeichnung einer Aufführung können wie im Film lediglich auditive und visuelle Codes

---

34 Diesen weiteren Textbegriff legt auch Elam (1980) seiner semiotischen Arbeit zugrunde, wenn er den „Performance text" (32–97) näher zu bestimmen sucht.
35 Wie schon zu Beginn des Kapitels definiert, ist eine Aufführung immer einmalig und niemals wiederholbar, eine Inszenierung hingegen das Konzept, das hinter der Menge aller Aufführungen einer Produktion steht. Zwangsläufig stützt sich eine Inszenierungsanalyse daher immer auf einzelne Aufführungen, die – mit welchen Mitteln auch immer – memoriert oder festgehalten und archiviert wurden. Zu der Begriffsunterscheidung Aufführung/Inszenierung vgl. auch Fischer-Lichte (2003, 17).

genutzt werden. Die anderen Elemente (vor allem olfaktorische, denn gustatorische und haptische Elemente können immerhin visuell repräsentiert werden) bleiben bei dieser Form der Wiedergabe unberücksichtigt, insofern sie nicht explizit sprachliche Erwähnung finden. Zudem hat die Aufzeichnung meist einen anderen optischen Blickwinkel (ich vermeide hier das narratologisch aufgeladene Wort Perspektive), als man ihn selbst als Zuschauer während der gesehenen Aufführung hatte.[36] Noch verstärkt wird dieser verfremdende Effekt bei Aufzeichnungen, die für das Fernsehen angefertigt wurden, da hier erstens mehrere Kameras aus verschiedenen Blickwinkeln filmen und zweitens bei längeren Monooder Dialogen die Gesichter der Schauspieler auch in Großformat gezeigt werden. So entsteht eine filmische visuelle Erzählinstanz (VEI) – aus Kamera und Montage bestehend –, die während der Aufführung nicht existierte und nicht zum Repertoire der einzusetzenden narrativen Kanäle des theatralen Autorenkollektivs gehört.[37] Es wird somit unerlässlich sein, meinen Beispielanalysen (Kapitel 9) stets genaue Angaben über die tradierbaren Quellen voranzustellen.

Eine wichtige Unterscheidung innerhalb der klassischen Theaterwissenschaft besteht zudem zwischen der theoretischen Theaterwissenschaft (die das Phänomen Theater allgemein unter theoretischen Prämissen analysiert), der historischen Theaterwissenschaft (die konkrete, historisch nachweisbare Theaterformen betrachtet) und der Aufführungsanalyse (die den Text einer spezifischen Aufführung untersucht) (vgl. Fischer-Lichte 1983, 23). Das hier zu entwickelnde narratologische Analysemodell ist als Werkzeug der heuristischen Aufführungsanalyse gedacht, die Implikationen für historische und theoretische Theaterwissenschaft liegen jedoch auf der Hand: Wie erzählt Theater allgemein, und wie erzählen die unterschiedlichen (historischen) Theaterformen? Diese Fragen stehen der praktischen Handhabung des Modells hinsichtlich der Relevanz in nichts nach.

Da nun für jede Erzählstruktur – auf welcher Ebene auch immer – eine Bedeutung auszumachen sein muss, ist es wichtig, für einen narratologischen Ansatz das große Feld der Theatersemiotik näher zu betrachten. Eine Narratologie des Theaters kann genauso wenig auf die Semiotik verzichten wie andere Narratologien, bildet doch eine bedeutungstragende Zeichenhaftigkeit die Grundlage

---

[36] Die Begriffe Perspektive, Fokalisierung (und kontrastiv auch Blickwinkel) differenziere ich in Kapitel 8 genauer.

[37] Zum Autorenkollektiv s. Kapitel 4.5 dieser Arbeit. Zur näheren Betrachtung der Flüchtigkeit des theatralen Mediums und zu den unterschiedlichen Wahrnehmungsverhältnissen bei *live*-Performances und Videoaufzeichnungen vgl. Fischer-Lichte (2001, 242 und 318–319).

des Erzählens, sei es, dass die Zeichen diese Bedeutung indirekt oder direkt übermitteln. Für die Theatersemiotik stellt sich zunächst allgemein bei jeder Theateraufführung die Problematik der Plurimedialität: Die Kombination verschiedener Kanäle auf der Bühne (auditive, visuelle, sprachliche etc.) und die Integration anderer Medien (wie z. B. Videoeinspielungen, auf der Bühne vorgetragene Lieder oder Schrifttafeln etc.) mit ihrer je eigenen Mehrkanaligkeit oder Multimodalität erzeugen eine sehr hohe Komplexität des theatralen Zeichens und damit auch des hier verfolgten transmedialen Ansatzes. Pfister (2001, 25–29) differenziert die Vielzahl der theatralen Kanäle genauer, indem er *sprachliche, optische, akustische, olfaktorische, gustatorische* oder *haptische* Codes unterscheidet. Dabei wird deutlich, dass sich das „Superzeichen" Theater aus stark normierten und verhältnismäßig leicht zu dekodierenden linguistischen Zeichen und weniger stark normierten außersprachlichen Indizes und Ikonen zusammensetzt, deren Dekodierung viel weniger eindeutig zu erfüllen ist. Wir erinnern uns hier an die Bemerkungen Wolfs (2002a; 2011) und Ryans (2005a) über visuelles Erzählen, das auf Grundlage dieser nicht denotatbasierten Semantik der außersprachlichen Zeichen meist implizit bleibt.

Die Hauptvertreterin der Theatersemiotik ist seit den 1980er Jahren Fischer-Lichte. Ihr semiotisches Modell zur Aufführungsanalyse, das im Folgenden in seinen Grundzügen vorgestellt werden soll, geht in seiner Begrifflichkeit auf die Semiotik Peirces (1983 [1903], 64–67) zurück, der die Terme Ikon, Index und Symbol prägte. Beim *Ikon* muss das Objekt nicht zwangsläufig existieren, es kann auch eine geistige Vorstellung, ein mentales Bild sein, wohingegen beim *Index* sowohl Zeichen als auch Objekt individuell existent sein müssen. Ein indexikalisches Zeichen kann nur auf etwas real Existentes verweisen. Das Symbol hingegen ist hochgradig abhängig vom „Interpretanten", da seine Zeichenhaftigkeit davon abhängt, als das interpretiert zu werden, das es anzeigen soll. Der Sprecher muss sich daher beim Gebrauch von Symbolen sicher sein, dass der Interpretant in der Lage ist, die Zeichenhaftigkeit zu dekodieren. Diese Eigenschaft bezieht das Symbol aus seiner Wiederholbarkeit, bei der seine Bedeutung dennoch möglichst konstant bleibt. Dem Symbol unterliegt stets eine Konvention, eine Übereinkunft zwischen Sender und Empfänger über die Bedeutungshaftigkeit des benutzten Zeichens, wie es vor allem bei den sprachlichen Zeichen der Fall ist. Das Ikon hingegen zeigt eine Ähnlichkeit an. Es ist ein Zeichen, das einem real existierenden Objekt oder einer mentalen Vorstellung eines Objektes ähnelt. Ein Index schließlich verweist auf ein existierendes Objekt (wie z. B. ein ausgestreckter Finger auf etwas deuten kann).

Wie sind diese Differenzierungen auf das Theater zu übertragen? Was ist der zeichenhafte Unterschied zwischen einem Ereignis im Alltag und einem Ereignis auf der Bühne innerhalb einer theatralen Repräsentation? Ein Sprichwort kann hier den Unterschied verdeutlichen: Wenn in China ein Sack Reis umfällt, dann wird das landläufig als etwas Bedeutungsloses angesehen. Wenn dieser Sack aber auf der Bühne umfällt, dann geschieht das idealerweise intentional und ist daher potentiell bedeutungstragend.

Die Theatersemiotik hat nun vor allem das *Ikon* als Zeichen für sich entdeckt. Fischer-Lichte differenziert zunächst die ästhetische und nicht-ästhetische Bedeutung von Zeichen: „Ästhetische Bedeutung unterscheidet sich grundsätzlich von nicht-ästhetischer Bedeutung durch eine Potenzierung der prinzipiell immer gegebenen Veränderbarkeit" (Fischer-Lichte 1983, 14). Die einzelnen im Theater gebrauchten Zeichen tragen aufgrund ihrer neuen Umgebung potentiell mehr Bedeutung, da sie gegebenenfalls *ikonographisch* verwendet werden. Fischer-Lichte spricht hierbei von einem Verdoppelungsprozess: Die Zeichen des Theaters sind „Zeichen von Zeichen" (Fischer-Lichte 1983, 19 und 28). Das Theater kann gewöhnlich als *Symbole* (Sprache) oder *Indizes* (Gestik und Mimik) verwendete Zeichen abbilden und sie so in Ikone umwandeln, die sich durch eine Ähnlichkeit zu den ursprünglichen Zeichen auszeichnen und etwas über Figuren anzeigen, die nur als mentale Vorstellung existieren. Das Ikon wird daher von vielen Theaterwissenschaftlern als *das* Zeichen des Theaters schlechthin aufgefasst (vgl. Elam 1980, 22; Kott 1969; Pavis 1976). Folgendes Beispiel illustriert diese Unterscheidung und stammt ebenfalls von Fischer-Lichte (1983, 18): „A [der Schauspieler] richtet also sein Aussehen nicht für einen konkreten Zweck her [wie es im Alltag geschieht], sondern weil er etwas über X [die verkörperte Figur] anzeigen will." Der eigentliche Gebrauch eines Zeichens werde ersetzt durch die ästhetische Funktion des Zeichens, indem es ein Zeichen von einem Zeichen wird (Fischer-Lichte 1983, 180–181). Fischer-Lichte sieht hierin sowohl einen Akt der „Selbstdarstellung als auch der Selbstreflexion einer Kultur" (Fischer-Lichte 1983, 19). Jedoch ist nicht jedes im Theater verwendete Zeichen zwangsläufig ikonographisch und damit mit einer potenzierten Bedeutung behaftet. Dieser Bedeutungsmehrwert der theatralen Zeichen ist in der konkreten Aufführung immer als potentiell zu denken – ein Reissack *kann* auch auf einer Bühne umfallen, ohne dass dadurch eine Bedeutung vermittelt werden soll. Zudem gilt dies – in Bezug auf die Darstellung von Figuren – nur im Zusammenhang mit der Eröffnung eines Repräsentationsrahmens. Wenn der Schauspieler keine Figur darstellt, sondern als er selbst auf der Bühne steht (wie es sowohl in Brechts epischem Theater als auch in postdramatischen Theaterformen häufig geschieht), kann er auch nichts über die Figur anzeigen; Symbole und Indizes werden in diesem Fall nicht zwangsläufig zu Ikonen.

Elam (1980, 23) gibt außerdem zu bedenken, dass ikonische Zeichen stets auf Ähnlichkeiten beruhen, dass viele theatrale Zeichen jedoch auf Konventionen basieren (wie z. B. die Darstellung von Göttern im antiken griechischen Theater oder die Darstellung von Frauen durch männliche Schauspieler im elisabethanischen Theater) und damit eher den symbolischen Zeichen zuzuordnen seien. Zudem seien theatrale Zeichen per se synekdochisch, da sie immer nur ein Teil dessen sind, was sie anzeigen (z. B. eine Steinwand für ein Schloss oder konventionalisierte Theatermorde oder -tode etc.) (vgl. Elam 1980, 29). Fischer-Lichte (1983, 28) zählt schließlich eine ganze Reihe verschiedener Zeichen auf, die das Superzeichen Theater konstituieren: Geräusche, Musik, linguistische, paralinguistische, mimische, gestische und proxemische Zeichen, Maske, Frisur und Kostüm des Schauspielers, die Raumkonzeption und Dekoration sowie Requisiten und Beleuchtung. Außerdem differenziert sie zwischen visuellen und akustischen, länger andauernden und transitorischen sowie raumbezogenen und schauspielerbezogenen Zeichen.

In einer semiotischen Aufführungsanalyse – wie Fischer-Lichte sie vorschlägt und wie sie auch einer erzähltheoretischen Untersuchung zugrunde liegt – ist entscheidend, welche theatralen Zeichen genutzt werden und welche nicht. Die Gesamtheit der genutzten Zeichen bildet dann den strukturierten sowie zeitlich und räumlich abgeschlossenen Text der Aufführung (vgl. Fischer-Lichte 2001, 246–247). Dabei ist es auch wichtig, in welcher Kombination die theatralen Zeichen auftreten. Hierzu schreibt Fischer-Lichte (2001):

> Jedes Zeichen eines Zeichensystems kann mit jedem Zeichen eines anderen sowie mit anderen Zeichen desselben Systems kombiniert werden.
> Die Kombination der Zeichen, die unterschiedlichen Zeichensystemen zugehören, kann sowohl gleichberechtigt als auch hierarchisch gegliedert erfolgen.
> Jedes Zeichen kann sowohl gleichzeitig als auch in der zeitlichen Abfolge mit einem anderen kombiniert werden.
>
> (Fischer-Lichte 2001, 248)

Hieraus zieht sie das Fazit: „Selektion und Kombination der theatralen Zeichen fungieren also in vielerlei Hinsicht als bedeutungstragende Elemente und bauen dergestalt die spezifische Struktur des jeweiligen theatralen Textes auf" (Fischer-Lichte 2001, 249). Ihr semiotisches Analysemodell unterscheidet die *syntaktische Dimension*, die z. B. Position, Frequenz und Distribution eines Zeichens untersucht, die *pragmatische Dimension*, welche sich mit den Beziehungen der Zeichen zu Produzenten und Rezipienten und damit den intertextuellen Bezügen einer Inszenierung auseinandersetzt, und die *semantische Dimension* der theatralen Zeichen, die für die linguistischen Zeichen sehr viel einfacher festzustellen ist als für die ikonischen oder indexikalischen, da diese, wie bereits erläutert, keine lexikalisch festgelegten Denotate haben (vgl. Fischer-Lichte 2001, 251–57).

Es hat sich in Kapitel 2.1 bereits gezeigt, dass der Performativitätsbegriff in vielen unterschiedlichen Bereichen zur Anwendung kommt und nicht zwangsläufig als verkörperte Handlung verstanden werden muss. So ist im Kontext des Theaters z. B. auch die performative Funktion der Sprache – die Performativität im genuin Austin'schen Sinne als sprachliches Handeln (vgl. Austin 1971) – sehr viel stärker ausgeprägt als in Alltagssituationen. Was auf einer Bühne gesagt wird, kann in der Regel als innerrepräsentative Bühnenrealität angenommen werden. Diese Regel liegt vor allem populären theatralen Phänomenen wie der Teichoskopie oder dem Botenbericht zugrunde, kann aber auch in jeder theatralen Behauptung dingfest gemacht werden. Fischer-Lichte (1983, 35) drückt dies so aus: „Was in den Worten der Schauspieler als sinnlich wahrnehmbar erscheint, das ist es auch für den Zuschauer. Insofern sind die linguistischen Zeichen imstande, alle anderen auf dem Theater möglichen Zeichen zu ersetzen." Ähnliches gilt auch für gestische Zeichen. Im Pantomime-Theater wird am stärksten mit gestischen Behauptungen gearbeitet, aber auch im klassischen Sprechtheater finden derartige Phänomene häufig Raum, bei denen die Gesten Objektfunktion übernehmen: „[D]er Schauspieler kann mit nicht vorhandenen Holzscheiten in einem nicht vorhandenen Ofen ein nicht vorhandenes Feuer anzünden" (Fischer-Lichte 1983, 86). Ein theatrales Zeichen ist daher durch hohe „Mobilität" und „Polyfunktionalität" charakterisiert (Fischer-Lichte 1983, 183), da es sowohl selbst von anderen Zeichen ersetzt werden als auch selbst andere Zeichen ersetzen und deren Funktion übernehmen kann.

Die verschiedenen gestischen Zeichen unterliegen laut Fischer-Lichte (1983, 83–84) der „Dominantenbildung", einem Phänomen, dessen Benennung auf den Prager Strukturalismus zurückgeht (vgl. Honzl 1976; Mukařovský 1975). Hierbei betonen die gestischen Zeichen entweder die Ebene des zeichensendenden Subjekts, des bezeichneten Objekts oder der Intersubjektivität zwischen Sender und Empfänger. Und auch innerhalb der diese Ebenen konstituierenden Elemente kann es zu einer Dominantenbildung kommen. Zwar erarbeitet Fischer-Lichte ihre Theorie der Dominantenbildung explizit nur anhand der gestischen Zeichen, sie nimmt sie aber auch auf der höher gelegenen Ebene der unterschiedlichen Zeichen an, wenn sie Beispiele von Theaterformen anführt, in denen linguistische Zeichen dominieren. In einer Theaterform, in der vor allem mit der Sprache als Zeichen gearbeitet wird, würden somit dominant gestische Zeichen verwendet, die sich auf die Objektebene beziehen, da so die sprachlich gesendeten Zeichen in ihrer Bedeutung am besten unterstützt würden. Die verschiedenen Theaterformen hätten daher unterschiedliche Dominantenbildungen und auch innerhalb einer Theateraufführung könne die Dominante wechseln, wobei dieser Wechsel selbst wiederum zum bedeutungserzeugenden Zeichen werde (vgl. Fischer-Lichte 1983, 189).

Fischer-Lichtes durchaus erkenntnisförderndes Analysemodell lässt eine entscheidende Leerstelle. Es stellt sich bei einer semiotischen Analyse der Zeichennutzung und -kombination die Frage, *was* oder *welche Instanz* die gesamte Aufführungsästhetik organisiert. Diese Frage nach einem systemischen Zusammenhang der einzelnen verwendeten Zeichen ist allein mit Fischer-Lichtes Modell nicht zu beantworten. Bayerdörfer (2005, 78) schreibt in diesem Zusammenhang: „[D]ie Grundsätze der ‚transversalen' Verschiebungen zwischen den semiotischen Ebenen oder der Dominantenbildung erbringen kein zentrales Organisationselement, welches die Ästhetik der Aufführung trägt." Ich werde im Folgenden dafür argumentieren, dieses zentralisierte ästhetische Moment einem systemischen Repräsentationszusammenhang zuzuschreiben, in dem die einzelnen Kanäle zueinander in Bezug gesetzt werden, und somit Fischer-Lichtes oben vorgestelltes Dimensionen-Modell um eine *narrative Dimension* erweitern.

Bevor ich jedoch ein erzähltheoretisches Kommunikationsmodell für das Theater entwerfen werde, gilt es sich jedoch zunächst noch einmal genauer dem schon angesprochenen Performativitätsbegriff zuzuwenden, der auch in der Theaterwissenschaft oft als dem klassischen Repräsentationstheater gegenüberstehend behandelt wird. Eine Performance wird dabei häufig als Gegenentwurf zu den (fiktionalen) Repräsentationen des Theaters gesehen, als ein Happening, das sich nicht durch Imitation oder gar Illusion und eine doppelte Zeitlichkeit auszeichnet (Loxley 2007, 147), sondern den phänomenalen Leib des Schauspielers – anstelle des semantischen Körpers der Figur – und die räumliche Kopräsenz von Akteuren und Rezipienten als definitorische Momente aufzeigt. Dieses Verständnis von Performance als Gegensatz zum literarischen Repräsentationstheater lässt sich auf Antonin Artauds Theater der Grausamkeit zurückführen, wie Gordon (2006, 285) gezeigt hat. Fischer-Lichte (2001, 141–142) widerspricht einem derartigen zu eng gefassten Performativitätsbegriff, der sich in Abgrenzung oder gar Opposition zum Repräsentationstheater und damit zum Semantischen oder auch Narrativen zu konstituieren sucht und damit einen Unterschied zwischen Theater und Performance Art etablieren möchte. Ich stimme mit ihr überein, wenn sie von einem „Wechselverhältnis" (2001, 142) des Semantischen und Performativen spricht. Jede Theateraufführung ist grundsätzlich performativ, da Performativität hier mit Berns (2014, § 1) verstanden wird als „the embodied live presentation of events in the co-presence of an audience at a specific place and time". Fischer-Lichte (2001, 143) drückt dies so aus: „Das je besondere Spannungsverhältnis zwischen Performativität und Textualität ist für Theater schlechthin konstitutiv. Es begründet seine Materialität, Medialität, Semiotizität und Ästhetizität." Hieran kann man einerseits sehen, dass Performativität die Möglichkeit hat, dem Semiotischen oder Hermeneutischen eines Kunstwerkes entgegenzulaufen (vgl. Fischer-Lichte 2004, 19). Dies passiert in radikaleren Performances, die den Rezipienten aus seiner Rezipientenhaltung heraus zwingen und ihn zum Akteur werden lassen und so die klassische Subjekt-Objekt-Relation aufheben oder umkehren; dies ist aber auch die Grundlage anderer Ebenen des Performativitätsbegriffs, die unabhängig von künstlerischen Repräsentationen gebräuchlich sind. Andererseits tritt in der Gegenüberstellung von Performativität und Textualität auch Fischer-Lichtes materieller Artefaktbegriff deutlich zutage, den sie genauer definiert, wenn sie über eine Performance von Marina Abramović spricht: „Die Künstlerin stellte mit den Handlungen, die sie vollzog, nicht ein Artefakt her; sie schuf kein Werk, das von ihr ablösbar, fixier- und tradierbar gewesen wäre" (Fischer-Lichte 2004, 10).

Dass eine performative Narration – und als solche sehe ich Inszenierungen des Repräsentationstheaters – auch als Artefakt verstanden werden kann, lässt sich mit Currie (2010, 6) begründen: „[N]arratives are intentional-communicative artefacts: artefacts that have as their function the communication of a story, which function they have by virtue of their makers' intentions." Bei diesem weiter gefassten Artefaktbegriff steht die Intentionalität des Erzeugers im Zentrum der Definition. Das Artefakt dient hierbei dem Zwecke der Kommunikation von Inhalten – welcher Art auch immer – und kann insofern ein materiell hergestelltes und tradierbares oder auch ein komplexes, abstraktes Zeichensystem sein. In diesem Artefaktbegriff sind sowohl mündliche Erzählungen als auch Theaterinszenierungen inbegriffen. Eine Inszenierung ist zwar kein tradierbares Artefakt, dafür aber ein intentional-kommunikatives und kann daher auch als Erzählung begriffen werden.

Der Inszenierung kann ein Werkcharakter zugesprochen werden, wenn man *Werk* moderner definiert, wie Scheer (2001) es tut. Ein (Kunst-)Werk ist für sie ein

> sinnlich wahrnehmbares, auf individuelle Weise artikuliertes Gebilde oder ein[] Prozeß, die zu innovativen Verstehensprozessen anreizen, ohne daß sich Sinn und Bedeutung auf propositionale Weise erschließen. Anders ausgedrückt: Kunstwerke sind Orte sensitiver Erkenntnis kraft der Eigenbedeutung der ästhetischen Wahrnehmung.
>
> (Scheer 2001, 95)

In dieser Ausweitung des Werkbegriffes tritt die Parallelität zum Artefaktbegriff (die schließlich auch etymologisch begründet ist) zutage. Wir analysieren Inszenierungen, die im Sinne der intentionalen Kommunikation sowohl Artefakte als auch Kunst*werke* im Sinne sensitiver Erkenntnisorte mit poetischer Funktion (nach Jakobson) sind. Diese Inszenierungsanalyse findet jedoch immer auf Grundlage der einzelnen Aufführungen statt, in denen das Kunstwerk und Artefakt *Inszenierung* gleichsam erst in Erscheinung tritt.

Im bisher Diskutierten tun sich interessante Parallelen zum Inszenierungsbegriff auf, wie Seel (2001, 49) ihn formt. Nach Seel sind Inszenierungen „1. absichtsvoll eingeleitete oder aufgeführte sinnliche Prozesse, die 2. vor einem Publikum dargeboten werden und zwar 3. so, daß sich eine auffällige spatiale und temporale Anordnung von Elementen ergibt". Während in Punkt 1 seiner Definition die Intentionalität hervorgehoben wird, finden sich in Punkt 2 die Performativität und in Punkt 3 die ereignishafte Semantik wieder. Die Intentionalität als Bedingung der Narrativität in den konzeptionellen Kriterienkatalog aufzunehmen, scheint mir gerade im Zusammenhang mit der Performativität sinnvoll. Performativität gibt es überall in unserer Kultur; die verschiedenen Wissenschafts- und Philosophiebereiche, die sich mit diesem Phänomen auseinandersetzen, illustrieren das nur allzu gut (vgl. Loxley 2007). Nicht in allen diesen Bereichen entstehen aber intentional-kommunikative Artefakte, die man als Erzählungen begreifen könnte oder sollte. Man erzählt beispielsweise seine geschlechtliche Identität (*gender*) nicht, auch wenn man performativ *ist*, sie performativ (durch wiederholte Bewegungen, Gesten, Stile etc.) konstruiert (Butler 1990, 270, 278–279; 1994, 206–207). Diese Identität entsteht vielmehr durch Konventionen; die Zeichen werden in der öffentlichen Alltagskultur nicht als intentional-kommunikatives Artefakt eingesetzt.[38] Dazu werden sie erst auf der Bühne, wenn sie zur Figurenkonzeption verwendet werden: Die Gender-Symbole werden in der Per-

---

38 Ausnahmen bilden hier solche Fälle des bewussten Widerspruchs gegen konventionalisierte Normen (vgl. Loxley 2007, 125–28). Es wäre interessant zu fragen, inwieweit z. B. Drag Queens ihre performative Identität als intentional-kommunikatives Artefakt verstehen und zu welchem Grad hierbei Narrativität zu attestieren wäre. Der intendierte Widerspruch gegen heteronormative Geschlechtsdualismusvorstellungen ist zwar in erster Linie als politisches Statement zu verstehen, dennoch werden hier auch immer auf performative Weise auf mehreren Ebenen Geschichten erzählt: die von Individuen so wie die von gesellschaftlichen Randgruppen und damit auch von gesellschaftlichen Missständen allgemein. Dass es auch in diesem Zusammenhang einen fundamentalen Unterschied zwischen Performativität im Alltagsleben und Performativität auf der Bühne gibt, beobachtet schon Butler (1990, 278): „Indeed, the sight of a transvestite onstage can compel pleasure and applause while the sight of the same transvestite on the seat next to us on the bus can compel fear, rage, even violence." (Dieses Beispiel soll freilich nicht den Unterschied zwischen Drag Queens und Transvestiten negieren, sondern lediglich zeigen, dass in der theatralen Performativität die Möglichkeit der De-Naturalisierung liegt, die einen gewissen Schutz bieten kann, wie Butler es ausdrückt). Zur intentionalen Selbstinszenierung im Alltagsleben vgl. z. B. Goffman (1969).

formativität der Bühne durch die Betonung der ästhetischen Funktion der Zeichen zu Gender-Ikonen, die Arbitrarität und Konventionalität der Bedeutungszuschreibung wird zur intendierten Ähnlichkeitsabbildung.

2.4.2.2 Resümee

Ich habe in diesem Kapitel zu zeigen versucht, dass das Theater ein hochgradig narratives Medium ist. Alle Bedingungen der Narrativität, die sich nicht auf eine rein sprachliche Vermittlung durch eine anthropomorphe Erzählerfigur beschränken, werden im Theater erfüllt. Das Theater erzählt durch eine Vielzahl unterschiedlicher Zeichen, die intentional angeordnet werden; narrative Funktionen wie Selektion, Anordnung, Präsentation und Kommentierung werden im performativen Erzählen in der Regel nicht durch eine Erzählerfigur wahrgenommen, sondern innerhalb eines mehrkanaligen Repräsentationssystems verwirklicht (*covert narrator*).

Zudem wurde deutlich, dass klassisches Repräsentationstheater mehr Bedingungen der Narrativität zu erfüllen vermag als postdramatische Inszenierungen oder Happenings der Performance Art. Während mit der Eröffnung einer Repräsentationsebene zwangsläufig eine Mittelbarkeit (Auswahl, Anordnung, Raffung, Dehnung, Präsentation, Kommentierung etc.) einhergeht, muss dies in Performances, die ausschließlich das Hier und Jetzt der Aufführungssituation verhandeln, nicht der Fall sein. Performativität und Repräsentation sind dabei jedoch nicht als gegenüberstehende Pole zu verstehen. Vielmehr ist theatrales Erzählen als Verkörperung einer Handlung immer performativ, denn performativ bedeutet nicht, dass es keine repräsentative Ebene gibt. Sollte es in einer Aufführungssituation jedoch keine Repräsentation geben – was im Theater realiter seltener vorkommt als z. B. bei Aufführungen der Performance Art außerhalb des Theaters – so ist das Dargestellte dennoch in der Lage, einige grundlegendere Narrativitätsbedingungen zu erfüllen. In jedem Fall lässt sich eine *experientiality* ausmachen, steht doch das mit dem Publikum gemeinsame Erleben des einmaligen Ereignisses bei Performancekünstlern an oberster Stelle. Auch kann man in Abwesenheit einer dargestellten Repräsentation eine *tellability*, Zustandsveränderungen oder eine Ereignishaftigkeit ausmachen. Wie eng genau die anzuwendende Narrativitätskonzeption gesteckt werden kann, muss für jede Performance individuell festgelegt werden. Fakt ist aber, dass Performativität und Narrativität sich nicht ausschließen, sondern vielmehr im Großteil der Fälle gemeinsam auftreten. Im hier zu entwerfenden narratologischen Analysemodell werde ich von der Narrativitätsbedingung der Mittelbarkeit ausgehen und solche theatralen Repräsentationen untersuchen, die im klassischen Repertoiretheater gegeben werden und damit sicher weniger experimentell sind als postdramatische Inszenierungen oder Aktionen der Performance Art.[39] Im nächsten Schritt (Kapitel 3 und 4) wird es daher darum gehen, aus einem erzähltheoretischen Kommunikationsmodell ein solches zu entwickeln, dass auch der besonderen Situation des performativen Erzählens gerecht werden kann. Vor allem wird dabei wichtig sein, einen Umgang mit dem Erzähler- bzw. Erzählinstanzenbegriff zu finden und für einen Terminus zu argumentieren, der zufriedenstellend jene narrativ vermittelnde Ebene bezeichnet, die für die erzählerischen Funktionen der Mittelbarkeit steht.

---

[39] Das Theater, das Geschichten erzählt, also das klassische Repräsentationstheater, das zumeist noch auf Textgrundlagen zurückgeht, findet zudem bei den Zuschauern sehr viel mehr Anklang und hat auch viel häufiger einen Platz in den Spielplänen der Stadt- und Staatstheater.

3 Theorie der Erzählkommunikation

Die Erkenntnis, dass es sich bei narrativen Repräsentationen um eine gedoppelte Kommunikationsstruktur handelt, lässt sich als opinio communis der Narratologie bezeichnen. Der reale oder „konkrete" Autor kommuniziert mit dem realen oder „konkreten" Rezipienten mithilfe seiner Narration, und der „abstrakte" bzw. implizite Autor kommuniziert mit dem unterstellten Adressaten bzw. idealen Rezipienten. Innerhalb jedes Werkes findet jedoch zusätzlich eine Erzählkommunikation statt, das heißt eine wie auch immer geartete narrative Erzählinstanz kommuniziert mit einem diegetischen Rezipienten. Diese beiden Kommunikationsstränge sind im fiktionalen Erzählwerk obligatorisch, so Schmid (2008, 43). Hinzu treten fakultativ auf Figurenebene verschiedene Sender und Empfänger, die in ihren Äußerungen ebenfalls die Rolle von (homodiegetischen) Erzählern einnehmen können. Erzählen als eine Art der Kommunikation zu begreifen, ist in der narratologischen Forschung weit verbreitet. Vor allem die rhetorische Narratologie um Phelan und Rabinowitz betont, dass Autoren durch ihre Texte mit ihren Lesern kommunizieren.[1] Die Unterscheidung zwischen Autor- und Erzählkommunikation ist entsprechend auch die Grundlage von Einführungen wie derjenigen von Lahn und Meister (2013). Die von Schmid vorgenommenen Differenzierungen finden sich in ihrem (2013, 14) Schaubild zu den Erzählebenen wieder (s. Abb. 3).

Die einzelnen Erzählebenen sind in der Regel ontologisch und epistemologisch voneinander getrennt. Ein Bruch dieser Ebenendifferenz – wenn z. B. eine Figur der Diegese mit dem heterodiegetischen Erzähler der Geschichte kommuniziert – wird als Metalepse bezeichnet.[2]

Im literarischen Erzählwerk sind diese Ebenen meistens recht sauber voneinander zu trennen; die extratextuelle Autorinstanz, d. h. der reale Autor, kann nicht im Text auftauchen, ohne zu einem literarisch-mentalen Konstrukt aus Buchstaben zu werden und damit einer anderen Ebene anzugehören. Genauso wenig kann eine literarische Figur plötzlich in unserer realen Welt auftauchen; die Trennung zwischen Figur und Person ist hier endgültig.

---

[1] Vgl. die Beiträge von Phelan und Rabinowitz in Herman (2012) oder auch die synthetische Zuspitzung seiner Thesen in Phelan (2017).
[2] Vgl. hierzu Kapitel 4.4.

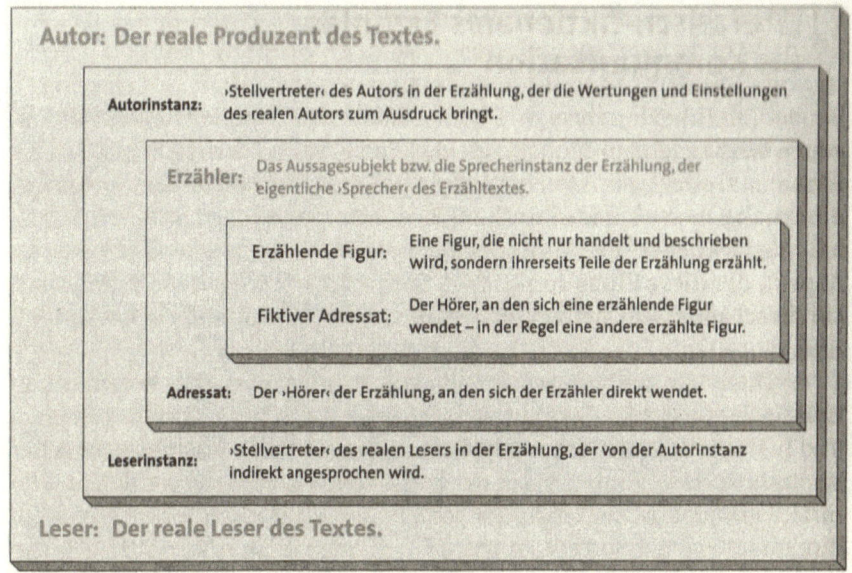

Abb. 3: Ebenen der literarischen Erzählkommunikation (Lahn und Meister 2013, 14)

Komplizierter sieht es im Theater aus. Auch hier findet eine Kommunikation statt, diese ist jedoch ungleich direkter und interaktiver. Die dargestellten Figuren bestehen zudem nicht aus Buchstaben, sondern werden von realen Schauspielern verkörpert. Eine Grenze zwischen unserer „realen" bzw. faktischen Welt und der repräsentierten Figurenwelt zu ziehen, fällt vor diesem Hintergrund schwerer – was jedoch keineswegs heißt, dass diese Grenze nicht besteht.

Kommuniziert eine Autorin über ihren Text mit ihren Lesern, so ist die Kommunikation eingleisig: Der einst getätigte Sprechakt (der schriftsprachliche Text) wird später von den Lesern rezipiert, ohne dass diese eine Möglichkeit hätten, direkt zu antworten. Auch fiktiver Erzähler und fiktiver Leser können nur scheinbar miteinander kommunizieren: In Formen wie dem „dialogische[n] Erzählmonolog" (Schmid 2008, 113) ist die Dialogizität im Erzählmonolog nur inszeniert. Im Theater ist die Möglichkeit der direkten Interaktion jedoch gegeben, die Empfänger der Aufführung (die Zuschauer) können – wenn sie denn wollen – selbst zu Sendern werden und Sprechakte äußern, die wiederum die Sprechakte der ursprünglichen Sender (der Schauspieler) beeinflussen können. Elams (1980, 39) Schaubild der theatralen Kommunikation, das hier nicht in seinen Details besprochen werden soll, veranschaulicht diese grundsätzliche Kreisstruktur der Kommunikation (s. Abb. 4).

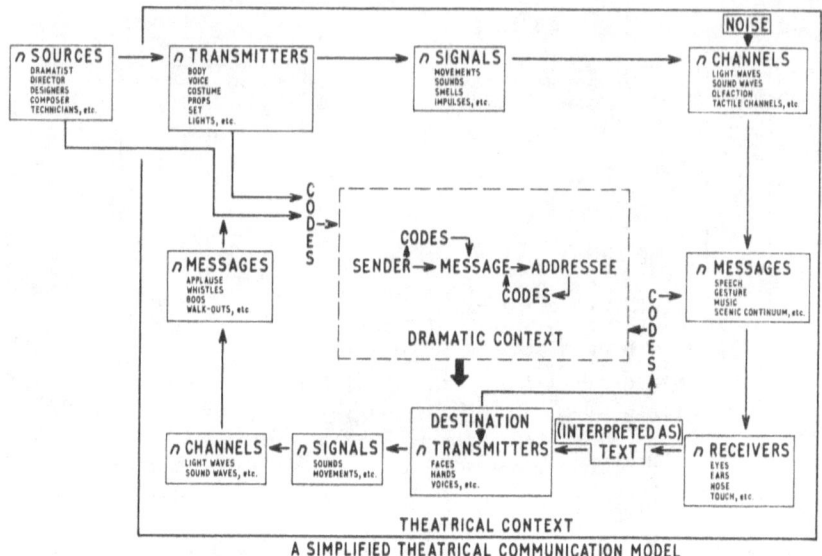

Abb. 4: Theatrale Kommunikation nach Elam (1980, 39)

Wenn ich im Folgenden ein erzähltheoretisches Kommunikationsmodell für das Theater entwerfe, ist es wichtig, diese potentielle Kreisstruktur immer mitzudenken: Empfänger sind im Theater nicht *nur* Empfänger und Sender nicht *nur* Sender. Hier wird auch der Unterschied zwischen Drama und Theater sehr augenfällig. Dem Drama als schriftsprachlicher Text liegen die gleichen Kommunikationsverhältnisse zugrunde wie der narrativen Prosaliteratur: Eine Interaktion ist hier nicht gegeben. Da eine Vielzahl der Theaterinszenierungen jedoch auf Dramentexten beruhen und Dramentexte wiederum häufig als „für die Bühne geschrieben" betrachtet werden, ist es unerlässlich, sich mit den Annahmen der Dramenforschung auseinanderzusetzen, die häufig Drama und Theater nicht trennscharf unterscheidet.

Auch innerhalb der erzähltheoretischen Forschung findet in den letzten Jahrzehnten eine große Ausweitung des Untersuchungsfeldes statt. Die Narratologie beschränkt sich längst nicht mehr auf sprachliche Erzähltexte im klassischen Sinn. Im Zuge dieser Erweiterung des Forschungsfeldes stellt sich jedoch u. a. – und gerade für das hier behandelte Thema – vehement die Frage nach dem Unterschied der beiden Gattungen *Epik* und *Dramatik*. Im Bereich der Dramentheorie wird die Monographie *Das Drama* Manfred Pfisters (1977) als *das* Standardwerk schlechthin gehandelt. Da seine Grundannahme der meinen jedoch entgegenläuft, beschäftige ich mich im folgenden Kapitel (4.1) ausschließlich mit diesem wichtigen Analysemodell und gehe dann zu zentralen Aspekten der dramennarratologischen Forschung über – die sich ihrerseits immer wieder mit Pfister auseinandersetzt –, bevor ich mein eigenes erzähltheoretisches Kommunikationsmodell für das Theater näher erläutere.

4 Erzähltheoretische Kommunikationsstruktur im Theater

4.1 Der strukturelle Unterschied von Drama und Erzähltext nach Manfred Pfister

Bereits Hamburger (1977 [1957], 158) macht darauf aufmerksam, dass „der sprachlogische Ort des Dramas im System der Dichtung [...] sich allein aus dem Fehlen der Erzählfunktion [ergebe]", gibt aber in einer Fußnote zu bedenken:

> Wenn wir genau sein wollen, so wäre freilich zu sagen, daß von der fluktuierenden Erzählfunktion nur der Dialog als Gestaltungsmittel der dramatischen Fiktion zurückbleibt. [...] Doch würde eine solche Bestimmung [...] den Unterschied zwischen der epischen und der dramatischen Form der Fiktionsdichtung terminologisch zu stark verwischen.
> (Hamburger 1977, 158, Fußnote 118)

Es ist fraglich, warum Hamburger eine terminologische Trennung zwischen dramatischer und epischer Dichtung der wissenschaftlichen Genauigkeit vorzieht. Den Unterschied zwischen Dramatik und Epik zu diskutieren, hat jedoch bereits zu Hamburgers Zeit eine sehr lange Tradition, in die sie sich vermutlich nicht einreihen wollte. Pfisters Monographie hingegen findet ihren Platz genau hier: Er ist einer der ersten, der den Unterschied zwischen Drama und Erzähltext auf struktureller (statt auf inhaltlicher) Ebene dingfest zu machen meint: Er behauptet, das Fehlen eines vermittelnden Kommunikationssystems im Drama unterscheide es kategorisch von erzählenden Texten. Der Ansatz fußt dabei seinerseits vor allem auf den Theorien Szondis, der „die dramatische Form als geschichtlich nicht gebunden" (Szondi 1956, 7) ansieht, das Drama also ebenfalls nicht durch seine spezifische Themenwahl, sondern durch seine davon unabhängige Form zu definieren sucht.

Auf *histoire*-Ebene sind Drama und Erzähltext nicht zu unterscheiden, das betont auch Pfister (2001, 265). Beide erzählen Geschichten, die mehr oder weniger anthropomorphisierte Subjekte enthalten und sich durch eine temporale und eine spatiale Dimension (Zeiterstreckung und Raumausdehnung) auszeichnen. Pfister grenzt sie ebenfalls von argumentativen und deskriptiven Texten ab, wie die meisten Narratologen es auch tun. Und auch Friedemann (1969 [1910], 19) bemerkt bereits, dass die „Anschauungen über das Wesen des Epischen im Gegensatz zum Dramatischen letzten Endes darin überein[stimmen], daß sie den Dichter jeder Gattung zu bestimmten *Stoffgebieten* verpflichten möchten. Die Begründung dafür aber bleiben ihre Träger meist schuldig."

„Dramatisch" ist nicht auf das Drama bezogen, genauso wenig wie „episch" auf Erzähltexte reduziert werden kann. Vielmehr sollten die beiden Adjektive als Beschreibung unterschiedlicher Modi verstanden werden, die in jedem literarischen Text eingesetzt werden können. Eine substantivorientierte Genrebestimmung des literarischen Textes „Drama", die sich auf strukturelle Phänomene bezieht, sollte damit hinfällig sein, da sie keinen Erkenntnisgewinn mit sich bringt.[1]

Pfister stellt in seinem Modell *absolutes* und *episches* Drama einander gegenüber, wobei das zweite durch die sogenannte *Episierung* ausgezeichnet sei (Pfister 2001, 103–123). Die diegetischen Erzählmittel sind hier z. B. Prologe, Epiloge, Beiseitesprechen, Botenberichte, chorisches Sprechen, verbales Zusammenfassen von Handlungen jenseits der Bühne (bei der Teichoskopie), das Spiel im Spiel, *Mise en abyme*, metanarrative Kommentare, Regieanweisungen, Montagetechniken, Spiele mit der Chronologie usw. Das alles ist *telling* im Drama bzw. im Theater. Dieses *telling* bildet aber im Genre, das so häufig auf das *showing* reduziert wird (vgl. Nünning und Sommer 2011, 208–209), keineswegs eine Ausnahme (wie Pfister es bezeichnet). Dennoch scheint auch Kolesch (2005) in ihrem theaterwissenschaftlichen Lexikonartikel über die Narration die Narrativität des Dramas oder des Theaters nur als Tendenz und nicht als Regelfall zu sehen:

> Während die N[arration] als Erzählung und als Akt des Erzählens im Rahmen der klassischen Gattungstrias von Epik, Dramatik und Lyrik primär, wenn auch nicht ausschließlich, der Epik zugeordnet ist, zeichnen sich das moderne und zeitgenössische Drama und insbesondere das Epische Theater durch die Integration narrativer Elemente und Instanzen in den dramatischen Text und in die theatrale Szene aus.
>
> (Kolesch 2005, 217)

Pfisters Monographie (2001 [1977]) ist zu Recht das Standardwerk der Dramenanalyse. Es stellt ein umfassendes Beschreibungsverfahren bereit, und seine

---

[1] Die graduell abgestufte Unterscheidung von dramatischem und narrativem Modus findet auch Eingang in die Einführung von Martínez und Scheffel (2012, 65) und wird auch dort nicht als Kriterium der Genredifferenzierung verwendet. Damit entschärfen sie Äußerungen Genettes (1998, 200, 219–220), der Modus und Genre nicht strikt voneinander trennt: Er definiert Erzählung als eine sprachliche Übermittlung und sieht darin einen unumgänglichen Gegensatz zur dramatischen Darstellung. Diese beiden Formen seien die Grundmodi der sprachlichen Repräsentation. Die Erzählung lasse „keinen Platz für die Nachahmung" (Genette 1998, 220). Während strukturelle Differenzkriterien zur Gattungsbestimmung nicht haltbar sind, verliert jedoch beispielsweise ein produktionsorientiertes Kriterium – nämlich dass Dramen für eine Aufführung geschrieben werden, Erzähltexte aber vor allem für die private Lektüre – seine beschreibende Kraft nicht (vgl. Korthals 2003, 74). In dem von mir verfolgten Ansatz ist ein solches Kriterium jedoch nicht fruchtbar zu machen.

systematische Genauigkeit gerade in Hinblick auf die auch von mir noch zu behandelnden Themen Zeit und Fokalisierung ist äußerst gewinnbringend. Durch seinen plurimedialen Dramenbegriff – beziehungsweise die Nichtdifferenzierung von Drama und Theater – bezieht Pfister immer auch die außersprachlichen Vermittlungsformen der Inszenierung in sein Analysemodell mit ein, die hier noch fruchtbar gemacht werden können. Seine gesamte Arbeit basiert jedoch auf der Grundannahme eines kategorischen strukturellen Unterschiedes zwischen Dramen- und Erzähltexten, der auf eine unterschiedliche Kommunikationsstruktur zurückzuführen sei.

Die werkseitige Kommunikation narrativer Texte lässt sich vereinfacht in folgendem Grundmodell darstellen, das seinerseits eine Vereinfachung von Lahns und Meisters Ebenenmodell (s. Kapitel 3) ist:

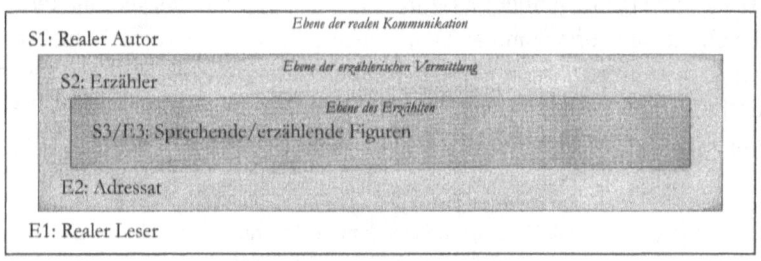

Abb. 5: Vereinfachtes Modell narrativer Kommunikation (Kuhn 2011, 81)

Laut Pfister fallen im Dramentext die vermittelnde Erzählinstanz und der fiktive Adressat (Ebene S2/E2) weg, sodass „das vermittelnde Kommunikationssystem also ausfällt" (Pfister 2001, 21). Dramen bestehen laut dieser Annahme nur aus äußerem und innerem Kommunikationssystem. Pfister betont die daraus folgende Gleichzeitigkeit von erzählter und Erzählzeit (bzw. dargestellter und Darstellungszeit) im Drama, wohingegen in Erzähltexten das Erzählte aus der Warte der Erzählung – und ermöglicht durch das vermittelnde Kommunikationssystem – in der Vergangenheit zu lokalisieren sei (Pfister 2001, 23). Ich gehe mit dieser kategorialen Trennung nicht konform und werde ausgehend von der in Kapitel 2.3 formulierten Auffassung von Mittelbarkeit gegen diese Grundannahme argumentieren.

Alles, was im Drama eine vermittelnde Funktion übernimmt, nennt Pfister getreu seiner Grundthese von der fehlenden narrativen Vermittlung *Episierung* und klassifiziert diese Tendenzen als Ausnahmen im idealtypischen Modell des *absoluten Dramas*. Unter „Episierung des Dramas" fallen für Pfister vor allem die dramaturgischen Methoden des Brecht'schen epischen Theaters wie der Einsatz von Prologen, Epilogen, Chören, Songs, Montage, Projektionen, Spruchbändern, Spielleiterfiguren, das Aus-der-Rolle-Fallen der Schauspieler, die Zuschaueransprache und das Bloßlegen des theatralen Apparats. Aber auch eine Aufhebung der Finalität (in Wolfs Terminologie *Teleologie*, s. Kapitel 2.4) zugunsten des Handlungsablaufs und eine Aufhebung der Konzentration auf dramatisch wichtige Handlungsmomente zugunsten epischer Breite zählen zu den „episierenden" Tendenzen (Pfister 2001, 103–106). Einen Überblick über sprachliche und nicht-sprachliche Episierungstendenzen im Drama gibt Pfister in der abgebildeten Graphik (s. Abb. 6).

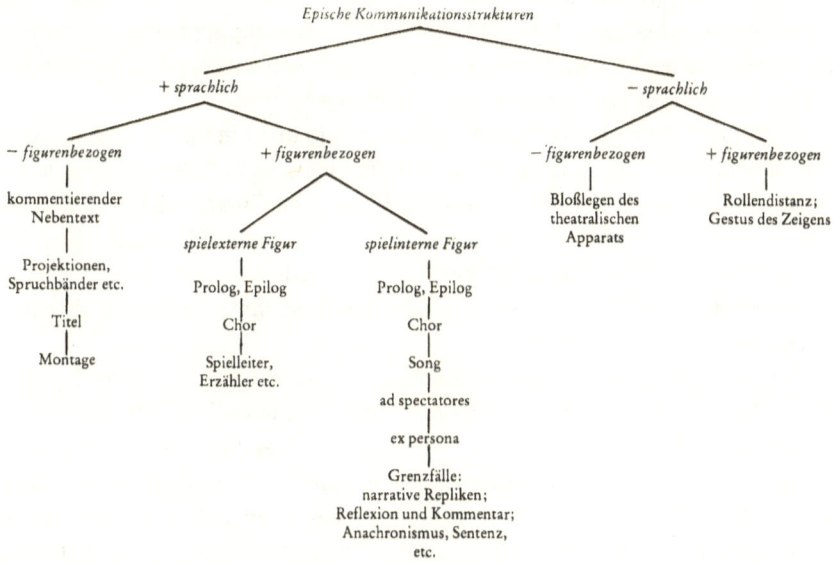

Abb. 6: Epische Kommunikationsstrukturen (Pfister 2001, 123)

Pfister macht außerdem darauf aufmerksam, dass die Figuren eines Dramas häufig die erläuternden oder kommentierenden Funktionen der Erzählinstanz epischer Texte übernehmen, indem sie z. B. Fragen stellen oder Informationen verbalisieren, die den anderen Figuren bereits bekannt, die also im Grunde nur für das Publikum gedacht sind (Pfister 2001, 21). Schon in dieser Beobachtung steckt der Hinweis auf einen wie auch immer gearteten *covert narrator* eines Dramas, der zwar nicht in Erscheinung tritt, die narrativen Funktionen aber dennoch erfüllt.

Pfister selbst gibt zu bedenken, dass epische Texte wie der innere Monolog oder dialogisch konzipierte Romane ebenfalls wie dramatische Texte erscheinen. Als Kriterium der Unterscheidung führt er die „Plurimedialität der Textpräsentation" an, womit er die Verbindung von sprachlich fixiertem Text und szenisch realisiertem Bühnengeschehen (durch akustische und optische Codes) meint (2001, 24–25). Die szenische Komponente unterteilt er in jene Elemente, die vom Text gefordert werden (Regieanweisungen), und solche, die als „Zutat" der Inszenierung gesehen werden können (2001, 25). Da diese „Zutaten" dem ursprünglichen Text aber nicht eingeschrieben sind, bleiben konsequenterweise jedoch nur noch die Regieanweisungen, um einen Text als dramatischen zu klassifizieren, denn auch epische Texte können auf der Bühne realisiert werden – gerade bei inneren Monologen oder dialogischen Romanen ist dies ein Leichtes. Dazu sagt Pfister jedoch nichts. Seine Idee vom absoluten Drama entpuppt sich jedoch auch hier als ein Konstrukt, dem die meisten als dramatisch eingestuften Texte (nach welchen Kategorien auch immer) nicht standhalten können.

Setzen in Prologen oder Epilogen Figuren, die nicht in der Haupthandlung vorkommen, einen bestimmten (Deutungs-)Rahmen, nennt Pfister das „Episierung durch spielexterne Figuren" (2001, 109). Dass man hierfür nicht auf das epische Theater Brechts zurückgreifen muss, sondern dass das Phänomen schon seit jeher in Dramen zu finden ist, zeigt ein Blick in die griechische Antike, in der von Chören vorgetragene Prologe und Epiloge keine Ausnahme, sondern konstituierend waren für die Dramenform.

Der Metadiegese kommt laut Pfister (auch wenn er sie nicht als solche betitelt, die ihrerseits aber ein hochgradig narratives Element ist) vor allem eine Ökonomiefunktion zu, da sie ermöglicht, umfangreiche Geschehnisse in verhältnismäßig kurzer Zeit zu rekapitulieren, sodass sich das unmittelbar szenisch Dargestellte auf z. B. den zentralen Konflikt des Dramas beschränken kann (Pfister 2001, 277). Auch können so komplexe Ereignisse wie z. B. große Schlachten simultan veranschaulicht werden, indem eine Figur diese erzählt, wie es in der Teichoskopie geschieht (2001, 281). Andere Beispiele für intradegetisches Erzählen, das von Pfister als „sekundäre Fiktionsebene" beschrieben wird, sind Traumrepräsentationen oder das Spiel im Spiel (Pfister 2001, 295–307). Diese zählen zur narrativen Strategie des (Dramen-)Textes und werden infolgedessen gezielt eingesetzt. Richardson (1988, 211) fordert daher bereits 1988 ein dynamisches narratologisches Modell zur Dramenanalyse, das dem Phänomen Rechnung trägt, dass viele Autoren ihre narrative Technik innerhalb eines Werkes verändern. Genau genommen ist die Verwendung von intradiegetischen Erzählern jedoch der extra-heterodiegetischen Erzählinstanz zuzuordnen, der die Zitatgewalt über diese obliegt. In Kapitel 2 wurde deutlich, dass ein solches Arrangement in der Präsentation der Geschichte – und die damit einhergehende doppelte Zeitlichkeit – eine Funktion der narrativen Mittelbarkeit ist.

Pfister unterscheidet aus dramentheoretischer Sicht epische und dramatische Texte genauso wie die Vertreter der klassischen Narratologie: „[S]ieht sich der Rezipient eines dramatischen Textes unmittelbar mit den dargestellten Figuren konfrontiert, so werden sie ihm in narrativen Texten durch eine mehr oder weniger stark konkretisierte Erzählerfigur vermittelt" (Pfister 2001, 20).

Rajewsky (2007, 44) stellt fest, dass bei Pfister die *Episierung* im Drama nichts anderes bedeutet als die Besetzung der vermittelnden Ebene im Kommunikationssystem, d. h. der Etablierung einer figürlichen oder nicht figürlichen Erzählinstanz. Da dies historisch gesehen häufig geschieht, wird das Drama in neueren Forschungsbeiträgen meist als Mischform von mimetischen und diegetischen Elementen bewertet, wie auch ich es weiter oben nahegelegt habe.

Pfister meint „Vermittlung" im Sinne Stanzels zu gebrauchen; Rajewsky (2007, 48–49) macht jedoch deutlich, dass Pfister den Begriff nicht als *discours*-generierende Instanz, die etwas vermittelt, sondern eher als ein Vermitteln *zwischen* äußerem und innerem Kommunikationssystem gebraucht. Der Vermittler sei bei Pfister eher ein Mediator zwischen Bühnengeschehen und Zuschauerraum. Schon in der Begrifflichkeit lassen sich somit einige Differenzen zwischen narrativer Vermittlung und mediatorischer Vermittlung erkennen. Ich möchte jedoch bei Pfisters vehementer Negierung des vermittelnden Kommunikationssystems bleiben – unabhängig davon, wie er Vermittlung genau versteht. Zur Montage einzelner Szenen auf der Bühne sagt er:

> [D]ie Umstellungen in der raum-zeitlichen Kontinuität implizieren eine Instanz, die diese Umstellungen vornimmt, und diese Instanz kommentiert und interpretiert das Dargestellte durch die in den Umstellungen neu geschaffenen Kontrast- und Korrespondenzbezüge.
> (Pfister 2001, 108)

Damit beschreibt er nichts anderes als die Arbeit einer heterodiegetischen narrativen Instanz, und gerade in diesem Zitat wird auch deutlich, dass die Annahme eines generellen Fehlens dieser Instanz im Drama oder im Theater nicht haltbar ist. So gut wie jedes Stück (sei es Drama oder schon Inszenierung) arbeitet mit raum-zeitlichen Umstellungen, die zwischen den einzelnen Szenen geschehen. Man kann keinen innerdiegetischen Ortswechsel auf der Bühne vornehmen, der nicht auf ein perspektiviertes Erzählen verweist und genauso deuten jeder Zeitsprung (Ellipse), jede Zeitraffung und jede Zeitdehnung auf die Erfüllung narrativer Funktionen hin. Pfisters Regelfall des absoluten Dramas wird hier zur Ausnahme, die von ihm sogenannten Episierungstechniken werden zum Regelfall.

Der folgende Abschnitt rekapituliert die verschiedenen Ansätze der Dramennarratologie von der Beschäftigung mit Metadiegesen, die durch intra-homodiegetische *generative narrators* erzeugt werden, hin zur Annahme einer heterodiegetischen Erzählinstanz: dem *covert narrator*. Ich stelle dabei die Frage, inwieweit die transgenerische Dramennarratologie konzise Analysekategorien entwickelt hat, die auch für eine transmediale Theaternarratologie fruchtbar gemacht werden können. Die Diskussion dieser Ansätze ist nicht nur notwendig, um einen wesentlichen Teil der Forschungshistorie zu verdeutlichen, aus der sich meine Theaternarratologie entwickelt, sondern auch, weil die Dramennarratologie immer wieder Aspekte des Theatralen berührt. Der Grund hierfür ist die beschriebene Vermengung der Termini Drama und Theater.

4.2 Aspekte der Dramennarratologie

Die Dramennarratologie steht immer in Bezug zur Dramentheorie und muss sich hier insbesondere zur besprochenen Argumentation Pfisters positionieren. Beachtenswert ist dabei, dass nur die wenigsten Ansätze der Grundannahme eines fehlenden vermittelnden Kommunikationssystems im Drama widersprechen, sondern die Narrativität des Dramas auf anderen Wegen zu bestimmen suchen. Die transgenerische Narratologie musste zunächst die enge Konzeption von Narrativität aufweichen, um ihr Forschungsfeld zu rechtfertigen. Erst dann konnte sie feststellen, dass es auch im Drama eine Mittelbarkeit gibt, die vor allem in den Dramen des zwanzigsten Jahrhunderts, den Shakespeare-Dramen und den antiken griechischen Tragödien ganz offensichtlich zutage tritt, allen voran in Brechts Stücken des epischen Theaters (Nünning und Sommer 2002, 105–106). Zum transgenerischen Ansatz (also zur Narratologie des Dramas) gibt es im Gegensatz zu dem hier verfolgten transmedialen schon zahlreiche Forschungsbeiträge, die ich im Folgenden vorstellen möchte. Zunächst betrachte ich hier die Thesen von Richardson (1987, 1988, 2001, 2007, 2011) und Nünning und Sommer (2002, 2005 [nur Sommer], 2008, 2011), die sich besonders auf homodiegetische Erzähler (oder *generative narrator*) in Dramen konzentrieren. Im zweiten Schritt stelle ich die Thesen Munys (2005, 2008) und Korthals' (2003) vor, die eine genuin transgenerische Dramennarratologie verfolgen, in der das Drama als erzählender Text behandelt wird. Schließlich wende ich mich im dritten und letzten Teil dieses Forschungsüberblickes den dramennarratologischen Arbeiten Fluderniks (1996, 2000, 2008), Jahns (2001, 2003) und Weidles (2009) zu, die auf eine transmediale Theaternarratologie, wie ich sie entwickle, den größten Einfluss haben, da sie bereits das Moment der Performativität integrieren und eine mögliche (wenn auch nicht konkrete) Inszenierung des Dramentextes mitdenken.

4.2.1 Homodiegetische Erzähler in Dramen

Richardson (1987) betrachtet in der Behandlung von Dramen erzählte Zeit und Erzählzeit (von ihm *story time* und *text time* genannt) getrennt voneinander, d. h. er vergleicht die Abfolge und Dauer der erzählten Ereignisse auf *histoire-* und *discours*-Ebene. Als dritte Kategorie hebt er die *stage time* hervor: die Zeit, die während der Bühnenperformanz vergeht (Richardson 1987, 308). Den Unterschied zwischen verschiedenen Inszenierungen desselben Dramas, die logischerweise unterschiedliche *stage times* haben, beachtet er dabei nicht. Die *stage time* wird vielmehr als dem Drama inhärent behandelt, wodurch Richardson die Differenz von Dramentext und Theateraufführung verwischt.

In Bezug auf Vorworte bzw. Vorspiele hebt Richardson (1988) die besondere Konstitution von Dramen hervor: Ist dem Vorwort eines Romans meist leicht der reale Autor als Verfasser zuzuordnen, so ist die Situation bei Vorspielen im Drama eine andere. Hier tauchen meist eine oder mehrere Figuren auf, die im Hauptstück keine Rolle mehr spielen, sondern dieses einrahmen und so eine weitere Reflexionsebene eröffnen, das Spiel vielleicht im Theaterkontext situieren oder die Zuschauer direkt ansprechen. Auch können Figuren aus der Geschichte „aussteigen" und diese Funktion übernehmen. Eine so geartete Rahmung finden wir z. B. in Goethes *Faust. Der Tragödie erster Teil*: Im „Prolog im Himmel" tauchen bis auf Mephistopheles ausschließlich Figuren auf, die im späteren Handlungsverlauf keine aktive Rolle mehr spielen, und das „Vorspiel auf dem Theater" situiert die Handlung im Theaterraum selbst und konstruiert eine direkte Kommunikation mit den jeweiligen Rezipienten. Richardson (1988, 195) bezeichnet dieses Phänomen als „category of non-illusionistic, if not entirely non-fictional narration for which we have no name".

Zur Frage nach der Rolle des Narrativen in der Dramengeschichte konstatiert er: „Narration has long been a basic feature of the twentieth-century stage [...]. The play with voice and narration is even more prominent in postmodern drama" (Richardson 2001, 691). Diese Beobachtung ist zwar wahr, Richardson lässt hier jedoch unerwähnt, dass es schon von Beginn an Dramen mit auffälligen Narrativitätsmerkmalen gab – am prominentesten realisiert durch den Chor in der antiken Tragödie. Und auch in Goethes *Faust. Der Tragödie erster Teil* findet sich z. B. die berühmte „Zueignung", die keinem Figurentext zugeordnet ist und sich wie eine Einleitung liest. Auch das „Vorspiel auf dem Theater" und der „Prolog im Himmel" wirken wie narrative Rahmengeschichten, bevor die Geschichte um Faust tatsächlich beginnt. Da in der „Zueignung" und im „Vorspiel" nicht einmal die gleichen Figuren vorkommen, drängt sich die Vermutung einer Extradiegese also förmlich auf.[2] Ebenso weist Sommer (2005, 120) in seinem Beitrag darauf hin, dass narrative Experimente schon ein zentrales Element des Dramas waren, lange bevor der Roman seinen Siegeszug als Prototyp des narrativen Genres antrat. Insgesamt beobachtet Richardson (1987, 1988, 2001, 2007, 2011) in seinen Aufsätzen viele narrative Phänomene in Dramen und belegt diese mit zahlreichen Beispielen. Ein methodisches Analysemodell, eine Narratologie des Dramas, entsteht dabei jedoch nicht. Als repräsentativ für diese erste Phase dramennarratologischer Forschung – die sich vor allem auf homodiegetische Erzählerfiguren konzentriert hat – kann die von ihm entworfene Kategorie des *generative narrators* (2001) angesehen werden. Sie bezeichnet eine Figur (oder den Chor), die (oder der) als ein Erzähler eine eigene (Binnen-)Geschichte entwirft (Richardson 2001, 685 und 2007, 152). Narratologisch ausgedrückt ist dies nichts anderes als eine Metadiegese, entworfen durch einen intra-homodiegetischen Erzähler.

Auch Monologe, Gedankenberichte oder Selbstgespräche können als homodiegetisches Erzählen betrachtet werden, auch wenn sie keine Metadiegesen öffnen und insofern nicht einem *generative narrator* zugeordnet werden sollten: Sie erzählen jedoch immer etwas über die sprechende Figur (vgl. Nünning und Sommer 2002, 117). Richardson (1988, 200) zeigt außerdem, dass homodiegetisches Erzählen im Drama keinen höheren Anspruch auf Wahrheit habe als heterodiegetische Erzählinstanzen in traditionellen Erzähltexten, auch wenn homodiegetischen Erzählern häufiger eine stärkere Subjektivität attestiert wird. Am Beispiel Hamlets zeigt Richardson aber, wie elisabethanisch konventionalisiert dessen Monologe sind. Auch hier muss also genauso wie bei heterodiegetischen Erzählinstanzen mit Unzuverlässigkeit gerechnet werden. Ferner betont er (vgl. Richardson 2001, 692), dass die von Pfister so betitelte „Abweichung" vom absoluten Drama – also epische Tendenzen in Dramentexten – in der Moderne und Postmoderne immer mehr zur Normalität geworden sei. Ähnlich rechtfertigt Brandstetter (2005, 116–117) in ihrer theaterwissenschaftlichen Monographie eine erzähltheoretische Analyse von Theater und Performances der 90er Jahre des zwanzigsten Jahrhunderts mit dem Hinweis auf die Fülle intradiegetischer Passagen in Dramen, also Passagen, in denen ein *generative narrator* aktiv wird: Das Erzählen selbst sei „nicht erst seit Bertolt Brechts epischem Theater [...] wichtig als *Funktion* dramatischer Darstellung" (Brandstetter 2005, 116). Die kleinen

---

2 Die genauere Analyse von *Faust* unter dramennarratologischen Gesichtspunkten wäre sicher sehr ertragreich. Da ich mich in meiner Arbeit aber auf theaternarratologische Phänomene beziehen möchte, kann ich an dieser Stelle nicht weiter auf die Dramenvorlage Goethes eingehen. In Kapitel 9 wird jedoch die Analyse der *Faust*-Inszenierung Nicolas Stemanns eine wesentliche Rolle spielen.

erzählten Geschichten bildeten und unterbrechen dann die jeweilige „Performance-Geschichte" (118, vgl. 121). Einen derartigen Modus des theatralen Erzählens – nämlich das Auftreten einer Erzählerfigur – behandelt auch der Theaterwissenschaftler Jahnke (2004) in seinem Beitrag zum zeitgenössischen Kinder- und Jugendtheater, dessen Einbeziehung narratologischer Forschung jedoch die 50er Jahre des zwanzigsten Jahrhunderts kaum überschreitet.

Mit den episierenden Tendenzen in Dramentexten beschäftigen sich in genuin narratologischer Herangehensweise auch Nünning und Sommer in zahlreichen Beiträgen. Zu diesen Tendenzen zählen nach ihnen (Nünning und Sommer 2002, 113–114) auch metadramatische Passagen, wie die des Prologs oder Epilogs, des Chors oder des epischen Erzählers, der modernen Version des antiken Chors. Funktionalisiert wird das epische Element im Dramatischen außerdem durch (in einzelnen Epochen häufig zum Standard gewordene) Erscheinungen wie die prophetische Seherfigur oder den Botenbericht, die – narratologisch ausgedrückt – für früheres bzw. späteres Erzählen stehen.[3] Der Chor kann raffend und in Form einer Teichoskopie erzählen, kommentieren und das Publikum direkt ansprechen.

Dass der antike Chor gleichsam als ein Vorläufer des heutigen homodiegetischen Erzählers aufgefasst werden kann, findet sich bereits bei Nietzsche. Er ist „zu der Einsicht gekommen, dass die Scene sammt der Action im Grunde und ursprünglich nur als *Vision* gedacht wurde, dass die einzige ‚Realität' eben der Chor ist, der die Vision aus sich erzeugt" (Nietzsche 1988 [1872], 62–63). Unter dieser Voraussetzung müsste man alles, das außerhalb des Chors auf der Bühne sichtbar ist, als Introspektion in die Chorfigur und damit als interne Fokalisierung begreifen.[4]

Das Drama wird für Nünning und Sommer (2002, 121) „mit seinem deutlicher als in der Erzählliteratur ausgeprägten Wechsel zwischen *showing* und *telling* zum Testfall für die Leistungsfähigkeit narratologischer Beschreibungskategorien und Analysemethoden". Sie fassen ferner die Vorteile einer Narratologie des Dramas zusammen: Die Anwendung narratologischer Kategorien und Methoden auf den Dramentext (Inszenierungsaspekte werden in ihrem transgenerischen Vorgehen weitgehend ausgespart) ermöglicht,

> die Gestaltungsmöglichkeiten der erzählerischen Vermittlung, verschiedene Formen und Funktionen von Erzählinstanzen sowie mono- und multiperspektivische Darstellungsformen im Drama sehr viel präziser theoretisch und typologisch zu erfassen und differenzierter

---

[3] Die Begriffe früheres bzw. späteres Erzählen werden neben anderen in Kapitel 6 genau definiert.
[4] Vgl. zur Introspektion als interner Fokalisierung Kap. 8.3.3.

auf ihr Wirkungspotential hin zu untersuchen, als dies in der literaturwissenschaftlichen Praxis bislang meist der Fall ist.

(Nünning und Sommer 2002, 107–108)

Während viele ihrer Äußerungen lediglich resümieren – z. B. dass Regieanweisungen erzählerische Pausen bewirken und damit die zeitliche Struktur der *histoire* organisieren (Nünning und Sommer 2008, 345) – oder nur vermeintlich wegweisend und anstoßgebend sind, führen sie als analytisches Unterscheidungskriterium die Differenzierung von mimetischer und diegetischer Narration ein, welche die beiden Pole einer Skala der graduellen Abstufung von Narrativität benennt (vgl. Nünning und Sommer 2008, 332). Jedes Genre weist dabei sowohl diegetische als auch mimetische Narration auf. Damit verbinden sie die Definition von Narrativität mit dem Modell des dramatischen bzw. narrativen Modus (vgl. Martínez und Scheffel 2012, 65) und beziehen dies gleichzeitig auf das Drama, denn Dramen repräsentieren nicht nur Ereignisse, sie repräsentieren sehr häufig auch Narration selbst, indem eine Figur zu einem homodiegetischen Erzähler wird.

> Mimetic narrativity could be defined as the representation of a temporal and/or causal sequence of events, with the degree of narrativity hinging upon the degree of eventfulness. Diegetic narrativity, on the other hand, refers to verbal, as opposed to visual or performative transmission of narrative content, to the representation of a speech act of telling a story by an agent called a narrator.
>
> (Nünning und Sommer 2008, 338)

In diesem Zitat treten die besprochenen unterschiedlichen Definitionen von Narrativität deutlich zutage. Nünning und Sommer sprechen dem mimetischen Erzählen zwar eine Ereignishaftigkeit, jedoch keine Mittelbarkeit zu. Damit ist das mimetische Erzählen Nünnings und Sommers eine ebenso idealisierte Vorstellung wie Pfisters absolutes Drama. Es wäre daher korrekter, in Bezug auf das mimetische Erzählen von einer geringen Mittelbarkeit statt von einer fehlenden Mittelbarkeit zu sprechen, da auch die szenische Organisation (zeitlich und räumlich) sowie die Präsentation des Erzählten zu den Funktionen erzählerischer Vermittlung zu rechnen sind. Das diegetische Erzählen wiederum verknüpfen sie mit der Bedingung einer Erzählerfigur. Auch Nünning und Sommer verfolgen also die Vorstellung eines *generative narrators* Richardson'scher Manier.

Derart geformte diegetisch erzählende und damit Metadiegesen generierende Figuren behandeln Nünning und Sommer (2011) beispielhaft in Bezug auf Shakespeares Stücke. Dieses Erzählen und damit Erzeugen fiktiver Welten habe meist einen sehr starken Effekt auf die eigentliche Dramenwelt, erfülle also eine Funktion und sei nicht ästhetische Spielerei: „Showing and telling do not really form an opposition in Shakespeare in that intradiegetic storytelling itself has a distinctly performative character" (Nünning und Sommer 2011, 206).

Nünning und Sommer (2011, 203) wollen zwar eine systematische Zusammenstellung der wichtigsten Formen und Funktionen dramatischen Erzählens vorlegen, differenzieren stattdessen jedoch die Unterscheidung von mimetischem und diegetischem Erzählen weiter aus: Während bei diegetischem Erzählen z. B. ein Erzähler und ein Adressat, also eine Kommunikationssituation, gegeben sein müsse, unterliege das mimetische Erzählen diesen Prinzipien nicht. Außerdem werde bei mimetischem Erzählen die Illusion von Handlung und von Figuren direkt erzeugt, bei diegetischem aber vor allem die Illusion eines Erzählers: „Mimetic narrativity foregrounds ‚the story frame' rather than ‚the telling frame'" (Nünning und Sommer 2011, 207). Damit bleiben sie wiederum der Annahme Pfisters treu, dass es im absoluten Drama kein vermittelndes Kommunikationssystem gebe und ihre narratologischen Untersuchungen von Dramen sind als Analysen der epischen Tendenzen von Dramen zu lesen. Sie fassen schließlich die Funktionen narrativer Chorpassagen zusammen, von denen viele auch von einzelnen Figuren wahrgenommen werden können:

> Firstly, the Chorus informs the audience about the action's location. Secondly, he challenges the audience to allow fantasy to prevail and to embellish what is being narrated and reported on stage accordingly. Thirdly, the Chorus' narrations summarize earlier events, supplement the presentation on stage by describing simultaneous events and establish the temporal relations between the scenes and the acts. Thus, the Chorus [...] serves as an „hourglass", as an organizer and a summarizer of time. Fourthly, the Chorus poses as an evaluative authority judging the characters and their actions; he helps to elicit and direct the audience's sympathies. Both the scope and the kind of functions taken on by the Chorus largely match those of the authorial narrator in a novel.
> (Nünning und Sommer 2011, 217–218)

Dass diese Funktionen auch ohne die Anwesenheit eines Chors im Drama erfüllt werden (können), bleibt bei Nünning und Sommer undiskutiert.

Schließlich nennen sie eine Reihe weiterer (dramaturgischer und kulturellpoetologischer) Funktionen narrativer Passagen im Drama (Nünning und Sommer 2011, 216–222), z. B dass die Metadiegesen von intra-homodiegetischen Erzählern die dramaturgische Funktion übernehmen, die Handlung voranzutreiben. Dem Vorurteil, dass im Drama bzw. im Theater nur das erzählt wird, was nicht auf der Bühne gezeigt werden kann (weil es z. B. zu brutal ist oder zu viel Personal erforderte wie bei großen Schlachten), widersprechen nicht nur Pfister (2001, 277), sondern auch Nünning und Sommer (2011, 216–217), die am Beispiel Shakespeares zeigen, dass die narrativen Strategien seiner Stücke bei weitem die bloße Kompensation bühnenpraktischer Restriktionen übersteigen. Und auch für

Pfister (2001, 277) ist die Narration im Drama „ein wichtiges Mittel der dramatischen Ökonomie, der Fokus- und Emphasebildung und der Spannungsweckung".

Wenngleich Nünning und Sommer ihren Narrativitätsbegriff nicht explizit definieren, wird deutlich, dass sie ihrem Beitrag ein genuin sprachlich basiertes Verständnis von Narration zugrunde legen (vgl. Nünning und Sommer 2011, 220). Auch die Unterscheidung zwischen diegetischem und mimetischem Erzählen setzt primär eine verbal aufgefasste Narrativitätskonzeption voraus, von der dann abgewichen werden kann. Selbst wenn sie auf die Phänomene der Bühne zu sprechen kommen, so analysieren sie doch stets die narrativen Elemente im Drama und fragen nicht etwa, wie eine Aufführung audiovisuell erzählt.

Zudem sprechen sie von der allgemein akzeptierten Doktrin, dass Erzähltexte erzählen, wohingegen Dramen zeigen (*telling* vs. *showing*), gegen die eine Narratologie des Dramas sich in einem ersten Schritt immer zur Wehr setzen müsse. Der von Pfister manifestierte strukturelle Unterschied zwischen den beiden Genres wird dabei jedoch nicht infrage gestellt, vielmehr geht es immer um eine Annäherung der beiden unter dem Aspekt des Erzählens (Nünning und Sommer 2011, 204–205).[5]

4.2.2 Das Drama als erzählender Text

Eine andere Forschungsrichtung behandelt das Drama ausschließlich als Text und ist somit strenger transgenerisch als die bisher besprochenen Beiträge. Die dem Text laut Pfister immanente Plurimedialität und auch die Kollektivität der theatralen „Text"-Produktion werden in diesem Ansatz außer Acht gelassen (Muny 2008, 13), was zur Folge hat, dass auch die Äußerungen einer etwaigen Erzählinstanz nur in den sprachlichen Äußerungen des Textes und nicht in nichtsprachlichen Codes gesucht werden. Die Vertreter dieser Richtung sind v. a. Korthals (2003) und Muny (2005, 2008), und Objekt der Analyse sind hierbei besonders die Nebentexte[6] des Dramas, die als Äußerungsort der heterodiegetischen Erzählinstanz angesehen werden. Nebentexten, die narrative Funktionen

---

5 Fludernik (1996, 333) betont in diesem Zusammenhang die Paradoxie, dass die Narratologie ihre Wurzeln in der griechischen Antike findet, genauer: in Aristoteles' *Poetik*, einem Text, der sich mit dem griechischen Drama und nicht etwa mit Erzähltexten auseinandersetzt.
6 Der Begriff „Nebentext" soll hier keinen qualitativen Unterschied zwischen Haupt- und Nebentexten in Dramen markieren. Trotz dieser möglichen Kritik wird der Begriff aufgrund seiner weiten Verbreitung in dieser Arbeit genutzt; vgl. hierzu auch Hauthal (2009, 110–111).

aufweisen – was vor allem durch zeitliche Deiktika zu erkennen ist –, spricht auch Pfister (2001, 107) eine Funktion der „auktoriale[n] Episierung" zu. Gleichfalls betont Ryan (1991, 87) die ähnliche Rezeption von dramatischen und erzählenden Texten, denn „the reader treats the [dramatic] text as if it were narrative fiction. [...] Stage directions are processed as descriptive statements, and the speech of characters is regarded as directly quoted dialogue." Ich werde in diesem Abschnitt vor allem die Thesen Munys behandeln, der sich in großen Teilen auf Korthals bezieht. Korthals (2003, 60) fasst Epik und Drama als *geschehensdarstellende Textsorten* und damit als gemeinsame Gattung auf. Sein Ansatz ist dabei streng transgenerisch, er schließt – wie auch Muny – die Theaterinszenierung aus und betrachtet das Drama als sprachlichen Text. Für Korthals (2003, 185–186) gibt es drei Arten von Narrativität in dramatischen Texten: Narrativität in Figurenrede (die auch homodiegetisches Erzählen genannt werden kann), in den Nebentexten, welche die Szenen temporal oder kausal verbinden, und im Zusammenspiel von Figuren- und Nebentext. Um im Vokabular meines eigenen Ansatzes zu sprechen, ließen sich in dieser Sichtweise sowohl die Ereignishaftigkeit als definierendes Moment des Narrativen wie auch eine gewisse Mittelbarkeit ausmachen.

Muny (2005, 219) konstatiert direkter, dass ein Dramentext auch der engeren Auffassung von Narrativität genüge, denn auch jedes Drama sei vermittelt. Diese Einsicht, so Muny, „ergibt sich, wenn man erstens voraussetzt, dass Literatur als die Botschaft einer Kommunikation verstanden werden soll, und zweitens die redesituative Feststellung einbezieht, dass jede Kommunikation einen Äußerungsträger hat" (Muny 2005, 220). Während auch dieser Forschungszweig Narration als Kommunikation versteht, erfolgt die Bestimmung der vermittelnden Erzählinstanz hier jedoch weniger funktional, sondern vielmehr sprechaktgebunden; es werden direkte textliche Äußerungen der Erzählinstanz vorausgesetzt. Muny stellt vor diesem Hintergrund einige generelle Beobachtungen über narrative Tendenzen in Dramen auf:

> Dramentexte unterteilen sich in aller Regel in Haupt- und Nebentext (Typographie). Ihre Geschichte wird durch den extradiegetischen Erzähler meistens chronologisch und zeitdeckend dargeboten (Zeit der Darstellung). Die Erzählung von Worten erfolgt als direkte Figurenrede, und das vorgestellte Geschehen zeigt sich typischerweise extern fokalisiert (Modus der Darstellung). Der extradiegetische Erzähler bleibt im Hintergrund (Stimme). Der präsentierte Ausschnitt an Interaktionen innerhalb der erzählten Welt beschränkt sich größtenteils auf Sprechhandlungen (erzählte Welt).
> (Muny 2005, 222)

Vor allem Munys Aussagen über das zeitdeckende Erzählen und sein Verständnis von Fokalisierung sind problematisch. Dass ein Drama häufig nicht zeitdeckend erzählt, werde ich in Kapitel 6 thematisieren, auf Munys (und auch Korthals') Verständnis von Fokalisierung gehe ich in Kapitel 8 genauer ein, um es dann mit meinem eigenen zu kontrastieren. Die „heuristische Kategorie der Erzählinstanz", schreibt Muny (2005, 220) zudem, „kann unter anderem das Bündel an Funktionen übernehmen, das bislang undifferenziert dem impliziten Autor zugeschrieben wird (wie die Verantwortung für Ideologie und Intention des Dramentextes)", womit Muny diejenigen Elemente beschreibt, die Pavis (1989) als Metatext der Inszenierung betitelt.

Dem Phänomen Erzählen nähert sich Muny (2008, 36) explizit von linguistisch-sprechaktphilosophischer Warte. *Einfaches Erzählen* ist auch für ihn ein Sprechakt, „der ein Ereignis darstellt" (Muny 2008, 43); die Abfolge und Verknüpfung mehrerer solcher Sprechakte, die durch andere Formen von Sprechakten angereichert werden, nennt er hingegen *komplexes Erzählen* (Muny 2008, 52). Hier lässt sich am ehesten eine Parallele zu Hühns (2013) Unterscheidung von *event I* und *event II* ziehen. Das Problem bei sprechakttheoretisch fundierten Erzählbegriffen ist jedoch, dass sie visuelle, bildlich vermittelte narrative Strukturen von einer Analyse ausschließen (vgl. Muny 2008, 42). Während die Sprechakttheorie für einen transgenerischen Ansatz, der sich ausschließlich auf das Erzählen durch sprachliche Zeichen bezieht, ausreichend ist, greift sie für eine transmediale Herangehensweise wie die meine somit zu kurz.

Die Lektüre eines Dramentextes ist für Muny eine sowohl dem Textvortrag als auch der Aufführung gleichwertige (wenn auch eine andere) Performanzform, weshalb er auch von dem Begriff *Theatertext* (*playscript mode*; Jahn 2001) Abstand hält und bei der Bezeichnung *Drama* bleibt. Allen drei Performanzformen liege der gleiche Dramentext zugrunde, eine Ausnahme seien nur postdramatische Inszenierungen, denen keine Aufführungstexte zugrunde liegen (vgl. Muny 2008, 26–34). Für die Auffassung, sowohl dem Lesen als auch der Aufführung von Texten das Moment der Performativität zuzuschreiben, plädiert auch Fischer-Lichte (2001, 139).

Positionen, welche die Existenz einer Erzählinstanz in heterodiegetischen Erzählungen (d. h. Erzählungen, die nicht direkt von einer Figur der Diegese erzählt werden) leugnen, folgt Muny nicht.[7] Er weist mit Rückgriff auf Bühlers Organon-Modell darauf hin, dass jeder Sprachakt auch Selbst-Ausdruck ist, und dass somit stets Rückschlüsse auf eine erzählende Instanz möglich sind, auch wenn diese jede Kommentierung unterlässt und sich neutral gibt (Muny 2008, 64–65). Für

---

7 Am elaboriertesten und ontologisch-philosophisch orientiert verdeutlicht diese Position – wie bereits in Kapitel 2 besprochen – wohl Walsh (2007).

Muny gibt es neben dem realen Autor somit auch im Drama immer einen fiktiven, vermittelnden Erzähler (vgl. Muny 2008, 66–67).

Wie gesagt herrscht Einigkeit darüber, dass sich auch Dramen wie epische Texte unterteilen lassen in *histoire* und *discours*. Unter *discours* kann dann das *Wie* der Darstellung, also Kategorien der Zeit, des Modus, der Stimme oder des Sprachstils untersucht werden, so Muny (2008, 67). Der Ansicht, ein Drama konstituiere sich lediglich aus Dialogen (vgl. Bayerdörfer 2005, 75–76, 79), widerspricht Muny vehement: Ein Drama bestehe nicht nur aus dem Figurendialog, sondern auch aus seinen Nebentexten (vgl. Muny 2008, 68). Bayerdörfer (2005, 77) schreibt dazu: „Inwieweit der Nebentext [...] zum D[rama] als literarischem Werk überhaupt gehört, ist strittig, schon aufgrund der mangelnden ästhetischen Gestalt der stenogrammähnlich formulierten Anweisungen". Vor allem in den Nebentexten lässt sich in Dramen jedoch häufig eine strukturierende narrative Instanz ausmachen – hier nähern sich dramatische und epische Texte besonders stark einander an. Die Regieanweisungen sollen angeblich die Inszenierungsarbeit fördern, sehr häufig erfüllen sie jedoch einen anderen Zweck oder erschweren gerade die theatrale Umsetzung, beispielsweise wenn der Nebentext Geschehnisse retrospektiv darstellt (vgl. Muny 2008, 12).[8] Auch Chatman (1990, 118), dessen Ansatz für mein Vorgehen fruchtbarer gemacht werden kann als derjenige Munys, schreibt in Bezug auf die narrative Funktion von Nebentexten in Dramen: „[T]here is no difference between a sentence in a novel like ‚John left the room' and the playwright's instruction to an actor to exit, stage left."

Häufig weisen Nebentexte auch auf die Theatralität der dargestellten Situation hin. Hierbei handele es sich um eine metanarrative Erzählfunktion. Der Erzähler macht damit deutlich, so Muny (2008, 82), dass er eine gespielte theatrale Welt schildert und sein Erzählen fiktional ist. Man kann die Nebentexte des Dramas lediglich als Handlungsanweisungen für eine Bühnenaufführung sehen, die zudem bei einer Aufführung nicht ausgesprochen würden, also nicht wirklich zum Dramentext gehörten. Viele Wissenschaftler – und darunter auch viele Narratologen – beharren auf der Meinung, erst durch die Inszenierung erhalte ein absolutes Drama eine vermittelnde Instanz, nämlich die des Theaters selbst (z. B. Poschmann 1997, 48; Jahn 2003, D2.2.; Wolf 2002a, 52–53). Muny macht dagegen den Dramentext als Lesetext stark, der selbst schon eine *discours*-Ebene aufweise. Die Nebentexte seien nur sehr selten wirklich instruierend, sondern fungierten viel häufiger als narrative Rede (vgl. Muny 2008, 69). Mein Ansatz soll

---

[8] Dass Bayerdörfers Behauptung nicht haltbar ist, kann auch mit Texten wie Peter Handkes *Die Stunde da wir nichts voneinander wussten* veranschaulicht werden: ein Schauspiel, das ausschließlich aus Regieanweisungen besteht.

dem Munys nicht widersprechen, auch wenn ich die narrative Mittelbarkeit im Theater hervorheben möchte. Vielmehr sehe ich die Existenz von und den Unterschied zwischen der schon im Drama angelegten sprachlichen Erzählinstanz und einem mehrkanaligen Repräsentationssystem, das die narrativen Funktionen in der theatralen Narration erfüllt, in diesen unterschiedlichen Forschungspositionen bestätigt.[9] Zudem werden im heutigen Theater immer wieder auch die Nebentexte auf der Bühne mit vorgetragen: ein Indiz, das zeigt, wie auch die ursprüngliche, sprachliche Erzählinstanz der Nebentexte direkt auf die Bühne gebracht werden kann, ohne in Elemente der anderen Kanäle des Theaters (d. h. ausgeführte Regieanweisungen als Handlungen auf der Bühne) umgewandelt werden zu müssen.

Schließlich macht Muny (2008, 77) die Beobachtung, dass in den Nebentexten von Dramen meistens extradiegetisch im Präsens erzählt wird, was in der Erzählliteratur (vor allem vor dem zwanzigsten Jahrhundert) eher die Ausnahme bleibt. Eine korpusgestützte Analyse in Form eines *big-data*-Ansatzes könnte hier neues Licht auf die Dramengeschichte werfen, die dann unter narratologischen Gesichtspunkten mit der Geschichte von Erzähltexten kontrastiert werden könnte.

4.2.3 Drama und Performativität

Die für meinen Ansatz wichtigsten Grundlagen wurden in dem Bereich der Dramennarratologie geschaffen, der auch die Performativität in seine Überlegungen mit einbezieht, d. h. die (mögliche) Inszenierung des Dramentextes mit ihrer Plurimedialität und die daraus resultierenden Auswirkungen auf den Akt der Narration nicht außer Acht lässt. Wichtig sind hier besonders die Beiträge Jahns und Weidles, aber auch Fluderniks Betrachtungen über performative Narrativität.

Zunächst ist für die narratologische Beschäftigung mit dem Theater die Frage nach den Zusammenhängen von Dramentext und Inszenierung relevant. Laut der Einführung von Platz-Waury (1978, 33) wird in der Aufführungssituation eines Dramas „die schriftliche Darstellung in Schauspieleraktion umgesetzt, die Beschreibung der Spielwelt in visuell wahrnehmbare Bühnenbilder verwandelt und die gedruckten Worte werden gehört". Diese sehr reduzierte und zudem nicht gerade differenzierte Aussage – z. B. die ungenaue begriffliche Unterscheidung zwischen „schriftliche[r] Darstellung", „Beschreibung der Spielwelt" und

---

[9] In Kapitel 5 werde ich das Theatrale Repräsentationssystem (TRS) vorstellen und erläutern.

„gedruckten Worte[n]", die wohl Neben- und Haupttext beschreiben – ist veraltet und hält kaum einem realen Theaterbesuch stand; zumal für jede Inszenierung eine Strichfassung des Dramentextes angefertigt wird. Aber vor allem auch die visuelle Umsetzung hält sich so gut wie nie an die Vorgaben im Dramen-Nebentext, denn gerade dieser Bereich ist der Ort für die Kreativität des Theaters, gerade hier können andere Akzente gesetzt werden, welche die Aussage eines Werkes unterlaufen, verfeinern oder überformen. Das Postulat der „Texttreue" gilt schon seit den 1970er Jahren nicht mehr als Gütesiegel bei der qualitativen Bewertung einer Inszenierung. Sie wird nun vielmehr als eigenständiges künstlerisches Gebilde wahrgenommen (vgl. Bayerdörfer 2005, 77).

Birkenhauer (2008) versteht Inszenierungen als „Lektüren, die einen dramatischen Text fortschreiben", und sagt sehr viel differenzierter:

> Inszenieren bedeutet in den Formen des dialogisch geschriebenen Dramas Dimensionen der Sprache erfahrbar zu machen, die nicht im Figurenbezug aufgehen, die unvorhersehbar sind. Die inszenatorischen Verfahren, die diese sprachliche Dimension erzeugen, realisieren genuine Darstellungspotentiale der Bühne, das das Theater im Verlauf seiner Geschichte ausgebildet hat, ihre Möglichkeit, dramatische Rede in vielfacher Weise zu exponieren, zu verschieben, umzulenken, sichtbar zu machen. Als Verfahren sind sie höchst unterschiedlich, ein Verschieben des Sinns der Worte durch das Bild, durch Formen der Verräumlichung oder die Erzeugung unterschiedlicher Zeitlichkeiten, durch vielfältige Modi des Schauspiels.
>
> (Birkenhauer 2008, 173)

Diese Inszenierungsstrategien lassen sich narratologisch ausgedrückt einem oder mehreren narrativen Kanälen zusprechen, die im Dramentext schon angedeutet sein können, die aber vor allem vom Theaterkollektiv eingesetzt und zur Bedeutungskonstitution genutzt werden. Dieses Verständnis liegt sowohl meinem eigenen Modell als auch einigen Beiträgen der Dramennarratologie zugrunde.

Jahn schreibt in seinem *Guide to the Theory of Drama*: „[T]here is a strong family resemblance between drama and prose fiction. Both genres are *narrative text types*" (Jahn 2003, D1.1). Jahn ist auch derjenige, der den Weg zur narratologischen Analyse von Performanz ebnet. Er entwirft ein Modell von Texttypen, das strikt unterscheidet zwischen geschriebenen Texten (wie Romanen, Gedichten oder Skripten) und der Performanz dieser Skripte in Film, Oper oder Theater. All diese Formen sind auch bei ihm Unterklassen der Kategorie „narrativ". Der Begriff „Drama" wird in Jahns Modell – das seinerseits eine Weiterentwicklung von Chatmans Modell der *text-types* ist – bewusst vermieden und spaltet sich in die geschriebene Grundlage (Skript) und die Performanz (s. Abb. 7).

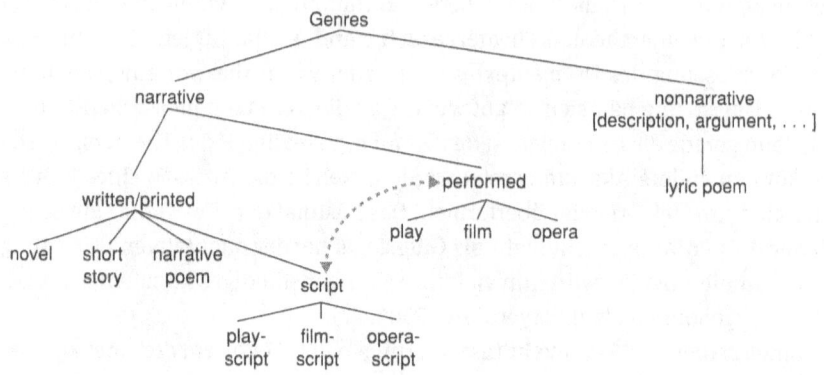

Abb. 7: Modell narrativer Genres (Jahn 2001, 675)

Jahn untersucht in seinem Aufsatz Erzählinstanzen bzw. die narratologische Kategorie der Stimme im Drama, und aufbauend auf Chatmans Theorie des showers (s. Kapitel 2.3.2) sucht er Zeichen des Narrativen im dramatischen Text wie in der dramatischen Performanz (vgl. Jahn 2001, 660). Aber auch in diesem wegweisenden Beitrag bleibt die Berücksichtigung der Aufführungssituation allgemein und ideell, klare Analysekategorien bleiben rar und der Narrativitätsbegriff ist sehr sprachlich orientiert. Jahns Beitrag denkt insofern zwar den transmedialen Ansatz mit, verfolgt aber selbst den transgenerischen. Und so fasst Jahn (2001, 661–662) unterschiedliche Forschungsrichtungen zusammen, die entweder das Drama als Text verstehen (*Poetic Drama*), für die die Aufführungssituation bzw. die Inszenierung die entscheidenden Untersuchungsgegenstände sind (*Theater Studies*), oder die eine Kombination aus dem Lesen des Dramas (vor allem auch der Nebentexte) und dem Anschauen aktueller Inszenierungen desselben befürworten (*Reading Drama*).[10]

Fludernik (2008) weist ihrerseits auf die Schwierigkeiten hin, die eine Dramennarratologie überwinden musste (und teilweise immer noch muss): Nicht nur die als normativ empfundene Trias Goethes (Prosa, Dramatik, Lyrik), sondern auch die Ansätze Stanzels und Genettes, die „Drama" als das Andere gegenüber dem Narrativen bewerteten, verwehrten es der Narratologie lange Zeit, sich dem Genre des Dramas zuzuwenden. Fluderniks Zugang zu der Thematik besteht nun darin, die Annäherung der beiden Genres Drama und Erzähltext zu untersuchen, indem sie narrative Techniken in Dramen nachweist und ebenfalls auf Techniken

---

[10] Vgl. auch Fischer-Lichte (2001, 16–17).

des Dramas in Erzähltexten eingeht (vgl. Fludernik 2008, 367–77). An anderer Stelle (vgl. Fludernik 2000, 282) entwirft sie ein Makro-Genre-Modell und stellt *erzählend* neben *argumentativ, instruktiv, konversierend* und *reflektierend*. Basierend auf ihrem Narrativitätsverständnis der *experientiality* ist das Drama für sie sogar das wichtigste narrative Genre überhaupt (vgl. Fludernik 1996, 348).[11]

Auch Richardson (2001, 692) weist darauf hin, dass „stage narration", d. h. die Narrativität der Performanz im Gegensatz zum Erzählen in Dramen, noch andere distinkte Aspekte aufweist, z. B. wenn Rollen mit einem anderen Geschlecht oder anderen Ethnien besetzt werden. In diesen Zusammenhang ist auch der Beitrag von Fludernik (2008) einzuordnen. Sie bringt bewusst die verschiedenen Elemente des Theaters in die Diskussion ein und betrachtet visuelle und auditive Aspekte getrennt, fragt also gezielt nach der Narrativität von Drama *und* Performanz:

> [T]he visual qualities of the staging, the director's choice of props and costumes, the inclusion of music and of superimposed visual elements as well as the actor's interpretation of the characters and plot are equivalent to the narrational level, and this narrational level is in fact a *performative* level.
>
> (Fludernik 2008, 363)

Fludernik sieht (vor dem Hintergrund der Beschäftigung mit mediävistischen Texten) in der Performanz eine Kategorie, die sich optional in jede narrative Kommunikationssituation eingliedern lässt und entwirft hierfür das nachfolgende Modell:

---

11 Für Wolf (2002a, 52–53) hingegen bleibt die Narrativität des Dramas „schemenhaft", da z. B. die Teleologiemarkierung – wie sie in epischen Texten durch das Präteritum geschehe – ausbleibe, oder weil im Erzählerdiskurs keine Kausalkonjunktionen vorgenommen würden, sodass der Rezipient die dargestellte Chronologie der montierten Szenen selbstständig in eine Kausalität überführen müsse.

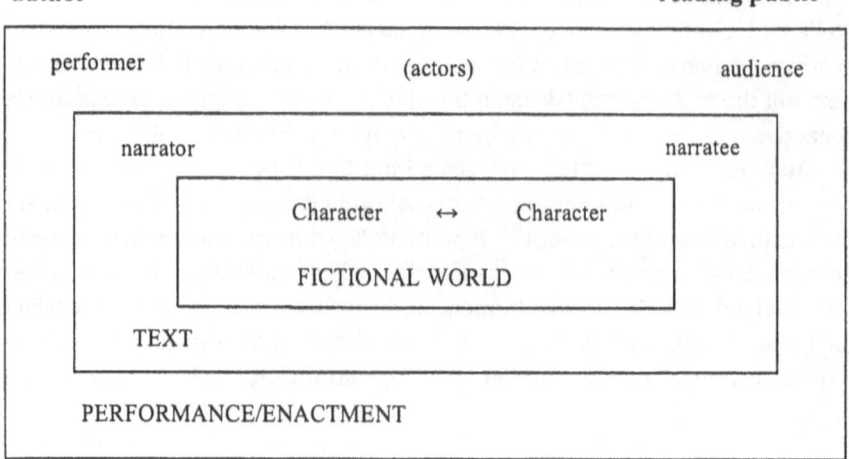

Abb. 8: Dramatische, performative Kommunikation (Fludernik 2008, 365)

Fludernik selbst kommentiert: „What the model allows one to argue is that in drama, the narratorial level is optional and the performative level is constitutive, whereas in epic narrative, it is the performance level that is optional" (Fludernik 2008, 365). Zu kritisieren ist daran, dass das Modell die Erzählinstanz anthropomorphisiert und die Möglichkeit einer bloß ordnenden Funktion derselben, die auch im Drama konstitutiv ist, negiert. Die Erzählinstanz ist hier der Ebene der Darstellung untergeordnet, muss also immer von einem Schauspieler eingesetzt, also verkörpert werden. Die spezifische Art der Einsetzung einer Erzählinstanz lässt jedoch immer Rückschlüsse auf den impliziten Autor zu, dessen Rolle im vorliegenden Modell dann offensichtlich vom realen Schauspieler übernommen wird. Die Grenze zwischen „author" und „performer" bzw. zwischen „reading public" und „audience" scheint also keine ontologische Differenz zu markieren, während die anderen Grenzen genau dies tun. Außerdem lässt das Modell wichtige Instanzen unbeachtet, wie beispielsweise Regisseur, Bühnenbildner, Ton- und Kostümabteilung etc., die alle wichtige Beiträge leisten zur Konstituierung der Repräsentation. Vorteilhaft ist jedoch die Umrahmung der fiktiven Welt durch eine heterodiegetische Erzählinstanz (womit Fludernik den *covert narrator* visualisiert), auch wenn diesem lediglich – und damit Pfisters Thesen treu bleibend – ein optionaler Charakter zugesprochen wird.

Gegen eine lediglich optionale und zudem anthropomorphe Erzählinstanz im aufgeführten Drama argumentiert Jahn. Für ihn sind Theaterstücke immer structurally mediated by a first-degree narrative agency which, in a performance, may either take the totally unmetaphorical shape of a vocally and bodily present narrator figure [...] or remain an anonymous and impersonal narrative function in charge of selection, arrangement, and focalization.

(Jahn 2001, 674)

Jahn (2001, 670–671) wendet entschieden ein, dass, auch wenn im „absoluten Drama" keine Figur explizit als Erzähler fungiere, doch die Funktionen dieser (fehlenden) Figur erfüllt würden; nämlich die Präsentation, Selektion und Kombination von Ereignissen innerhalb der fiktiven Welt.[12] Damit bezieht er sich auf Chatmans (1993 [1978], 197) besprochenes Modell des verdeckten Erzählers (*covert narrator*), der sich durch funktionale statt durch linguistische oder im Text wörtlich zu findende Kriterien auszeichnet. Während der Leser bei der Lektüre epischer Texte die Erzählinstanz häufig anthropomorphisiert, ist diese Instanz im Drama meistens sehr viel abstrakter und eher durch ihre Funktionen als durch anthropomorphe Züge gekennzeichnet, wie auch Muny (2008, 70) betont. Es gibt also auch im mimetischen Erzählen performativer Medien ein System der narrativen Repräsentation: den „cinematic narrator" für den Film oder eben den „dramatic narrator" für das Drama bzw. das Theater.

Weidle (2009) unterscheidet Drama und Theater und betrachtet beide Aspekte getreu der Wissenschaft des *Reading Drama*. Das Drama wird hierbei als „playscript" gelesen, also nicht bloß als erzählender Text, sondern auch als Anweisung für etwaige Bühnenrealisierungen (vgl. Weidle 2009, 228). Im Gegensatz zu den vielen Untersuchungen homodiegetischer Erzähler im Drama legt er seinen Interessenschwerpunkt in Anlehnung an Jahn (2001) auf heterodiegetische Erzählformen von Drama und Theater, indem er vor allem auf heterodiegetische Erzählinstanzen und Fokalisierungsstrategien eingeht. Weidle (2009, 224) schließt sich der Unterscheidung von Erzählung und Erzählen von Martínez und Scheffel (2012, 27–28) an, da jede Erzählung auf irgendeine Art und Weise mit dem Gebrauch von medienspezifischen Techniken erzählt werde, also immer ein Erzählprozess vonstatten gehen müsse: „[D]ramatic stories are selected, arranged, mediated, and, in a wider meaning of the term, narrated to us" (Weidle 2009, 225). Diese kommunikative Grundannahme von Narration rechtfertigt genau wie das Modell von Chatmans show-er, ein System unterschiedlicher narrativer Kanäle anzunehmen, die im Theater vermitteln – sei es auf sprachliche oder sinnesphysiologische Art und Weise. Jahns (von Chatman übernommenen) „superordinate narrative agent" (Jahn 2001, 672) benennt Weidle um in „superordinate narrative system" (2009, 225), um der Anthropomorphisierung der Erzählinstanz

---

12 Vgl. auch Nünning und Sommer (2002, 118–119).

entgegenzuwirken. Zwar widersetzt Weidle (2009, 225) sich dem transgenerischen und damit lediglich textorientierten Ansatz Korthals', da ein Drama immer geschrieben sei, um aufgeführt zu werden. Dass jedoch auch das *Reading Drama* zu textorientiert sei, wurde von Vanhaesebrouck (2004) kritisiert.[13] Es ist zu konstatieren, dass auch Weidles und Jahns Ansätze, trotz ihrer Unterscheidung zwischen Drama und Theater, textzentriert bleiben und nicht wirklich individuelle Aufführungen in den Blick nehmen. Die Performanzsituation wird hier lediglich angesehen als eine dem Text immanente Möglichkeit der Lektüre.

4.2.4 Resümee

Aus dem Überblick wichtiger dramennarratologischer Aspekte lassen sich folgende Punkte extrahieren, die für eine transmediale Theaternarratologie wegbereitend wirken und besonders fruchtbar gemacht werden können:

- Der *generative narrator* und alle Formen und Funktionen des verbalen homodiegetischen Erzählens in Dramen – wie sie vor allem von Richardson sowie Nünning und Sommer beschrieben werden (wie die *stage time*, Rahmungen, Funktionen des Chores, von Botenberichten, Mauerschauen etc.) – sind im performativen Erzählen des Theaters ebenfalls auszumachen und als Analysekategorien somit anwendbar.
- Die Differenzierung von diegetischer und mimetischer Narration Nünnings und Sommers ist auch für das Theater grundsätzlich valid, der Ansatz muss jedoch auch im mimetischen Erzählen um die Komponente der narrativen Mittelbarkeit erweitert werden.
- Die Überlegungen der genuin textbasierten Dramennarratologie (Korthals, Muny) finden lediglich insofern Anwendung im Theater, als dass sie im Teilbereich der Textanalyse von Bedeutung sein können. Dies ist vor allem der Fall, möchte man die Genese vom Dramentext zur Strichfassung desselben für eine bestimmte Aufführung näher analytisch untersuchen.
- Als besonders fruchtbar für die Entwicklung eines heuristischen theaternarratologischen Analysemodells und damit für eine transmediale Erweiterung des Forschungsfeldes erweisen sich die Ansätze Jahns und Weidles. Jahns heterodiegetischer *dramatic narrator* kann auch als *covert narrator* (wie Chatman ihn definiert) verstanden werden, der durch die Erfüllung narrativer Funktionen der Mittelbarkeit auszumachen ist. Weidle vermeidet durch sei-

---

13 Vgl. Kap. 2.2.

nen Systembegriff eine unnötig anthropomorphe Vorstellung dieser funktionalen Mittelbarkeit in Dramen. Die Schule des *Reading Drama*, der Jahns, Weidles und auch Fluderniks Ansätze zuzuordnen sind, bleibt jedoch textzentriert und spricht nur von gedachten oder möglichen Inszenierungen, die im Dramentext angelegt sind. Das theaternarratologische Modell zielt jedoch auf die Analyse tatsächlicher Inszenierungen ab, die zwar auf Dramentexten beruhen können, aber nicht müssen.

4.3 Von der Dialogizität zur Trialogizität: Die Kommunikation im performativen Erzählen

Repräsentierende Theaterinszenierungen werden hier als besondere Form der narrativen Performanz verstanden. Die Performativität im Medium Theater unterscheidet sich sowohl von der Performativität oraler Alltagserzählungen als auch von der Performativität narrativer Texte (zu denen auch Dramen gehören). Sie beinhaltet das Phänomen der *liveness*, das die Kommunikationssituation im Theater zu einer besonderen macht. Eine Theorieerweiterung ist somit vonnöten, um dieser besonderen Struktur der theatral-narrativen Kommunikation analytisch gerecht zu werden. Das bereits besprochene genuin kommunikative Verständnis von Narrativität, wie es beispielsweise von der rhetorischen Narratologie stark betont wird (z. B. Phelan 2017), basiert auf dem Grundsatz der Sprechakttheorie, dass eine Nachricht immer einen Sender und einen Empfänger hat. Die Sprechakttheorie ging ursprünglich vom alltäglichen mündlichen Sprechen aus. In schriftlichen Texten (und darunter besonders in narrativen Texten) hat man bereits komplexere Kommunikationsstrukturen festgestellt, sodass sprechakttheoretische Annahmen für den Fall der schriftsprachlichen (Erzähl-)Kommunikation den neuen medialen Gegebenheiten angeglichen werden mussten. Jahn beschäftigt sich mit den Schwierigkeiten und widersprüchlichen Äußerungen in Bezug auf diese Erweiterung des Forschungsfeldes und betrachtet Beiträge von Austin, Searle und Genette (vgl. Jahn 2001, 663–69).

Für die besondere Kommunikationsstruktur narrativer Texte lässt sich ein Phänomen feststellen, das mit Michael Bachtin *Dialogizität* genannt werden kann. Bachtin selbst hat keine einheitliche Theorie der Dialogizität entworfen. Daher gibt es auch häufig unterschiedliche Begrifflichkeiten für gleiche oder sehr ähnliche Phänomene; so beschreibt er die „Redevielfalt" im Roman als „Dialogisierung", unterscheidet aber auch noch Stimmen- und Sprachvielfalt (Bachtin 1979, 157). Es geht dabei nicht nur um unterschiedliche Textpassagen, welche verschiedene Stimmen repräsentieren, die in vermeintlichem Dialog miteinander stehen, sondern für Bachtin hat jedes Wort im Roman eine „innere Dialogizität"

(Bachtin 1979, 176). Es lassen sich daher zwei verschiedene Grundverständnisse von Dialogizität herauskristallisieren: Die Polyphonie der Stimmen im Roman ist der wesentliche Teil der Dialogizität; die Kommunikation dieser Stimmen untereinander, ein anderer: „Das zweistimmige Wort ist stets im Innern dialogisiert" (Bachtin 1979, 213).

Schmid (1999) unterscheidet (und verwirft teilweise) sieben Formen der Dialogizität in Texten: zwischen unterschiedlichen Figuren in der fiktiven Welt, zwischen konkretem Autor und konkretem Leser, zwischen abstraktem Autor und abstraktem Leser, zwischen abstraktem Autor und Prätext, zwischen abstraktem Autor und fiktivem Erzähler, zwischen fiktivem Erzähler und Figur sowie zwischen fiktivem Erzähler und fiktivem Leser. Er versteht Dialogizität damit als ein Auftreten der dialogischen Kommunikation. Dialogizität als Polyphonie der Stimmen zu begreifen ist ein anderes Verständnis, für den hier verfolgten Ansatz aber ungleich fruchtbarer.

Bachtin schreibt in seiner Monographie über die Poetik Dostojevskis: „In jeder Stimme konnte er [Dostojevski] zwei miteinander streitende Stimmen hören" (Bachtin 1971, 37). Und weiter:

> Der Autor konzipiert den Helden als *Wort*. Deshalb ist das Wort des Autors über den Helden ein Wort über ein anderes Wort. Es ist an dem Helden als an einem Wort orientiert und deshalb *dialogisch* an ihn *gerichtet*. Der ganze Roman ist so angelegt, daß der Autor nicht *über*, sondern *mit* dem Helden spricht.
>
> (Bachtin 1971, 72)

Zentral ist immer das Aufeinandertreffen *zweier* gleichberechtigter sprachlicher Bewusstseine (Bachtin 1971, 10); statt von einer Vielstimmigkeit spricht Bachtin auch später noch von einer „Zweistimmigkeit" in Bezug auf Autor und Figur (Bachtin 1979, 215). Was Bachtin als Autorrede bezeichnet, wird in der Erzählforschung mittlerweile jedoch in der Regel dem Erzähler zugeordnet, sodass unter dem Begriff der Dialogizität vor allem Figuren- und Erzählerrede verhandelt werden.[14] Sehr nah steht dem Begriff der Dialogizität in Bachtins Terminologie auch der Begriff der Hybridität. Auch hierbei geht es um die Vermischung zweier Sprachen, Bewusstseine oder Stimmen. Wie Sasse (2010, 132) betont, kommt es bei der Hybridität im Gegensatz zur Dialogizität jedoch zu einer Vermischung oder Verschmelzung; in der Dialogizität seien beide Instanzen auszumachen, da sie dialogisch aufeinander reagierten, die eine im Lichte der anderen wiedergegeben werde (vgl. Bachtin 1979, 247). Dennoch sind die beiden Begriffe nicht trenn-

---

14 Zum Verständnis von Dialogizität in der Narratologie vgl. auch Lahn und Meister (2013, 279).

scharf zu unterscheiden; die innere Dialogizität eines einzigen Wortes beispielsweise wird von Bachtin an anderer Stelle als „hybride Konstruktion" bezeichnet (Bachtin 1979, 195).

> Die fremde Rede [die Figurenrede] ist nirgendwo deutlich von der Autorrede [bzw. der Rede der Erzählinstanz; Anm. J.H.] abgegrenzt: die Grenzen sind absichtlich fließend und zweideutig gehalten, oft verlaufen sie durch ein syntaktisches Ganzes, oft durch einen Satz, manchmal jedoch zertrennen sie die Hauptglieder des Satzes.
> (Bachtin 1979, 198)

An einer anderen Stelle spricht Bachtin im Zusammenhang der Dialogizität außerdem von einer „Horizontüberlagerung". In den Worten des Erzählers sei auch immer der Horizont des Autors erkennbar (Bachtin 1979, 203–204).

Während nun narrativen Texten eine *Dialogizität* eigen ist, finden wir in der theatralen Aufführungssituation ein Phänomen, das ich in Anlehnung an Bachtins Begriff *Trialogizität* nennen möchte. Die Trialogizität vereint in sich die Stimmen des theatralen Repräsentationssystems (die ursprüngliche Erzählerstimme), der Figuren und (als Plus zum schriftsprachlichen Erzählen) der realen Schauspieler.

Auch wenn nun die *Dia*logizität nicht zwangsläufig eine *Zwei*stimmigkeit sein muss, sondern durchaus auch als Polyphonie, also Mehrstimmigkeit verstanden werden kann, so scheint mir doch der Neologismus *Trialogizität* treffend, um das Mehr in der theatralen Aufführungssituation auf den Punkt zu bringen: Das performative Erzählen schließt sämtliche Stimmen des Erzähltextes ein und fügt der Narration als weitere Zutat die reale Schauspielerstimme hinzu. Die Wichtigkeit dieser zusätzlichen Stimme wird auch in der Theaterwissenschaft betont. So hat schon Brecht das strukturelle Paradox des Theaters unterstrichen, wenn er sagt, dass ein Schauspieler gleichzeitig er selbst ist, wenn er auch jemand anderen (die Figur) darstellt. Der berühmte epische Verfremdungseffekt soll diese Mehrfachstruktur der Darstellung hervorheben (vgl. Kott 1969, 19). Und auch Elam betont: „A well-known actor will bring to his performance, moreover, an ‚intertextual' history which invites the spectator to compare it with past performances, thus drawing attention to the performer's idiolectal traits (common to all his performances)" (Elam 1980, 86).

Das hier als Trialogizität betitelte Phänomen ist ferner ein Grund dafür, dass feste Ensemblehäuser ein anderes Programm spielen können als freie Theater, deren Schauspieler keine hohe Popularität haben. Die reale Stimme der Schauspieler und wie sie in sich die Stimmen von Figur und Erzählinstanz aufnimmt, hat hohen Wiedererkennungswert und verknüpft für den Zuschauer die Stimme mit anderen Rollen, in denen er die Schauspielerin schon gesehen hat. Damit wird es Repertoiretheatern ermöglicht, auch unpopuläre Stücke in ihren Spielplan zu integrieren: Stücke, die von sich aus nicht die nötigen Publikumszahlen erreichen würden, können einzig durch die Popularität der eingesetzten Schauspieler ausverkauft werden. Im performativen Erzählen ist die Trialogizität daher keinesfalls zu unterschätzen, sondern bildet entscheidende Elemente, damit überhaupt eine narrative Kommunikation zustande kommt und sich die Inszenierung dieser Narration auch wirtschaftlich lohnt.

Man kann nun fragen, warum sich die performative Narration im Theater nicht nur vom schriftsprachlichen, sondern auch vom alltäglichen mündlichen Erzählen unterscheidet, denn auch hier findet doch die Kommunikation *live* statt: Sender wie Empfänger befinden sich zur gleichen Zeit im gleichen Raum. Mit dem Erzählen im Alltag beschäftigen sich im Zuge des *narrative turn* beispielsweise die Identitätsforscher Bamberg und Georgakopoulou. Sie fragen, wie individuelle, soziale und kulturelle Identitäten (vgl. Georgakopoulou 1997, 123–97) und auch Rollen, Beziehungen, Einstellungen oder Aktivitäten (vgl. Bamberg 2013) durch narrative (Alltags-)Performances konstituiert oder angezeigt werden, d. h. wie sich das Erzählen auf den realen Sprecher selbst auswirkt und seine Identität im kulturellen Kontext bestimmt. Und auch die Soziolinguisten Ochs und Capps (2001) untersuchen, wie sich der reale Kontext einer mündlichen Erzählsituation auf die Erzählung selbst auswirkt. Auch hier spielt die Performativität während der eigentlichen Sprechsituation somit eine entscheidende Rolle. Der große Unterschied zu der hier diskutierten Theorie liegt darin, dass die soziolinguistischen Ansätze – die Herman (1999, 219) als sozionarratologisch beschreibt – sich mit alltäglichem Erzählen, das meistens spontan geschieht, beschäftigen, während wir es im Theater zumeist mit einem hochgradig durchkomponierten Sprechakt zu tun haben, der ein intentional-kommunikatives Artefakt konstituiert und auf eine außertheatrale Wirklichkeit referiert. Das Sprechen im Theater ist nicht alltäglich, sondern symbolisch (oder ikonographisch) und repräsentativ zu verstehen. Zwar sind die beiden Formen von *liveness* als auch von Performativität damit grundsätzlich verschieden und zu unterscheiden, die beiden Phänomene sind aber sinnvoll auch unter der Perspektive von Forschungsansätzen zu betrachten, die dem *narrative turn* zugerechnet werden. Das hier zu entwerfende Modell der theatral-performativen Narration könnte sich mit seinen Analysekriterien jedoch auch für jene anders perspektivierte Fragestellung analog als gewinnbringend erweisen.

Ich werde in der vorliegenden Arbeit jedoch bei der *liveness* und Performativität und damit der Trialogizität des Repräsentationstheaters verweilen. Die besondere Form der *liveness* von Aufführungen ist schließlich auch das Gegenstandsphänomen, über das sich die Theaterwissenschaft definiert, deren

Untersuchungsgegenstand sich erst durch dieses Phänomen von anderen Kunstprodukten unterscheidet. Und so insistiert die Theaterwissenschaft auf der Kategorie der *liveness* auch im Zusammenhang mit der zunehmenden Verwendung von Technologien wie der Projektion aufgezeichneter Videosequenzen auf der Bühne. Laut Fischer-Lichte wird dadurch „die ‚liveness' von Theater in keiner Weise beeinträchtigt. Vielmehr mag sie [d. i. die Verwendung von Technologie; Anm. J.H.] die Zuschauer dazu anzuregen oder auch geradezu herauszufordern, die verschiedenen Modi der Wahrnehmung, die von den verschiedenen Medien ermöglicht bzw. postuliert werden, zu reflektieren".

Das abgebildete und für die nächsten Kapitel grundlegende Modell narrativer Kommunikation im Theater (Abb. 9) gibt eine Übersicht über die an der performativen Narration beteiligten Agenten und Instanzen.

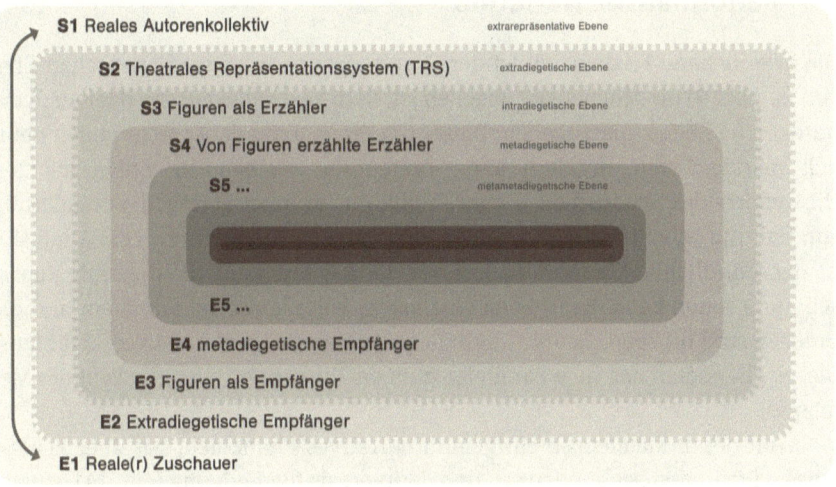

Abb. 9: Erzähltheoretisches Kommunikationsmodell für Theaterinszenierungen

Die Grenzen zwischen den einzelnen Ebenen sind aufgrund der Trialogizität bzw. aufgrund der *liveness* der Aufführungssituation häufig leichter zu überschreiten als in genuinen Erzähltexten. Auch die Aufteilung von Sender und Empfänger ist eine ideelle Darstellung, in Wirklichkeit aber – wie bereits am Ende von Kapitel 3 betont – dynamischer. Im *hic et nunc* der Aufführungssituation kann auch der ursprüngliche Empfänger der performativen Narration (der Zuschauer) jederzeit zum Sender von Sprechakten (im engen und weiten Sinn) werden. Im Inneren des Modells (ab Ebene S3/E3 und tiefer) gibt es keinen Unterschied zu narratologischen Kommunikationsmodellen anderer Medien. Ich bleibe außerdem dem Vokabular Genettes treu und spreche von *meta-* und *metameta*diegetischen Ebenen statt von *hypo-* und *hypohypo*diegetischen Ebenen (etc.), wie Bal (1981, 48) es vorschlägt.[15]

Während ich in den nächsten Abschnitten dieses Kapitels die generellen Verhältnisse der Ebenen untereinander (als auch die im Theater vereinfachte Überschreitung der Ebenengrenzen in Form von Metalepsen) und die Ebene S1/E1 bespreche, widme ich mich in Kapitel 5 der für meinen Ansatz sicher diskussionsträchtigsten Ebene S2/E2.

4.4 Metalepsen: Aufweichung kommunikativer Grenzen in der performativen Narration

Die besprochene Trialogizität ist der Grund, dass sämtlichen diegetischen Ebenen (s. Abb. 9) die Möglichkeit gegeben ist, in die extradiegetische oder auch extratextuelle Ebene überzugehen. Dieser Übergang muss dabei nicht immer deutlich markiert sein, sondern kann Andeutung bleiben; in einem leichten Hinwenden des Schauspielers zum Publikum, in einer geringen Veränderung von Haltung oder Stimmlage, in einer vorsichtigen Annäherung an die Alltagsfolie der mündlichen Kommunikation, vor der das Publikum die theatrale Repräsentation sehen kann. Es ist eben eine *innere* Polyphonie der Stimmen, und die Grenzen sind fließend. Gerade hierin liegt ein Reiz des performativen Erzählens. Dieses Phänomen hat viele Parallelen zum erzähltheoretischen Konzept der Metalepse.

Wolf nennt Metalepsen ein genuin narratives Phänomen, das aber keinesfalls an Erzähltexte gebunden sei, und definiert sie folgendermaßen: „[A] usually intentional paradoxical transgression of, or confusion between, (onto)-logically distinct (sub)worlds and/or levels that exist, or are referred to, within represen-

---

[15] Da das Präfix „meta-" suggeriert, die tiefer gelegene Erzählebene reflektiere oder diskutiere die jeweils höher gelegene Diegese, wodurch die Metadiegese eigentlich einen höher gelegenen Status erhalten müsste, hat das Präfix „hypo-" durchaus begriffliche Vorteile, da ein solches Verständnis damit nicht aufkommt. Meine Entscheidung für „meta-" ist lediglich der Vergleichbarkeit mit anderen Ansätzen und der weiteren Verbreitung der Terminologie Genettes geschuldet, die ich daher möglichst umfassend übernehmen möchte. Ich begreife meta- und metametadiegetische Ebenen (etc.) aber dennoch als im diegetischen Gefüge tiefer liegend. Zu dieser Diskussion vgl. auch Pier (2014).

tations of possible worlds" (Wolf 2005, 91). Das antike griechische Drama bezeichnet er als Ort der ältesten Vorkommnisse der Metalepse: „‚parabasis' and ‚out-of-character' adresses to the audience" (91) seien dort keine Seltenheit. Können Metalepsen genauso häufig im Drama oder im Theater vorkommen wie in schriftsprachlichen Erzähltexten (z. B. das häufige Spiel im Spiel, bei dem es zu Grenzüberschreitungen kommen kann), so ist eine bestimmte Art der Metalepse gerade im Theater aufgrund seiner *liveness* am häufigsten zu beobachten: Die Überschreitung der Grenze zwischen repräsentierter und tatsächlicher Welt (TAW und AW) bei der direkten Interaktion mit dem Publikum, also beim Durchbrechen der vierten Wand.[16] Für Vanhaesebrouck (2004) ist diese Art der Grenzenüberschreitung Grundkonstante des Theaters: „In each performance there is a constant interaction between the theatrical system and its context; the narrative ‚barriers' of the fictional world are constantly crossed."

In dem hier diskutierten Zusammenhang sollte man vor diesem Hintergrund zwischen einer konstanten Grenzüberschreitung und einem (mehr oder weniger unerwarteten) Ebenenbruch unterscheiden, denn der Metalepse ist zueigen, dass sie den Rezipienten überrascht, da dieser die überschrittene Grenze vormals für (mehr oder weniger) unberührbar gehalten hat.[17] Die im Theater häufigste Grenzüberschreitung – die Zuschaueransprache – kann durch eine wie auch immer geartete Erzählinstanz, eine homodiegetische Figur, in einem Lied (z. B. durch einen Chor) oder auch durch Schrifttafeln etc., die den Zuschauer direkt adressieren, vorgenommen werden. Metalepsen haben nicht zuletzt immer auch die Funktion, den Zuschauer darauf aufmerksam zu machen, dass eine Geschichte erzählt wird (vgl. Nünning und Sommer 2011, 208).

Da eine konstante Grenzüberschreitung nicht als Ebenenbruch empfunden werden muss, kann man dem Theater – statt den Begriff der Metalepse in jedem Fall zu bemühen – eine Tendenz zur Kopräsenz der unterschiedlichen Kommunikationsebenen attestieren: eben jene Idee, die auch der Konzeption der Trialogizität zugrunde liegt. Es hängt immer von der jeweiligen Theaterform ab, wie stark die Metalepse als ein Ebenenbruch empfunden wird. In postdramatischen Performances wie auch im epischen Theater und mittlerweile auch immer mehr in Produktionen des Repräsentationstheaters erwartet der Zuschauer, direkt

---

16 Vgl. Wolf (2005, 94–95); die Begriffe TAW und AW stehen für *textual actual world* und *actual world* und stammen aus der von Ryan (1991, 24) beschriebenen *possible worlds theory*.
17 Die konstante Grenzüberschreitung von realer und repräsentierter Welt ist auch ein grundlegendes Element von Computerspielen, die in der interaktiven Narratologie untersucht werden (vgl. Kap. 4.6).

adressiert zu werden. Wenn der Schauspieler hier als er selbst spricht und etwaige Figuren nur noch ausstellt und sich zu ihnen in Distanz bringt, dann überrascht uns das nicht und sollte – um die Operationalisierbarkeit des Begriffes nicht zu gefährden – nicht mehr als Metalepse bezeichnet werden. Wenn wir aber einer vergleichsweise klassischen Fiktionsrepräsentation beiwohnen, dann können solche Überschreitungen unerwartet sein und bilden im ästhetischen Konzept der Inszenierung einen Ebenenbruch, der etwas Besonderes markieren soll. Am Phänomen der Metalepse ließen sich daher auch theaterhistorische Wandlungen vorführen.

Zu beachten ist vor diesem Hintergrund, dass das Illusionsprinzip, d. h. das bewusste Unterlassen der Zuschaueransprache auf der einen Seite und die Darstellung einer in sich geschlossenen Welt auf der anderen, nicht als Konzept eines ursprünglichen Theaters zu begreifen ist, von dessen Vorlage modernere Theaterformen abweichen. Es wurde vielmehr erst in der Aufklärung entwickelt, namentlich von Denis Diderot und Gotthold Ephraim Lessing. Diderot formuliert dieses Illusionsprinzip in seinem berühmten *Paradox über den Schauspieler* wie folgt:

> Der Darsteller ist müde, Sie sind traurig; das kommt daher, daß er sich heftig bewegt hat, ohne etwas zu empfinden, während Sie empfunden haben, ohne sich zu bewegen. Wenn es anders wäre, dann wäre der Beruf des Schauspielers der unglücklichste aller Berufe; aber der Schauspieler *ist* nicht diese oder jene Person, er, er *spielt* sie nur und spielt sie so gut, daß Sie ihn mit ihr verwechseln. Die Illusion besteht nur für Sie; er hingegen ist sich wohl bewußt, daß er nicht die gespielte Person ist.
>
> (Diderot 1968, 489)

Bis dahin war die Publikumsansprache so alltäglich, dass eigentlich nicht von einer Metalepse – einem überraschenden Bruch – gesprochen werden kann. Es bedarf demnach der Darstellung einer repräsentierten Welt, einer Illusion von Wahrheit oder Wirklichkeit, um die Publikumsansprache als Überschreiten einer Grenze empfinden zu können. Diese Form der Metalepse ist somit erst seit dem bürgerlichen Drama der Aufklärung als eben solche zu verstehen.

Das abgebildete erzähltheoretische Kommunikationssystem zeigt – wie gesagt – eine ideelle Aufteilung der an der theatralen Kommunikation beteiligten Instanzen. In der tatsächlichen Aufführungssituation sind die einzelnen Ebenen und Oppositionen ungleich hybrider gestaltet. Der Grund dafür ist die Trialogizität des performativen Erzählens. Dabei ist nicht nur der Sender in seiner Rollenwahrnehmung flexibel, sondern kann auch den Empfänger auf eine andere Ebene heben. Es stimmt nicht, dass ein Schauspieler immer aus der Rolle aussteigt, wenn er das Publikum direkt adressiert, wie Elam (1980, 90) es beschreibt. Vielmehr kann der Schauspieler auch als Figur zum Publikum sprechen, wobei man dann in jedem Fall separat beurteilen muss, ob es sich hier um eine starke Metalepse handelt (Ebene 4 oder tiefer adressiert Ebene 1) oder ob das Publikum zu einem Teil der dargestellten Repräsentation wird und damit seinerseits dazu aufgefordert wird, vom extratextuellen realen Zuschauer bzw. vom extradiegetischen Empfänger zum diegetischen Adressaten zu werden. Der Zuschauer wird in diesem Fall figuralisiert.

Im Vergleich mit anderen Medien gibt es im performativen Erzählen folglich mehrere Möglichkeiten der Metalepse, die sich in zwei Großgruppen aufteilen lassen: *innertextuelle* und *transtextuelle* Metalepsen. Die erste Gruppe bilden alle Ebenenbrüche und Grenzüberschreitungen, die auch in anderen – im narratologischen Sinne klassischeren – Erzählmedien zu finden sind. Ein Roman hat nicht die Möglichkeit, die reale Leserin zu adressieren; auch eine direkte Leseransprache im Text figuriert immer einen impliziten Leser, der sich auf der intratextuellen Ebene befindet, nicht außerhalb des Textes. Die in diesem Kapitel vorgestellten transtextuellen Metalepsen sind dem performativen Erzählen vorbehalten und stehen im Zusammenhang mit den besprochenen Phänomenen der *liveness* und Trialogizität. Hier wird der eigentliche Erzähltext überschritten und in den realen „Text" der theatralen Aufführungssituation integriert.

4.5 Autorenkollektiv und impliziter Autor

Im dargestellten erzähltheoretischen Kommunikationsmodell für das Theater sind die Ebenen S3/E3, S4/E4, S5/E5 usw. gleichwertig mit den entsprechenden Ebenen in anderen erzählenden Medien, da intradiegetisch geführte Erzähldiskurse nicht medienabhängig sind. Freilich haben die hier erzählenden Figuren, wie bereits erläutert, größere metaleptische Möglichkeiten. In diesem Kapitel sollen daher nun die äußere Ebene S1/E1 des Autorenkollektivs und eine in einigen erzähltheoretischen Modellen eingesetzte Kategorie besprochen werden, die sich zwischen Autor und Erzählinstanz (bzw. Repräsentationssystem) befindet: der implizite Autor bzw. der – für das Theater adäquatere – implizite Regisseur.

Eine Theaterinszenierung ist nicht das Werk eines einzelnen Menschen, wie es Erzähltexte meistens sind. Vielmehr kommt die performative Narration erst zustande, indem ein mehr oder weniger großes Kollektiv gemeinsam sein künstlerisches und technisches Potential aufwendet. Trotzdem ist es in der Regel der Name des Regisseurs, der gleichsam stellvertretend für die Bezeichnung der Urheberschaft einer Inszenierung herangezogen wird. Dem „Produzentenkollektiv" steht laut Pfister (2001, 29) auch auf Rezipientenseite ein Kollektiv gegenüber. In der performativen Narration können jedoch diese beiden Kollektive Teil des Autorenkollektivs werden, wie es in diesem Kapitel erläutert werden soll. Zum Autorenkollektiv auf der originären Produzentenseite gehören zunächst der Regisseur und der Dramaturg, welche die Strichfassung für die jeweilige Inszenierung erstellen, der ursprüngliche Autor des Dramentextes, der die zu inszenierende *histoire* geliefert hat, von der in der Inszenierung dann mehr oder weniger abgewichen werden kann, die Schauspieler, Bühnenbildner, Kostüm- und Maskenbildner, die Licht- und Tonabteilung und auch die Theaterleitung. Entsprechend bezeichnen Früchtl und Zimmermann (2001, 35) die „Inszenierung als kollektive[] Tätigkeit".

In ihrer Dissertation legt Lodemann dar, wie die Autorschaftsdebatte unabhängig vom Dramatiker (und vom Regisseur als „Vertretung des Dramatikers"; Lodemann 2010, 14) geführt wurde. Der von Barthes (2012 [1968]) propagierte „Tod des Autors" traf weder Dramatiker noch Regisseur. Dies liegt vor allem in der Tatsache begründet, dass für den Dramentext lange Zeit keine Erzählinstanz angenommen wurde, die Nebentexte wurden als direkte Äußerung des Dramatikers begriffen, obgleich es sich um repräsentative und häufig fiktionale Texte handelt (Lodemann 2010, 51–52). Die „Onymität" – um in Genette'schem Vokabular zu sprechen – einer Inszenierung, die die Anführung des Regisseurnamens in Programmheften, auf Plakaten etc. beschreibt, gehört genau wie der Autorname bei einem schriftlichen Erzähltext zum Peritext der Inszenierung (vgl. Genette 1989, 12–13, 43). Dem Regisseur obliegt es, seine künstlerische Vision im Stück erfahrbar zu machen. Seine Inszenierungsarbeit bedeutet, dass er „das nicht Gesagte des literarischen Textes" sichtbar macht, wie Scheer (2001, 99) es ausdrückt. Der Name des Regisseurs wird genannt, wenn es um die Urheberschaft einer Inszenierung geht, er ist das eigentliche theatrale Pendant zum Autor von sprachlichen Texten im Foucault'schen Sinne (vgl. „Was ist ein Autor?" in: Foucault 2003 [1969], 234–270). Diese konzentrierte künstlerische Aufgabe des Regisseurs wird so jedoch erst seit den 40er Jahren des neunzehnten Jahrhunderts von einer Person ausgeübt – wenn auch Goethe am Weimarer Hoftheater bereits als Regisseur fungierte, was aber zu seiner Zeit noch eine große Ausnahme war. Der Regisseur wurde hier vom bloßen Arrangeur der Inszenierung zum künstlerischen Kopf und Schöpfer eines gleichsam neuen Kunstwerkes (Fischer-Lichte 2001, 293). Zuvor (seit etwa 1770) lässt sich das sogenannte „Wöchner-System" z. B. am Wiener Burgtheater nachweisen, bei dem immer jeweils ein Schauspieler für ein paar Wochen die Verantwortung für die Aufführungen und neue Inszenierungen übernahm, also mehr als Probenleiter fungierte denn als tatsächlicher Regisseur nach unserem heutigen Verständnis. Und auch in Bezug auf die Kostüme kam dem Schauspieler lange ein größerer Part im Autorenkollektiv zu, galt mancherorts in zeitgenössischen Stücken doch bis ins zwanzigsten Jahrhundert hinein das Prinzip der Selbstkostümierung (vgl. Simhandl 2007, 136). Die Nennung des Regisseurnamens zusammen mit der jeweiligen Inszenierung hat zudem ganz pragmatische Gründe, sichert es doch die Möglichkeit, eine individuelle Person haftbar zu machen; er trägt die (künstlerische) Verantwortung für die Inszenierung. Theatermacher und Juristen diskutieren, inwieweit dem Bühnenregisseur zudem ein erweitertes Urheberrecht zugestanden werden kann. Dies hängt eng damit zusammen, ob man die Inszenierung als Werk – das sich durch „Merkmale der persönlichen Schöpfung, des geistigen Gehalts, der Formgebung und der Individualität" (Lodemann 2010, 68) auszeichnet – begreift oder nicht (vgl. Lodemann 2010, 37, 67–69). Laut § 74, Absatz 2 des Urheberrechtsgesetzes wird der Regisseur somit als Vertreter bzw. Vorstand der Künstlergruppe (d. h. der an der Inszenierung Beteiligten) verstanden und ist zu deren Vertretung befugt.[18] Lodemann (2010, 65) resümiert: „Die Funktionen von Regie im Diskurs über Theater und Aufführungen können als Autorfunktionen von Regie verstanden werden." Freilich ist dabei nicht die Rolle des Dramaturgen zu negieren, der im Idealfall eng mit dem Regisseur zusammenarbeitet und somit direkten Einfluss auf die resultierende Narration hat. Bereits hier ist also kein Individuum am Werk: Noch bevor den Schauspielern auf der ersten Leseprobe die Strichfassung des zu inszenierenden Textes präsentiert wird, haben Regisseur und Dramaturg bereits als Kollektiv gewirkt, um diese Strichfassung gemäß der jeweiligen künstlerischen Interpretation des Stückes zu erstellen.

Auch der *ursprüngliche Autor* des zugrundeliegenden Dramen- oder Erzähltextes ist bei einer theatralen Rezeption zumeist in den Gedanken der Zuschauer anwesend. Ohne seinen ursprünglichen Text gäbe es die jeweilige Inszenierung nicht. Nicolas Stemann inszeniert Goethes *Faust*, Dimiter Gotscheff bringt Peter Handkes *Immer noch Sturm* auf die Bühne etc. Die Namen der Stückautoren werden meistens mit genannt. Hinsichtlich der künstlerischen Urheberschaft könnte man tatsächlich vom Regisseur und vom Textautor als „zweistufige[m] Autorengefüge statt *einer* markierten Werk-Autor-Relation" sprechen, wie Lodemann (2010, 95) es tut; dennoch möchte ich für ein Autorenkollektiv plädieren, das eine theatrale Inszenierung erzeugt, auch wenn die Interaktion zwischen Autor und Regisseur in der Regel zeitlich versetzt und nur indirekt über den Text erfolgt. Immer wieder kommt es auch zu Vermischungen dieser ersten beiden Kategorien: Theaterautoren wie Goethe, Brecht oder heute Roland Schimmelpfennig, um nur einige zu nennen, inszenierten und inszenieren ihre Stücke selbst und bilden damit einen vergleichsweise größeren Teil des Autorenkollektivs. Da in

---

[18] Vgl. Bundesministerium für Justiz und Verbraucherschutz: Urheberrechtsgesetz. http://www.gesetze-im-internet.de/urhg/; Zugriff: 24.03.2016.

diesen Fällen Autor und Regisseur in Personalunion auftreten, bleibt zu diskutieren, ob und in welchem Ausmaß die Inszenierung oder der Text als Grundlage einer weiteren künstlerischen Rezeption angesehen werden, wäre hier doch auch die Inszenierung die ursprüngliche „Äußerung" der ästhetischen Vision des Verfassers. Es wäre möglich, dass nicht nur im Text verankerte narrative Muster, sondern auch diejenigen der vom Autor auf die Bühne gebrachten Uraufführung zu Konventionen weiterer performativer Erzählungen desselben Stoffes werden.

Der Schauspieler schließlich wird von Sinko als „Textteilnehmer" charakterisiert, der „aufgrund der narrativen Strategie des Autors sowie seiner eigenen Kompetenz die Referenz des Textes, d. h. dessen Bedeutung, ausarbeitet" (Sinko 1991, 262). In der Aufführungssituation nehme er „jeden Abend die Rolle des Autors eines polysemiotischen Textes" ein (Sinko 1991, 264). Für den Schauspieler ist dabei sein Körper das Medium, mit dem er arbeitet. Er „verkörpert" eine Figur, indem er seinem eigenen phänomenalen Leib eine Zeichenhaftigkeit zukommen lässt, die auf der Bühne potentiell ikonographisch wirkt und zu einem Teilzeichen des Performancetextes wird (Fischer-Lichte 2001, 305). Als bedeutungstragender Teil des Performancetextes ist der Körper wiederum auch ein wichtiger Teil der theatralen Repräsentation, indem er nicht zuletzt den Gang der Narration mit beeinflusst. An der Differenz von realem Schauspielerleib und fiktivem Figurenkörper lässt sich hier wiederum eine Mittelbarkeit ablesen: Der Körper steht als Vermittler auf der ontischen Grenze zwischen Exegese und Diegese bzw. zwischen extra- und intratextueller Ebene. Die Theaterwissenschaft betont, wie wichtig der phänomenale Leib des Schauspielers ist, da dieser niemals ganz hinter dem zeichenhaften Figurenkörper verschwinden könne. Der Faust von Schauspieler A sieht anders aus als der Faust von Schauspieler B, auch wenn sie die gleiche Maske und das gleiche Kostüm tragen; die Figur ist ohne den jeweiligen Schauspielerleib im Theater nicht zu denken (vgl. Fischer-Lichte 2001, 306). Bereits Hegel setzt die „Schauspielerkunst" als zweite große Kunst neben den musikalischen Vortrag und unterstreicht damit den großen Anteil, den der Schauspieler am Autorenkollektiv hat. Er ist Träger der Modi „Gebärde, Aktion, Deklamation, Musik, Tanz und Szenerie" (Hegel 1966, 539), worin freilich auch die Aufgaben des heutigen Regisseurs inbegriffen sind.

Bis hierhin unterscheidet sich das Autorenkollektiv des Theaters nicht von dem des Films. Das Differenzkriterium beim performativen Erzählen ist der Zuschauer, der durch seine leibliche Anwesenheit im Moment der Aufführung die Möglichkeit hat, die Narration zu beeinflussen und somit – wenn auch in der Regel in vergleichsweise geringem Maße – Autorfunktionen zu übernehmen. Diezel, der die Erzeugnisse der Theaterwissenschaft zum Thema Narrativität zusammenträgt, stellt fest, dass die „Vielheit und Polyphonie theatralischer Zeichen" einen „multimediale[n] Wirkungszusammenhang" erschlössen und dass die theatralische Produktion und Rezeption wie ein kollektiver Lektüreprozess zu verstehen seien (Diezel 1999, 70–71). Damit fasst er genau die zentralen Punkte zusammen: Die spezifische Narrativität des Theaters entsteht durch das komplexe theatrale Zeichen und die Kommunikationsstruktur bei einer Aufführung, bei der Produzenten und Rezipienten als Kollektiv agieren. Fischer-Lichte (2001, 149) schreibt: „Die traditionelle Differenzierung von Subjekt und Objekt, Beobachter und Beobachtetem wird sich in einer Ästhetik des Performativen so nicht aufrecht erhalten lassen." Historisch interessant ist hier die Wandlung der Wanderbühne in stehende Theaterbauten im bürgerlichen Theater der Aufklärung und die damit einhergehende Verdunklung des Zuschauerraums während der Aufführungen. Wurde hierbei den Zuschauern ihre aktive Partizipationsmöglichkeit (zumindest visuell) teilweise beschnitten – das Prinzip „sehen und gesehen werden", wie es noch im Barock gegolten hatte, war obsolet geworden, da jetzt die Illusion des Dargestellten im Mittelpunkt stand –, so wurde gleichzeitig der Abteilung für Licht eine wesentlichere Rolle im Autorenkollektiv zugedacht, mussten doch im jetzt geschlossenen Theaterhaus Bühne und Schauspieler künstlich beleuchtet werden (vgl. Simhandl 2007, 135–136).

Das Publikum wirkt nun durch seine Reaktionen – je nach Theaterform mehr oder weniger – unmittelbar auf die Schauspieler und damit die Inszenierung ein (vgl. Pfister 2001, 65): Die schauspielerische Leistung kann durch positive Resonanz (Applaus, Jubel, Lachen) sehr gesteigert werden und den Schauspieler z. B. zu spontanen Improvisationen verleiten, oder er wird verunsichert bzw. gehemmt durch negative Reaktionen (Buh-Rufe, den Saal verlassende Zuschauer, Lachen an den „falschen" Stellen o. ä.). Gleichzeitig kann der Zuschauer hier auch zu einem extradiegetischen Sender und damit zu einem produktiv am Erzählprozess teilnehmenden Part der theatralen Repräsentation werden. Mit dieser Möglichkeit wird im Theater gerne gespielt, wenn sich einzelne Schauspieler in den Reihen der Zuschauer platzieren und dann von dort zu sprechen beginnen. Zwar begreifen die Zuschauer sehr schnell, dass diese Stimme aus dem Publikum zur Inszenierung gehört, es bleibt jedoch immer der kurze Moment der Überraschung oder sogar des Erschreckens, der – narratologisch ausgedrückt – in der Möglichkeit begründet liegt, dass ein realer Zuschauer plötzlich zu einer eigenständigen sprachlichen Erzählinstanz wird und so den vom Autorenkollektiv geplanten Gang der Narration stört oder verändert.[19]

---

19 In diesem Zusammenhang werden Theorien der interaktiven Narratologie interessant, vgl. dazu den folgenden Kapitelabschnitt 4.6.

All diese Vorgänge im Zuschauerraum haben ebenfalls Auswirkungen auf die Erzählung; die Kommunikation ist ein wechselseitiger Austauschprozess und verläuft nicht eingleisig von einem konstanten Sender zum konstant bleibenden Empfänger, wie es in den meisten anderen Medien der Fall ist. Dass das Publikum immer auch einen aktiven, mitproduzierenden Part bei einer Inszenierung übernimmt, wird auch unmittelbar deutlich, betrachtet man Theaterstücke für Kinder oder Formen des Puppentheaters, bei denen die Zuschauer häufig direkt angesprochen oder nach Zustimmung oder Ablehnung gefragt werden (vgl. Lwin 2010).

Die von Booth 1961 eingeführte Kategorie des *impliziten Autors* ist selbst eine umstrittene. Schmid bezeichnet den implizi(er)ten als „abstrakten Autor" und versteht unter diesem Begriff das implizite Bild, das der Leser beim Lesen eines Textes von dessen Urheber erhält (Schmid 2008, 45). Dieses vom Rezipienten konstruierte Bild drückt die werkspezifischen Wertvorstellungen der jeweiligen Inszenierung aus. Zur Differenzierung – insofern man sie für nötig erachtet – kann man im Theater einen impliziten Autor für den zugrundeliegenden Dramentext und einen impliziten Regisseur für die Inszenierung annehmen. Als Leserkonstrukt versteht auch Lodemann (2010, 64) den impliziten Autor, respektive den impliziten Regisseur: „Theatrale Rezeption integriert [...] die Konstruktion des Regisseurs, seiner Vorstellungen und Intentionen aufgrund einer Aufführung durch den Zuschauer" (vgl. diesbezüglich auch Jannidis 2002). Der implizite Autor ist somit vielmehr ein implizierter Autor und als solcher ein Produkt der interpretatorischen Leistung der Rezipienten. Da ihm somit keine semantischen Kommunikationskanäle zur Verfügung stehen, wird er in dem hier entworfenen narrativen Kommunikationsmodell, das sich auf die Mittelbarkeit als engstes Merkmal der Narrativität bezieht, nicht auf einer eigenen Kommunikationsebene aufgeführt. Der implizierte Autor ist sowohl Teil der Repräsentation als auch Teil dessen, was wir als Autorenkollektiv bezeichnen, können wir doch anhand des künstlerischen Endproduktes, das wir zu sehen bekommen, keine Rückschlüsse ziehen, welche singulären Kräfte im Produktionsprozess für welche ästhetischen Entscheidungen verantwortlich waren. Insofern ist der implizierte Autor durchaus existent – wenngleich er auch nicht zur narrativen Instanz erhoben werden sollte: Das Bild, das wir uns auf Grund einer Inszenierung vom Regisseur machen, wird wohl gerade wegen der Kollektivität des Produktionsprozesses nie mit dem realen Regisseur gleichzusetzen sein.[20] Wenn ich vom Autorenkollektiv spre-

---

20 Genette (1998, 290–291) nennt die kollektive Autorschaft als einen Fall der gültigen Unterscheidung zwischen realem Autor und Autorbild bzw. implizitem Autor.

che, benutze ich den Terminus „Autor" im Sinne der Foucault'schen Autorfunktion, die ihrerseits Parallelen zum implizierten Autor aufweist. Der reale Autor ist für uns immer unzugänglich: Alles, was wir über ihn auszusagen vermögen, basiert auf seinen Texten oder Selbstdarstellungen, sind Interpretationen über ein von uns getrenntes Individuum. „Autor" ist daher als Entität zu begreifen, die verantwortlich zeichnet für die Einsetzung des Theatralen Repräsentationssystems, das seinerseits die erzählte Geschichte vermittelt und in Kapitel 5 dieser Arbeit umfassend vorgestellt wird. Auch Genette spricht sich in dieser Weise gegen die Einführung des implizi(er)ten Autors als narrative Instanz aus, da es sich eben nur um eine „*Vorstellung vom Autor*" handele und „man die Instanzen nicht ohne Not vermehren sollte" (Genette 1998, 291).[21] In ihrem wissenschaftsgeschichtlichen Überblick über die Diskussion um den *implied author* stellen Kindt und Müller die verbreitete Annahme fest, dass sich der Begriff „optimal dazu eignet, Beschreibung und Interpretation eng miteinander zu verbinden" (Kindt und Müller 1999, 282), dass hier also eine Brücke zwischen einer lediglich als heuristisches Analyseinstrumentarium verstandenen und einer interpretativen Narratologie geschlagen wird. Für eine deskriptiv orientierte Narratologie – und daher auch für den hier verfolgten heuristischen Ansatz – sei die Kategorie jedoch überflüssig (vgl. Kindt und Müller 1999, 285). Einen berechtigten Einwand gegen die Eliminierung der Kategorie des implizierten Autors im Kommunikationsmodell liefert Jannidis (2002, 547): Er weist darauf hin, dass die Erzählinstanz (in meinem Falle das Theatrale Repräsentationssystem) ebenso wie der implizite Autor konstruierte „Konzepte des Lesers" seien. Folgte man diesem Ansatz, müsste man konsequenterweise beide Ebenen eliminieren; ein Vorgehen, das für meinen Ansatz nicht förderlich wäre. Auch wird das Repräsentationssystem nicht nur vom Zuschauer impliziert, sondern von den Produzenten der Inszenierung in einem aktiven künstlerischen Prozess dynamisch gestaltet.[22]

Auf der anderen Seite des Kommunikationssystems tritt die Problematik des Impliziten ebenfalls zutage, hier lässt sich jedoch besser begründen, warum dem Theatralen Repräsentationssystem ein aktives Kommunikationspotential zukommt, da der extradiegetische Empfänger vor allem die Rolle eines idealen Rezipienten einnimmt.[23] Wie bereits Genette (1998, 285) feststellte, sind implizierter

---

21 Walsh schließt sich dieser Meinung an und konstatiert: „[O]ur idea of the author of a written narrative is not more than an interpretation" (Walsh 2007, 84).
22 Zur Dynamik des Theatralen Repräsentationssystems und seiner Neugestaltung für jede Inszenierung vgl. Kap. 5.
23 Die anthropomorphen Begriffe „extradiegetischer Empfänger" und „idealer Rezipient" sollen nicht darüber hinwegtäuschen, dass es sich hierbei um genauso abstrakte Konstrukte handelt, wie es das TRS selbst ist.

Leser und extradiegetischer Adressat nicht zu unterscheiden, da zweiterer ebenso implizit bleibt und eben nicht explizit im Text nachzuweisen ist. Auch von dieser Seite bietet es sich somit an, die beiden vermeintlich geschiedenen Ebenen zu einer Ebene zu verbinden und vom Autorenkollektiv und dem Theatralen Repräentationssystem auf der einen und vom Zuschauer und extradiegetischen Empfänger auf der anderen Seite zu sprechen, bei denen jeweils das Implizite impliziert ist. Der „virtuelle Leser", wie Genette (1998, 292) den implizierten Leser nennt, ist also gleichsam immer ein mitzudenkender Teil der Instanzen „Zuschauer" und „extradiegetischer Empfänger" (E1 und E2). Im Zuge der Aufführung sollte der Zuschauer versuchen, in seiner Rezeptionshaltung möglichst dem *extradiegetischen Empfänger* zu entsprechen, d. h. eine solche Rezeptionshaltung anzunehmen, die der vom Repräsentationssystem implizierten entspricht, um eine gelingende Kommunikation sicher zu stellen. Dieser dynamische und im performativen Erzählen angelegte Rezeptionsprozess wird besonders deutlich, wenn der Schauspieler als Figur den Zuschauer direkt anspricht: Dies ist ein Bruch der ontologischen Grenzen, d. h. eine Metalepse, wie sie im vorigen Kapitel beschrieben wurde. Der Zuschauer wird hier zum anthropomorphisierten extradiegetischen Empfänger gemacht und durch die Art der Ansprache der Figur auch indirekt, aber im Text nachweisbar, charakterisiert (vgl. Kuhn 2011, 113).

Die Instanz der kollektiven Autorschaft ist ein dynamisches Konstrukt und weist aufgrund der Interaktionsmöglichkeiten während der Aufführungssituation Überschneidungen mit ursprünglichen Empfängerinstanzen auf. Je nach Theaterform ist sie variabel; so ist beispielsweise die produktive Funktion des Zuschauers im Kindertheater oder im Improvisationstheater, wenn die Zuschauer z. B. über den weiteren Verlauf des Stückes abstimmen (vgl. Richardson 2007, 146), häufig sehr viel stärker ausgeprägt als in klassischen Inszenierungen dramatischer Texte. Auch in der Performance Art wird zum Gelingen der Aufführung häufig auf die Aktivität des vermeintlichen Zuschauers gesetzt, der sich in irgendeiner Art zu dem Dargestellten verhalten soll, vielleicht sogar aktiv eingreifen muss. Wenn hier auch keine Repräsentation gegeben ist, also nicht von Narrativität im Sinne der Mittelbarkeit gesprochen werden kann, so folgt die Performance doch einem bestimmten Ereignisverlauf, der durch die Zuschauerin (mit-)bestimmt wird. Da es sich beim performativen Erzählen auch um ein interaktives Erzählen handelt – wie ich es im folgenden Kapitelabschnitt besprechen werde –, ist auch der implizierte Autor ein dynamisches Konstrukt, wie Ben-Arie (2009, 156–157) in seinem Kommunikationsmodell des interaktiven Erzählens ebenfalls feststellt.

4.6 Exkurs: Theater als Untersuchungsfeld von *Interactive Storytelling* und *Emergent Narrative*

„[E]ine Theateraufführung, die nicht vor Zuschauern stattfindet, die also nicht rezipiert wird, ist keine Theateraufführung. Die Zuschauer bilden vielmehr einen ihrer konstitutiven Bestandteile – ohne Zuschauer gibt es keine Aufführung." So beschreibt Fischer-Lichte (1983, 16) die grundlegende Bedingung des hier zu untersuchenden Mediums. Und gerade diese Grundkonstante performativen Erzählens öffnet die Thematik in einer erzähltheoretischen Herangehensweise dem Forschungsfeld der interaktiven Narratologie.

Die interaktive Narratologie[24] setzt sich meistens mit interaktiven Computerspielen, d. h. mit virtuellen Medien und nicht mit theatralen Inszenierungen auseinander. Gelegentlich spricht sie dem Theater sogar direkt die Interaktivität ab (vgl. Ben-Arie 2009, 153). Vereinzelt werden jedoch Theorien des Theaters oder der Performance herangezogen, um Modelle für interaktive narrative Spiele zu konstruieren (Laurel 1991; Mateas 2004; Tanenbaum und Tanenbaum 2008). In ihrem theaterwissenschaftlichen Beitrag zeigt Tecklenburg (2014, 83–90) hingegen überzeugend, dass das Theater in seiner Fähigkeit des interaktiven Erzählens dem Computerspiel in nichts nachsteht. In der interaktiven Narratologie geht es darum, dass die Erzählung nur zu einem Teil durch die *top-down*-Aktivitäten des Autors oder der Erzählinstanz organisiert wird und der Nutzer durch *bottom-up*-Interaktionen die Narration produktiv verändern kann (vgl. Ryan 2009, 51). Die Frage der Autorschaft ist in diesem Feld daher eine häufig diskutierte. In den *Computer Studies* wird das interaktive oder ludische Element oft aber auch als der Gegenpart zum Narrativen angesehen (vgl. Neitzel 2014, § 24). Dass die ludischen Abschnitte des Spiels – also die „playscenes" im Gegensatz zu den filmischen „cutscenes" – jedoch auch wesentliche Beiträge zur Gesamtnarration leisten können, beobachtet Neitzel (2014, § 26).

Die Möglichkeit des Eintritts in eine vorab konstruierte erzählte Welt ist nun der Punkt, an dem Theaterinszenierung, Theateraufführung und Computerspiel sich treffen. Eine Inszenierung – auch im Repräsentationstheater, das den Hauptfokus der vorliegenden Arbeit bildet – kann vom Autorenkollektiv so angelegt sein, dass an gewissen Stellen ein Weiterkommen in der geplanten Narration im

---

24 Die Diskussionen dieses Forschungszweiges finden vor allem Niederschlag in den Veröffentlichungen der seit 2008 jährlich stattfindenden International Conference on Interactive Digital Storytelling (ICIDS): *Interactive Storytelling*. Diese Konferenz entstand aus der deutschen TIDSE (Technologies for Interactive Digital Storytelling and Entertainment; seit 2003) und der französischen ICVS (International Conference on Virtual Storytelling; seit 2001).

Zuge der Aufführung vom Mitwirken oder Entscheiden des Rezipienten abhängt. Wie im Computerspiel ist die transtextuelle Metalepse bzw. die konstante Grenzüberschreitung – als Rezipient gleichzeitig innerhalb und außerhalb der erzählten Welt zu sein (vgl. Kap. 4.4) – im Theater geradezu konstituierendes Element. Die einfachste Form dieses interaktiven Erzählens ist das Kasperletheater, in dem die jungen Zuschauer z. B. Kasper vor Gefahren warnen müssen. Auch in der Performance Art, in der keine Repräsentation gegeben ist und die engste Narrativitätsbedingung der Mittelbarkeit nicht erfüllt wird, ist das interaktive Element häufig ein wesentlicher Bestandteil des dargestellten Ereignisses.

Der entscheidende Unterschied ist, dass die Interaktionsmöglichkeiten des Computerspielers im Programmierungsprozess genau festgelegt und somit begrenzt werden, während der Theaterbesucher nicht an programmierte Verhaltensmuster gebunden ist und theoretisch frei handeln kann. Hier helfen Konventionen, den geplanten Gang der performativen Narration durchzuführen und Interaktionen nur dort zu evozieren, wo sie auch gewünscht sind bzw. andere interaktive Tätigkeiten des Zuschauers auf ein unwesentliches Mindestmaß zu reduzieren (z. B. das leise Verlassen des Raumes statt des lauten Protestes, wenn das Dargestellte nicht den eigenen Geschmack trifft).

Im interaktiven performativen Erzählen kann dem Rezipienten ebenfalls die Möglichkeit gegeben sein, die dargestellte Welt in einer selbst gewählten Ordnung zu erkunden. Das ist der Fall, wenn nicht nur eine klassische Guckkastenbühne zum Ort der narrativen Repräsentation wird, sondern die Darstellungsräume mit den Rezeptionsräumen zusammenfallen oder interagieren.[25] Ein solches Konzept verfolgte Nicolas Stemann beispielsweise mit seinem Theaterprojekt *Kommune der Wahrheit. Wirklichkeitsmaschine* im Hamburger Thalia Theater (2013), bei dem der gesamte öffentliche Bereich des Theaterhauses sowie Bühne und Nebenbühne von den Darstellenden okkupiert waren und von den Zuschauern erkundet werden mussten. Das Projekt lief täglich vom 13. bis 17. September 2013 und beschäftigte sich mit aktuellen Zeitungsmeldungen des jeweiligen Tages, die direkt theatral bearbeitet und dadurch kommentiert wurden. Die übergeordnete Frage war, wie die mediale Reproduktion der Wirklichkeit auf den Rezipienten wirkt und wie die Beschäftigung mit diesen Medien im Umkehrschluss wieder Wirklichkeit erzeugen kann. Dabei waren einige Installationen permanent, andere kleinere Auftritte (Monologe oder Dialoge der Schauspieler untereinander oder mit dem Publikum) nur einmalig an bestimmten Schauplätzen zu sehen, sodass tatsächlich jedem Zuschauer, je nachdem wann er wo war,

---

25 Zu den verschiedenen Verhältnissen von Zuschauerraum und Bühne/Spielfläche vgl. Kap. 7.3.

ein individuelles Theatererlebnis zuteil wurde. Die zeitliche Abfolge – und damit die Herstellung etwaiger Ereignishaftigkeit – dieser segmentierten Gesamterzählung wurde damit von jedem Zuschauer selbst bestimmt, wie es z. B. auch im Genre der Hypertextfiktion – einer Subform des interaktiven Erzählens – passiert (vgl. Ryan 2009, 44). Eingerahmt wurden diese Teilsegmente, die in einem *bottom-up*-Prozess erkundet werden mussten, von *top-down*-Paratexten in Programmankündigungen und -heften, einführenden Worten des Regisseurs am Theatereingang sowie einem abschließenden inszenierten Part auf der großen Bühne, bei dem die Zuschauer wieder klassisch als Rezipienten in den Zuschauerreihen saßen. Dieser inszenierte Schlussteil spielte zusätzlich in einer fiktiven Zukunft: Die an der *Kommune der Wahrheit* beteiligten Akteure gaben scheinbar nach dem Projekt Interviews über die Zeit in der Kommune ab. Diese Interviews wurden auf den eisernen Vorhang projiziert und waren offensichtlich bereits im Vorfeld aufgezeichnet. Die narrative Mittelbarkeit war hierbei also ungleich höher als in den vorangegangenen interaktiven Momenten des Projekts. Nichtsdestotrotz sollte man jedoch die Gesamtinszenierung betrachten; offenbar ist es für eine gelingende interaktive Narration notwendig, einen gewissen Rahmen, ein Skript und eventuell auch Verhaltensregeln für die teilnehmenden Rezipienten vorher zu bestimmen. Eine *bottom-up*-Erzählung kann alleine keinen einheitlichen Schluss produzieren, ein im aristotelischen Sinne dramatischer Verlauf (Beginn – Mitte – Ende) bedarf der vorherigen Planung und der Durchsetzung eines *top-down*-Prinzips (vgl. Ryan 2009, 52).

In der Forschung wird die Immersion des Zuschauers in das Geschehen als konstituierendes Element von interaktivem Erzählen gesehen – die Einfühlung in die und das Erleben der virtuellen Welt. Ryan (2009, 54–57) unterscheidet vier Arten der Immersion im interaktiven Erzählen, die spatiale, epistemische, temporale und emotionale Immersion. Auf die theatrale Situation übertragen, lässt sich feststellen, dass die theatrale Immersion (z. B. im Gegensatz zum Film) nicht zwangsläufig passiv sein muss. Auch die von Ryan unterschiedenen Immersionsarten finden eine Abbildung im Theaterkontext: Während die spatiale Immersion geradezu als fundamentaler Bestandteil des Theaterbesuchs bezeichnet werden kann, sind auch die drei anderen Arten der Immersion im Theater leicht zu erreichen, werden aber teilweise durch bestimmte Theaterformen bewusst verhindert. Das berühmteste Beispiel gegen eine emotionale Immersion des Zuschauers ist sicher Brechts episches Theater, wohingegen (meist künstlerisch weniger anspruchsvolle) Rührstücke gerade diese Art der Immersion verfolgen. Aber auch persönliche Einstellungen können die emotionale Immersion fördern: Die Vorliebe für einen Schauspieler in einem Ensemble ist beispielsweise eine gute Voraussetzung für eine emotionale Immersion des Zuschauers in dessen Rolle, da der Schauspieler durch vorherige Darstellungen bereits die Empathie des jeweiligen Zuschauers geweckt hat. Andere – in narrativer Hinsicht eher teleologisch orientierte – Inszenierungen wie z. B. Kriminalstücke betonen vor allem die epistemische Immersion: Die Zuschauerin verspürt den Drang zu wissen, wie der entworfene Konflikt gelöst wird und kann im Zuge einer Ermittlung sogar zur Zeugin gemacht werden und mit ihrem Wissen die Narration voranbringen. Die temporale Immersion entsteht vor allem, wenn die Neugier des Zuschauers auf den Verlauf der Handlung gelenkt wird, wenn diese ihn überrascht oder in Spannung hält. Wie unterschiedliche Theorien des Schauspiels, des Skriptschreibens oder des Regieführens und deren jeweiliger Umgang mit Timing oder Charakterformung direkten Einfluss auf den Grad der Zuschauerimmersion haben, untersucht El-Nasr (2007, 215–220) in ihrem Beitrag, in dem sie Performancetheorien und interaktive Narratologie verbindet. Statt von Immersion spricht sie allerdings von *engagement*.

Ein dem *interactive storytelling* verwandtes Untersuchungsfeld ist das der *Emergent Narrative*, ein Konzept, das von Aylett (1999) eingeführt wurde. Ryan (2006, 12–16) unterscheidet in ihrer Monographie *Avatars of Story* verschiedene narrative Modi und stellt hier unter anderem auch die Begriffspaare *scripted/emergent* und *receptive/participatory* einander gegenüber, wobei der partizipatorische als Subkategorie des emergenten Modus verstanden wird. Diese Kategorien lassen sich ebenfalls auf das Theater abbilden. Zwischen den beiden von Ryan eingeführten Begriffspaaren spielt sich das performative, interaktive Erzählen des Theaters ab: Eine Inszenierung ist immer mehr oder weniger im Vorfeld geplant und zur Rezeption gedacht, die emergenten und partizipatorischen Momente haben jedoch immer einen mehr oder weniger großen Anteil an der Gesamtnarration. Die eingangs genannte Konzeption von Aufführung belegt dabei, dass emergente und partizipatorische Elemente im performativen Erzählen keinesfalls nur fakultative, sondern obligatorische Bestandteile sind: ohne Zuschauer keine Aufführung. Auch wenn der Rezipient sich nicht aktiv (z. B. auditiv) ins Geschehen einbringt, so bewirkt seine raumzeitliche Präsenz während der Aufführung die Erfüllung partizipatorischen und emergenten Erzählens. Zwar liegen dem Verfassen einer interaktiven Erzählung, wie in Kapitel 4.5 beschrieben, besondere Autorschaftsverhältnisse zugrunde (vgl. auch Louchart et al. 2008, 273), es liegt aber im Ermessen des Autorenkollektivs, wie viel Gewicht eine Inszenierung auf diese Anteile legt. Schon Aylett (1999, 85) hat festgestellt, dass sich emergente Narrativitätsstrukturen auch ergeben, wenn ein Schauspieler anfängt zu improvisieren. Sei diese Improvisation im Skript vorgesehen oder nicht – performatives Erzählen ist aufgrund seiner *liveness* immer bis zu einem gewissen Grad emergent. Auch Abbott beschreibt das Phänomen des „emergent behaviors" als Gegenpart zur zentral organisierten Narrativität, statt eines *top-down* liege jenen Fällen ein *bottom-up*-Prinzip zugrunde (Abbott 2008a, 228-229). Zu unterscheiden ist in diesem Zusammenhang jedoch bloßes emergentes Verhalten (*emergent behavior*) und tatsächliche emergente Narration. Während das emergente Verhalten zwar die theatrale Narration beeinflussen kann, muss es selbst deshalb noch lange nicht eine der besprochenen Narrativitätsbedingungen erfüllen. Auf diesen in der Forschung häufig vernachlässigten Unterschied weißt auch Walsh (2011a, 82) in seinem Beitrag hin. Das Problem der *emergent narrative* sei nicht das Emergente, sondern das Narrative (76).

Im Improvisationstheater schließlich ist der emergente Modus der Dreh- und Angelpunkt des Narrativen (vgl. auch Walsh 2011a, 76). Ohne Skript entsteht im Hier und Jetzt der Aufführungssituation eine neue narrative Repräsentation, die nicht nur durch die Launen der einzelnen Darstellenden, die auf die Aktionen der anderen Darstellenden achten und direkt reagieren, ihre spezifische Form erhält, sondern auch durch Zwischenrufe der Zuschauer weitergetrieben oder in eine andere Bahn gebracht werden kann. Das Improvisationstheater wird von Baumer und Magerko (2009, 140) daher auch als das realweltliche Vorbild anderer interaktiver Erzählmedien bezeichnet, die daran arbeiten, ihre emergente Dynamik ähnlich weit zu treiben. Die Performer und teilnehmenden Zuschauer übernehmen hier die Rolle der Spieler in interaktiven Computerspielen und befolgen dabei die gleichen Regeln, so Tanenbaum und Tanenbaum (2008). Vor diesem Hintergrund erweist es sich als sinnvoll für die interaktive Narratologie, sich an Theatertheorien – vor allem jenen zur Improvisation und Interaktion mit dem Zuschauer – zu orientieren, um selbst Modelle oder Bauanleitungen für interaktive Computerspiele zu entwickeln, die dem Ursprung des performativen Theaters näher kommen, wie auch Tanenbaum und Tanenbaum (2008, 262) resümieren: „[I]t seems only reasonable that contemporary theory from theater and drama [should] be explored for its relevance to the task of designing Interactive Narrative systems."

Nicht nur experimentelle Theaterformen und die Performance Art, sondern auch das klassischer ausgerichtete Repräsentationstheater der Stadt- und Staatstheater und Landesbühnen arbeitet interaktiv. In den spezifischen Momenten der Zuschauerpartizipation werden die Zuschauer Teil des Autorenkollektivs und gestalten somit auch das Repräsentationssystem mit und die Darstellenden werden zu extradiegetischen und realen Empfängern. Diese gemeinsame Formung der Repräsentation beobachten in ähnlicher Weise auch Louchart et al. (2008, 277): „Although an EN [*Emergent Narrative*] system is authored in advance, the responsibilities of narratorship become shared between system and interactor." Interaktionsmomente können jedoch auch im Theater ziemlich zuverlässig geplant werden. Seit der Domestizierung des Theaterpublikums im achtzehnten Jahrhundert fiel dem *top-down*-Prinzip der Inszenierung ein sehr viel stärkerer autorschaftlicher Einfluss zu als etwaigen *bottom-up*-Aktionen: Wenn wir als Zuschauer im Chor singen sollen, dann singen wir im Chor, sogar Dinge wie „Wir sind alle individuell", wie es in Stemanns Jelinek-Inszenierung *Die Kontrakte des Kaufmanns. Eine Wirtschaftskomödie* (Thalia Theater 2009) geschah.

4.7 Aus der Praxis: Erzählkommunikation im *Goldenen Drachen*

In der in der Einleitung (Kapitel 1.2) vorgestellten Szene aus Roland Schimmelpfennigs Inszenierung *Der Goldene Drache* fallen in erzählkommunikativer Hinsicht einige Besonderheiten auf. So sehen wir fünf Schauspieler, die alle auch eine Erzählinstanz sprechen, („Fünf Asiatinnen in der winzigen Küche ..."). Dass diese Erzählinstanz trotz des gelegentlich auftretenden „Wir" heterodiegetisch ist, wird im Verlaufe des gesamten Stückes augenfällig. Christiane von Poelnitz spielt zusätzlich einen jungen Chinesen mit Zahnschmerzen. Falk Rockstroh und Johann Adam Oest steigen in die Stewardessrolle, indem sie sich ein Halstuch umhalten und ihre Gesichtszüge erweichen lassen. Auch die anderen beiden steigen in der zitierten Szene in die Rollen von Küchenpersonal. In diesen Rollen werden Figurentexte wie beispielsweise „Der Zahn muss raus!" oder auch „Darf ich Ihnen schon etwas zu trinken bringen?" gesprochen. Zwischendurch gibt es die häufig wiederholte Publikumsansprache: „Der Kleine hat Zahnschmerzen" mit begleitender erklärender Geste der Schauspieler. All diese Sätze werden auf unterschiedlichen repräsentationslogischen Ebenen gesprochen und das Konzept der Trialogizität ermöglicht es, die einzelnen Ebenen analytisch getrennt voneinander zu betrachten. Es sei hier jedoch darauf hingewiesen, dass sich zwar einzelne Sätze vornehmlich als Erzähler-, Figuren- oder auch Schauspielertext bestimmen lassen, dass das Phänomen der Trialogizität in der performativen Narration jedoch ein allgemeines ist. Wie auch Bachtins Dialogizität ist die Trialogizität Teil eines jeden gesprochenen Wortes: Die Schauspielerstimme spricht einen Figurentext, der durch die Erzählinstanz zitiert wird.

Die Körperlichkeit der Schauspieler macht die Unterschiede zwischen den einzelnen Kommunikationsebenen deutlich: Als Figuren sprechen sie zueinander, die Gesichter sind schreiend verzehrt, besorgt oder stewardessartig freundlich. Die Passagen, die ich dem Erzählertext zuordne (im Transkript in Kapitel 1.2 mit dem Nebentext „*nach vorn*" gekennzeichnet) werden durch eine sehr viel neutralere, sachliche Körperlichkeit unterstützt und die Schauspieler sprechen gleichsam über das Publikum hinweg in den Zuschauerraum hinein. Davon unterscheiden sich die Passagen des Schauspielertextes (im Transkript mit dem Nebentext „*zum Publikum in den ersten Reihen*" ausgezeichnet) insofern, als dass die Sprechenden direkten Augenkontakt zu einzelnen Zuschauern suchen und den geäußerten Satz („Der Kleine hat Zahnschmerzen") durch erklärende Gesten von Armen und Schultern unterstützen, als wollten sie sagen: „Da kann man nichts machen." Auch in anderen Szenen der Inszenierung wird das Prinzip der Trialogizität deutlich hervorgehoben: so beispielsweise wenn „der Mann im gestreiften Hemd" (gespielt von Christiane von Poelnitz) sich Bier über die Hose schüttet und die Schauspielerin den Satz „dabei gieße ich mir etwas Bier über die Hose" sagt. Die Figur (auf die das „ich mir" vermeintlich hinweist) hat keinerlei Motivation, diesen Satz zu äußern und als Erzählinstanz müsste sie „dabei gießt er sich etwas Bier über die Hose" sagen. Sätze wie dieser sind somit klar dem Schauspielertext zuzuordnen.

Während der Figurentext eine vierte Wand behauptet, bricht der Erzählertext mit dem Illusionsprinzip der Darstellung. Es sind jedoch nicht allein diese Erzählerpassagen, die der Inszenierung ihren narrativen Anstrich geben, wie in den folgenden Kapiteln deutlich werden soll: Auch die Konstituierung von räumlichen und zeitlichen Verhältnissen und die Ausgestaltung des sprachlichen und visuellen Kanals bewirken diesen Effekt. Als Ebenenbruch und damit als transtextuelle Metalepse ließen sich die Passagen des Schauspielertextes kennzeichnen, da hier das Publikum direkt und nicht nur als abstraktes Gegenüber angesprochen wird.

5 Das Theatrale Repräsentationssystem (TRS) und seine Kanäle

In der Filmnarratologie erweitert Kuhn (2011) Genettes Frage *Wer spricht?*, die sich lediglich auf sprachliche Erzählinstanzen bezieht, zu den Fragen *Wer erzählt?* und *Wie wird erzählt?*, um den Pluralismus der narrativen Instanzen im Film greifen zu können. Eine Antwort auf diese Fragen lautet: „Film erzählt durch das Zusammenspiel aus Sprache, Kamera, Montage und *Mise-en-scène* bzw. durch das Zusammenspiel verschiedener sprachlicher, visueller und auditiver Zeichensysteme" (Kuhn 2011, 73). Die Stimme (eine Kategorie Genettes) wird daher auch zur narrativen Instanz umgewandelt (vgl. Kuhn 2011, 75); ein Vorgehen, das zugleich der häufigen (aber unnötigen) Anthropomorphisierung von Erzählinstanzen entgegenwirkt. In Kuhns erzähltheoretischem Modell setzt der implizite Autor/Regisseur auf der extradiegetischen Ebene die visuelle Erzählinstanz (VEI) und eine oder mehrere sprachliche Erzählinstanzen (SEI) ein, deren Zusammenspiel das filmische Erzählen konstituiert: Die VEI zeigt und die SEI erzählt die diegetische Welt. Die SEI besteht dabei explizit nur aus fakultativen narrativen sprachlichen Mitteln wie z. B. Schrifttafeln, sprachlichen Projektionen, einem Voice-over oder Voice-off oder den Worten einer (Erzähler-)Figur, wenn diesen eine Ereignishaftigkeit im narratologischen Sinne attestiert werden kann. Nicht alle dialogischen Passagen der Figuren zählen zur SEI: Sie müssen zum auditiven Element der VEI gerechnet werden, wenn sie laut der Minimaldefinition nicht narrativ sind (vgl. Kuhn 2011, 85–86, 94–97). Die SEI ist folglich mit der extra-heterodiegetischen Erzählinstanz der Nebentexte des Dramas zu vergleichen, wenn die von ihr vermittelten Inhalte in einer Inszenierung auch explizit von dieser abweichen können.

In diesem kurzen filmnarratologischen Exkurs zeigen sich bereits die grundlegenden Probleme, die mich dazu bewegen, für das Theater nicht zwischen mehreren Erzählinstanzen zu differenzieren, sondern von einem Repräsentationssystem auszugehen, das sämtliche narrativen und potentiell narrativen Kanäle in sich vereinigt. Das erste Problem ist der Instanzenbegriff: Mit einer Umbenennung des Erzählers in eine Erzählinstanz mildert man zwar die Tendenz zur Anthropomorphisierung, dennoch ist eine Instanz immer eine Singularität und durch ihre Integration in das Kommunikationsmodell ist es nur ein kleiner Schritt, dieser Instanz im Gefüge von Diegese und Extradiegese einen ontologischen Status zuzusprechen, was ich mit dem Systembegriff zu umgehen versuche. Die Debatten um einen extra-heterodiegetischen Erzähler – die ich bereits in Kapitel 2.3 thematisiert habe – sind immer ontologisch ausgerichtet; es geht um die Frage, wo eine solche Instanz, die weder Teil der erzählten Welt noch der reale Autor selbst sein soll, ontologisch verortet werden kann. Diese Frage ist in unserem Zusammenhang jedoch irrelevant, und ihre Beantwortung brächte keinen Erkenntnismehrwert oder eine gesteigerte Operationalisierbarkeit. Die Ebene S2/E2 stellt in meinem Modell somit keine eigene ontologische Ebene dar – verdeutlicht durch die gezackten Linien –, sondern kann als vermittelnde Ebene zwischen S1/E1 und S3/E3 bzw. zwischen äußerem und innerem Kommunikationssystem begriffen werden. Das Repräsentationssystem ist damit der Ort der narrativen Vermittlung selbst: Es verbindet die beiden Bereiche, die sich durch divergierende Raumzeitkontinua auszeichnen. Das Präfix „Re-" macht besonders auf diese Funktion aufmerksam. Es soll nicht als Markierung einer temporalen Verschiebung und damit einer Nachträglichkeit des Erzählens gegenüber dem Erzählten missverstanden werden, sondern verdeutlicht die Ikonizität des Gezeigten.

Das zweite Problem betrifft die visuelle Erzählinstanz (VEI) des filmnarratologischen Modells, die gelegentlich auch audiovisuelle Erzählinstanz genannt wird. Bereits hier vereinigt eine einzige Instanz die beiden filmischen Kanäle, den visuellen und den auditiven. Was im Film noch handhabbar ist, ufert aus, wendet man es auf das Theater an: Bereits in Kapitel 2.4 habe ich mich auf Pfister bezogen, der die Vielzahl der theatralen Kanäle genauer differenziert, indem er sprachliche, optische, akustische, olfaktorische, haptische und gustatorische Codes unterscheidet (vgl. Pfister 2001, 25–29). Eine VEI im Theater müsste stellvertretend für sämtliche Sinneskanäle stehen, die aufgrund der *liveness* der Aufführung theoretisch alle zur Anwendung kommen können. Hier stößt die Begrifflichkeit selbst an ihre definitorischen Grenzen, und auch in diesem Fall bietet der Systembegriff einen Ausweg. Eine – auch begriffliche – Unterscheidung zwischen den beiden Kanälen sprachlich und visuell ist zudem forschungshistorisch motiviert und findet ihren Ursprung in der Unterscheidung von *telling* und *showing* (aus der Kuhn seine beiden Instanzen generiert hat). Da es in der narratologischen Forschung mittlerweile jedoch weitgehend akzeptiert ist, dass (bewegte) Bilder nahezu ebenso narrativ sein können wie die Sprache, scheint es mir nicht mehr nötig zu sein, diese beiden narrativsten Kanäle des Theaters auch auf einer Instanzenebene begrifflich auszuzeichnen.

Das der Performativität des Theaters Rechnung tragende Repräsentationssystem, von dem bislang die Rede war, bezeichne ich im Folgenden als Theatrales Repräsentationssystem (TRS). Es besteht aus den sechs Kanälen *sprachlich*, *visuell*, *auditiv*, *olfaktorisch*, *haptisch* und *gustatorisch*.

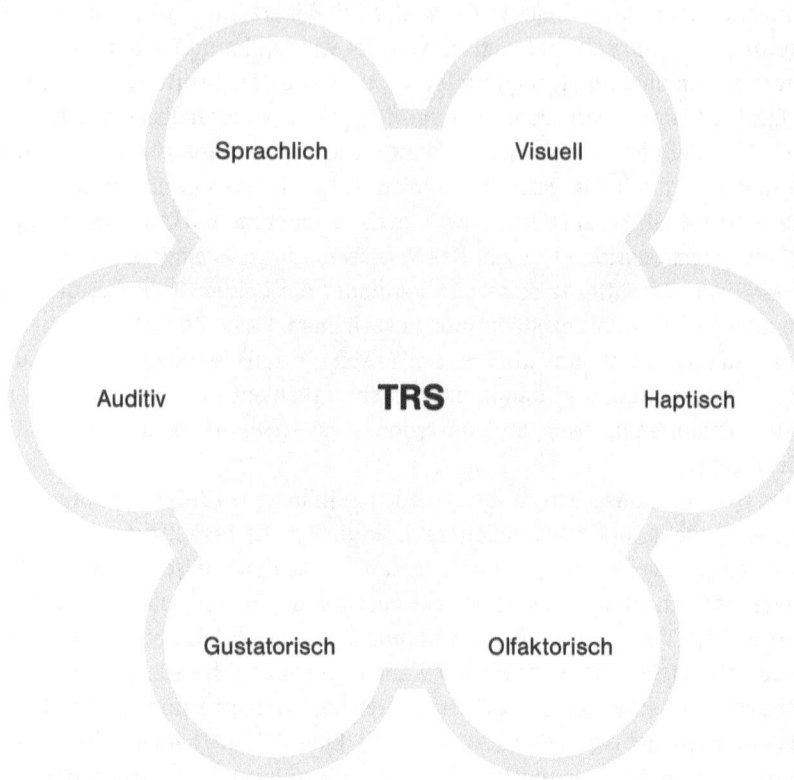

Abb. 10: Die Kanäle des TRS

Die TRS-Kanäle sind zwar untereinander durch ihr unterschiedliches narratives Potential hierarchisch geordnet, bilden jedoch in ihrer Gesamtheit das TRS. Das TRS ist somit keine Instanz, sondern ein aus dem Zusammenspiel der genutzten und wahrnehmbaren Kanäle gefolgertes dynamisches System, in dem sich die jeweilige theatrale Gesamtnarration niederschlägt.[1] Während das System nun

---

[1] Damit sollte beiden Seiten der Erzähler-/kein Erzähler-Debatte Genüge getan werden. Ein Verzicht der ontologischen Einordnung des Repräsentationssystems im Gefüge von Diegese und Extradiegese gibt Rezipienten die Möglichkeit, für sich selbst zu entscheiden, ob sie das System als Erzähler/Erzählinstanz begreifen wollen oder nicht. Meine These hier ist lediglich: Wenn man für Erzähltexte ohne homodiegetischen Erzähler eine heterodiegetische Erzählinstanz (bzw. ein Repräsentationssystem) annimmt, muss Gleiches für das Theater gelten, da es sich auch hier um eine (fiktionale) Repräsentation handelt, die narrativ vermittelt ist.

aber keinen von den Kanälen getrennten ontologischen Status aufweist, so ist es doch mehr als die Summe seiner Teile, denn gerade durch das Zusammenwirken der einzelnen Kanäle schöpft es seinen Mehrwert und erzählt auf performative Weise Inhalte, die durch einzelne Kanäle so nicht hätten erzählt werden können. Im Zuge des Probenprozesses für eine Inszenierung wird dieses dynamische System geformt: Einzelne Kanäle übernehmen an bestimmten Stellen wichtigere Funktionen als andere, originär Sprachliches wird vielleicht gestrichen und durch einen anderen TRS-Kanal ausgedrückt usw. Das TRS ist folglich kein normatives System, das einer jeden Inszenierung vorgibt, wie sie auszusehen hat, sondern ist – im Gegensatz zu Instanzen – hochgradig dynamisch und erscheint in jeder Inszenierung wiederum in anderer Form. Dabei soll das TRS als deskriptives, abstraktes Konstrukt zur heuristischen Analyse von Theaterinszenierungen verstanden und nicht auf die Perspektive der Produktion oder Rezeption reduziert werden.

Das dritte Problem bezieht sich auf die sprachliche Erzählinstanz (SEI). Sprachliches Erzählen ist immer und zwangsläufig entweder visuell oder auditiv und damit sensorisch repräsentiert, findet also Niederschlag in mindestens einem Kanal der VEI. Hier gibt es eine Überschneidung der beiden Instanzen, und ihre künstliche Trennung tritt deutlich zutage. Freilich gibt es diese Überschneidung auch in meinem Modell, da die fünf Sinneskanäle auf einer anderen Ebene operieren als der sprachliche Kanal, der auch immer visuell oder auditiv repräsentiert ist. Hier möchte ich darauf hinweisen, dass die Kanäle als Ganzes das Repräsentationssystem bilden und durchaus ineinander greifen können; im systemischen Zusammenhang ist also die Trennung zwischen den Kanälen nicht so fundamental wie sie es zwischen zwei Erzählinstanzen ist oder sein sollte. Zudem werden in Bezug auf die SEI oder auch den sprachlichen TRS-Kanal die Inhalte, bzw. das Was der Sprache betrachtet, wohingegen visuelle oder auditive Aspekte der Sprachrepräsentation das Wie des sprachlichen Zeichens betreffen. Auch in der klassischen Narratologie analysiert man das Bezeichnete und nicht die Sprache als Bezeichnendes (wie beispielsweise die Typographie) selbst.

Schließlich spricht noch ein viertes Argument gegen den Instanzenbegriff: Eine Erzählinstanz wird angenommen, wenn man von narrativer Mittelbarkeit spricht, da sie eben diese Mittelbarkeit veranlasst oder für sie zuständig ist. Mit einer im Film vorhandenen Mittelbarkeit wird auch die VEI in Kuhns Modell gerechtfertigt. Eine SEI wird jedoch nur angenommen, wenn auf der Ebene der (auditiv oder visuell) repräsentierten Sprache eine Ereignishaftigkeit feststellbar ist. Hier wird mit einer weiteren Konzeption von Narrativität argumentiert, die im Grunde nicht ausreicht, um eine Instanz anzunehmen. Auch hier erweist sich die

Annahme eines sprachlichen Erzählkanals innerhalb des TRS als hilfreicher Ausweg: Dieser Kanal kann das ganze Spektrum der Narrativitätsbedingungen erfüllen, ohne dass in einigen Fällen eine Instanz angenommen werden muss und in anderen nicht; es hängt vom Einzelfall ab, wie stark die sprachliche Narrativität innerhalb des Systems jeweils ausgeprägt ist.

Wichtig ist schließlich die Feststellung, dass die in der Inszenierung eingesetzten Erzählkanäle etwas anderes erzählen können als die rein sprachliche Dramenvorlage. So kann beispielsweise ein Stück, das weit vor Brechts epischem Theater geschrieben wurde, heute mit eben diesen epischen Inszenierungstechniken auf die Bühne gebracht oder gar in postdramatischer Manier bearbeitet werden. Die Aktualität einer Inszenierung liegt damit in der Art und Weise ihres performativen Erzählens, das immer einen – mehr oder weniger stark ausgeprägten – Bezug zu ihrer Entstehungszeit hat. Deshalb können gleiche Texte immer wieder inszeniert werden: weil jede Inszenierung etwas anderes erzählt.

5.1 Das Narrativitätspotential der TRS-Kanäle

In diesem Teilkapitel werde ich die besprochenen Bedingungen der Narrativität auf die einzelnen Kanäle des TRS anwenden und herausarbeiten, wie weit die potentielle Narrativität jeweils geht. Am Ende soll somit eine Narrativitätsmatrix entstehen, die anzeigt, wie eng die Narrativität des jeweiligen Kanals definiert werden kann.

5.1.1 Der sprachliche Kanal

In der narratologischen Forschung gilt die Sprache gemeinhin als das narrativste aller Medien. Im Gegensatz zu den anderen Kanälen haben die sprachlichen Symbole lexikalisch festgelegte Denotate, können Eventualitäten und genaue Zeitverhältnisse angeben oder von in der Diegese abwesenden Dingen erzählen (vgl. Ryan 2005a). Es ist daher klar, dass der sprachliche Kanal in der Lage ist, sämtliche Narrativitätsbedingungen zu erfüllen: Er arbeitet mit *frames* und *scripts*, weist eine *experientiality* und *tellability* auf (kognitive Parameter), repräsentiert Zustandsveränderungen und Ereignishaftigkeit (*histoire*-basierte Parameter) und kann zudem mittelbar sein im Sinne einer doppelten Zeitlichkeit von *histoire* und *discours* und der Erfüllung vermittelnder Erzählfunktionen wie Ordnung, Kommentierung, Präsentation der dargestellten Ereignisse etc. (*dicsours*-basierte Parameter).

Interessant für das Theater ist in dieser Hinsicht, dass die inszenierten Texte in der Regel schon im Vorfeld als solche bestehen und einem Großteil des Publikums bekannt sind. Die Textvorlagen (sei ihr Modus eher dramatisch oder episch) haben selbst eine sprachliche Erzählinstanz, die durch das Autorenkollektiv des Theaters umgeformt wird. Der sprachliche Kanal hat somit die Möglichkeit des internen Widerspruchs: Durch Textmontage, Wiederholung oder Auslassung bestimmter Passagen kann die Inszenierung innerhalb der Sprache bestimmte Textstellen besonders narrativieren und damit betonen. Daher wird für jede Inszenierung eine neue Strichfassung des jeweils zugrundeliegenden Textes erstellt. Die Formung des sprachlichen Erzählkanals geschieht bei der Inszenierung bekannter Texte immer vor der Folie des ursprünglichen Textes und wird von der Theaterkritik nicht selten als Bewertungskriterium herangezogen. Handlung wird im „absoluten Drama" zudem vor allem durch die Sprache vermittelt, da die meisten Sprechakte selbst Handlung sind, wie Pfister (2001, 196) richtig betont. Viele Dialog- oder Monologpassagen in auf dramatischen Texten basierenden Theaterinszenierungen haben somit hohes narratives Potential und erzählen selbst Ereignisse, die folglich als vom sprachlichen Kanal des TRS generiert angesehen werden können.

Zwei Beispiele sollen hier genannt werden, die besonders auf die vermittelnde Funktion des sprachlichen Erzählkanals hinweisen: Monologe bzw. das Beiseitesprechen und transpsychologisch konzipierte Figuren. Das *principle of minimal departure* (Ryan 1991) lässt uns annehmen, dass auch in der dargestellten erzählten Welt die Figuren nicht wirklich laut mit sich selbst oder einem unsichtbaren Gegenüber reden, wenn es zu Monologen oder Beiseitesprechen kommt: Der sprachliche Kanal des TRS macht hier funktional gesehen genau das, was die Erzählinstanz auch in epischen inneren Monologen tut: Er gibt die Gedanken der Figur scheinbar ungefiltert und unmittelbar wieder. Wir müssen als Zuschauer nicht davon ausgehen, dass die Figur in ihrer fiktiven Wirklichkeit tatsächlich laut mit sich selbst spricht, sondern dass dieses laute Sprechen eine Form der akustischen Repräsentation von Gedanken ist. Die Tatsache, dass wir in der Lage sind, diese Gedanken zu hören, ist der Verdienst des vermittelnden TRS. Pfister beurteilt das laute monologische Sprechen lediglich als Konvention, die auf der Abmachung zwischen Autor und Publikum beruhe, „daß eine Dramenfigur im Gegensatz zu einem wirklichen Charakter laut denkt" (Pfister 2001, 185). Diese Erklärung ist zweifelsohne unbefriedigend und negiert getreu Pfisters Grundthese wiederum die vermittelnden Funktionen. Für Pfister ist der Monolog eine Konvention, „die die Abwesenheit dieses vermittelnden Kommunikationssystems im Drama kompensieren soll" (Pfister 2001, 186).² Transpsychologisch konzipierte Figuren sind solche, die mehr über sich aussagen, als sie selbst im psychologisch plausiblen Rahmen über sich wissen können. Diese Formen des völlig rationalen Selbstkommentars, die sowohl in Monologen und Beiseitesprechen als auch in Dialogen zu finden sind, deuten auch laut Pfister auf eine vermittelnde epische Kommentarinstanz hin (vgl. Pfister 2001, 247–248), die für ihn eine Ausnahme vom absoluten Drama bildet.

Was in der bisherigen Forschung zum sprachlichen Erzählen meistens nicht thematisiert wird, ist die Tatsache, dass Sprache immer entweder visuell oder auditiv eingesetzt wird, dass also auch beim genuin sprachlichen Erzählen schon ein Systemkomplex von mindestens zwei Kanälen gegeben ist: auditiv-sprachlich bzw. visuell-sprachlich. Strenggenommen beinhaltet der sprachliche Kanal daher nur das Bezeichnete, d. h. die Denotate, und nicht das Bezeichnende, die Sprache selbst. Dass das äußere Erscheinungsbild eines Buches, die Typograhie, die Schriftart, der Satz und das Layout (visuell-sprachliche Elemente) Auswirkungen auf das Erzählte haben, findet erst langsam Eingang in narratologisch orientierte Überlegungen. Audiovisuelle Medien hingegen präsentieren die Sprache zumeist überwiegend auditiv, womit eine Vielzahl anderer narrativer Möglichkeiten einhergehen: Es macht einen großen semantischen Unterschied, ob ein sprachlicher Text lachend oder weinend gesprochen wird, um nur zwei eher extreme Formen zu nennen. Hier gibt es jedoch eine Vielzahl von Abstufungen. An dieser Stelle wird sehr deutlich, dass ein Repräsentationssystem immer als zusammenhängender Komplex betrachtet werden muss und dass eine Differenzierung und autonome Betrachtung der Kanäle zwar für eine Analyse sehr hilfreich sein können, am Ende aber doch ein künstliches Konstrukt zur Beschreibung einer Ganzheit bleiben.

5.1.2 Der visuelle Kanal

Der visuelle Kanal betrachtet unter anderem auch sprachliche Komponenten, nämlich in solchen Fällen, in denen Sprache visuell repräsentiert wird: durch Übertitel, Schrifttafeln, Schrift im Bühnenbild oder als Videoprojektionen. Neben einer inhaltlichen Analyse des Sprachlichen muss an diesen Stellen immer auch

---

2 Monologe erfüllen häufig auch die Funktion, narratoriales Wissen an den Leser/Zuschauer zu geben, wie Hogan (2014) am Beispiel *Hamlet* beobachtet.

der visuelle Aspekt beachtet werden, denn die Art der visuellen Sprachpräsentation ist ebenso potentiell bedeutungstragend und damit narrationsverändernd wie der bezeichnete Inhalt.

Der visuelle ist nach dem sprachlichen Kanal der narrativste der TRS-Kanäle. Auch hier können wir alle Narrativitätsbedingungen bis hin zur Mittelbarkeit als erfüllbar klassifizieren: Neben einer visuellen Ereignishaftigkeit – wie sie auch im Film gegeben ist (vgl. Kuhn 2011, 64), wenn die Szenenmontage im Theater auch nicht nach, sondern vor der Aufführung im Probenprozess geschieht – werden die Erzählfunktionen erfüllt, und eine doppelte Zeitlichkeit lässt sich beinahe immer feststellen. Dass Bilder keine lexikalisch festgelegten Denotate haben, hat keinen Einfluss auf den Grad ihrer Narrativität im Vergleich zum sprachlichen Erzählen. Während man in der Sprache sehr spezifische Begebenheiten und Ereignisse auch mit in der Diegese abwesenden Dingen erzählen kann, lässt das visuelle Erzählen einen größeren Assoziationsfreiraum (vgl. Wolf 2011, 164): Bewegungen, Farben, Bühnenbilder, Kostüme etc. haben keine festgelegte, unabhängige Bedeutung. Ihre im Gefüge der jeweiligen Inszenierung angelegte Bedeutungsstruktur muss vielmehr vom Rezipienten jedes Mal neu dekodiert werden.

Visuell wird im Theater vermittelt erzählt durch die *Montage* der Szenen (die z. B. durch den offenen Umbau auf der Bühne oder das zeitweilige Schließen eines Vorhangs besonders deutlich gemacht wird, die aber auch lediglich durch einen Abgang oder Auftritt einer Figur kenntlich gemacht werden kann), die *Mise en Scène* (Bühnenbild, Licht, Kostüme, Requisiten sowie die Bewegungen der Schauspieler im symbolischen oder ikonographischen Raum) und durch die verschiedenen *Blickwinkel* der Zuschauer (z. B. durch unterschiedliche Verhältnisse von Zuschauerraum und Bühne/Spielfläche, Drehbühnen, bewegliche Bühnenbilder oder auch das Überschreiten der vierten Wand). An diesen drei Kategorien lässt sich die narrative Mittelbarkeit des Theaters ablesen und beschreiben. Die Montage ist vor allem für die doppelte Zeitlichkeit von *discours* und *histoire* verantwortlich, die *Mise en Scène* kommentiert, und der Blickwinkel perspektiviert das Erzählte.[3] Während im Film viele Gegenstände der *Mise en Scène* lediglich einen Realitätseffekt erzielen sollen (vgl. Kuhn 2011, 91–92), sind diese Elemente im heutigen (nicht mehr realistischen) Theater häufig sehr viel abstrakter (weil mehr oder weniger konventionalisiert symbolisch und zunehmend ikonographisch) zu behandeln, da kein Illusionseffekt mehr erzielt werden soll, sondern

---

[3] In Kapitel 8 wird deutlich, dass der Blickwinkel als visuelle perzeptive Perspektive nur eine Form der erzählerischen Perspektivierung ist.

der Schwerpunkt meist auf die vom Zuschauer zu erbringende Abstraktionsleistung gelegt wird. Elemente der *Mise en Scène* haben daher im zeitgenössischen Theater tendenziell mehr Einfluss auf die Narration als im Film.

Warum wird dem Theater so häufig die Mittelbarkeit abgesprochen? Es handelt sich hier nicht einfach um ein blindes Befolgen von Pfisters Grundthese, sondern das Spezifikum der *liveness* einer Aufführung verleitet nur zu leicht zur Unmittelbarkeits-Annahme und wird daher selbst häufig zur Krux einer narratologischen Untersuchung von Inszenierungen.

Wir sehen auf der Bühne – und einige postdramatische Performances sind hier wiederum ausgeklammert – eine narrative Repräsentation. Einige Narratologen versuchen nun, die *liveness* mit dem Verständnis von Narration oder Repräsentation zu kombinieren, so z. B. Weidle, der für das Theater Bals (1981, 45) Definition von Narration „X relates that Y sees that Z does" umformt in „x says *while* y sees what z does" (Weidle 2009, 240), wobei das Y sowohl für die Zuschauer als auch für die Charaktere auf der Bühne stehe. Und auch Rajewsky (2007) behauptet eine Auswirkung der *liveness* auf das Repräsentationsverständnis, wenn sie schreibt, Metadiegesen seien im Theater anders als in literarischen Texten:

> Auf dem Theater sprechen die Figuren im *hic et nunc* der Aufführungssituation selbst direkt und unmittelbar vor unseren Augen. Diese Spielebene bleibt auch dann in ihrer *liveness* als anwesende – und eben nicht nur durch eine Erzählinstanz generierte – bestehen, wenn zusätzlich auf einer übergeordneten Ebene eine Spielleiterfigur eingeführt wird. Gerade hierin, gerade in der Ko-Präsenz von Akteuren bzw. Figuren und Zuschauern, besteht das Spezifikum der theatralen Aufführungssituation.
>
> (Rajewsky 2007, 46–47)

Problematisch ist hier zunächst die Gleichsetzung von Akteuren und Figuren in ontologischer Hinsicht und damit die Missachtung der Trialogizität. Auch Rajewskys Behauptung, eine Figur könne nicht den gesamten *discours* generieren, wie das ein homodiegetischer Erzähler in Texten kann, wirkt nur auf den ersten Blick überzeugend (vgl. Rajewsky 2007, 47). Sie übersieht jedoch den symbolischen oder ikonographischen Gebrauch der Zeichen im Theater, der potentiell einem jeden Akt auf der Bühne innewohnt. Natürlich sehen wir lebendige Schauspieler *live* vor uns agieren, wir hören sie sprechen und nehmen scheinbar direkt wahr, was sie tun. Es ist jedoch wichtig festzustellen, dass lediglich diese extradiegetischen Elemente zuverlässig sind: Wenn wir einen Erzähltext lesen, können wir mit Sicherheit sagen, dass wir vor uns einen Text haben, der aus Buchstaben besteht. Alles, was der Text aussagt (das Bezeichnete), müssen wir kritisch überprüfen und hinterfragen. Dem Theatralen Repräsentationssystem – und besonders seinem visuellen Kanal – muss man als Rezipient jedoch genauso skeptisch begegnen wie der sprachlichen Erzählinstanz in der klassischen Narratologie; nicht alles, was wir im Theater sehen, wird uns direkt und wahrhaftig vermittelt. Die Fokalisierung (vgl. Kap. 8) spielt hier eine wichtige Rolle: Wenn eine Figur eine Geschichte erzählt und diese auch visuell repräsentiert wird, erfährt der Zuschauer die Geschichte durch die Augen der erzählenden Figur (interne Fokalisierung in Form einer Introspektion) – und es macht keinen Unterschied, dass wir uns im gleichen Raum wie die Schauspieler befinden, denn das Raum-Zeit-Kontinuum gilt nur für die Ebene S1/E1. Es ist immer eine doppelte Zeitlichkeit gegeben, sobald eine Repräsentation dargestellt wird, wie auch Hamburger (1977, 170) betont. Die innerrepräsentativen Kommunikationsebenen (S3/E3 und höher) sind ontologisch – und damit auch raumzeitlich – vom realen Zuschauer und den realen Schauspielern getrennt. Wir sehen die Figuren auf der Bühne bei einer solchen internen Fokalisierung oder auch bei einer durch eine Figur generierte Metadiegese, die visuell repräsentiert wird, so, wie die erzählende Figur sie sieht, gesehen hat oder sich einbildet sie zu sehen. Hier schließt sich die große und problematische Thematik des unzuverlässigen (visuellen) Erzählens an, die in diesem Rahmen jedoch nicht näher behandelt werden soll. Festzuhalten bleibt, dass es sich stets um eine narrative *Repräsentation* von Ereignissen handelt – und damit um eine narrative Vermittlung, die von der technisch-physiologischen Unmittelbarkeit zu trennen ist. Den auf der Bühne präsentierten Ereignissen wohnt eine Ikonizität inne, durch die ihnen die Eigenschaft zufällt, (fiktive) Ereignisse zu repräsentieren. Eine sehr ähnlich gelagerte Situation diskutiert Thon (2016, Kapitel 2 und 3) mit Verweis auf Currie (2010) und Walton (1990) in Bezug auf die Medien Film, Comic und Computerspiel. Er verweist auf den prinzipiellen Unterschied von Repräsentation und Repräsentiertem. Nicht nur im sprachlichen Erzählen sei „representation [...] *not* verbatim" (Fludernik 1993, 356) – weshalb man davon ausgehen müsse, dass beispielsweise Shakespeares Figuren in ihrer Welt nicht tatsächlich in perfekten Versen sprächen oder die *storyworld* eines Schwarzweißfilms nicht tatsächlich schwarzweiß sei –, sondern dies sei ein transmedial anwendbares Prinzip. Jeder narrativen Repräsentation müsse man daher mit einer „medium-specific charity" (Thon 2016, 87) begegnen, wodurch Thon das von Walton (1990, 183) formulierte *principle of charity* transmedial erweitert. Für das Theater bedeutet dies – wie für den Film –, dass man nicht davon ausgehen muss, dass die durch einen Schauspieler dargestellte Figur exakt so aussieht wie der Schauspieler, sondern dass dieser – mehr durch Aspekte wie Kostüm, Maske, Körperlichkeit und Mimik als durch seine leibliche Beschaffenheit und individuelle Stimme – eine Ähnlichkeit mit der Figur hat. Im Zuge der performativen Präsentation wird somit eine *storyworld* repräsentiert, die von der Welt der leiblich anwesenden Darsteller und Rezipienten ontologisch getrennt ist. Der von einer Schauspielerin getragene tatsächlich existierende rote Schal kann nicht mit einem Mal fiktiv werden. Diese Grenze ist nicht überschreitbar. Wir können daher im Zuge einer performativen und narrativen Repräsentation von Ereignissen nicht davon ausgehen, tatsächlich zu wissen, wie dieser rote Schal der dargestellten Figur aussieht, sondern wissen nur mit Sicherheit, *dass* die Figur in ihrer Welt einen roten Schal trägt, der vielleicht eine große Ähnlichkeit mit dem tatsächlich im Raum der Aufführung benutzten Schal hat. Der Rezipient füllt also nicht nur die Lücken des Nicht-Dargestellten (eine Tür steht für ein ganzes Zimmer, eine Wand für ein ganzes Haus etc.) – ein Rekonstruktionsvorgang, in dem das *principle of minimal departure* (vgl. Ryan 1991) wirksam wird –, er ignoriert andererseits auch Elemente des Dargestellten und schreibt sie der Spezifik der jeweiligen medialen Repräsentation zu. Currie spricht in diesem Zusammenhang von *representational correspondence*: „for a given representational work, only certain features of the representation serve to represent features of the things represented" (Currie 2010, 59). Dieser Faktenlage begegnen wir auch im Theater mit dem *principle of charity*, wie Walton (1990, 182) es beispielhaft beschreibt: „Othello utters an unspecified vernacular paraphrase of the words Shakespeare's actor enunciates."

Die von Pfister (2001, 313) sogenannten die Handlung konstituierenden Segmentierungskriterien – d. h. vor allem die Zeitaussparung und der Schauplatzwechsel –, schreibe ich ebenfalls der narrativen Anordnung von Ereignissen im Repräsentationssystem zu. Genauer gesagt findet diese raumzeitliche Anordnung des Geschehens meistens ausschließlich visuell statt. Ein Kritikpunkt an Pfister in diesem Zusammenhang ist seine Beschreibung des „Drama[s] der offenen Form", dem er eine vermittelnde Kommunikationsebene, d. h. eine Erzählinstanz, zuschreibt. Da sich ein Drama für ihn jedoch gerade durch das Fehlen dieser Instanz konstituiert, ist nicht klar, warum er eben jene offenen Dramen überhaupt als dem Genre zugehörig bezeichnet (vgl. Pfister 2001, 322–326).

Der visuelle Kanal lässt sich nun selbst stark in einzelne Modi ausdifferenzieren. Neben dem Bühnenbild, dem Licht, den Requisiten und den Kostümen sind Gestik und Mimik der Schauspieler zentrale Elemente. Hier differenziert Lwin (2010, 362) mimische Gesten des ganzen Körpers (*mimic gestures*) – diese sind vor allem wichtig, wenn ein Schauspieler mehrere Figuren spielt und diesen eine andere Körperlichkeit verleiht –, metaphorische Gesten (*metaphoric gestures*), das rhythmische Bewegen der Hände während des Sprechens (*beats*) und deiktische Gesten (*deictic gestures*), die auch auf abstrakte Dinge gerichtet sein können, die nur die handelnde Figur „sieht" – wie es z. B. bei der Teichoskopie der Fall ist.

Elam schreibt bezüglich körperlicher Gesten: „So conventionalized is the participation of gesture in the illocutionary act (the act performed in saying something to someone), that it is possible, in some circumstances, to perform such an act by kinesic means alone" (Elam 1980, 75). Auch Gesten haben einen arbiträr-konventionalisierten Symbolcharakter und können – zwar häufig nicht so exakt wie sprachliche Symbole und stärker kontextabhängig – oft Denotaten zugeordnet werden. Dergleichen paralinguistische Merkmale (wie auch die auditiven Elemente Flüstern, Schreien, Weinen, schnelles bzw. langsames Sprechen etc.) gelten schließlich als Marker für die momentane Gemütsstimmung oder die allgemeine charakterliche Verfassung der sprechenden Figur (vgl. Elam 1980, 80–81).

Theaterformen, die den Körper in den Mittelpunkt der Betrachtung stellen (wie vor allem das moderne Ballett), erfüllen in ihrer Visualität meistens nur kognitive Narrativitätsparameter, wie Thurner konstatiert: „[J]eder im Publikum denkt sich seine eigene(n) Geschichte(n)", sind daher also „geschichten*indizierend*" statt „geschichten*darstellend*" (Thurner 2011, 57).[4] Vor allem die großen Handlungsballette des neunzehnten Jahrhunderts wie z. B. *Schwanensee* (1877/1895) oder *Der Nussknacker* (1892) vermögen hingegen, größere Handlungsstrukturen darzustellen, die Ereignishaftigkeit aufzeigen können. Diese Ereignishaftigkeit ist aber abhängig vom Vorwissen des Rezipienten und gründet sich auf die Popularität der Stoffe. Im Zuge der langen Weiterentwicklung des Tanztheaters haben sich hochkonventionalisierte Bedeutungsstrukturen herausgebildet, sodass es möglich wird, mit dem nötigen Expertenwissen bestimmten Tanzbewegungen, Schrittfolgen oder Paar-/Gruppenformationen sowie auch der Farbgebung von Kostümen und Bühnenbild (letzteres gilt auch für andere Theaterformen) Bedeutungen zuzuschreiben, die Einfluss auf die Narration ausüben können.

5.1.3 Der auditive Kanal

Wie bereits im Abschnitt über den sprachlichen Kanal angesprochen, sind Stimme und Sprache im Systemkomplex zumeist eng miteinander verknüpft, sodass der auditive Kanal differenziert werden muss in sprachlich-auditive Elemente, welche sich auf die Stimme beziehen, und nichtsprachlich-auditive Elemente, die sich wiederum in Geräusche und Töne/Musik unterteilen lassen.

Kolesch (2001, 260) hebt die konstitutive Wichtigkeit des Auditiven in einer Aufführung in Bezug auf das Stimmliche hervor; die Präsenz der Stimme sei

---

[4] Vgl. Brandstetter 2005, 82–83.

grundlegend für das performative Ereignis, durch sie werde die Wahrnehmung direkt auf das Hier und Jetzt der Aufführungssituation gelenkt. Aufgrund der von mir vertretenen Trialogizitätsthese ist auch in meinem Ansatz die Relevanz der auditiv wahrnehmbaren Stimme des Schauspielers (sowie ihrer Vergänglichkeit und ihres narrativen Potentials) nicht zu vernachlässigen. Im Gegensatz zu anderen auditiven Medien (wie dem Radio oder dem Film) handelt es sich in der performativen theatralen Narration auch nicht um technische Re-Präsentationen der Stimmen, sondern um die originalen Stimmen der Schauspieler, die den realen Raum als Übertragungsmedium ihrer Schallwellen nutzen und damit genauso flüchtig sind wie die Aufführung selbst.

Lwin (2010) geht in ihrem Beitrag zu „oral storytelling performances" anders als die meisten Wissenschaftler vor; sie betont die Wichtigkeit der Multimodalität und somit auch der anderen Kanäle neben dem textbasierten sprachlichen, wie den visuellen und den stimmlichen. Für sie sind die Performanz und die darin enthaltene Multidimensionalität der Kommunikation die entscheidenden narrativen Elemente (vgl. Lwin 2010, 361–362). Der stimmliche wie der visuelle Kanal sind in ihrem Ansatz jedoch an den Schauspieler alleine geknüpft, nämlich wie er seine Stimme und seine Gestik bzw. Mimik einsetzt. Für meinen Ansatz müssen diese Parameter ausgedehnt werden hin zum visuellen Kanal (der auch Bühnenbild, Kostüme, Requisiten etc. einschließt) und zum auditiven Kanal (der alle Klänge und Geräusche einer Inszenierung umfasst). Die Stimme, Gestik und Mimik des Schauspielers sind jeweils nur einzelne Modi des auditiven bzw. des visuellen Kanals des TRS, lassen sich aber selbst wiederum noch genauer ausdifferenzieren. Ein mehrkanaliges narratologisches Modell ist somit immer auch multimodal.[5]

Die sprachlich-auditiven Möglichkeiten des TRS lassen sich mit Lwin (2010) genauer differenzieren. Stimmliche Elemente sind für Lwin die Höhe der Stimme (*pitch*), die Geschwindigkeit des Sprechens (*pace*), die Lautstärke (*volume*), mögliches Pausieren (*pause*), das Auf- oder Abgleiten der Stimme (*inflection*), der Ton mit emotionalen Konnotationen (*tone*) und die emphatische Betonung einzelner Wörter oder Silben (*emphatic stress*). Ex negativo leuchtet es unmittelbar ein, dass all diese Mittel maßgeblich zur Konzeption einer Erzählung beitragen können: Werden diese auditiven Elemente falsch oder unerwartet eingesetzt, können

---

5 Zum tendenziell unbegrenzten und damit wenig operationalisierbaren Modusbegriff vgl. z. B. Kress (2010, 11): „Modes are the result of a social and historical shaping of materials chosen by a society for representation: there is no reason to assume that the mode of gesture in Culture 1 covers the same 'area' or the same concerns, or is used for the same purposes and meanings as the mode of gesture in Culture 2."

sie den sprachlich erzählten Inhalt gänzlich in sein semantisches Gegenteil umwandeln.

Bei den nichtsprachlich-auditiven Elementen sollte man zunächst zwischen Musik und Geräuschen differenzieren und ferner schauen, ob diese Musik oder die Geräusche vom menschlichen Körper oder von Instrumenten/Tonbändern/Gegenständen etc. erzeugt werden. Dem Schauspieler, dessen Stimme Grundlage der Trialogizität ist, ist es möglich, den auditiven Kanal auf allen Kommunikationsebenen zu bedienen: Es muss im Einzelfall betrachtet werden, ob er als Figur spricht, als kommentierende Instanz oder gar als realer Schauspieler. Bei Musik oder Geräuschen kann dagegen häufig genauer bestimmt werden, ob es sich um Musik oder Geräusche der repräsentierten Welt (also der Diegese) handelt oder ob sie extradiegetisch erzeugt werden. Dabei spielt es narratologisch gesehen keine Rolle, ob Musik und Geräusche auf der Bühne erzeugt oder technisch eingespielt werden: Ein auf der Bühne spielender Musiker muss nicht zwangsläufig Teil der erzählten Welt sein. Grund hierfür ist die Dynamik theatraler erzählter Räume, die ich in Kapitel 7 näher erläutern werde.

Die Frage ist nun, wie weit das narrative Potential von Geräuschen oder Musik bzw. von Klängen geht, wie viel Einfluss der auditive TRS-Kanal also auf die Gesamtnarration hat. Die Narrativität von Musik – oder weiter gefasst: von Klängen – wird sowohl von Musikwissenschaftlern als auch von Narratologen untersucht, freilich mit unterschiedlichen Prämissen.[6] Die Problematik ist hierbei häufig, dass unterschiedliche Konzeptionen von Narrativität zugrunde gelegt werden, ohne diese Unterschiedlichkeit zu reflektieren. Mit einem differenzierten Abgleich der verschiedenen Bedingungen der Narrativität mit Musik bzw. Geräuschen möchte ich dieses Versäumnis der Forschung ausgleichen. Unumstritten dürfte sein, dass beide – Musik wie Geräusche – die Möglichkeit haben, der durch die anderen Kanäle vermittelten Narration zu widersprechen: Ein und dieselbe Szene kann durch andere Geräusche oder Musik völlig unterschiedlich wirken. In diesem Punkt stehen sich Film und Theater sehr nah, wobei sich im zeitgenössischen Theater eine (filmische) Tendenz auszubreiten scheint, Stimmungen und Atmosphären zunehmend mit musikalischen Mitteln zu erzeugen. Ob sich hier tatsächlich eine Konvergenz der Medien abzeichnet, müsste in einer umfassenderen, korpusgestützten Analyse untersucht werden.

---

6 Vgl. Chenoweth (1986); Longacre und Chenoweth (1986), die einen Überblick über Analogien zwischen musikalischen und Textstrukturen liefern; Nattiez und Ellis (1990); Abbate (1991); Maus (2005); Ryan (2005a, 13); Meelberg (2006); Nicholls (2007); Schröder (2011); Walsh (2011b) und Modrow (2016, 167–174).

Musik und Geräusche können relativ leicht vom Rezipienten narrativiert werden, in kognitiver Hinsicht werden Narrativitätsbedingungen damit erfüllt (vgl. Abbate 1991, xi, McClary 1997, Seaton 2005). Levinson nennt dies „externally narrative" (2004, 431) und beschreibt damit die werkexterne Narrativität bzw. eine äußere Ereignishaftigkeit, wie sie auch der Theaterkontext stets bietet. Wie steht es jedoch um die *histoire*-basierten Parameter der Zustandsveränderung und Ereignishaftigkeit und schließlich um die *discours*-generierende Mittelbarkeit, also die werkinterne Narrativität?

Sowohl Töne als auch Geräusche sind Klänge. Musik besteht aus Tönen (= Klänge bestimmter Dauer und regelmäßiger Frequenz), die sich harmonisch (z. B. in Akkorden) oder unharmonisch (z. B. bei dreidimensional schwingenden Körpern wie Glocken) zueinander verhalten und deren Schwingungen stets periodisch auftreten. Geräusche (= Klänge unbestimmter Dauer und unregelmäßiger Frequenz) haben eine kaum feststellbare Klanghöhe, da ihre Formantbereiche stark hervortreten. Ihre Schwingungen treten unperiodisch, die Teiltonfolgen unharmonisch und außerdem sehr dicht auf (vgl. Michels 2005, 17). Erzähltheoretisch betrachtet, haben Geräusche jedoch – wie ich zeigen werde – ein höheres narratives Potential als Töne. Beide können Zustandsveränderungen darstellen, hierbei handelt es sich allerdings um strukturelle, syntaktische Merkmale, die wie in der Sprache mithilfe des Notationssystems objektiv beschrieben werden können (z. B. Rhythmus- oder Tonartwechsel), die jedoch auf Diskursebene stattfinden.[7] Eine musikalische Repräsentation von Zustandsveränderungen ist daher ein Diskursphänomen; die *histoire*-Ebene fehlt, weil die musikalischen Parameter keine in Sprache übersetzbare Semantik haben. Die für eine narrative Ereignishaftigkeit grundlegende *histoire*-Ebene wird in der Regel nicht erzeugt, wobei sich Musik und Geräusche an dieser imaginären Grenze abarbeiten und sie immer wieder zu überschreiten suchen.

Eine Ereignishaftigkeit lässt sich dabei leichter mit Geräuschen als mit Tönen repräsentieren. Der Grund hierfür liegt in der unterschiedlichen Semantik von Geräusch und Musik: Während Musik (harmonische Tonfolgen, die Klänge ergeben) nicht wie linguistische Zeichen lexikalisch festgelegte Denotate hat, eine ihr inhärente Symbolhaftigkeit daher erst im Zuge einer Aufführung festgelegt werden müsste, arbeiten Geräusche häufiger indexikalisch oder ikonographisch und weisen damit direkter auf die bezeichnete Sache als die vom Interpreten abhängigen Symbole es vermögen. Ein Autounfall beispielsweise – der im Theater eher

---

7 Vgl. Nattiez und Ellis (1990, 244); Walsh (2011b, 56) und auch Hatten (1991); Levinson (2004); Reyland (2007, 612–615) und Meelberg (2009), die Narrativität und Ereignisse in (instrumentaler) Musik besprechen.

schwierig visuell zu erzählen ist – kann auditiv einfacher mithilfe von Geräuschen erzählt werden als mit Musik. Der Zuschauer braucht für die Dekodierung der Geräusche (quietschende Bremsen, ein lautes Krachen, splitterndes Glas) sehr viel weniger Vorbildung als für eine Rückübersetzung derselben Geschichte, wenn sie zuvor in die Sprache von Instrumenten übertragen wurde; hier genügt sein Weltwissen, um der Erzählung eine narrative Ereignishaftigkeit zu attestieren. Katie Mitchell macht in ihrer Inszenierung von Sarah Kanes 4.48 *Psychose* am Deutschen Schauspielhaus in Hamburg (2017) sehr ausgiebigen Gebrauch von derlei geräuschlichen Mitteln: vorbeifahrende Autos, quietschende Bremsen und am Ende ein auf den Gleisen kreischender Zug werden auditiv repräsentiert.

Während Musik zwar diskursive Zustandsveränderungen darstellen kann (freilich eine noch sehr weit gefasste Narrativitätsbedingung), stößt sie bei der Erzeugung narrativer Ereignishaftigkeit an ihre Grenzen. Durch Harmonik (Dur-Moll-Wechsel und Modulation), Melodie (Intervallstruktur und Bewegungsrichtung), Rhythmus (Tempo, Tonlänge etc.), Dynamik (forte, piano etc.) und Instrumentierung vermag sie vor allem Emotionen und Stimmungen darzustellen; eine semantische Verknüpfung zweier Zustände, die Darstellung von Gedanken oder Träumen einzelner Figuren oder von Eventualitäten ist ihr jedoch nicht möglich. Die mit den verschiedenen Intervallen, Tonarten oder Instrumenten verknüpften Stimmungen sind nun teilweise in der Forschung lexikalisiert (vgl. Reuter 2007, 42–43, 48–49; Schneider 1997, 118ff.), sodass man hier – zumindest in Ansätzen – von einer dekodierbaren Symbolhaftigkeit sprechen könnte, wenngleich hier auch ungleich mehr Fachwissen vom Rezipienten gefordert wird als bei der Dekodierung von Geräuschen. In Bezug auf ihre narrativen Möglichkeiten lassen sich hier die Gesten und Tanzformationen des Balletts (s. o.) mit der Musik parallelisieren – beide Formen erfordern ein stark ausgeprägtes Expertenwissen, um dem Dargestellten Denotate zuweisen zu können, sodass sie als narrationsindizierend klassifiziert werden sollten.

Eine Sonderstellung gebührt den Leitmotiven (vgl. Schröder 2011, 55), die am ehesten eine narrative Ereignishaftigkeit darzustellen vermögen: Wenn innerhalb einer Inszenierung beispielsweise eine Figur immer mit dem gleichen Instrument oder dem gleichen musikalischen Thema verknüpft wird, dann ist es dem Rezipienten ab einem gewissen Zeitpunkt möglich, die Figur mit diesem Instrument oder jenem musikalischen Thema zu assoziieren, auch dann noch, wenn die Figur nicht durch einen auf der Bühne anwesenden Schauspieler verkörpert wird. Leitmotive „generally belong to the diegetic voice alone; they remind us of the elapsed time of our reading or our listening, and belong to the artifice of discourse, not to the story it allegedly represents", wie Abbate (1991, 55) schreibt. So ist es z. B. möglich, einen Kampf zweier Opponenten lediglich musikalisch zu erzählen – durch das Gegenüberstellen zweier Leitmotive, die im Vorfeld mit den beiden Kontrahenten verbunden wurden. Auch das Ergebnis dieses Kampfes ist musikalisch darstellbar, indem ein Instrument oder ein Thema das andere vollständig verdrängt, es gleichsam tötet. Diesem Vorgang muss man in narrativer Hinsicht eine Ereignishaftigkeit zusprechen. Die theatrale Gesamtnarration sorgt dafür, dass die in diesem Vorgang enthaltene Symbolhaftigkeit vom Rezipienten dekodiert werden kann, da die Leitmotive innerhalb der Aufführungssituation zuvor mit Denotaten versehen wurden. Ähnlich funktionieren im kulturellen Gedächtnis fest verankerte musikalische Themen der Filmmusik (wie beispielsweise das häufig zitierte *Psycho*-Thema aus dem gleichnamigen Hitchcock-Film), die durch ihre somit leicht dekodierbare Zeichenhaftigkeit eine Denotatfunktion erfüllen können (vgl. Schröder 2011, 54). Diese Möglichkeit, eine Ereignishaftigkeit zu indizieren, bleibt jedoch eine Ausnahme.

Eine narrative Mittelbarkeit erfüllen Musik und Geräusche nicht. Zwar kann man ihnen die Erfüllung verschiedener Aufgaben zusprechen, die auch von vermittelnden Instanzen erfüllt werden können – Musik kann beispielsweise paraphrasieren, polarisieren oder kontrapunktieren (vgl. Pauli 1976, 104), wodurch ihr eine Kommentarfunktion zukommt –, die für narrative Mittelbarkeit wesentliche Ordnungsfunktion und damit die Etablierung einer doppelten Zeitlichkeit ist ihnen jedoch nicht gegeben. Interessant sind hier wie so häufig die Fälle, die daran arbeiten, diese Grenzen zu überschreiten. Katie Mitchells Inszenierung *Alles Weitere kennen Sie aus dem Kino* (2013) am Deutschen Schauspielhaus in Hamburg enthält beispielsweise Szenen, die rückwärts laufen; ein Vorgang, der nicht nur durch das – artistisch sehr eindrucksvolle – Rückwärtsbewegen der Schauspieler deutlich gemacht wird, sondern eben auch durch rückwärts abgespielte Musik, die entscheidend dazu beiträgt, das rückwärtige Erzählen als solches zu markieren, und somit eine paraphrasierende Funktion übernimmt, die Zeitordnungscharakter hat.

Um Musik oder Geräuschen mittelbare Funktionen zuzuschreiben, bedarf es immer des Zusammenspiels der verschiedenen TRS-Kanäle. Die Zeichenhaftigkeit von Klängen ist leichter zu dekodieren, wenn die anderen Kanäle (vor allem der visuelle und sprachliche) unterstützend erzählen. Weicht der auditive Kanal in seiner Aussage von den anderen Kanälen ab, übernimmt er eine Kommentarfunktion, welche die Aufmerksamkeit des Rezipienten steuern sowie humoristische oder ironische Beiträge liefern kann (vgl. auch Ryan 2005a, 10–11).

Im Systemkomplex kommt dem auditiven Kanal damit ein höheres narratives Potential zu, als in solchen Fällen, in denen er autonom agiert.[8]

5.1.4 Der olfaktorische, der haptische und der gustatorische Kanal

Das Kompositmedium Theater unterscheidet sich von anderen Medien aufgrund seiner *liveness* besonders hinsichtlich der zusätzlich verwendbaren olfaktorischen, haptischen und gustatorischen Kanäle. Im Gegensatz zu den für die meisten Theaterformen obligatorisch zu nennenden sprachlichen, visuellen und auditiven Kanälen sind diese Kanäle fakultativ und werden auch nur hin und wieder bedient. Dementsprechend ist ihr narratives Potential vergleichsweise gering. Ähnlich wie der auditive Kanal können diese Kanäle vor allem eine Kommentarfunktion übernehmen und das in den Hauptkanälen Erzählte entweder unterstreichen oder konterkarieren. Erzähltheoretisch gesprochen erhalten diese Kanäle ihr narratives Potential daher jedoch auch nur im Systemkomplex. Autark können sie neben der rezipientenseitigen Narrativierung höchstens Zustandsveränderungen erzählen: Ein Brand (und sein Ende) mag beispielsweise olfaktorisch oder haptisch erzählt werden durch den Geruch verbrannten Materials (und dem nachträglichen Einleiten frischer Luft) oder plötzlichen Temperaturanstieg (und nachträglichem Temperaturabfall), den der Zuschauer körperlich wahrnehmen kann. Die Abfolge eines Menüs mag gustatorisch erzählt werden, wobei jedem Zuschauer die Möglichkeit des Probierens verschiedener Speisen gegeben sein müsste. Der Konjunktiv weist bereits darauf hin, wie weit man sich hier in das Gebiet der Spekulation begibt und wie wenig das zeitgenössische Theater tatsächlich mit diesen Möglichkeiten hantiert. Freilich benötigte es hier auch eines Publikums mit äußerst stabilem Nervengerüst, das bei Brandgeruch und ansteigender Temperatur das Vertrauen in die Repräsentativität des Dargestellten nicht verliert und nicht die Flucht ergreift. Eine olfaktorische, haptische oder gustatorische Ereignishaftigkeit lässt sich aufgrund der äußerst vagen und nur für Allgemeinplätze gültigen Verknüpfung von Bezeichnendem und Bezeichnetem nicht herstellen.

---

8 Vgl. Hansen (2010, 149), der diese Thematik hinsichtlich der Musik in Musicalfilmen berührt. Die musikalischen Einlagen in diesen Filmen sind ebenfalls immer in einen multimodalen Systemkomplex eingebettet und erlangen somit ein höheres narratives Potential als in isolierter Weise, z. B. wenn sie bereits Erzähltes wiederholen und dadurch kommentieren.

Olfaktorisch kann z. B. auch durch das Rauchen von Zigaretten erzählt werden, durch das Zubereiten oder Verzehren von warmen Speisen, oder – ein drastischeres und für die meisten Rezipienten vermutlich eher abstoßendes Beispiel – durch das Entleeren des Darms oder der Blase durch einen oder mehrere Schauspieler auf der Bühne. Haptisches und gustatorisches Erzählen wird möglich durch die – heute alltäglich gewordene – Überschreitung der vierten Wand und durch das Betreten des Zuschauerraums: Die Schauspieler können die Zuschauer so auch körperlich berühren oder ihnen etwas zu essen oder zu trinken anbieten. Auch wird häufig – vor allem in postdramatischen Inszenierungen – mithilfe von Wasser haptisch erzählt, wenn z. B. das Publikum nass gespritzt oder gar mit Wasserbomben beworfen wird. Wie stark diese Erzählkanäle bedient werden, liegt im Ermessen – und moralischen Empfinden – des Autorenkollektivs.

5.1.5 Resümee

Fasst man nun die in diesem Kapitel besprochenen Kanäle des TRS mit ihrem narrativen Potential zusammen, so lässt sich folgende Narrativitätsmatrix (Abb. 11) mehrkanaligen Erzählens erstellen.

	Sprachlich	Visuell	Auditiv	Olfaktorisch	Haptisch	Gustatorisch
Mittelbarkeit	+	+	–	–	–	–
Ereignishaftigkeit	+	+	(+)	–	–	–
Zustandsveränderung	+	+	+	(+)	(+)	(+)
rezipientenseitige Narrativierung	+	+	+	+	+	+

Abb. 11: Narrativitätsmatrix mehrkanaligen Erzählens im Theater

Auch hier sei noch einmal betont, dass die Kanäle nicht auf einer logischen Ebene nebeneinander gestellt, sondern dass das unterschiedliche narrative Potential verglichen wird: Der sprachliche Kanal arbeitet selbst stets auditiv oder visuell. Die Untersuchung des narrativen Potentials visueller und auditiver Zeichen bezieht sich entweder auf Aspekte außerhalb der Sprache bzw. auf Begleiterscheinungen des Sprechens wie Stimmhöhe, Stimmlautstärke etc. oder Nebenerscheinungen visuell repräsentierter Sprache wie z. B. die Typographie von Schrift oder

Gestaltung von Schrifttafeln usw. Das Schaubild ist ferner darum bemüht, anzuzeigen, welche Narrativitätsbedingungen die einzelnen Kanäle erfüllen, wenn sie autonom und damit außerhalb des Systemkomplexes agieren. Die Fälle, in denen das Plus eingeklammert ist, stehen somit für Ausnahmen (wie sie z. B. durch Leitmotive erzeugt werden können) oder für narrative Möglichkeiten, die nur durch die Einbettung der einzelnen Kanäle in das dynamische Repräsentationssystem gegeben sind.

5.2 Das Verhältnis der Erzählkanäle zueinander: Von Reduktion und postdramatischer Reizüberflutung

Die einzelnen Kanäle des TRS können im Zuge einer performativen Narration an einem Strang ziehen – sich also gleichsam unterstützen – oder sich untereinander in ihrem semiotischen und auch narrativen Gehalt widersprechen. Viele Forscher, die sich mit multimodal organisierten Medien beschäftigen, beobachten und beschreiben diese unterschiedlichen Verhältnisse der (Erzähl-)Kanäle zueinander. Abbildung 12 veranschaulicht die möglichen Relationen der einzelnen Erzählkanäle zueinander. Die Begrifflichkeiten werde ich im Folgenden erläutern.

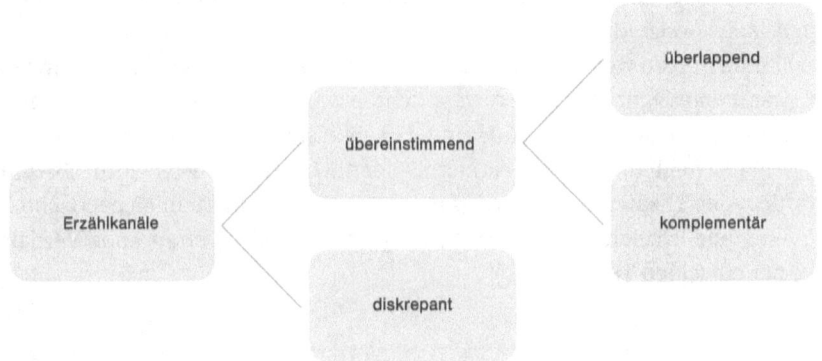

Abb. 12: Das Verhältnis der Erzählkanäle zueinander

Neben anderen beobachtet Lwin (2010, 372), dass die unterschiedlichen Kanäle nicht zwangsläufig komplementär verlaufen, sondern sich auch widersprechen können. Und auch in Kuhns Modell werden die unterschiedlichen Verhältnisse von visueller (VEI) und sprachlicher Erzählinstanz (SEI) untersucht. Das Verhältnis von VEI und SEI kann dabei *disparat, komplementär* oder *überlappend* sein (vgl. Kuhn 2011, 98–99), dadurch jeweils unterschiedliche Bedeutungsdimensionen eröffnen und der Narration somit andere Richtungen ermöglichen.

Auch Pfister beschäftigt sich mit der Relation der unterschiedlichen Kanäle. Wenn sich Gesprochenes und Gezeigtes bedingen, nennt Pfister das „analytische Relation" – sie dominiere im klassischen Drama. Gehe das mimisch-gestische Spiel (das, was der visuelle Kanal zeigt) über die Inhalte des Gesprochenen hinaus, relativiere sie oder widerspreche ihnen, so spricht Pfister von einer „synthetischen Relation" – sie dominiere im realistischen Drama (Pfister 2001, 40–41). Zum einen muss hier Pfisters plurimediales Verständnis von Dramen in Betracht gezogen werden, nach dem auch Gezeigtes und gestisches Spiel dem originalen Dramentext inhärente Modi sind und sich nicht auf wirkliche Theaterinszenierungen beziehen, so wie sich Kuhns VEI auf das Gezeigte tatsächlicher Filme bezieht. Zum anderen muss man im Vergleich zu Kuhn den Unterschied zwischen Gesprochenem und der SEI beachten, denn nicht alles, was die Figuren sagen, gehört in Kuhns Modell zu dieser fakultativen Instanz, die nur narrative Elemente in sich vereint, während Pfister „sprachlich vermittelte" und „außersprachlich vermittelte Information" unterscheidet. Am ehesten ist dieser Dualismus mit dem mimetischen und diegetischen Erzählen von Nünning und Sommer (2008) zu parallelisieren.[9] Das Verhältnis dieser beiden Kanäle kann laut Pfister durch *Diskrepanz, Komplementarität* oder *Identität* charakterisiert sein. So zeige sich die Identität beispielsweise durch im Text vorhandene räumliche Deiktika, die direkt visuell mitgetragen werden (durch Deuten beispielsweise), oder ein Sich-Zuwenden, wenn eine Figur eine andere anspricht usw. Auch wenn bestimmte Gegenstände verbal thematisiert werden und diese gleichzeitig auf der Bühne als Requisiten erscheinen, sei das Verhältnis identisch (vgl. Pfister 2001, 74–75). Derartige – im Theater häufig vorkommende aber selten tatsächlich beobachtete – Phänomene bezeichne ich in Anlehnung an Kuhn als *überlappende* Verhältnisse der einzelnen TRS-Kanäle.[10]

---

[9] Vgl. Kap. 4.2.
[10] Kuhns „überlappend" und Pfisters „Identität" beschreiben die gleiche Art von Verhältnis. Mir scheint Kuhns Begriff treffender zu sein, da Gezeigtes und Gesprochenes *per definitionem* niemals tatsächlich „identische" Inhalte übermitteln können. Dies wird in der performativen theatralen Narration noch augenfälliger, wenn die einzelnen TRS-Kanäle tatsächlich autarke Inhalte zur Gesamterzählung beisteuern.

Ein *komplementäres* Verhältnis der Erzählkanäle zeichnet sich dadurch aus, dass die einzelnen Kanäle des TRS zusätzliche Informationen zur Verfügung stellen, die in den jeweils anderen TRS-Kanälen nicht gegeben werden. „[D]ie Relation der Komplementarität [hat] eine die Relation der Identität begleitende, die sprachliche Informationsvergabe zum geschlossenen Illusionsmodell von Wirklichkeit ergänzende Funktion", wie Pfister (2001, 76) es ausdrückt. Ferner kann aber auch die Informationsvergabe eines bestimmten Erzählkanals stark überwiegen (z. B. wenn Figuren sich wortlos im Raum bewegen oder in der Dunkelheit Geräusche ertönen); auch dies ist eine Form der *Komplementarität* (vgl. auch Pfister 2001, 75–77).

Die jüngere Entwicklung des *diskrepanten* (bzw. *disparaten*) Verhältnisses von Gezeigtem und Gesprochenem schreibt Pfister den innovativen Bestrebungen von Dramen der Moderne zu. Der visuelle Kanal zeigt hier beispielsweise Inhalte, die jenen durch die Sprache vermittelten widersprechen können: Pfister (2001, 77–79) bringt das Beispiel von Becketts Figuren aus *Warten auf Godot*, die sagen, sie würden nun gehen, dann aber an Ort und Stelle stehenbleiben. Diese Art der Diskrepanz ist noch im Dramentext angelegt und lässt sich im Verhältnis von Haupt- und Nebentext ablesen. Interessanter wird es, wenn bei einer konkreten Inszenierung ein diskrepantes Verhältnis zutage tritt. Dies ist historischen Wandlungen unterworfen, in unserer Zeit aber sehr häufig der Fall, zieht man den Behauptungscharakter oder die ikonographische Zeichenhaftigkeit vieler Räumlichkeiten oder Requisiten des Theaters in Betracht. In Stemanns *Faust I* besteht das Schmuckkästchen in Margaretes Zimmer z. B. aus mehreren ineinander gedrehten Lichterketten, die von der Decke hängen. Der erzielte Effekt eines diskrepanten Verhältnisses in einer konkreten Szene muss im Einzelfall untersucht werden; er kann z. B. gesellschaftskritisch sein oder den Repräsentations-, Fiktions- oder Textcharakter des Dargestellten verdeutlichen.

Der Effekt, den jeder TRS-Kanal auf die Gesamtnarration haben kann, hängt unmittelbar mit seinem narrativen Potential zusammen: Da der sprachliche und der visuelle Kanal auch im autonomen Agieren außerhalb des systemischen Zusammenhangs eine Mittelbarkeit aufweisen können, weil sie das höchste Narrativitätspotential besitzen, fallen diese beiden Kanäle in einer Verhältnisevaluation auch am stärksten ins Gewicht. Stehen sie in einem komplementären oder überlappenden Verhältnis, wird ein diskrepant wirkender olfaktorischer Kanal nicht viel oder gar nichts an der Gesamtnarration ändern können. Stehen die beiden jedoch selbst in einem diskrepanten Verhältnis zueinander, dann ist es vielleicht gerade der olfaktorische Kanal mit seinem Input, der die entscheidenden Hinweise liefern kann, ob der visuelle oder der sprachliche Kanal im spezifischen

Fall der vertrauenswürdigere ist. Ein Beispiel kann die Relationalität verdeutlichen: Stellen wir uns vor, dass im sprachlichen Kanal von großer momentaner Lautstärke erzählt wird, der visuelle Kanal im Hintergrund wild tanzende Menschen zeigt, der auditive Kanal jedoch schweigt bzw. dadurch von großer Ruhe erzählt, dass eben keinerlei Musik zu hören ist.[11] Als Rezipient ist man in dieser Situation wohl eher geneigt, die laute Musik als theatrale Behauptung zu begreifen und davon auszugehen, dass innerhalb der Diegese tatsächlich eine große Lautstärke herrscht, als den Figuren Wahrnehmungsstörungen zu attestieren. Dies liegt am höheren narrativen Potential des sprachlichen und visuellen Kanals. Ganz anders sähe es aus, wenn z. B. auch der visuelle Kanal von großer Ruhe erzählte, indem die Menschen im Hintergrund nicht wild tanzten, sondern friedlich schliefen. Hier ist die Annahme einer Wahrnehmungsstörung bei einer oder mehreren der sprechenden Figuren schon sehr viel begründeter. Alleine hat der sprachliche Kanal einer Koalition anderer Kanäle nicht mehr genügend entgegenzuhalten, um die Gesamtnarration nachhaltig zu bestimmen. Das multimodale performative Erzählen im Theater ist vor diesem Hintergrund immer als relationales Gefüge der verschiedenen Erzählkanäle zu begreifen und zu evaluieren.

Eine solche noch vergleichsweise impressionistische Verhältnisevaluation lässt sich nun im Sinne einer Operationalisierbarkeit (vgl. Moretti 2013) mathematisch schematisieren, um somit das Wirkungsverhältnis der Kanäle auf abstraktere Weise darstellbar zu machen, was nicht bedeuten soll, dass bei jeder Analyse einer spezifischen Inszenierung mit mathematischen Formeln umgegangen werden muss. Die mathematische Schematisierung erfolgt nun, indem man den einzelnen Narrativitätsbedingungen unterschiedliche Zahlenwerte zuordnet:

- Mittelbarkeit = +/− 4
- Ereignishaftigkeit = +/− 3
- Zustandsveränderung = +/− 2
- rezipientenseitige Narrativierung = +/− 1

Wirkt ein Kanal überlappend oder komplementär, so addieren wir ausgehend vom sprachlichen Kanal sein jeweiliges Narrativitätspotential, wirkt er diskre-

---

[11] Während in meinem Beispiel keine Musik zu hören ist, können die Stimmen der sprechenden Schauspieler laut rufen, um die vermeintliche Lautstärke zu übertönen. Somit steht nur ein Teil des auditiven Kanals in diskrepantem Verhältnis zu den anderen Kanälen. Auch innerhalb der Kanäle kann es folglich widersprüchliche Einwirkungen auf die Gesamtnarration geben.

pant, subtrahieren wir es. Im oben genannten Beispiel wird sprachlich von großer Lautstärke erzählt (+4). Wird auch visuell (durch tanzende Personen) von dieser Lautstärke erzählt, addieren wir, weil der visuelle Kanal hier ereignishaft ist, drei Narrativitätspunkte (4 + 3 = 7). Der auditive Kanal (der die angeblich in der Diegese spielende Musik nicht repräsentiert) kann nun von diesen sieben Punkten höchstens zwei (Zustandsveränderung) und in Ausnahmen drei (Ereignishaftigkeit durch Leitmotive) abziehen. Der entstehende positive Wert (5 oder 4) zeigt das Ergebnis der Evaluation an: Man muss davon ausgehen, dass in der Diegese tatsächlich laute Musik läuft. Das Gegenbeispiel, in dem auch der visuelle Kanal diskrepant agiert (im Hintergrund schlafende statt tanzende Menschen), kommt auf ein anderes Ergebnis: 4–3=1 (sprachlich minus visuell), 1 – 2 = –1 bzw. 1 – 3 = –2 (Subtraktion des diskrepant wirkenden auditiven Kanals). Der resultierende negative Wert zeigt an: In der Diegese spielt höchstwahrscheinlich keine laute Musik, die Figuren müssen eine Wahrnehmungsstörung haben, oder es muss andere Gründe für ihr Verhalten geben. Mit dieser mathematischen Verhältnisevaluation wird es möglich, auf schematisch abstrakte Weise mehrkanalige oder multimodale Narration zu bewerten und schließlich auch eine Aussage über den Narrativitätsgrad der Gesamtnarration zu treffen.

Der Ansatz eines dynamischen mehrkanaligen Repräsentationssystems lässt sich auch auf angeblich kategorial vom klassischen Repräsentationstheater zu unterscheidende Theaterformen anwenden. Als Beispiel soll hier das postdramatische Theater herangezogen werden, in dem die Grenzen zwischen den Kanälen häufig gezielt verwischt und andere Ebenen betont werden. Lehmann (1999, 44) schreibt über das postdramatische Theater: „Es ist nicht verwunderlich, daß mit diesem Theater die Liebhaber anderer Künste [...] oft mehr anzufangen wissen als der aufs literarische Erzähltheater eingeschworene Besucher". Der Grund hierfür liegt darin, dass postdramatische Theaterformen sehr viel stärker die Plurimedialität der Inszenierung betonen und verstärkt auf die inszenatorischen, appellativischen, aber auch narrativen Möglichkeiten anderer Medien setzen. In postdramatischen Inszenierungen, die kein inneres Kommunikationssystem mehr errichten wollen, werden die äußeren kommunikativen Ebenen direkt verhandelt, weshalb sich das postdramatische Theater auch selbst als Ereignis oder *Happening* betrachtet.[12] Durch eine starke Körperlichkeit (z. B. durch reale Verletzungen des Schauspielers oder Performancekünstlers) oder durch die Aufhebung der dualistischen Trennung zwischen Bühne und Zuschauerraum durch neuartige Spielorte begegnen sich Zuschauer und Schauspieler direkt, ohne dass ein

---

12 Zum Ereignisbegriff der Theaterwissenschaft sowie Differenzen und Verbindungspunkte zur narratologischen Ereignishaftigkeit vgl. Kap. 2.2.

Fiktionsvertrag zwischen ihnen stünde. Die Zuschauer können so geradezu genötigt werden, selbst zu Akteuren zu werden und somit aktiv im Autorenkollektiv mitzuwirken (Fischer-Lichte 2003, 23–24). Jedoch gibt es in postdramatischen Performances auch genau gegensätzliche Strömungen.

> Vielfach tritt [im postdramatischen Theater] an die Stelle der vom Text regulierten eine *visuelle Dramaturgie*, die besonders im Theater der späten 70er und der 80er Jahre die absolute Herrschaft erreicht zu haben schien, bis sich in den 90er Jahren eine gewisse „Wiederkehr des Textes" (der freilich nie ganz verschwunden war) abzeichnete.
>
> (Lehmann 1999, 159)

Denn auch der sprachliche Erzählkanal kann im postdramatischen Theater dominant sein, nämlich in sogenannten Narrationen, d. h. Stücken, bei denen vor allem erzählt wird, sodass die eigentliche Handlung in der sprachlich erzeugten Metadiegese stattfindet, während auf der Bühne selbst vielleicht gar nichts passiert, außer dass ein Schauspieler auf einem Stuhl sitzt und spricht (Lehmann 1999, 196–98). Lehmann (1999, 261) zieht den Schluss: „Das neue Theater vertieft nur die nicht so neue Erkenntnis, daß zwischen Text und Szene nie ein harmonisches Verhältnis, vielmehr stets Konflikt herrschte." Dadurch wird auch das diskrepante Verhältnis zwischen dem sprachlichen und den anderen Erzählkanälen verschärft. Denn auch die anderen Kanäle des TRS können im postdramatischen Theater stärker bedient werden. Während Fludernik (2008, 362) sich auf klassische Inszenierungen bezieht, wenn sie schreibt: „In drama, on the whole, characters talk on stage and there may be diegetic music or noise, but there is little non-diegetic sound. The film genre departs from the conventions of the stage by providing a continuous soundtrack", ist dies in moderneren Inszenierungen (wie z. B. im Inszenierungsstil Nicolas Stemanns oder Antú Romero Nunes', aber auch Bastian Krafts) häufig anders. Lehmann (1999, 155) schreibt in diesem Zusammenhang: „[E]in bedeutendes Kapitel des Zeichengebrauchs im postdramatischen Theater [ist] die durchgängige Tendenz zur Musikalisierung nicht allein der Sprache. Es entsteht eine eigene *auditive Semiotik*."

Das Verhältnis der Erzählkanäle des Theatralen Repräsentationssystems zueinander ist somit nicht nur jeweils für die spezifische Theaterform ausgestaltet, sondern unterliegt auch historischen Schwankungen. So ist der funktionale Gebrauch von Gerüchen oder Geschmackseindrücken nur möglich, wenn die Theaterform keine unüberschreitbare „vierte Wand" behauptet und ein direkter Austausch zwischen oder eine Vermischung von Bühne und Zuschauerraum stattfinden kann. Zudem ist das Theater immer im größeren Rahmen anderer populärer Medien zu sehen: Wir leben in einem hochgradig audiovisuellen Zeitalter, die Digitalisierung von Bildern und Audioaufnahmen sorgt dafür, dass visuelle und auditive Eindrücke immer schneller aufeinander folgen und dadurch kurzlebiger werden. Davor kann sich auch das Theater nicht versperren und spricht nicht nur durch die Integration von *live*-Kameratechniken und Videoeinblendungen dem visuellen und auditiven TRS-Kanal gegenüber dem sprachlichen einen größeren narrativen Einfluss zu. Auch technische Innovationen in der Bühnentechnik und flexiblere Bühnenbilder erlauben immer wieder andere Formen des visuellen Erzählens. Das Theater nähert sich einerseits anderen audiovisuellen Medien an und übernimmt deren erzählerische Methoden, nimmt andererseits aber auch immer wieder ganz bewusst eine Gegenposition ein und lässt über lange Passagen oder in ganzen Inszenierungen die Sprache erzählen. Nicht zuletzt nimmt es damit seine Rolle als raumzeitliche Kunst wahr und spielt postdramatisch durch bewusstes Einsetzen reizüberflutender Bilder- und Audio-Welten einerseits und durch kontrastiv wirkende Leere und Sprachmacht andererseits mit dem Vergehen der Zeit, die das Publikum mit den Darstellern im Moment der Aufführungssituation im gleichen Raum teilt.

5.3 Aus der Praxis: Erzählkanäle im *Goldenen Drachen*

In der ersten Szene von Schimmelpfennigs Inszenierung *Der Goldene Drache* halten sich Falk Rockstroh und Johann Adam Oest seidene Halstücher um den Hals, wenn sie als Stewardessen sprechen. Dieses Halstuch ist alleine nicht narrativ, wird aber sprachlich unterstützt und so im Systemkomplex zur Konstituierung der Stewardessfiguren funktional mit Bedeutung belegt.

Der sprachliche Kanal dominiert im *Goldenen Drachen* alle anderen TRS-Kanäle. Bei der mentalen Rekonstruktion der erzählten Welt halten wir als Zuschauer daher für wahr, was wir sprachlich erzählt bekommen, nicht, was visuell präsentiert wird. Die klar markierte Mittelbarkeit des sprachlichen TRS-Kanals bewirkt im Systemzusammenhang, dass wir auch das visuell Dargestellte als vermittelt begreifen und folglich als symbolische bzw. ikonigraphische Repräsentation deuten können.

Der Zuschauer wird somit von Anfang an trainiert, viele Aspekte der Repräsentation auszuklammern. Fragen wie z. B. „Warum ist der Chinese eine Frau?", „Warum sind die Stewardessen ältere Männer?", „Warum haben die Stewardessen Schürzen um?", „Warum hören die Gäste des Restaurants den Chinesen nicht schreien, obwohl er doch neben ihnen kniet?" usw. kommen daher gar nicht erst auf und müssten im Repräsentationszusammenhang mit Walton (1990, 176) als „silly questions" kategorisiert werden. Diese Kontraste gehören zum Stil der Inszenierung und werden schnell als solcher erkannt oder auch zur humorvollen

Unterhaltung genutzt, wenn beispielsweise Johann Adam Oest (bei der Aufzeichnung 63 Jahre alt) in der Rolle des „jungen Mannes" sein Oberteil auszieht und die Jugend seines Körpers beschreibt. Die Inszenierung kann als eine moderne Form epischen Theaters verstanden werden. Dies und die festgestellte narrative Mittelbarkeit lassen bereits auf einen hohen Narrativitätswert des Dargestellten schließen. Und tatsächlich wird durch die Montage der einzelnen Szenen (in der gesamten Inszenierung) und durch Figuren-, Erzähler- und Schauspielertexte in den einzelnen Szenen zwar das dramatische Illusionsprinzip gestört, in den einzelnen Momenten selbst verhalten sich sprachlicher und visueller Kanal jedoch stets komplementär bzw. überlappend: Ein Erzählertext wird niemals mit einer figürlichen Körperlichkeit gesprochen, ein Figurentext impliziert immer auch eine figürliche Stimmfärbung und Körperhaltung (die angesprochenen Kontraste in der Schauspielerbesetzung sind in ihrer Widersprüchlichkeit höchst regelmäßig) und die hier als Schauspielertext gekennzeichneten Passagen werden immer durch eine bestimmte Körperhaltung und Blickrichtung (*mimic* und *deictic gestures*) als solche markiert. Die Narrativitätswerte der einzelnen Kanäle müssen mithin addiert werden und erzeugen die starke und intuitiv wahrnehmbare Narrativität der Darstellung. Während gustatorische und haptische Elemente nicht bedient werden, steht auch der illustrierende auditive Kanal (es wird ostasiatisch anmutende Musik gespielt und gelegentlich ein Gong geschlagen) in übereinstimmendem Verhältnis zu sprachlichem und visuellem Kanal und erhöht zusätzlich den Narrativitätswert der Gesamtnarration.

6 Zeitlichkeit einer Theaterinszenierung

Die Zeit ist das Phänomen, das sich über sämtliche Aspekte einer theaternarratologischen Modelentwicklung erstreckt: In narratologischer Hinsicht ist es Grundlage für beinahe jede Konzeption von Narrativität, und auch in theatertheoretischen Schriften finden sich immer wieder Behandlungen der Zeitlichkeit, sind doch Theateraufführungen oder -inszenierungen eine Kunstform, die sich in einem bestimmten Zeitrahmen entfaltet und auf vielerlei Ebenen Zeitlichkeit direkt oder indirekt thematisiert. Und schließlich macht auch die performative Kunst (im Theater wie in der Performance Art) das Vergehen von Zeit oder das gemeinsame Erleben und Empfinden von Zeit immer wieder selbst zum Thema der jeweiligen Auseinandersetzung.

Von außen nach innen gehend, werde ich in diesem Kapitel zunächst die spezifische Zeitauffassung der performativen Theaterkunst beleuchten: Auch wenn sich eine Aufführung immer im Moment ihrer Entstehung erschöpft, transitorisch ist, wie Lessing (1954, 10) es ausdrückt,[1] muss es Elemente geben, die über den zeitlichen Rahmen der Aufführungssituation hinaus Bestand haben und analysierbar bleiben. Im nächsten Schritt werde ich schließlich Genettes (1998) Kategorien der Zeitlichkeit in mein theaternarratologisches Modell integrieren, dabei jeweils auf performative Besonderheiten hin überprüfen und um die Kategorie des zeitgleichen Erzählens erweitern, die ein Alleinstellungsmerkmal performativer Künste ist.

6.1 Vergänglichkeit der Aufführung und Unvergänglichkeit der Inszenierung

Das *hic et nunc* der Aufführungssituation ist *die* Besonderheit der performativen Theaterkunst gegenüber anderen geschichtenerzählenden Medien. Theater ist etwas Besonderes, weil es eben nicht technisch reproduzierbar ist, weil es die leibliche Anwesenheit des Zuschauers und des Akteurs im gleichen Raum zur gleichen Zeit fordert. Daher behandelt jede Theateraufführung auch immer die Gegenwart der Aufführungssituation selbst, ist – so konservativ sie auch erscheinen mag – immer per se aktuell. Seel (2001, 53) schreibt diesbezüglich: Wir brauchen Inszenierungen, „weil es uns nach einem Sinn für die *Gegenwart* unseres Lebens verlangt". Es handle sich beim performativen Erzählen immer um eine

---

[1] Vgl. Kap. 2.4.2.

„Inszenierung von Gegenwart [als] etwas, das hier und jetzt geschieht, und das sich darum, weil es Gegenwart ist, jeder auch nur annähernd vollständigen Erfassung entzieht". Während nun aber die Aufführung unwiederbringlich vorbei ist, bleiben dem Analytiker zahlreiche Hilfsmittel, um über die Inszenierung zu sprechen und sie zu interpretieren: Fischer-Lichte (2001, 233–244) thematisiert die unterschiedlichen Probleme der Aufführungsanalyse und nennt vor allem Videoaufzeichnungen, Mitschriften und die Erinnerung als Materialquellen. Durch diese partielle Wiederholbarkeit einer Aufführung wird es möglich, die Inszenierung als ein unvergängliches Medium zu begreifen. Tecklenburg (2014, 308–309) betont in ihrem rezeptionsorientierten Ansatz, dass diese Reproduktion der Aufführung selbst eine narrative Technik sei und dass daher *„das Erzählen als Praxis* gerade zu einem zentralen Anliegen von Aufführungstheorie und Aufführungsanalyse" gemacht werden müsse.

6.2 Gleichzeitiges Erzählen? Die *liveness* einer Aufführung versus Zeitpunkt des Erzählens

Zum Zeitpunkt des Erzählens stellt Genette (1998, 153–162) vier Kategorien auf, die stets die Relation des Erzählens zum Erzählten anzeigen:
- *späteres Erzählen* – der Erzählakt findet nach dem Geschehen statt (meistens erzählt im Präteritum oder Perfekt);
- *früheres Erzählen* – der Erzählakt findet vor dem Geschehen statt (erzählt im Futur);
- *gleichzeitiges Erzählen* – der Erzählakt findet gleichzeitig mit dem Geschehen statt (erzählt im Präsens) und
- *eingeschobenes Erzählen* – der Erzählakt wird immer wieder vom Geschehen unterbrochen.[2]

Die Tatsache, dass performatives Erzählen immer *live* ist, eröffnet einerseits die Möglichkeit, die Erzählzeit (= Darstellungszeit = Rezeptionszeit) für jede Aufführ-

---

2 Ryan (2006, 15) unterscheidet retrospektive, simultane und prospektive Narrativitätsmodi, womit sie die ersten drei Genette'schen Kategorien beschreibt. Zum eingeschobenen Erzählen äußert sie sich nicht, es ist jedoch anzunehmen, dass dieses in ihre Kategorie des simultanen Erzählens fällt. Rimmon-Kenan (2004, 90–91) nennt wie Genette vier Kategorien zur Beschreibung der zeitlichen Verhältnisse von *histoire* und *discours*, ordnet Tagebucheinträge jedoch interessanterweise der simultanen und nicht der eingeschobenen („intercalated") Narration zu (91).

rung ziemlich exakt anzugeben. Andererseits kann „[d]ie physische, wahrnehmbare Form der Bühne [...] leicht die Einsicht verdecken, daß sie so gut wie ein erzählter Schauplatz ein gedachter, imaginärer, fiktiver Raum ist, Raum und Zeit in ihrem Bereiche gleichfalls begriffliche und nicht deiktische Form haben" (Hamburger 1977, 170), dass Erzählzeit und erzählte Zeit immer zu unterscheiden sind, sobald eine Repräsentation gegeben ist. Ferner verleitet die *liveness* auch leicht dazu, den Zeitpunkt des Erzählens (bzw. das, was Lahn und Meister [2013, 16] genauer „Erzählerzeit" nennen, um die Dauer des Erzählaktes im Gegensatz zum missverständlichen Zeit*punkt* hervorzuheben) mit der Erzählzeit gleichzusetzen und daher zu übersehen. Wie in anderen Erzählmedien lässt sich diese dritte Zeitebene jedoch auch im Theater feststellen. Dieses Teilkapitel widmet sich nun der Erzählerzeit bzw. der Zeitlichkeit, die dem TRS zuzuschreiben ist, die ich analog zum Begriff der Erzählerzeit im Folgenden TRS-Zeit nennen werde.

In vielen erzähltheoretischen Forschungsbeiträgen wird das nachträgliche Erzählen als Regelfall der verbalen Narration gesehen. Prince (1982, 27–29) vertritt wie Genette die Meinung, die erzählten Ereignisse gingen dem Erzählen immer voraus. Der Leser imaginiere dabei aber häufig das epische Präteritum als gegenwärtig, nicht verbal, sondern psychologisch. Auch ein nachträgliches Erzählen hole das Geschehene immer in die (psychologische) Gegenwart des Rezipienten und dessen Rezeptionssituation. Dass ein gleichzeitiges Erzählen im schriftlichen Erzählen nur annähernd möglich ist, differenzieren sowohl Genette als auch Prince nicht. Auch Schmid geht in seinem Modell des Erzählens davon aus, dass die Geschichte vor der Erzählung existiert und einzelne Momente der *histoire* im Zuge des Erzähltwerdens durch die Erzählinstanz ausgewählt werden (Schmid 1982, 94 und 97) und somit also das nachträgliche Erzählen der Regelfall ist.

Bereits Hamburger (1977, 61, 171) macht jedoch darauf aufmerksam, dass im fiktionalen Erzählen „das Präteritum seine grammatische Funktion, das Vergangene zu bezeichnen, verliert" und konstatiert für das Theater: „In der Tat entspricht die Theaterbühne nichts anderem als dem Präteritum der Erzählung." Cohn (1990, 781, 1999, 97–98) wendet sich mit Bezug auf Hamburger ebenfalls gegen die Annahme, die *histoire* ginge dem *discours* immer voraus und betont den Unterschied zwischen historischem und fiktionalem Erzählen. Während in der narrativen Geschichtsschreibung tatsächlich von bereits vorhandenem Material (bereits Geschehenes) ausgewählt werden kann, das Narrative also eine Referenz zum tatsächlich Gewesenen aufweise, fehle im fiktionalen Erzählen dieser Referenzrahmen.

Tatsächlich sollte man jedoch in jeder Form des Erzählens unterscheiden, ob ein homodiegetischer Erzähler von Ereignissen aus seiner eigenen Diegese erzählt, oder ob die jeweilige Erzählung eine heterodiegetische Erzählinstanz bzw. ein heterodiegetisches Repräsentationssystem aufweist. Im letzteren Fall scheint ein zeitliches Inbezugsetzen der beiden unterschiedlichen ontologischen Ebenen erstens nicht möglich und zweitens ein solcher Versuch auch nicht erkenntnisfördernd. Eine zeitliche Relation zwischen *histoire* und *discours* zu analysieren ist nur sinnvoll, wenn diese beiden Ebenen den gleichen ontologischen Status aufweisen. In Hamburgers (1977, 61–62) Worten ausgedrückt, die sich wiederum auf den Grammatiker Christian August Heyse bezieht, heißt es: Das „redende Subjekt" bzw. die „Ich-Origo" muss einen Bezugspunkt in der Vergangenheit, Gegenwart oder Zukunft haben, von der es berichtet, da es sich bei diesen um „subjektive Tempora" handele (vgl. Cohn 1999, 98).

Die Annahme, Erzählungen präsentierten ihre Geschichten immer nachträglich, hat jedoch eine lange Tradition. Auch in einem Vergleich von epischen und dramatischen Texten kann sie als Argumentation herangezogen werden. So beziehen sich Schiller und Goethe auf die Zeitlichkeit, wenn sie die beiden vermeintlich verschiedenen Gattungen vergleichen und konstatieren: „[I]hr großer wesentlicher Unterschied beruht aber darin, daß der Epiker die Begebenheit als vollkommen vergangen vorträgt, und der Dramatiker sie als vollkommen gegenwärtig darstellt" (Goethe 1827, 1).

Darauf baut Friedemann (1969 [1910]) auf, wenn sie sich mit dramatischer und epischer Illusion beschäftigt und konstatiert: „,Wirklich' im *dramatischen* Sinne ist ein Vorgang, der eben jetzt geschieht, von dem wir Zeuge sind, und dessen Entwicklung in die Zukunft wir mitmachen. ,Wirklich' im epischen Sinne aber ist zunächst überhaupt nicht der erzählte Vorgang, sondern das Erzählen selbst" (25). Man muss in diesem Fall gar nicht dafür argumentieren, dass auch das Drama oder die dramatische Theateraufführung Formen des Erzählens sind, denn auch schon das zweistufige Modell Pfisters (inneres und äußeres Kommunikationssystem) reicht aus, um zu zeigen, dass diese Annahme nur für das äußere Kommunikationssystem, d. h. die Darstellung selbst, gilt und nicht für die repräsentierte Welt. „Wirklich" ist auch im Theater nur die gegenwärtige Erfahrung der Aufführung, die *liveness* einer Performance.

Pfister (2001, 327) unterscheidet Darstellungszeit und dargestellte Zeit. Seinem Modell des inneren und äußeren Kommunikationssystems getreu gibt es hier nur die beiden Zeitebenen. Ein Zeitpunkt des Erzählens wird aufgrund der Negierung des vermittelnden Kommunikationssystems nicht differenziert. Es gibt für ihn das *hic et nunc* der Bühnensituation (von mir „Erzählzeit" genannt) und das davon zu unterscheidende fiktive Jetzt der Figuren (von mir „erzählte

Zeit" genannt). Die Verfremdungseffekte des epischen Theaters machen, so Pfister (2001, 328), die Spannung im Verhältnis dieser beiden Zeitlichkeiten während einer Aufführung permanent deutlich. Im Grunde ist es aber die dritte Zeitkategorie des TRS – der Zeitpunkt des Erzählens bzw. die TRS-Zeit –, deren Zeitkonstitution hier weder mit der repräsentierten Zeitlichkeit der *histoire* noch mit der realen Darstellungszeit einhergeht.

Kuhn macht schließlich darauf aufmerksam, dass in visuellen Medien ein zeitloses Erzählen möglich ist – anders als im sprachlichen, das aufgrund der Zeitform der Verben immer eine zeitliche Situierung der Narration voraussetzt. Diese Unmarkiertheit hat laut Kuhn (2011, 243) eine „Tendenz zur *gleichzeitigen Narration*". Es ist aber eben nur eine Tendenz und keine klare Markierung, eine „zeitlich unmarkierte Narration" (Kuhn 2011, 245), weshalb es voreilig wäre, eine Theateraufführung per se nur auf Grund ihrer *liveness* als eine Form des gleichzeitigen Erzählens zu bezeichnen. Diese zeitlich unmarkierte Narration ist im Theater wie im Film der statistische Regelfall, so wie das spätere Erzählen in der Erzählliteratur die häufigste Art der Darstellung ist. Wirklich markiertes gleichzeitiges Erzählen gibt es hingegen nur bei Phänomenen wie der Teichoskopie oder Formen der *live*-Reportage, die ebenfalls in die Bühnensituation integriert werden können: Szenen, in denen ein homodiegetischer Erzähler die gesamte Bühnenhandlung umrahmt oder für eine Metadiegese verantwortlich zeichnet (*generative narrator*).

Die zeitlichen Situierungen des Dargestellten und der Darstellung variieren in der Regel. Häufig wird das Dargestellte auch in einer ahistorischen Überzeitlichkeit situiert (beliebt sind hier in der kontemporären Theaterkunst schwarze Anzüge), wodurch meist ein höheres Abstraktionslevel erreicht wird. Der Unterschied zwischen den beiden von Pfister unterschiedenen Zeitlichkeiten kann sehr groß sein (z. B. mythische Vorzeit vs. *hic et nunc* des Rezipienten) oder gegen null gehen. Die Funktion einer zeitlichen Distanzierung oder Aktualisierung lässt sich jedoch nicht verallgemeinern und muss im Zusammenhang mit der jeweiligen Inszenierung betrachtet werden. Man kann jedoch feststellen, dass bewusst eingesetzte Anachronismen (sprachlicher oder [audio-]visueller Art), d. h. eine starke Historisierung des Dargestellten, deutlicher auf die Vermittlung durch das TRS hinweisen (vgl. Pfister 2001, 360–361).

Die Ebene der *histoire* wird häufig durch den visuellen oder sprachlichen Kanal zeitlich in Bezug auf den *discours* situiert. Einblendungen mit Zeitpunktangaben der *histoire* ohne zeitmarkiertes Verb geben jedoch keine Aussage über den Zeitpunkt des Erzählens, da keine Relationalität gegeben ist. Wenn ein Stück beispielsweise im „Frühjahr 1624" spielt (mitgeteilt durch eine Projektion oder eine Schrifttafel), dann heißt das nicht, dass der Erzählakt zwangsläufig nach dem

Geschehen liegt, nur weil der Rezeptionsakt definitiv zu einem späteren Zeitpunkt geschieht (vgl. Kuhn 2011, 244). Die Rezeptionsebene – das äußere Kommunikationssystem – bildet immer eine weitere Zeitebene, die nicht mit dem Zeitpunkt des Erzählens gleichgesetzt werden darf, wozu die zeitgleiche leibliche Präsenz von Schauspielern und Zuschauern leider allzu häufig verleitet.

Man muss davon ausgehen, dass ein zeitlich unmarkiertes Erzählen der Regelfall im Theater ist, bis der sprachliche Kanal die Relation von Erzähltem und Erzählen definitiv markiert. So wird beispielsweise späteres Erzählen im Theater durch den sprachlichen Kanal etabliert, wirkt sich infolgedessen aber auch auf die anderen Kanäle des TRS aus, insofern das Verhältnis der Kanäle komplementär oder überlappend gestaltet ist. Nehmen die Figuren z. B. immer wieder die Funktion von Erzählern ein und berichten im Präteritum oder Perfekt, dann gilt folgerichtig auch für das visuell, auditiv, haptisch, olfaktorisch und gustatorisch Repräsentierte eine Nachträglichkeit, insofern die eröffnete Metadiegese nicht nur sprachlich existiert, sondern auch von den anderen Kanälen getragen wird, es also kein diskrepantes Kanalverhältnis gibt. Ebenso etablieren Rahmenhandlungen auf der Makroebene einen späteren Erzählzeitpunkt, insofern sich die eröffnete Metadiegese auf der gleichen ontologischen Ebene wie die rahmende Diegese befindet.[3]

Das Theatrale Repräsentationssystem eröffnet durch das Zusammenspiel der es konstituierenden Kanäle eine verstärkte Möglichkeit, mit einzelnen Kanälen Zeitverhältnisse zu markieren, als es ihnen außerhalb des systemischen Zusammenhangs möglich wäre. Auch wenn man beispielsweise in Bezug auf musikalische Mittel davon ausgehen muss, dass es keine Zeitform der Vergangenheit gibt (vgl. Abbate 1991, 52: „Music seems not to ‚have a past tense'"), so erhält der auditive Kanal im überlappenden oder komplementären Verhältnis zum sprachlichen Kanal die Fähigkeit, ebenfalls die Relationalität eines späteren Erzählens zu markieren. Beachtet man zudem die bereits in Kapitel 5.1 besprochene narrative Wirkung von Leitmotiven, so wäre es denkbar, nach einer gewissen Etablierung eines semantischen Zusammenhangs von auditiven Elementen mit einzelnen Figuren oder Handlungselementen innerhalb einer Aufführung, auch ohne die Unterstützung des sprachlichen Kanals lediglich mit diesen auditiven Elementen eine Zeitrelation zu markieren. Am geläufigsten dürfte dies mit Erinnerungen einzelner Figuren der Fall sein, die gleichsam nicht-sprachlich „anzitiert" werden können. Dies gilt nicht nur für auditive Leitmotive, sondern vor allem für den visuellen Kanal, der von Figuren entworfene Metadiegesen (z. B. wiederkehrende Erinnerungen) ab einem gewissen Zeitpunkt repräsentieren kann, ohne dass

---

[3] Vgl. zu dieser Thematik auch Kuhn (2011, 247–252).

diese Erinnerung in dem Moment des visuellen Erzählens sprachlich erläutert werden müsste. Ebenso wäre es denkbar, mit haptischen, olfaktorischen oder gar gustatorischen „Leitmotiven" eine zuvor etablierte feststehende Relation von Erzählen und Erzähltem zu markieren und schließlich unabhängig vom sprachlichen Kanal aber dennoch erfolgreich einzusetzen. Dass dies in der Realität kaum genutzt wird, zeigt lediglich, wie unterrepräsentiert und daher ungeübt die anderen Sinne in unserem audiovisuellen kulturellen Miteinander sind. Die Dynamik des multimodal agierenden TRS schafft diese über die der einzelnen Kanäle hinausreichenden Möglichkeiten.

Im nächsten Teilabschnitt soll es nun nicht mehr um die Etablierung eines Zeitpunktes des Erzählens bzw. der TRS-Zeit gehen – eine makrostrukturelle, d. h. die Gesamtheit der narrativen Repräsentation betreffende Kategorie der Zeitanalyse –, sondern um mikrostrukturelle Kategorien, die das Verhältnis von Erzählzeit, TRS-Zeit und erzählter Zeit und Phänomene der jeweiligen Zeitebenen innerhalb der narrativen Repräsentation beschreiben können.

6.3 Erzählzeit, TRS-Zeit und erzählte Zeit

In diesem Teilkapitel werde ich die in der Narratologie weit verbreiteten und auch beispielsweise von Kuhn bereits in der Filmnarratologie angewendeten Analysekategorien der Zeitlichkeit systematisch auf den Gegenstandsbereich Theater übertragen. Im vorangehenden Abschnitt habe ich dafür argumentiert, Erzählzeit und TRS-Zeit stets zu differenzieren, auch dann, wenn der Zeitpunkt des Erzählens (und damit die TRS-Zeit) unmarkiert bleibt. Die Erzählzeit ist somit im performativen Erzählen immer mit der Darstellungszeit und der Rezeptionszeit gleichzusetzen. Daraus ergibt sich, dass die Erzählzeit im Theater im Gegensatz zu verschriftlichten Erzählungen, die nachträglich rezipiert werden, immer sehr viel genauer feststellbar ist.[4] Erzählzeit und TRS-Zeit gehören beide zum *discours*, zu dem sich die erzählte Zeit der *histoire* in Beziehung setzen lässt. Auch wenn der Erzählzeitpunkt unmarkiert bleibt, lassen sich die relationalen Analysekategorien von Ordnung, Dauer und Frequenz anwenden.

Eine der ersten Assoziationen bezüglich Dramen und Zeitlichkeit dürfte die Feststellung Aristoteles' sein, Dramen wiesen immer eine Einheit von Raum und

---

4 Kleinere Ungenauigkeiten ergeben sich lediglich, wenn z. B. schon während des Einlasses Schauspieler auf der Bühne agieren und daher ein definitiver Startpunkt der Performance kaum angegeben werden kann. Außerdem wird an diesem Punkt noch einmal der Unterschied von Aufführung und Inszenierung deutlich. Da einige Aufführungen etwas kürzer oder länger sind als andere, ist die Inszenierungszeit immer ein ungefährer und gerundeter Mittelwert.

Zeit auf, die er in den Kapiteln 7 und 8 seiner *Poetik* macht. Seit der Renaissance wird diese Einheit häufig für die Makrostruktur von Dramen gefordert, wo sie jedoch kaum realisiert wird. Jeder Schauplatzwechsel und jeder noch so kleine Zeitsprung (auch zwischen den Akten) bricht das raumzeitliche Kontinuum. Tatsächlich findet sich die Einheit von Raum und Zeit nur auf mikrostruktureller Ebene in solchen Momenten des Erzählens im dramatischen Modus, in denen der Dialog nicht durch Sprechpausen unterbrochen wird. Jeder Hinweis im Nebentext, der eine „Pause" oder „kurze Pause" fordert, ist eine Raffung der erzählten Zeit.

Die aristotelische Forderung nach räumlicher und zeitlicher Einheit ist für eine Erzählinstanz im Drama keineswegs bindend und wird daher auch meistens nicht eingehalten. Aber auch die chronologische Darstellung eines Geschehens und damit der Verzicht auf Pro- und Analepsen unterliegen einer erzählerischen Entscheidung, wie Muny (2008, 76) betont.

Erwartungsgemäß beschäftigt sich auch Pfister mit diesem deutlichen Vorkommen von erzählerischen Funktionen im Drama und versucht, sie den Episierungstendenzen zuzuordnen:

> Ein Drama, in dem die raum-zeitliche Struktur nicht geschlossen ist, weist [...] Episierungstendenzen auf, weil [...] raum-zeitliche Diskontinuität im Drama eine „Erzählfunktion" impliziert, auf die dieses diskontinuierliche Arrangement der Szenenabfolge zu beziehen ist [...]. Die Erzählfunktion, die dabei auftritt, unterscheidet sich freilich vom Erzähler in narrativen Texten entscheidend dadurch, daß sie nicht personal besetzt ist, also eine Figur zum Aussagesubjekt hat, sondern implizit bleibt.
>
> (Pfister 2001, 335–336)

Es sind solche Passagen in Pfisters Monographie, die es einem kritischen Leser leicht machen, die Schwächen seiner Argumentation offenzulegen: Auch die „personal besetzt[e]" Erzählfunktion ist freilich kein haltbares Unterscheidungsprinzip von Erzähltexten und Dramen, betrachtet man die unübersehbare Menge an Erzähltexten *ohne* personalen (bzw. genauer: ohne homodiegetischen) Erzähler.

Es gibt somit auch nach Pfister im Grunde keinen Unterschied zwischen einem Drama mit raum-zeitlich offener Struktur und Erzähltexten mit heterodiegetischen Erzählinstanzen, die sich so weit im Hintergrund halten, dass sie sich nicht zu einer greifbaren Figur formen.

Goethes *Faust* wird gemeinhin als *das* deutsche Drama schlechthin bezeichnet. Von zeitlicher oder räumlicher Einheit kann hier jedoch keinesfalls die Rede sein. Die im dramatischen Modus erzählte Geschichte von Faust, Mephistopheles und Margarete bricht mit allen räumlichen und zeitlichen Einheiten, die ein

Drama doch auszeichnen sollen – in *Faust. Der Tragödie zweiter Teil* noch sehr viel extremer als im ersten Teil.

Genettes (1998, 21–114) grundlegende Zeitkonzepte *Ordnung*, *Dauer* und *Frequenz*, die auf das Verhältnis von Erzählzeit und erzählter Zeit angewendet werden können, lassen sich nun transmedial erweitern (vgl. Chatmans Narrativitätsbedingung der doppelten Chronologie von *histoire* und *discours*) und können damit auch in einem mehrkanaligen narrativen Medium wie dem Theater der erzähltheoretischen Analyse dienen (vgl. Kuhn 2011, 195).

6.3.1 Ordnung

Unter dem Gesichtspunkt der Ordnung lassen sich die Abfolgen der Ereignisse auf *histoire-* und *discours*-Ebene vergleichen. Anachronien, die sich durch Ana- und Prolepsen ausdrücken lassen, sind hier ebenso interessant wie deren Reichweite und Umfang. Unterschieden werden können auch *interne* und *externe* Analepsen. Interne Analepsen bewegen sich innerhalb der erzählten Zeit, externe sind solche, die vor dem Ausgangspunkt der erzählten Zeit stattfanden. Interne Analepsen können dabei homo- oder heterodiegetisch sein, je nachdem, ob die erzählten Ereignisse zur Basiserzählung gehören oder nicht. Homodiegetische interne Analepsen werden wiederum in *kompletive* oder *repetitive* Analepsen unterteilt: Kompletive Analepsen vervollständigen die Erzählung, indem sie vorherige Lücken im Erzählstrang schließen, repetitive Analepsen wiederholen bereits Erzähltes und sind daher mal mehr mal weniger redundant, je nachdem wie viele neue, zuvor noch nicht erzählte Details sie hervorbringen (vgl. Genette 1998, 32–36).

Differenziert werden müssen auch figurengebundene (z. B. Erinnerungen oder Visionen der Zukunft) und narratoriale Anachronien. Zweiteren kommt ein höherer Glaubwürdigkeitsstatus zu, insofern der visuelle und der sprachliche Kanal dominant nullfokalisiert sind und ein narratoriales Mehrwissen daher legitimiert ist (vgl. Kuhn 2011, 199).[5] Markiert werden Anachronien im Theater vor allem durch die Figurenrede selbst, aber auch thematisch oder durch Änderungen in der *Mise en Scène* können sie implizit angezeigt werden. Auch explizite sprachliche Markierungen (z. B. durch Einblendungen oder die Worte einer Sprecherfigur wie „Ein Jahr später ...") sind möglich (vgl. Kuhn 2011, 201).

---

5 Nullfokalisiert bedeutet für mich, dass die TRS-Kanäle mehr Informationen übertragen, als eine Figur haben kann. Fokalisierung bezieht sich also nur auf die Relation des Wissensstandes und nicht auf die Wahrnehmung einzelner Figuren und des TRS; vgl. Kap. 8.3.

6.3.2 Dauer

Die Dauer der Erzählzeit einer Inszenierung ist – wie bereits erwähnt – sehr genau anzugeben, wenn auch geringe Abweichungen in den jeweiligen Aufführungen auftreten können. Die Angabe ist hier sogar leichter und exakter zu machen als in der Literatur, bei der man sich aufgrund individuell unterschiedlicher Lesegeschwindigkeiten auf die Angabe von Seitenzahlen zur groben Schätzung der Dauer der Erzählzeit konzentriert (vgl. Kuhn 2011, 212–213, Lahn 2013, 136, Richardson 2007, 148). Es lassen sich nach Martínez und Scheffel (2012, 42) fünf Typen des Verhältnisses von Darstellungszeit und dargestellter Zeit unterscheiden:
- *Zeitdeckendes Erzählen* (*Szene*) liegt vor, wenn Erzählzeit und erzählte Zeit in etwa gleich groß sind.
- *Zeitdehnendes Erzählen* liegt vor, wenn die Erzählzeit größer ist als die erzählte Zeit (Dehnung: *discours* > *histoire*).
- *Zeitraffendes Erzählen* liegt vor, wenn die Erzählzeit kleiner ist als die erzählte Zeit (Raffung: *discours* < *histoire*).
- Eine *Ellipse* überspringt einen beliebig großen Zeitraum der *histoire*, während auf *discours*-Ebene keine Zeit vergeht.
- Eine *deskriptive Pause* ist das Gegenteil der *Ellipse*, auf *histoire*-Ebene vergeht keine Zeit, während im *discours* die Zeit weiter vergeht.[6]

Der Großteil der Theaterinszenierungen erzählt zeitraffend: Selbst wenn die aristotelische Forderung nach der Einheit der Zeit gewahrt bleibt, vergeht auf *histoire*-Ebene etwa ein Tag, während im *discours* nur ein paar Stunden vergehen. Zeitdeckendes Erzählen findet man nur innerhalb einzelner Szenen und auch hier nur während der Dialoge. Kurze Pausen zwischen Dialogen auch innerhalb einer Szene können unterschiedliche Zeitspannen in *histoire* und *discours* andeuten. Das für das Theater angeblich typische *szenische Erzählen*, bei dem Erzählzeit und erzählte Zeit sich decken (Begriff „Szene" nach Genette [1998, 67] ; auch bei Martínez und Scheffel [2012, 42] und Lahn [2013, 146]), ist also auch hier nur im Mikrobereich einzelner Abschnitte der narrativen Repräsentation zu finden und selbst dort nur mit vielen Ausnahmen. Während für Genette (1998, 67) Erzählzeit und erzählte Zeit innerhalb eines Monologes oder Dialoges deckungsgleich sind, zeigt Richardson (1987, 305) hingegen, dass es auch viele Beispiele gibt, bei de-

---

6 Bei Martínez und Scheffel (2012, 42) heißt die letzte Kategorie lediglich „Pause". Das spezifizierende Attribut „deskriptiv" stammt aus Lahn und Meister (2013, 145–146).

nen innerhalb eines kurzen Dialoges oder Monologes sehr viel mehr Zeit vergehen soll, als zum Sprechen der Zeilen benötigt wird. Die konventionelle Gleichheit der beiden Zeitschemata wird im Theater häufig systematisch sabotiert. Dass in szenischem Erzählen die *histoire* unmittelbar erfahren wird, ohne durch einen *discours* generiert zu werden, ist nicht nur in Erzähltexten eine Illusion (vgl. Lahn 2013, 146), sondern gilt ebenso für das Theater.

Am deutlichsten wird jedoch die Zeitraffung durch Ellipsen zwischen den einzelnen Szenen: Eine Figur sagt „Gute Nacht" und geht ab, eine andere tritt unmittelbar danach auf und wünscht einen guten Morgen. Dieser sprachlich vermittelte Wechsel kann durch einen Lichtwechsel (visuell) begleitet sein – auch wenn selbst das keine notwendige Bedingung ist. Dem Zuschauer wird unmittelbar klar, dass zwischen den Szenen auf *histoire*-Ebene eine ganze Nacht vergangen ist. Zeitraffung im Theater kommt – wie auch im Film – vor allem „durch die Modulation des Verhältnisses von Szene und Ellipse zustande" (Kuhn 2011, 218). Die Raffungen können dabei explizit thematisiert werden – in der Figurenrede, durch eine Erzählerstimme oder durch Einblendungen bzw. Schrifttafeln – oder implizit durch z. B. Licht- oder Kostümwechsel oder Veränderungen im Bühnenbild markiert sein.

6.3.3 Der Umgang mit Zeit im zeitgenössischen Theater

Esslin (1989, 40–41) fasst die Möglichkeiten des Theaters in Bezug auf die verschiedenen Zeitmodulationen zusammen: Die erzählte Zeit kann im Theater „verdichtet oder ausgedehnt [...], beschleunigt oder verlangsamt" werden „und sogar – bis zu einem bestimmten Punkt und begrenzt – die Irreversibilität der Zeitdimension überwinden".

Es gibt im Drama (bzw. im Theater) eine doppelte Chronologie von *histoire* und *discours*, das erkennt auch Pfister (2001, 362) für metadiegetische Erzählungen an: „Diese beiden Sukzessionsreihen des Dargestellten und der Darstellung brauchen sich nicht zu decken und tun das auch meist nicht, denn jede rückgreifende Informationsvergabe bedeutet bereits eine Verschiebung dieser Reihen gegeneinander." Detaillierter spezifiziert er: „Der epische Kommentar einer spielexternen oder spielinternen Figur [...] ‚verbraucht' zwar reale Spielzeit, hebt aber die Sukzession auf der Ebene der fiktiven Zeit auf" (Pfister 2001, 363–364). Szenisch könnte dies z. B. durch ein „Einfrieren" aller momentan sichtbaren Figuren verdeutlicht und in der hier entworfenen Begrifflichkeit als deskriptive Pause bezeichnet werden.

Kostüme und Requisiten lassen häufig Rückschlüsse auf die historische Situierung des Dargestellten zu – und damit auf das zeitliche Verhältnis zur Darstellung. Sie ermöglichen aber oft auch Aussagen über die repräsentierte Tageszeit. Außerdem werden in der Dramenexposition häufig viele vorangegangene Abläufe raffend erzählt (z. B. „Habe nun, ach! [...]" aus *Faust I*, 279)[7], um den dargestellten Zeitpunkt zu verdeutlichen. Im Gegensatz dazu finden am Dramenende häufig Ausblicke in eine nachfolgende Zukunft statt. Im inneren Teil des Dramas hingegen finden häufig mehr oder weniger konkretisierte zeitliche Sprünge zwischen einzelnen Szenen oder den Akten statt, die nicht selten mit räumlichen Sprüngen korrelieren.

Werden zwischen zwei Szenen Zeiträume übersprungen, nennt Pfister (2001, 370–371) das „außerszenische Raffung", geschieht dies innerhalb einer Szene, spricht er von „innerszenische[r] Raffung", die nicht durch schnellere Bewegungen verdeutlicht werde (welche eher in technisch vermittelten Medien umgesetzt werden können), sondern durch die Auslassung oder verkürzte Darstellung einzelner Vorgänge innerhalb dieser Szene. Zeitdehnungen seien im Drama sehr viel seltener als Zeitraffungen und auch seltener als im Film (der mit dem technischen Hilfsmittel der Zeitlupe arbeiten kann).[8] Auch bei Monologen oder dem Beiseitesprechen müsse man eher von einer Zeitaufhebung als von einer Zeitdehnung sprechen, da sie meistens momentane innerpsychische Vorgänge schilderten. Träume, deren Anfangs- und Endpunkte in der diegetischen Zeit genau datiert sind (z. B. durch den auditiven oder visuellen TRS-Kanal mithilfe von Uhrenschlagen oder wechselndem Licht), könnten eine Ausnahme bilden, wenn hier nämlich die Darstellung des Traums sehr viel mehr Zeit in Anspruch nähme als jene Zeit, die für den Träumenden verstreicht (vgl. Pfister 2001, 372–373). Schließlich kann der Schwerpunkt der Konzeption von Zeitlichkeit je nach Inszenierung auf einer objektiven Chronometrie oder einer subjektiven Zeiterfahrung liegen, auf statischen Zuständen oder Progression und auf einem linearen oder zyklischen Verlauf der Ereignisse, stellt Pfister (2001, 475–478) fest.

Ein Gegeneinander von Drama und Theater lässt sich in modernen Inszenierungen vor allem in Bezug auf das Tempo ausmachen: Während die Textgrund-

---

[7] Zitate aus *Faust I + II*, vor allem auch in Kapitel 9.1, entstammen dem Sammelband zur Inszenierung Nicolas Stemanns von Gutjahr (2012).
[8] Es finden sich auch im Theaterbereich leicht Beispiele für diese Formen der Zeitraffung bzw. Zeitdehnung: In Antù Romero Nunes Inszenierung *Don Giovanni. Letzte Party* (Thalia Theater 2013) laufen einige Szenen in Zeitlupe ab, in Katie Mitchells Inszenierung *Alles Weitere kennen Sie aus dem Kino* (Deutsches Schauspielhaus Hamburg 2013) wirken einige Szenen durch schneller ablaufende Musik und schnellere Bewegungen der Schauspieler wie vorgespult.

lage in einer Szene z. B. ein rasantes Tempo andeutet, wird dies in der Inszenierung durch zusätzliche Aktionen der Figuren oder Sprechpausen verlangsamt oder langsam gedachte Szenen werden schnell inszeniert. Gerade auch in diesem Parameter manifestiert sich damit die partielle Autorschaft des Theaterteams (vgl. Pfister 2001, 378–379) und die Modellierung des TRS.

Für das postdramatische Theater beobachtet Lehmann (1999, 149) wiederum besondere Spielarten mit dem Phänomen Zeitlichkeit. So werden im postdramatischen Theater die theatralen Codes noch viel stärker gleichzeitig eingesetzt als im dramatischen Theater, wie z. B. durch das simultane Sprechen unterschiedlicher Textpassagen. Durch dieses verstärkte *zeitgleiche Erzählen* (s. Begrifflichkeit im folgenden Kapitelabschnitt) soll der Wahrnehmungsapparat des Zuschauers intendiert überfordert werden.

Auch Dialekte und unprofessionelles Sprechen gehören im postdramatischen Theater zu den Methoden, die auf das konkrete Jetzt des Sprechens und damit auf das äußere Kommunikationssystem hinweisen (vgl. Lehmann 1999, 269–270). Denn im postdramatischen Theater steht vor allem die Erzähl- bzw. Rezeptionszeit im Vordergrund, die von Darstellern und Zuschauern gemeinsam erlebte Zeitdauer der Aufführung. Schon in kleinen Zeichen wie dem Rauchen auf der Bühne sieht Lehmann (1999, 328) Methoden, die auf diese Zeitlichkeit des äußeren Kommunikationssystems hinweisen und den Graben zwischen Repräsentation und Rezeption überschreiten. Das Rauchen von Zigaretten ist auch ein Zeichen des olfaktorischen TRS-Kanals, da vor allem der Geruch die vierte Wand durchschreitet und die Aufführung als ein reales Ereignis konstituiert.

Ferner wird im postdramatischen Theater gezielt mit dem persönlichen Empfinden von Zeit gespielt:

> Auf der Ebene der theatralen Darbietung kommt es zu schwieriger faßbaren Phänomenen eigener Temporalität. Es kann durch obstinate Wiederholung, scheinbaren Stillstand, Umkehrung von Kausalfolgen, Zeitsprünge und schockartige Überraschung die normale Wahrnehmung der Zeit gleichsam „gelähmt" werden. Auch extreme Dauer oder Beschleunigung können zu einer Verzerrung des Empfindens für den meßbaren Zeitverlauf führen. Dies alles wird zu konstitutiven Mitteln im postdramatischen Theater, weil es die Thematik der Zeit von der Ebene des Signifikats (der durch Bühnenmittel denotierten Vorgänge) auf die Ebene des Signifikanten (der Bühnenvorgänge selbst) verschiebt.
>
> (Lehmann 1999, 318)

Durch diese Methoden, die das Theater selbst zum Ereignis machen, erhält das Theater laut Lehmann seine gesellschaftspolitische Funktion:

Theater dürfte ein wesentlicher Bereich des Widerstands gegen die soziale Zerstückelung und Parzellierung der Zeit bleiben, und eine erste Voraussetzung dafür ist ein Theater, „das sich Zeit nimmt". *Zeitdehnung* ist ein hervorstechender Zug des postdramatischen Theaters.
(Lehmann 1999, 331)

6.3.4 Frequenz

Der Begriff *Frequenz*, der sich auf die Häufigkeit der Wiederholungen auf *histoire*- bzw. *discours*-Ebene bezieht, lässt sich nach Genette (1998, 82–83) unterteilen in
- die *singulative Erzählung*: einmal erzählen, was einmal passiert ist (bzw. n-mal erzählen, was n-mal passiert ist),
- die *repetitive Erzählung*: n-mal erzählen, was einmal passiert ist und
- die *iterative Erzählung*: einmal erzählen, was n-mal passiert ist.

Anders als die Kategorien Ordnung und Dauer ist die Frequenz – und hier speziell die Iteration – nicht ohne Weiteres auf audiovisuelle Medien übertragbar und muss durch zusätzliche stilistische Merkmale sprachlich, formal oder kontextuell markiert werden, „[d]a beim rein audiovisuellen Erzählen die Möglichkeit expliziter temporaler Angaben [...] oder grammatischer Markierungen durch Hilfsverben oder Verbtempora [...] nicht wie im Sprachsystem gegeben ist", wie Kuhn (2011, 230) beobachtet. Dies gilt auch für die übrigen Kanäle des TRS. Einzelne Szenen, die Markierungen aufweisen, welche sie als iterativ ausweisen, geben nach Genette (1998, 87) dem Rezipienten zu verstehen: „[D]ergleichen geschah alle Tage, wofür dies hier ein Fall unter anderen ist." Es handelt sich genau genommen also um eine Pseudo-Iteration, wenn von Iteration die Rede ist (vgl. Genette 1998, 86–87; Kuhn 2011, 230). Eine Spielart des iterativen Erzählens (die vor allem für audiovisuelle Medien populär ist) ist das mehrfache Zeigen von wiederkehrenden Ereignissen, um anzudeuten, dass sich dieses Ereignis auf *histoire*-Ebene noch sehr viel häufiger wiederholt hat, als es im *discours* gezeigt wird. Ein häufig wiederkehrendes *histoire*-Ereignis wird also wenige Male repräsentiert, womit das iterative Erzählen gleichzeitig eine Zeitraffung darstellt (vgl. Kuhn 2011, 233). Möglich ist im Theater auch, dass Erzählerfiguren oder ein Voice-over sprachlich auf eine Iteration hinweisen.

6.3.5 Traumrepräsentation, Monologe und Beiseitesprechen

Auf ein anderes zeitliches Phänomen, das unmittelbar mit Introspektionen und infolgedessen mit der internen Fokalisierung (s. Kapitel 8.3.3) zusammenhängt, macht Richardson (1987, 304) aufmerksam: Wenn im Text (bzw. in der Inszenierung) Hinweise zu finden sind, dass es sich beim Dargestellten um einen Traum einer Figur handelt, können Darstellungszeit und dargestellte Zeit genau gleich lang sein, auch wenn inhaltlich mehr erzählt wird, als in dieser Zeitspanne geschehen kann. Solche Hinweise können auch durch die Inszenierung unabhängig von der Textvorlage gestreut werden und so eine ganz neue Interpretationshypothese entwerfen. Die in Kapitel 9.1 diskutierte Interpretation, Mephistopheles als Teil Fausts oder als Psychose desselben zu verstehen, wird durch eben solche Hinweise des visuellen TRS-Kanals angeregt. Das Erzählen wird in diesen Fällen viel stärker figural und weniger narratorial, der Erzählmodus wird direkter, dramatischer und unmittelbarer.

Interessant und fruchtbar für die Zeitkonzeption auf der Mikroebene sind auch Monologe oder das Beiseitesprechen inmitten von Dialogen: Nehmen wir an – und das *principle of minimal departure* (vgl. Ryan 1991, 48–60) berechtigt uns dazu –, dass hier innerfigürliche Gedanken dargestellt werden und die Figuren in ihrer aktuellen Wirklichkeit nicht tatsächlich laut sprechen. Gedanken benötigen sehr viel weniger Zeit, als die gesprochenen Worte brauchen, die sie artikulieren. Folglich vergehen innerhalb der repräsentierten Welt nur wenige Sekunden oder Minuten des Nachsinnens, während auf der Bühne beim Ausformulieren dieser Gedanken mehr Zeit verstreicht. Die Mittelbarkeit des Erzählten wird auch hier wieder deutlich. Das TRS hat die Fähigkeit, das Zeitkontinuum der Diegese zu unterbrechen, die repräsentierte Zeit anzuhalten, um dem Rezipienten außerhalb dieses Kontinuums einen Blick in die Figuren zu gewähren.

6.4 Das Theaterphänomen des zeitgleichen Erzählens

Fludernik (2008, 361) beobachtet ein anderes wichtiges zeitliches Phänomen des Theaters: „[U]nlike written or even spoken narratives, several dramatic actions can be portrayed on the stage simultaneously." Damit beschreibt sie eine Handhabung der Zeitlichkeit, die im performativen Erzählen einzigartig ist und die ich das *zeitgleiche Erzählen* unterschiedlicher Handlungen nennen möchte. Zeitgleiches Erzählen darf hierbei nicht mit dem gleichzeitigen Erzählen verwechselt werden, denn das zeitgleiche Erzählen sagt zunächst nichts über die TRS-Zeit aus, sondern nur, dass es im Theater möglich ist, auf der Bühne verschiedene Momente der *histoire* in einem Moment des *discours* zusammen zu repräsentieren. Während das Grundprinzip des literarischen Erzählens in der Linearisierung liegt (vgl. Wolf 2005, 259–260), also dem sukzessiven Erzählen zeitgleicher Ereignisse, können im Theater zeitlich und räumlich voneinander unabhängige Ereignisse parallel erzählt werden. In der Literaturwissenschaft wird das nacheinander Erzählen von zeitgleich erfolgten Ereignissen auch „Simullepse" genannt (Lahn 2013, 140), das Theater muss im Gegensatz dazu nicht auf diese künstliche Methode zurückgreifen. Im Film wird versucht, diese Form des Erzählens durch den *split-screen* zu realisieren. Meistens werden dabei in den getrennten Feldern des Bildschirms jedoch lediglich (auch auf *histoire*-Ebene) zeitgleich ablaufende Ereignisse repräsentiert. Die Möglichkeiten des theatralen Erzählraums sind dabei sehr viel breiter gestreut, denn die unterschiedlichen Handlungsabläufe können nicht nur nebeneinander, sondern auch lokal hintereinander repräsentiert werden, ohne dass impliziert werden muss, sie fänden im selben *histoire*-Raum oder zur gleichen *histoire*-Zeit statt. Im Grunde kann jede Figur auf der Bühne einen eigenen erzählten Raum um sich konstituieren, der von den Räumen der anderen Figuren getrennt sein kann. Gleichzeitig sind diese Raumgrenzen aber auch fluide Gebilde, die jederzeit und unvorhergesehen verbal oder körperlich überschritten werden können.[9]

Zum zeitgleichen Erzählen, das Lehmann (1999) Simultaneität nennt, schreibt dieser:

> Sie produziert Geschwindigkeit. Die Gleichzeitigkeit verschiedener Sprechakte und Videoeinspielungen erzeugt die Interferenz unterschiedlicher Zeitrhythmen, bringt Körperzeit und technologische Zeit in Konkurrenz und macht durch die Ungewißheit, ob ein Bild, ein Klang, ein Video aktuell erzeugt, direkt übertragen oder zeitverschoben wiedergegeben ist, deutlich, daß „Zeit" hier aus den Fugen ist.
>
> (Lehmann 1999, 344)

Dem Phänomen Zeitlichkeit wird hier geradezu eine gesellschafts- oder zumindest technologiekritische Dimension zugeschrieben. Auch hier handelt es sich jedoch nicht um etwas völlig Neues, sondern um ein altes Phänomen, das in einem neuen Kleid erscheint: So schreibt Simhandl (2007) über das Theater der Renaissance:

> Ein neues Bewußtsein für den Zusammenhang von Gegenwart, Vergangenheit und Zukunft entstand; das hatte selbstverständlich Folgen für Wissenschaft und Kunst. Im Bühnenwesen vollzog sich ein grundsätzlicher Wandel: Das Prinzip der Simultaneität wurde abgelöst durch das der Sukzession; an die Stelle des Nebeneinander trat das Nacheinander.
>
> (Simhandl 2007, 62)

Es müssen für die performative Narration nun generell zwei Formen des zeitgleichen Erzählens unterschieden werden:

---

9 Zur Dynamik von Erzählräumen und erzählten Räumen vgl. Kap. 7.4.

– Zwei oder mehr gleichzeitig stattfindende *histoire*-Ereignisse werden gleichzeitig im *discours* erzählt.
– Zwei oder mehr nicht gleichzeitig stattfindende *histoire*-Ereignisse werden gleichzeitig im *discours* erzählt.

Der erste Fall veranschaulicht z. B. die typische Form der postdramatischen Reizüberflutung. Viele TRS-Kanäle senden gleichzeitig unterschiedliche Nachrichten und erzählen vielleicht sogar unterschiedliche Ereignisse. Häufig ist eine genaue zeitliche Verortung dieser Ereignisse in der *histoire* gar nicht mehr möglich und erzeugt jene „Ungewißheit", die Lehmann beschreibt.

Um die zweite Form des zeitgleichen Erzählens feststellen zu können, ist es jedoch Voraussetzung, dass die einzelnen erzählten Ereignisse in der *histoire* zeitlich verortet werden können, um sie in Bezug zueinander setzen zu können. Häufig lässt der Kontext der erzählten Geschichte dieses Inbezugsetzen zu, und die Multimodalität des Systemkomplexes wirkt unterstützend. Werden zwei oder mehr räumlich und zeitlich voneinander getrennte Ereignisse im gleichen Moment des *discours* performativ erzählt, so ist die narrative Mittelbarkeit sehr viel augenfälliger und höher. In Georges Delnons auf Arthur Schnitzlers *Reigen* basierender Oper *Re:igen* (2014) finden sich Momente des zeitgleichen Erzählens dieser Art.[10] Schnitzlers Drama besteht aus zehn aneinandergereihten Dialogen mit jeweils zwei Teilnehmern, die den Geschlechtsakt vollziehen. Einer der beiden Teilnehmer wird jeweils im nachfolgenden Dialog mit einem anderen Partner auftreten, sodass sich eine Art Staffellauf sexueller Begegnungen entfaltet. In Delnons Inszenierung überschneiden sich die Enden der einzelnen Dialoge meistens mit den Anfängen der Folgedialoge, wobei die in beiden Dialogen beteiligte Figur für einen Moment zwischen den beiden (zu unterschiedlichen *histoire*-Zeiten und – wie z. B. im Falle der jungen Frau – auch an unterschiedlichen Orten spielenden) Szenen hin- und herwechseln kann. Die junge Frau spricht schon mit ihrem Ehemann (im eigenen Zuhause), während sie sich visuell noch von ihrem Geliebten, dem jungen Mann, mit Küssen verabschiedet (in dessen Heim). Auch ein Rezipient, dem die Dramenvorlage unbekannt ist, wird in diesem Moment der Inszenierung verstehen, dass die beiden zeitgleich dargestellten Szenen zu unterschiedlichen Zeiten und an unterschiedlichen Orten innerhalb der *histoire* spielen, da der Ehemann die Aktionen seiner Frau nicht wahrnimmt und augenscheinlich mit ihr alleine in seinem Zuhause ist.

---

10 Delnon führte Regie bei dieser auf den Schwetzinger Festspielen 2014 uraufgeführten Oper, die Musik stammt aus der Feder des österreichischen Komponisten Bernhard Lang, Librettist war Michael Sturminger.

„Das Ausfallen des vermittelnden Kommunikationssystems in dramatischen Texten erzeugt [...] den Eindruck unmittelbarer Gegenwärtigkeit des dargestellten Geschehens, der Gleichzeitigkeit des Dargestellten mit der Darstellung und dem Vorgang der Rezeption", schreibt Pfister (2001, 23) und beschreibt damit die beliebte Vermischung des Rezeptionszeitraums mit dem häufig unmarkierten Zeitpunkt des Erzählens. Eben das ist aber nur *Eindruck*. Die spezifische Zeitlichkeit des TRS tritt besonders deutlich zutage, wenn mehrere Handlungsabläufe auf der Bühne gleichzeitig realisiert werden, die innerhalb der repräsentierten Welt aber nicht gleichzeitig abliefen. Im TRS wird hier die Erzählfunktion der Anordnung erfüllt, wodurch die unterschiedlichen Ereignisse der *histoire* im *discours* zeitgleich präsentiert werden. Diese Feststellung lässt nun wiederum Rückschlüsse auf die TRS-Zeit bzw. den Zeitpunkt des Erzählens zu, denn eben eine solche Anordnung der Ereignisse muss im Nachhinein passiert sein, wenn man die Zeit als sukzessiv fortschreitendes Kontinuum auffasst. Auch im Theater hat die Erzählinstanz (bzw. das Repräsentationssystem) somit Möglichkeiten, das dargestellte Raum-Zeit-Kontinuum zu beeinflussen und in der Darstellung neu anzuordnen. Dadurch entsteht zugleich die Möglichkeit, das Gezeigte als ein späteres Erzählen zu begreifen. Die zeitgleiche Narration unterschiedlicher Ereignisse kann daher als indirekter Marker der TRS-Zeit bzw. des (späteren) Zeitpunkts des Erzählens dienen. Es sei hier jedoch noch einmal daran erinnert, dass die zeitliche Inbezugsetzung von Erzählen und Erzähltem nur bei homodiegetischen Erzählern sinnvoll und erkenntnisfördernd ist (vgl. Kap. 6.2). Da dem TRS im Gefüge von Diegese und Extradiegese jedoch explizit *kein* ontologischer Status eigen sein soll, operiert die indirekte Folgerung eines nachträglichen Erzählens auf einer sehr unsicheren argumentativen Grundlage, und könnte somit auch als logischer Trugschluss aufgefasst werden. Zeitgleiches Erzählen muss daher mit einer homodiegetischen Erzählerfigur, die das Dargestellte rahmt, einhergehen, damit auf sicherer logischer Grundlage von einem nachträglichen Anordnen der erzählten Ereignisse und damit von einem nachträglichen Erzählen an sich gesprochen werden kann.

Ich habe in diesem Kapitelabschnitt gelegentlich von einer „zeitlichen Verortung" gesprochen. Schon diese vergleichsweise behelfsmäßige Wortwahl und auch ein Begriff wie „Zeitraum" weisen darauf hin, wie künstlich eine analytische Trennung von Zeit und Ort/Raum im Grunde ist. Vor allem das Phänomen des zeitgleichen Erzählens kann nur realisiert werden, weil das performative Erzählen zeitlich *und* räumlich strukturiert ist. Die Möglichkeiten des Raumes helfen hier, die Beschränkung des zeitlichen Erzählens auf das Sukzessionsprinzip zu überwinden.

6.5 Aus der Praxis: Zeitverhältnisse im *Goldenen Drachen*

Im *Goldenen Drachen* wird nicht nur gleichzeitig, sondern häufig auch zeitgleich erzählt. Die fünf Schauspieler sprechen alle auch eine Erzählinstanz, die gleichzeitig erzählt („Fahles Sommerlicht fällt durch die Fensterscheiben auf die Tische"). Der Zeitpunkt des Erzählens (bzw. die TRS-Zeit) der ersten Szene ist damit gleich der erzählten Zeit: ein früher Abend im Sommer. Global gesehen erzählt der *Goldene Drache* jedoch zeitraffend: in 90 Minuten Erzählzeit vergeht in der erzählten Zeit etwa ein Jahr. Eine doppelte Zeitlichkeit von *histoire* und *discours* ist daher klar auszumachen.

Das Phänomen des zeitgleichen Erzählens findet sich in der beschriebenen Szene ebenfalls wieder: Die Ereignisse in der Küche und im Speisesaal werden räumlich nebeneinander (bzw. ineinander verschränkt; vgl. Kapitel 7.5) zeitgleich dargestellt. Am Ende der hier analysierten Szene lässt sich dies sehr genau feststellen: Philipp Hauss spielt in diesem Moment eine Asiatin, die im Speisesaal die Bestellung der Stewardessen aufnimmt: „Guten Tag. [...] Darf ich Ihnen schon etwas zu trinken bringen?" Diese beiden Sätze werden unterbrochen durch Barbara Petritsch, die in diesem Satz einen Asiaten spielt, der sich in der Küche um den jungen Chinesen mit Zahnschmerzen kümmert. Sie fasst Philipp am Arm und sagt zu ihm: „Der Zahn muss raus." Repräsentationslogisch ist es hier sinnvoll, eine Form des zeitgleichen Erzählens anzunehmen, nämlich, dass zwei nicht gleichzeitig stattfindende *histoire*-Ereignisse gleichzeitig im *discours* erzählt werden. Aufgrund des *principles of minimal departure* ist es hier nicht sinnvoll, davon auszugehen, dass eine Figur dargestellt wird, die im gleichen Moment an zwei unterschiedlichen Orten sein kann – zumal es hierfür keinerlei Markierungen gibt.

Im Verhältnis von Erzählzeit und erzählter Zeit sticht die in die Inszenierung eingeflochtene Fabel über die Grille und die Ameise hervor, die nachträglich erzählt wird. Erst im Verlauf der Aufführung wird deutlich, dass die Ameise die gleiche Figur wie der Lebensmittelhändler und die Grille die gleiche Figur wie die Schwester des jungen Chinesen ist. Diese schrittweise Demaskierung wird durch einen langsamen Wechsel zu gleichzeitigem Erzählen unterstützt. Die alte Fabel von Äsop wird dadurch in die Gegenwart geholt und in Form einer tragischen Migrationsgeschichte kritisch auf diese abgebildet.

7 Raum als Analyseparameter

Die *Malerei* brauchet Figuren und Farben in dem *Raume*.
Die *Dichtkunst* artikulierte Töne in der *Zeit*.

(Lessing 1990 [1766], 209)

Lessings viel diskutierte zentrale Unterscheidung von sprachlichen und visuellen Künsten innerhalb seiner Abhandlung *Laokoon oder Über die Grenzen der Malerei und Poesie* wird im Theater vor neue Herausforderungen gestellt. Gerade weil das System der einzelnen Kanäle ein zusammenhängendes ist, erzählt Theater immer zeitlich *und* räumlich. Nun könnte man behaupten, der sprachliche TRS-Kanal artikuliere „Töne in der *Zeit*", wohingegen der visuelle Kanal „Figuren und Farben in dem *Raume*" vermittle, und Lessings bipolarer Gegenüberstellung wäre Genüge getan. Dies wäre jedoch eine zu starke Vereinfachung. Wenngleich es richtig ist, dass Raum vor allem etwas Visuelles ist, gilt es diese Grundkonstante genauer zu hinterfragen. Die visuellen Eindrücke im Theater sind – anders als die von Lessing behandelte *Laokoon*-Gruppe – nicht statisch: Schauspieler bewegen sich über die Bühne, Requisiten werden von A nach B getragen, Bühnenbilder verändern sich im Verlauf einzelner Szenen oder der gesamten Aufführung. All diesen visuellen Elementen ist also eine Zeitlichkeit inhärent, sie entwickeln und verändern sich in der Zeit. Brook (1988, 9) drückt das zu Beginn seiner populären Monographie *Der leere Raum* pointiert aus: „Ich kann jeden leeren Raum nehmen und ihn eine nackte Bühne nennen. Ein Mann geht durch den Raum, während ihm ein anderer zusieht; das ist alles, was zur Theaterhandlung notwendig ist." Auf der anderen Seite ist die Sprache nicht nur zeitlich, sondern entwirft – gerade wenn sie narrativ ist – Räume. In ihrem Artikel im *lhn* betont Ryan (2014, § 1) die Untrennbarkeit von Zeit und Raum in Erzählungen: Während Raumdarstellungen nicht immer narrativ seien (geographische Karten, Landschaftsbilder etc.), fänden narrative Ereignisse immer im Raum statt.[1] Sprachlich konstituierte Räume stellt der Rezipient sich jedoch wiederum visuell vor. Diese „theatrale Behauptung" genannte mentale Visualität ist im Theater seit jeher grundlegend und findet je nach Epoche oder Genre mehr oder weniger Anklang in der Theaterpraxis. Eine genauere Raumuntersuchung unter narratologischen Prämissen ist indes noch zu leisten. Richardson (2007, 149–150) gibt zu dieser Thematik bereits Anstöße, und schon Chatman (1993, 96–97) liefert die grundlegende Unterscheidung von „buchstäblichem" (*literal*) visuellen und „abstraktem" verbalen Raum.

---

[1] Untrennbar miteinander verbunden sind Raum und Zeit z. B. auch in Bachtins (2008) „Chronotopos", Genettes (1998) „Diegese" oder Hermans (2005) „Storyworld".

Es sind gerade die sprachlich konstituierten Räume, die in raumnarratologischen Beiträgen bearbeitet werden und häufig Probleme bereiten, jedoch in der Forschung mehr und mehr Aufmerksamkeit erfahren. Wie einen *narrative turn* und einen *performative turn* (neben anderen) so gibt es auch einen *spatial turn*, ein Begriff, dessen erstes Vorkommen in den Schriften des Humangeographen Edward Soja aus dem Jahr 1989 nachgewiesen werden kann (vgl. Döring und Thielmann 2008a, 7, Dünne und Günzel 2006, 12–13). Die Humangeographie beschäftigt sich mit der „Raumwirksamkeit des Menschen" (Dennerlein 2009, 57), begreift Raum also als etwas Gemachtes. Untergruppen sind die Sozialgeographie, die Kulturgeographie und die Wirtschaftsgeographie. Die philosophische Grundlagen für diese Forschungsrichtungen lieferten vor allem Foucault (2006) und Lefebvre (2006). Einen Überblick über die Vielzahl der *spatial turns* in unzähligen Wissenschaften gibt z. B. der Sammelband von Döring und Thielmann (2008b); eine Sammlung grundlegender raumtheoretischer Texte, auf die sich Beiträge des *spatial turn* meistens beziehen, findet sich bei Dünne und Günzel (2006). Da das Theater schon immer auch eine Raumkunst war, ist die Beschäftigung mit der Raumkategorie in den Theaterwissenschaften seit jeher elementar und auch weniger metaphorisch als z. B. in der Literaturwissenschaft,[2] da der visuelle Kanal des TRS tatsächlich räumlich arbeitet und die Räumlichkeit nicht nur mental konstruiert. Wir haben es im Theater immer mit einem konkreten physikalischen Raum im Newton'schen Sinne zu tun, der ein bestimmtes Volumen hat und als absolut gedacht werden kann (und zunächst in diesem Kapitel auch auf diese abstrakte Art und Weise behandelt wird), in der Praxis jedoch immer aus einer bestimmten Perspektive, d. h. relativ, wahrgenommen wird (dem folgenden Kapitel zur „Perspektive" wird dann ebenfalls ein solches relatives, lokales Verständnis von Raum zugrunde liegen).

Prince (1982, 32–33) stellt fest, dass in schriftlichen Erzählungen eine zeitliche Unmarkiertheit des Erzählten aufgrund der verschiedenen Tempusformen nicht möglich ist, wohingegen der Raum des Erzählens (der Diskursraum) beim verbalen Erzählen unmarkiert bleiben kann. Im Gegensatz dazu ist beim performativen Erzählen der Diskursraum immer mit dem realen Theaterraum identisch und daher konstitutiv. Hier ist es der Zeitpunkt des Erzählens, der unmarkiert bleiben kann, wie wir im vorangegangenen Kapitel gesehen haben.

---

2 Vgl. die Ausrufung des Theaters als Raumkunst bei Max Herrmann (2006) zur Begründung einer programmatisch unabhängigen Theaterwissenschaft Anfang des zwanzigsten Jahrhunderts.

Eine Zusammenfassung der sehr weitreichenden Forschung zu Raum, Räumlichkeit, Raumkonstitutionen, Raumauffassung etc. soll hier nicht gegeben werden. Einen sehr erhellenden Forschungsbericht über die Behandlung der Raumkategorie innerhalb der frühen Erzählforschung, der strukturalistischen Erzähltheorie und der neueren Narratologie liefert Dennerlein (2009, 13–47), deren Absicht es nicht ist, ein umfassendes heuristisches Analysemodell zu entwerfen, wie meine Arbeit es sich zum Ziel gesetzt hat. Ich werde mich daher darauf konzentrieren, die Raumkategorie als Analyseparameter in mein Modell zu integrieren und dabei auswählend auf vorhandenes Material der Raumforschung zurückgreifen. Zunächst möchte ich mein Verständnis von „Raum" verdeutlichen und meinen Ansatz damit in Beziehung zu den einzelnen Forschungsrichtungen setzen. Darauf aufbauend möchte ich untersuchen, inwieweit die einzelnen Kanäle des TRS zur Konstitution eines Raumes geeignet sind. Schließlich werde ich – analog zu den relationalen Parametern der Zeit-Analyse – einerseits für das Verhältnis von Zuschauerraum und Bühne/Spielfläche und andererseits für jenes von Erzählraum und erzähltem Raum Analyseparameter entwerfen. Ein besonderer Schwerpunkt wird außerdem auf Figuren und ihren Räumen bzw. ihrer Fähigkeit, eigene Räume zu konstituieren, liegen. Dieser figureigene Raum bzw. das figurale Potential zur Raumkonstitution ist dabei nicht im Sinne einer „Umwelt" in Uexküll'scher Begrifflichkeit zu verstehen, die sich viel mehr auf die immanent gelebte Räumlichkeit eines Wahrnehmungssubjektes bezieht (vgl. Günzel 2006, 38). Der Figurenraum ist im Theater narratologisch vielmehr interessant, weil er auf diegetischer Ebene jederzeit von dem ihn umgebenden Raum abweichen kann.

7.1 Raum als Container: Abgrenzung des Raumbegriffes

In der narratologischen Forschung beschäftigte man sich bislang vor allem mit dem Phänomen des Erzählens als einer zeitlichen Abfolge von Ereignissen und gewährte dem Raum keine große Aufmerksamkeit in den theoretischen Betrachtungen. Ebenso kann das oben zitierte Lessing'sche Laokoon-Diktum als Grund angeführt werden, warum sich die Erzähltheorie so stark auf die Zeitlichkeit konzentriert hat und immer noch konzentriert. Schließlich mangelt es auch an einer konkreten Definition – und damit einer Gültigkeitsbeschränkung – des Begriffes „Raum", wie Dennerlein (2009, 4–5) in ihrer Monographie zur Narratologie des Raumes erkennt. Die Raumkategorie hat dennoch 2005 Eingang gefunden in die *Routledge Encyclopedia of Narrative Theory*, wenn auch nur mit einem vergleichsweise kurzen Artikel (vgl. Buchholz und Jahn 2005).

Es wurde ebenfalls versucht, mithilfe räumlicher Kategorien eine narrative Ereignishaftigkeit zu bestimmen. So schreibt Lotman (2006, 535): „Ein Ereignis in einem Text ist die Versetzung einer Figur über die Grenze des semantischen Feldes hinaus" bzw.:

> Sujetbewegung, ‚Ereignis', ist das Überqueren jener Verbotsgrenze, die von der sujetlosen Struktur bestätigt wird. Die Versetzung des Helden ‚innerhalb' des ihm zugewiesenen Raumes ist kein Ereignis. Daraus erhellt die Abhängigkeit des Begriffs Ereignis von der im Text geltenden Struktur des Raumes, von seinem klassifikatorischen Teil. Das Sujet kann deshalb immer zu einer Grundepisode kontrahiert werden – dem Überqueren der grundlegenden topologischen Grenze in seiner räumlichen Struktur.
>
> (Lotman 2006, 539)

Die Operationalisierbarkeit eines solchen metaphorischen Raumverständnisses soll hier nicht diskutiert werden, nicht zuletzt macht aber auch Lotmans Ansatz wiederum deutlich, wie untrennbar die Kategorien Raum und Zeit in einem künstlerischen Werk verbunden sind: Eine narrative Ereignishaftigkeit ist immer ein zeitliches Phänomen, auch wenn sie räumlich begründet wird; Bewegung im Raum ist auch immer Bewegung in der Zeit. Auf die hierin inhärente Performativität von Räumen fokussiert de Certeaus (1988, 218) Ansatz, für den Raum „ein Resultat von Aktivitäten [ist], die ihm eine Richtung geben, ihn verzeitlichen".

„Raum" ist eine sehr häufig verwendete Metapher und auch raumkonstituierende Lexeme wie Deiktika oder topologische Angaben finden sich häufig in Redewendungen, die keinen konkreten Raum bezeichnen (z. B. „Eulen nach Athen tragen", „Zeitraum", „Handlungsspielraum" etc.). Diese metaphorische Verwendung soll im Folgenden bei der Untersuchung von „realem" und repräsentiertem Raum im Theater und deren Verhältnis zueinander keine Rolle spielen (vgl. Dennerlein 2009, 82–83). Als Raum verstehe ich im Wesentlichen die dreidimensionale Umgebung von Objekten oder Figuren (vgl. Buchholz und Jahn 2005, 552) bzw. die dreidimensionale Möglichkeit der Platzierung von Entitäten und Ereignissen, wie Ryan (2014, § 5) den „Narrative Space" beschreibt.

Grundlegender geht dieses Raumverständnis auf Kant zurück: „Der Raum ist eine nothwendige Vorstellung a priori, die allen äußeren Anschauungen zum Grunde liegt. Man kann sich niemals eine Vorstellung davon machen, daß kein Raum sei, ob man sich gleich ganz wohl denken kann, daß keine Gegenstände darin angetroffen werden" (Kant 2008 [1781], Abschnitt 2). Den Raum als „a priori", also als der Wahrnehmung vorangehend, zu definieren – eine Markierung, die bei Kant auch für die Zeit gilt – verbietet auf der einen Seite die Vorstellung einer Raumlosigkeit, ermöglicht es auf der anderen Seite aber, sich einen leeren Raum abstrakt und ohne inhärente Objekt- oder Richtungsrelationen vorzustellen.

Dennerlein vertritt ebenfalls die These, Raum sei nicht vom Menschen und dessen Wahrnehmung abhängig:

> Der Raum ist ein wahrnehmungsunabhängig existierender Container mit Unterscheidung von innen und außen. Jeder Raum ist potentiell wieder in einem größeren Raum enthalten, umgekehrt besteht der Raum aus diskreten Einzelräumen. [...] Jedes Objekt im Raum nimmt zu einem bestimmten Zeitpunkt nur einen Ort ein, der ebenfalls vor und unabhängig von ihm existiert. In dieser Vorstellung gibt es im Raum nur distinkte Objekte und es ist auch möglich, einen leeren Raum zu denken.
>
> (Dennerlein 2009, 60–61)

Das Theater erfüllt diese wahrnehmungsunabhängige Raumdefinition und die Vorstellung von mehreren ineinander geschachtelten Räumen: Das Theatergebäude ist ein physikalischer Raum, darin sind Foyer, Treppenhaus, Zuschauerraum, Bühne/Spielfläche, Verwaltung, Probebühnen, Werkstätten, Kantine etc. als kleinere Räume enthalten. Diese Räume sind wiederum unterteilt in einzelne Teilbereiche oder Teilräume und all diese Räume existieren unabhängig vom wahrnehmenden Subjekt, also auch vor und nach der Aufführungssituation und selbst wenn kein einziger Mensch im Theatergebäude ist. Raum ist damit per se unstrukturierter als Zeit, da er nicht an das Sukzessionsprinzip gebunden ist und auch nicht aufhört, wenn die Aufführungszeit vorbei ist. In einem leeren Theatergebäude sind sämtliche Relationen der Räume und der Objekte innerhalb der einzelnen Räume zueinander nicht semantisiert, das heißt: wertfrei. Es gibt zwar die Relation oben und unten (allein weil auch im Theatergebäude das Gesetz der Schwerkraft herrscht, welches wiederum vom größeren, es umgebenden Raum stammt), diese Verhältnisse haben aber ohne ein semantisierendes Wahrnehmungssubjekt noch keine eigene semantische Qualität. Die einzelnen Stellen innerhalb von Räumen bezeichne ich mit Dennerlein (2009, 67) als „Orte". Orte finden sich im gesamten Theatergebäude, und auch die Sitzplätze im Zuschauerraum sind somit Orte im Raum.

Dennerlein plädiert – da sie sich ausschließlich auf sprachliches Erzählen konzentriert, in dem Relationen nur gegeben sind, wenn sie sprachlich deutlich gemacht werden – für einen von diesen Objektrelationen unabhängigen Raumbegriff. Für Dennerlein sind Räume „Objekte mit einer Unterscheidung von innen und außen, die eine (potentielle) Umgebung der Figuren darstellen: Etwas, in dem sich Figuren befinden können und in das sie hineingehen können" (Dennerlein 2009, 196). Da die leibliche Anwesenheit des Zuschauers für performatives Erzählen jedoch konstitutiv ist, kann eine räumliche Wahrnehmungsperspektive per definitionem in der theatralen Aufführungssituation immer als gegeben vorausgesetzt werden. Durch diese Wahrnehmungs-Origo ist somit auch immer eine Relationierung von Objekten gegeben, die potentiell semantisierbar ist.

In der Aufführungssituation gibt es somit immer auch das wahrnehmende Subjekt (Zuschauer und auch Schauspieler), das den Raum von einem bestimmten Ort aus wahrnimmt. Wir haben es folglich mit zwei unterschiedlichen Raumverständnissen zu tun, wenn wir von Theater sprechen. Das Theater als physikalischer Raum ist auch vorhanden, wenn es menschenleer ist, und es ist ebenso menschenunabhängig in seine einzelnen Unterräume unterteilt. Dieser Theaterraum ist nicht transitorisch und sowohl vor als auch nach der Aufführungssituation vorhanden, wie Fischer-Lichte (2004, 187) feststellt. Sobald es jedoch zu einer Aufführung kommt, d. h. performativ erzählt wird, sind wahrnehmende Subjekte im Raum konstitutiv und vorhandene Objekte können somit immer in Relation zueinander gesehen werden. Um dieses zweite Verständnis von Räumlichkeit soll es hier maßgeblich gehen, da der Theaterraum nicht als leeres Gebäude interessiert, sondern im Moment des performativen Erzählens. Durch die Verwendung von Kameratechniken, durch die subjektunabhängige Wahrnehmungen simuliert werden, entstehen zudem mediale Räume, die neue Möglichkeiten räumlicher Perspektiven auch im Theater ermöglichen, jedoch trotzdem auf einer Relationalität von Objekten beruhen.

Lotman bezieht sich auf Aleksandrov und verwendet einen auf Leibniz' und Eulers Topologiebegriff zurückgehenden (vgl. Günzel 2006, 26–27, Dennerlein 2009, 53) *relationalen* Raumbegriff:

> Raum ist: die Gesamtheit homogener Objekte (Erscheinungen, Zustände, Funktionen, Figuren, Werte von Variablen u. dgl.), zwischen denen Relationen bestehen, die den gewöhnlichen räumlichen Relationen gleichen (Ununterbrochenheit, Abstand u. dgl.). Wenn man eine gegebene Gesamtheit von Objekten als Raum betrachtet, abstrahiert man dabei von allen Eigenschaften dieser Objekte mit Ausnahme derjenigen, die durch die gedachten raumähnlichen Relationen definiert sind.
>
> (Lotman 1972, 312)

Lotman (1972, 313) setzt räumliche Oppositionen (1. hoch/niedrig, 2. rechts/links, 3. nah/fern, 4. offen/geschlossen, 5. abgegrenzt/nicht abgegrenzt, 6. diskret/ununterbrochen) mit Werten in Verbindung, die für eine Semantisierung dieser räumlichen Verhältnisse sorgen (1. wertvoll/wertlos, 2. gut/schlecht, 3. eigen/fremd, 4. zugänglich/unzugänglich, 5. sterblich/ unsterblich, [6. nicht spezifiziert]). Raum existiert in dieser strukturalistischen Topologie laut Dennerlein (2009, 71) „ausschließlich als Epiphänomen der Relationierung von Objekten" und könne daher nicht unabhängig von diesen gedacht werden. Sie übersieht dabei – wie viele Wissenschaftler in der Nachfolge Lotmans –, dass Lotman selbst die Kategorie Raum metaphorisch benutzt und von Relationen spricht, die „gewöhnlichen räumlichen Relationen *gleichen*" und „raum*ähnlich*" sind [Hervorhebung J.H.]. Während Lotman sich mit der Semantik auseinandersetzt und zur Erklärung den „Raum" als Metapher heranzieht, verfolgen die Raumtheoretiker, die sich auf ihn beziehen, zumeist eine gegensätzliche Argumentationsrichtung: Sie gehen von räumlichen Relationen aus, die eine Semantik aufwiesen, oder besser: semantisierbar seien.

Die Semantisierung der Raumrelationen selbst erfolgt z. B. bei Van Baak (1983), der sich in dieser Art auf Lotman bezieht, jedoch nur beispielhaft und ohne systematische Begründung der Auswahl der genannten Relationen. Dass sich die Semantisierung von Raumrelationen nicht systematisieren lässt, zeigt schon Lotmans (1972, 323) Aufzählung der mit dem Begriffspaar oben/unten (von ihm „Hauptachse" genannt) verwandten Oppositionen:

oben	**unten**
fern	nah
geräumig	eng
Bewegung	Unbeweglichkeit
Metamorphose	mechanische Bewegung
Freiheit	Sklaverei
Information	Redundanz
Gedanke (Kultur)	Natur
Schöpfertum	Fehlen des Schöpferischen
(Schaffung neuer Formen)	(erstarrte Formen)
Harmonie	Fehlen von Harmonie

Van Baak (1983, 51–78) folgt den Ansätzen Lotmans und versucht, räumliche Verhältnisse zu semantisieren. Er geht von einer Origo aus und unterscheidet u. a. die deiktischen und dimensionalen Relationen oben/unten, vor/hinter, rechts/links. Außerdem nennt er Kategorien von Bewegungen. Krah, dessen (ebenfalls metaphorisches) Raumkonzept der Lotman'schen Vorstellung einer Grenzüberschreitung folgt, klassifiziert Räume nach ihrer aktantiellen Funktion in „auslösende/katalysatorische Räume [...], Fluchträume, Erfahrungsräume, Initiations- und subjektkonstituierende Räume [und] Sanktionierungsräume" (Krah 1999, 8). Diese Kategorien sind, da sie sich auf die Charakterisierung von Figuren beziehen, „so vielfältig wie nicht-systematisierbar", wie Dennerlein (2009, 170) richtig bemerkt, und daher für ein heuristisches Analysemodell unbrauchbar.

Auch Dennerlein beschäftigt sich schließlich – und behandelt somit nicht mehr den wahrnehmungsunabhängigen Container – mit den drei Achsen der

Raumwahrnehmung:[3] die Vertikale, die durch Kopf und Füße des wahrnehmenden Subjekts verläuft (oben und unten als Relationen), die erste Horizontale (Sagittale), die durch Rücken und Brust verläuft (vorne und hinten als Relationen) und die zweite Horizontale (Transversale), die durch die Schultern verläuft (neben, rechts und links als Relationen). Den Relationen ordnet sie Konnotationen zu, die jedoch stark kulturell bedingt sind und nicht als allgemeingültige Semantik von Raumrelationen missverstanden werden sollten:
- *Oben* (Himmel, göttlich, Geist, Intellekt, luftig, frei),
- *vorne* (Ausrichtung von Augen, Ohren, Mund, Nase und übliche Bewegungsrichtung von Händen und Beinen) und
- *rechts* („auf dem rechten Weg sein", „rechter Charakter", „recht so")

gelten als positiv konnotiert. Entsprechend gelten
- *unten* (Hölle, teuflisch, Sexualtrieb etc.),
- *hinten* (eingeschränktes Wahrnehmungsfeld und unnatürliche Bewegungsrichtung) und
- *links* (linkisch, jemanden linken)

als negativ konnotiert (vgl. Dennerlein 2009, 175–176; Van Baak 1983, 75–76; Van Leeuwen 2005, 201–215). Je nach dem, wie die Leserichtung einer Kultur sei (links nach rechts, rechts nach links, von oben nach unten oder von der Mitte nach außen), ändern sich auch visuell implizierte Bedeutungen, argumentieren Kulturwissenschaftler. Visuelle Produkte der „westlichen" Welt seien daher sehr stark nach dem von-links-nach-rechts-Prinzip organisiert, wobei rechts als Zukunft bzw. als „neu" und links als Vergangenheit bzw. als „gegeben" interpretiert werden können (Kress und Van Leeuwen 2006, 4; Uspensky 1975; Van Leeuwen 2005, 201–204).

Es bleibt zu betonen: Alle Bedeutungsdimensionen von räumlichen Relationen und Bewegungen müssen in jeder Inszenierung neu gefunden werden. Es ist somit Teil der Dynamik des TRS, die sich in der Raumkategorie wiederfindet, ein System an *semantisierbaren* Raumrelationen zu schaffen, mit denen man Bedeutungsdimensionen unterstreichen kann, vor allem auch durch Abweichungen vom zunächst etablierten System. Es ist dann am Zuschauer, dieses Relationssystem zu erkennen und mit einer Semantik zu füllen. Die Raumkategorie wirkt in ihrer relationalen Semantik also ähnlich einem Leitmotiv (vgl. Kap. 5.1), das seine (auch narrative) Bedeutungsdimension erst im Laufe einer Inszenierung entfalten kann.

---

3 Vgl. z. B. auch Van Baak (1983, 53).

7.2 Das Potential der einzelnen TRS-Kanäle zur Raumkonstitution

Im Gegensatz zu Erzähltexten wird der Raum im Theater nicht nur sprachlich konstituiert, sondern vor allem visuell, durch Mimik und Gestik der Schauspieler, aber auch durch kinetische Zeichen und Mittel des Bühnenbildes. Das im Zuschauer mental entstehende Bild des sprachlich konstituierten erzählten Raums überlagert sich folglich mit dem durch den tatsächlichen Bühnenraum visuell dargestellten Raum. Als Bühnenraum verstehe ich mit Fischer-Lichte (1983, 142) denjenigen Raum, in dem „A agiert, um X darzustellen". Der Bühnenraum muss somit nicht zwangläufig räumlich vom Zuschauerraum abgegrenzt sein. Wenn Buchholz und Jahn (2005, 553) für die theatrale Bühne festlegen, dass hier der Raum „scenically presented" ist, während er in sprachlichen Erzählungen „described" ist, so ist dies also nur bedingt richtig. Sie vernachlässigen hier die Multimodalität des theatralen Erzählens und damit die Tatsache, dass Raum auf der Bühne nicht nur visuell dargestellt, sondern ebenso sprachlich beschrieben wird. Und auch diese Unterteilung greift im Grunde noch zu kurz, da der visuell dargestellte Raum nur in Ausnahmefällen mit dem repräsentierten Raum der *histoire* übereinstimmt, wie in Kapitel 7.4 über Erzählraum und erzählten Raum noch deutlich werden wird. In diesem Abschnitt soll jedoch zunächst die Frage nach der Repräsentativität von entstehenden Räumen ausgeklammert werden, um zu schauen, wie es um das Raumerzeugungspotential der TRS-Kanäle generell bestellt ist.

Raumnarratologische Ansätze beschäftigen sich bislang vor allem mit der verbalen Erzeugung von Raum (z. B. Frank 2014 über autodiegetische Erzählungen), ohne eine multimodale Perspektive einzunehmen oder nach transmedialen Möglichkeiten der Raumkonstitution zu fragen. Auch textorientierte Untersuchungen des Raumes beziehen sich aber in der Regel indirekt auf visuelle Elemente, da Raum zumeist – auch wenn er nicht visuell repräsentiert wird – visuell imaginiert wird.[4] Frank (2014) spricht in diesem Zusammenhang mit Bezug auf Lotman von einer „anthropologischen Grundannahme":

> Weil Menschen die Welt visuell und damit räumlich wahrnehmen, tendieren sie dazu, nicht-räumliche Sachverhalte räumlich zu modellieren. Dabei erweisen sich besonders

---

[4] Wie die Raumvorstellung von Menschen aussieht, die bereits ihr ganzes Leben lang blind waren, also niemals eine visuelle Vorstellung von Raum entwickeln konnten, wäre dabei ein interessantes Untersuchungsfeld, das hier jedoch nicht weiter verfolgt werden kann. Der Hinweis auf Tast-, Hör-, Geruchs- und Geschmacksräume sei an dieser Stelle jedoch gegeben. Auch ohne visuelle Reize muss es eine Vorstellung von Dreidimensionalität geben.

räumliche Relationen als Mittel zur Erfassung von Wirklichkeit, indem sie durch eine zusätzliche semantische Codierung am Aufbau von kulturellen Modellen beteiligt sind.

(Frank 2014, 27)

Die Gleichsetzung von visuell und räumlich ist dabei jedoch zu verallgemeinernd. Reize wie hell/dunkel oder grau/farbig sind beispielsweise visuell aber nicht raumkonstituierend. Die im vorangehenden Abschnitt behandelten grundlegenden binären räumlichen Relationen (hoch/tief, rechts/links, vorne/hinten), die in künstlerischen Artefakten immer als intentional eingesetzt zu betrachten sind, lassen sich somit auch auf die Inhalte der anderen TRS-Kanäle übertragen. Wenn man sich beispielsweise einen komplett dunklen Raum lediglich mit seinem Tastsinn erschließen muss (haptisch), entsteht im Kopf von sich gewöhnlich visuell orientierenden Menschen nach einiger Zeit ein visuelles Abbild des Raumes, ohne das wir nicht fähig wären, uns in dem dunklen Raum zu orientieren.

Da auch der auditive TRS-Kanal konstitutiv ist, werden im Theater Räume immer auch auditiv erzeugt: „Theater ist niemals nur ein Schau-Raum (*theatron*), sondern immer auch ein Hör-Raum (*auditorium*)" (Fischer-Lichte 2004, 210). Und zu diesem Hör-Raum gehören immer auch die vom Publikum erzeugten Geräusche. Interessanterweise ist der Hör-Raum einer Aufführung häufig auch nicht an die Grenzen des eigentlichen physikalischen Theaterraums gebunden, sondern weitet diesen aus, wenn Geräusche von außerhalb eindringen – sei es ein Unwetter, Züge, U-Bahnen oder Flugzeuge etc. (vgl. Fischer-Lichte 2004, 215–216).

Auch der auditive TRS-Kanal schafft Räume, wie es Kolesch beispielhaft an der Stimme illustriert. Für sie „generiert die Stimme Räume, sie bringt Räume der Wahrnehmung und des Erlebens ebenso wie Räume der Ko-Präsenz von Sprechendem und Hörendem überhaupt erst hervor, gibt ihnen Ausdehnung und Kontur" (Kolesch 2001, 264). Kolesch scheint dabei jedoch einen sehr weit gefassten Raumbegriff zu haben, den sie nicht genau definiert. Bereits Hall (1969, 43) betont demgegenüber den Unterschied zwischen visuell und auditiv erzeugten Räumen: „Visual information tends to be less ambiguous and more focused than auditory information." Als Ausnahme nennt er die Fähigkeit blinder Menschen, höhere Audiofrequenzen zu hören und damit Objekte im Raum zu lokalisieren.

Die drei räumlichen Relationen finden sich in auditiver Hinsicht im Theater teilweise auf mehreren Ebenen: Während Töne und Geräusche von rechts oder links, vorne oder hinten, oben oder unten kommen können, können sie eine Distanz (nah/fern) auch durch unterschiedliche Lautstärke erzeugen. Töne haben zudem die Möglichkeit, hoch oder tief zu sein, sie können also wie die Sprache Räume (bzw. Raumhöhe) auch mental erzeugen.

Ryans (2014, §§ 12–13) Kategorie „spatial extension of the text" lässt sich einzeln auf die TRS-Kanäle anwenden, wobei lediglich der visuelle Kanal eine Dreidimensionalität erreichen kann (Körper und Gegenstände auf der Bühne). Sprache bildet in der Regel im Theater eine Nullstufe in Bezug auf ihre Räumlichkeit, insofern sie mündlich verwendet wird. Laufschriften auf Bildschirmen nennt Ryan eindimensional, gedruckte Texterzeugnisse (und auch Film und Malerei) zweidimensional. Der auditive Kanal erzeugt für sie lediglich metaphorische Räume und bildet somit in Bezug auf die räumliche Ausdehnung wie die Sprache eine Nullstufe, gleiches müsste demnach für Geschmacks- und Geruchsräume gelten. Diese letzte Feststellung ist jedoch nicht unanfechtbar.

Ein Sonderfall scheint der haptische TRS-Kanal zu sein, der – insofern keine visuellen Einflüsse gegeben sind wie etwa in völliger Dunkelheit – die Raumfunktion des visuellen Kanals übernehmen kann. Muss der Zuschauer sich im Dunkeln durch einen Raum tasten, entsteht eine haptische Dreidimensionalität mit einer bestimmten Ausdehnung. Freilich ist dies im herkömmlichen Theater kaum zu finden, sondern berührt eher Aspekte der Performance Art. Dennoch wirkt der haptische TRS-Kanal bezüglich seines Raumpotentials stark visuell. Auch Hall (1969, 60) beobachtet in Bezug auf den „tactile space", dass visuelle und haptische Raumerfahrungen untrennbar miteinander verbunden sind und weist auf die entwicklungstheoretische Erkenntnis hin, dass die visuellen Reize erst im Laufe der Zeit die haptischen überlagern, diese Konstitution im Kindesalter jedoch klar umgekehrt gelagert ist. Haptisch wird Raum mit der Körperoberfläche wahrgenommen. Um einen haptischen Raum zu erzeugen, bedarf es in der Regel der Bewegung des haptisch wahrnehmenden Subjekts selbst (eine Ausnahme bildet hier das Hitze- und Kälteempfinden der Hautrezeptoren, das auch über gewisse Distanzen funktioniert). Auditive und visuelle Reize (und damit auch die Sprache) dringen von außen auf den Wahrnehmenden ein und haben somit eine gesteigerte Möglichkeit, Räume außerhalb des Wahrnehmungssubjektes zu erzeugen. Hall (1969, 41) unterscheidet analog „distance receptors" und „immediate receptors". Auch Gerüche dringen von außen auf den Rezipienten ein und können insofern raumkonstituierend wirken. Starke Gerüche wie gekochtes Essen, bestimmte Parfums, Kosmetika oder chemische Säuren haben ein hohes Potential, Räume zu expandieren oder auch einzelne Geruchsräume zu erzeugen, die gegeneinander kämpfen bzw. sich überlagern. Insofern ist Ryan hier zu widersprechen: Töne (und damit auch auditive Elemente der Sprache) und Gerüche haben eine dreidimensionale räumliche Ausdehnung und bilden daher keine Nullstufe. Da Geschmack ausschließlich körperintern entsteht, können gustatorische Mittel auch nur körperinterne Räume konstituieren. Hier gibt es keine

Überlagerungen mit den anderen, von außen auf das Wahrnehmungssubjekt eindringenden räumlichen Verhältnissen.

Schouten (2004) sieht in der Trennung zwischen Zuschauer- und Bühnenraum für den Zuschauer einen „Entzug" potentiellen Bewegungsraums, der in der Aufführung „zum Darbietungsraum gemacht wird". Die zur Bühne ausgerichtete Bestuhlung und die Verdunkelung des Zuschauerraumes (und damit der Entzug der Bewegungsfreiheit und der unbehinderten Sichtverhältnisse) unterstützen diese Lenkung der Aufmerksamkeit. Denn erst durch diese „Entzugssituation" werden Wahrnehmungsverhältnisse geändert, Alltägliches wird als Besonderes erkennbar, der Entzug selbst ermöglicht eine „intensive Aufmerksamkeit" (Schouten 2004, 107–108, 112). Mit einer festen Bestuhlung geht für die Zuschauer einher, dass Räume nur visuell, sprachlich, auditiv oder olfaktorisch erzeugt werden können. Mit dem Entzug der Bewegungsfreiheit wird auch die Möglichkeit der haptischen Raumwahrnehmung genommen.

Zusammenfassend lässt sich beobachten: Die TRS-Kanäle mit stärker ausgeprägtem Narrativitätspotential haben auch gesteigerte Möglichkeiten, Raum zu konstituieren. Raum entsteht dabei in erster Linie visuell und wird in der Regel – auch wenn er sprachlich, auditiv, olfaktorisch oder haptisch erzeugt wird – visuell imaginiert. Generell muss aber immer zwischen physikalischem Aufführungsraum (Bühne und Zuschauerraum) und imaginiertem (bzw. erzähltem) Raum unterschieden werden, auch in visueller Hinsicht. Es würde die theatrale Erfahrung stark beschneiden, ginge man nur von den tatsächlich präsentierten räumlichen Verhältnissen aus. Mehrere senkrechte Lichtsäulen erzeugen so den Raum eines Tempels oder einer Kathedrale, das Bild einer Mauer am Bühnenrand kann für eine ganze Burg stehen, eine einzelne Tür auf Rollen schafft mindestens zwei mentale Räume, jeweils einen auf den beiden Seiten der Tür, auch wenn diese nicht dargestellt sind. Die Bretter, die die Welt bedeuten, machen nämlich genau dieses: Sie repräsentieren andere Räume als jene, die sie bloß präsentieren. Somit geht das Schachtelungsprinzip von Räumen weiter: Der physikalische Raum (Theatergebäude mit seinen Räumen, Aufführungsraum mit seiner Unterteilung in Bühne und Zuschauerraum etc.) bietet die Möglichkeit narrativ repräsentierter Räume, die nicht mehr physikalisch sind. Es entsteht dabei zunächst ein *discours*-Erzählraum (je nach Konzeption mehr oder weniger narrativ; vgl. Kap. 5), der (insofern er eine Ereignishaftigkeit oder Mittelbarkeit aufweist) wiederum erzählte Räume der *histoire* enthält. Bevor ich die möglichen theatralen Repräsentationsweisen von erzählten Räumen behandle, werde ich im folgenden Unterkapitel jedoch zunächst die unterschiedlichen möglichen Verhältnisse der beiden im physikalischen Aufführungsraum zu unterscheidenden Subräume näher ausdifferenzieren.

7.3 Das Verhältnis von Zuschauerraum und Bühne/Spielfläche

„Der Raum ist weiter als eine Bühne. Er umfasst das Publikum und die Spieler. Er organisiert grundlegend das Verhältnis von Akteuren und Zuschauern, macht sie gar erst zu solchen, indem er ihnen einen Ort zuweist und sie so zueinander ins Verhältnis setzt" (Roselt 2004, 67). Das Verhältnis zwischen Zuschauerraum und Bühne/Spielfläche kann dabei sehr unterschiedlich ausfallen, und eine klare Trennung ist keineswegs konstitutiv für eine Aufführung. Generell kann man unterscheiden zwischen solchen Inszenierungen, in denen die beiden Bereiche abgegrenzt sind (wie im naturalistischen Theater mit seiner „vierten Wand"), und solchen, in denen ein Kontakt hergestellt wird, sei es durch Publikumsansprache, körperliches Überschreiten der Grenze zwischen Bühne und Zuschauerraum oder das völlige Fehlen einer Aufteilung in Spielfläche und Publikumsbereich.

Stenglin (2011, 274) behandelt die „textuelle Funktion"[5] von Raum in Bezug auf Ausstellungen in Anlehnung an Kress und Van Leeuwen (2006) unter den beiden Gesichtspunkten *Statik* und *Dynamik*. Diese beiden Prinzipien lassen sich jeweils auf den Zuschauerraum und die Bühne/Spielfläche anwenden und zueinander ins Verhältnis setzen. So ergeben sich vier Formen des Raumverhältnisses zwischen Zuschauern und Akteuren[6]:

1) statisch-statisch
2) statisch-dynamisch
3) dynamisch-statisch
4) dynamisch-dynamisch

Unter Punkt 1 lassen sich z. B. klassische Inszenierungen an Stadttheatern subsumieren, bei denen die Zuschauer auf Stühlen im Zuschauerraum Platz nehmen und auch das Bühnenbild sich im Laufe der Aufführung nicht wesentlich verändert (wie bei Trauerspielen, die ausschließlich im „bürgerlichen Wohnzimmer" spielen, oder der häufig bedienten Verwechslungskomödie, die dem Tür-zu-Tür-auf-Prinzip folgt).

---

5 Der Begriff selbst geht zurück auf Hallidays (1978, 45–46) Unterteilung der kommunikativen Funktion von Bedeutungsorganisation in die ideelle, interpersonale und textuelle Funktion. Die textuelle Funktion ist die Funktion einer Äußerung im Kontext der gesamten Kommunikation, ihre „operationale Relevanz" (*operational relevance*).
6 Fischer-Lichte (1983, 132–133) bezeichnet dieses Verhältnis in ihrer Systematik als Verhältnis zwischen A [Schauspieler] und S [Zuschauer]. Für sie entstehen räumliche Relationen im Theater als Dreieck zwischen Schauspieler (A), Figur (X) und Zuschauer (S).

Punkt 2 beinhaltet Theaterinszenierungen mit festen Sitzplätzen für die Zuschauer und dynamischen Bühnenbildern oder Spielstätten. Dies lässt sich durch Bühnentechniken (wie Drehbühnen oder den schnellen Wechsel des Bühnenbildes durch Hebetechnik) bewerkstelligen, oder aber durch eine von der Guckkastenbühne abweichende Spielfläche realisieren, bei der die Zuschauer z. B. in der Mitte sitzen und von zwei Seiten bespielt werden.

Punkt 3 umfasst Fälle der performativen Kunst, in denen die Zuschauer sich frei im Raum bewegen können, die Spielflächen aber statisch im Raum verankert sind. Diese Form der Darstellung hat tatsächlich eine sehr lange Tradition und geht zurück auf das fahrende Volk des Mittelalters: „Während man im Mittelalter den Beschauer an den Stationen eines Weges entlangführte, ließ man in der Renaissance das Geschehen an dem ortsfesten Publikum vorbeiziehen", wie Simhandl (2007, 62) eine wichtige Veränderung im Verhältnis von Zuschauerraum und Bühne beschreibt. Das Raumverhältnis des Mittelalters (Schausteller geben ihre Darbietungen auf Wägen oder aufgebauten Podesten zum Besten, während die Zuschauer von einem Schauplatz zum nächsten gehen) liegt noch heute jedem Jahrmarkt zugrunde, ist aber auch in vielen Kunstperformances zu finden, in denen der Darsteller auf einer Fläche in der Mitte des Raumes agiert, während die Zuschauer sich frei um diese Fläche herum bewegen können.

Unter Punkt 4 fallen schließlich Performances, die weder eine festgelegte Spielfläche noch einen festgelegten Zuschauerbereich aufweisen, also z. B. Tanzperformances, die einem Parcours im öffentlichen Raum folgen, wobei die Zuschauer den Tänzern mehr oder weniger zu folgen haben, die beiden Bereiche aber immer wieder ineinander übergehen und nie letztgültig festzulegen sind.

Das Experimentieren mit dem Raumverhältnis zwischen Zuschauern und Akteuren ist immer auch ein Spiegel der Zeit. Im „Zeitalter des Raumes" (Foucault 2006, 317) sieht auch das Theater sich zunehmend in seiner Abhängigkeit von räumlichen und situativen Kontexten. Es reflektiert die zunehmende Komplexität von medialen, politischen, sozialen oder technischen Gesellschaftsstrukturen nicht zuletzt in Angelegenheiten des Raumes. Räume werden dabei in soziologischer Tradition nicht als gegeben, sondern als von Menschen gemacht und deshalb dynamisch aufgefasst. „Wir leben im Zeitalter der Gleichzeitigkeit, des Aneinanderreihens, des Nahen und Fernen, des Nebeneinander und des Zerstreuten", schreibt Foucault (2006, 317) und liefert nicht zuletzt mit diesem Postulat Soja die Grundlage zur Ausrufung des *spatial turn* (vgl. Dünne 2006, 292). Auch Foucault hat dabei ein relationales, wenn auch metaphorisches Raumverständnis: „Die Lage wird bestimmt durch Nachbarschaftsbeziehungen zwischen Punkten oder Elementen, die man formal als mathematische Reihen, Bäume oder Gitter beschreiben kann. [...] Wir leben in einer Zeit, in der sich uns der Raum in

Form von Relationen der Lage darbietet" (Foucault 2006, 318). Im zwanzigsten Jahrhundert löst sich somit das strikte Gegenüber von Bühne und Zuschauerraum der spektakulären Anordnung des achtzehnten Jahrhunderts zugunsten einer größeren Dynamik auf, und auch das Theater stellt und behandelt damit die Fragen nach heterogenen Lagen und wechselnden Relationsgefügen in der zeitgenössischen Raumerfahrung.

Die hier besprochenen Fälle 3 und 4 haben nicht zu unterschätzende Auswirkungen auf den Analyseparameter der perzeptiven Perspektive (vgl. Kap. 8), da sich die jeweiligen Wahrnehmungsverhältnisse im Vergleich zum statischen Zuschauerraum nicht mehr im Vorfeld voraussagen lassen und nicht alles „in eine Richtung" gespielt werden kann.[7] Vor allem um 1900 wurde viel mit den unterschiedlichen Verhältnissen der beiden Räume experimentiert, um Wahrnehmung und Verhaltensweise des Zuschauers möglichst bewusst zu steuern. Die Regisseure der historischen Avantgarde-Bewegungen trachteten danach, so Fischer-Lichte (2004, 191), „die Kontrolle über die autopoietische *feedback*-Schleife zu behalten". Aussagen darüber, wie sich die Dynamik des Raumverhältnisses zwischen Zuschauer und Akteur auf die Narrativität des Dargebotenen auswirkt, bewegen sich jedoch noch im Bereich des Spekulativen. Intuitiv scheint mit einer höheren Dynamik des Zuschauerraumes eine geringere Narrativität einherzugehen, während eine höhere Dynamik des Bühnen- bzw. Spielfeldraumes die narrativen Möglichkeiten zu steigern vermag, macht sie doch einerseits Schauplatzwechsel (und damit auch Zeitsprünge) und andererseits die perspektivierte Präsentation des Erzählten sehr viel leichter durchführbar. Eine umfassende Korpusanalyse zur Verifizierung dieser Annahmen scheint hier am Platz.

Um auf Stenglin zurückzukommen: Sie unterteilt die beiden Grundprinzipien der textuellen Funktion von Raum in weitere Analyseparameter. Für die statische Raumkonzeption sind *framing*[8] und *information value* wichtig; die dynamische (Zuschauer-)Raumkonzeption unterliegt den Parametern *path–venue*, *prominence* und ebenfalls *information value* (vgl. Stenglin 2011, 274). Der Zuschauer folgt einem bestimmten Pfad (*path*), der ihn zu den jeweiligen Orten führt (*venue*), die seine Aufmerksamkeit erregen (*prominence*). Den Informationsgehalt eines Ortes unterteilt Stenglin (2011, 275) in bekannt (*given*) und neu (*new*), wobei die beiden Pole sich nach kulturwissenschaftlicher Interpretation in westlichen

---

7 Fischer-Lichte (2004, 188) macht verwandte Beobachtungen zum Zusammenhang von Raum und perzeptiver Perspektive.
8 Zum Begriff „Framing" vgl. Kress und Van Leeuwen 2001, 2–3.

Zivilisationen zumeist wie bereits erwähnt entlang der Achse rechts-links (Leserichtung) organisieren.[9] Unter der Analysekategorie Rahmen (*framing*) schließlich werden Fragen nach dem gesamten Aufführungsort gestellt, d. h. ob die Inszenierung in einem Theater, in einer Ausstellung, in Schulen, in einer privaten Wohnung, draußen, im öffentlichen Stadtraum etc. stattfindet, und wie Zuschauer- und Akteurraum zueinander aufgebaut werden (vgl. Stenglin 2011, 276). Hierunter fallen z. B. auch die beiden zu Beginn dieses Unterkapitels erwähnten Kategorien *Abgrenzung* und *Kontakt*.

Der letztgenannte Analyseparameter lässt sich auch bei Fischer-Lichte wiederfinden, die in ihrer Systematik „diejenigen Räume, die ausdrücklich als Theaterbau errichtet", von denjenigen unterscheidet, „die zur Realisierung einer anderen praktischen Funktion geschaffen wurden" (Fischer-Lichte 1983, 137). Sie beobachtet dabei – analog zu Foucaults oben besprochenen generelleren Feststellungen – eine zunehmende Hinwendung zu alternativen Spielorten, die der kontemporären gesellschaftlichen Funktion von Theater gerechter würden, das nicht mehr ein isolierter Raum des „Guten, Wahren und Schönen" (Fischer-Lichte 1983, 139) sei, in dem sich das Bildungsbürgertum seiner abgehobenen Identität versicherte. Vielmehr verweise die Umfunktionierung von Räumen zu theatralen Schauplätzen jeweils auf die eigentliche Aufführung. Die ursprüngliche praktische Funktion eines Raumes (Straße, U-Bahn, Marktplatz, Kunstausstellung, Einkaufszentrum, Fabrikhalle etc.) unterstreiche folglich die symbolische Funktion einer Aufführung.

Fischer-Lichte (2004, 199) klassifiziert ferner den „performativen Raum" als einen „Zwischen-Raum", da in ihm „Räumlichkeit als Überblendung von realen und imaginierten Räumen" entstehe. In der Tat wäre auch in Bezug auf die Narrativität, die bei der Unterscheidung von Erzählraum und erzähltem Raum das maßgebliche Kriterium ist, der performative Raum genau zwischen diesen beiden Räumen anzusiedeln: Der Erzählraum ist für den erzählten Raum konstitutiv, und der erzählte Raum wird auch durch die Mittel des physikalischen Aufführungsraums erzeugt. Das performative Ereignis (vgl. Kap. 2.2) findet in diesem performativen Raum statt; für das narrative Ereignis bedarf es eines Erzählraums, und damit eines narrativen Diskurses. Phänomene wie die „Aura" (Benjamin 1991) oder die „Atmosphäre" (Böhme 1995) werden im performativen Raum lokalisiert und verhandelt (vgl. Fischer-Lichte 2004, 201). Dieser Zwischen-Raum scheint mir für ein heuristisches Analysemodell, das sich auf die Narrativität von Theaterinszenierungen konzentriert, jedoch nicht operationalisierbar und wird daher an dieser Stelle nicht weiter diskutiert.

---

9 Vgl. Van Leeuwen 2005, 201–204 und Kress und Van Leeuwen 2006, 179–185.

Eine weitere nützliche Analysekategorie für das räumliche Verhältnis von Zuschauern und Akteuren ist die *Distanz*. Hall (1969, 113–129) unterscheidet basierend auf empirisch-anthropologischen Untersuchungen im Umfeld der *proxemic research* vier Distanzzonen: „intimate", „personal", „social" und „public", die sich in Bezug auf die Distanz der Beteiligten unterscheiden und jeweils eine mehr oder weniger gut abgrenzbare Zone bilden und auch im Theater Gültigkeit besitzen (vgl. Elam 1980, 65). Zu betonen ist hierbei jedoch immer die hohe Abhängigkeit derlei Kategorien von kulturellen Zugehörigkeiten, momentanen Umwelteinflüssen und persönlichem Empfinden. Diese Distanzen lassen sich sowohl zwischen den einzelnen Schauspielern als auch im Verhältnis von Schauspieler und Zuschauer interpretieren. Die vier Distanzen sind:

- Intimdistanz: bis ca. 45 cm (18 inches),
- Persönliche Distanz: ca. 45 bis 120 cm (1,5–4 feet),
- Soziale Distanz: ca. 120 bis 360 cm (4–12 feet) und
- Öffentliche Distanz: ab ca. 360 cm (12 feet oder mehr).

Mit der Distanz wird häufig gespielt, wenn der Schauspieler einem Zuschauer zu nahekommt und persönlicher/intimer Raum sich dadurch mit dem öffentlichen Raum verbindet. „Zu nah" kann visuell verstanden werden, funktioniert aber eben so gut mit den anderen Sinnen. Die meisten Menschen werden wohl instinktiv zurückweichen, wenn ein Schauspieler direkt vor ihnen steht und ihnen z. B. ins Gesicht schreit. Auch olfaktorisch, haptisch und gustatorisch können die unterschiedlichen Distanzen hergestellt werden. Sprachlich ist dies wiederum eher metaphorisch möglich: Wenn ein Schauspieler persönliche oder intime Aussagen über einen bestimmten Zuschauer macht, so verringert er eine verbale Distanz, ebenso, wenn er ihn auffordert, etwas zu sagen oder vorzulesen. Die verbale Distanz ist höher, wenn man als Zuschauer einen Text vorlesen muss (z. B. eine Nachrichtenmeldung), als wenn man intime Aussagen über sich selbst machen soll – hier verlassen wir jedoch die physikalische Auffassung des Raumbegriffes. *Distanz* findet sich auch als Analysekriterium in der textbasierten erzähltheoretischen Forschung (vgl. Genette 1998, Martínez und Scheffel 2012) und beschreibt die Distanz des Erzählers zum Erzählten, basiert also auf den hier bereits besprochenen Unterschieden von narrativem und dramatischem Modus: je dramatischer der Modus, desto geringer die verbale Distanz. Das gilt auch, wenn ein Zuschauer aufgefordert wird, Teil des sprachlichen TRS-Kanals zu werden.

Die oben besprochenen semantisierten Raumrelationen lassen sich auf den realen Theaterraum und seine internen Ortsverhältnisse übertragen. Die Entfernungen von Zuschauern und Schauspielern oder von Schauspielern untereinander, Bewegungsrichtungen von Schauspielern oder auch Zuschauern etc. können auch für die *histoire* potentiell bedeutungstragend und -verändernd sein. Auch spricht der unterschiedliche räumliche Abstand der jeweiligen Zuschauer zum Geschehen dafür, dass jedem Zuschauer die erzählte Welt anders vermittelt wird. Im performativen Erzählen wirkt der Rezipient daher schon durch die Entscheidung für einen Sitzplatz (oder Aufenthaltsort) interaktiv. So haben manche Theaterbesucher eine Art Scheu vor der ersten Reihe, während es für andere keinen besseren Platz gibt; einige sitzen lieber im Rang und haben von dort einen Überblick über das Geschehen, andere nehmen gerne inmitten des Paketts Platz. Die räumlichen Relationen werden von diesen einzelnen Wahrnehmungsorten jeweils potentiell unterschiedlich aufgenommen und bewertet. Vor allem die Achse nah/fern erfährt eine Veränderung, aber auch die Relation hoch/tief spielt in vielen Theaterhäusern eine wichtige Rolle.[10] Und wenn man es nicht mit einer frontalen Gegenüberstellung von Bühne und Zuschauerraum zu tun hat, kann sich auch die links/rechts-Achse je nach Wahrnehmungsort des Zuschauers verschieben. All diese Verhältnisse innerhalb des physikalischen Aufführungsraums haben Auswirkungen auf die Konstitution des diskursiven Erzählraums und der auf *histoire*-Ebene anzusiedelnden erzählten Räume.

7.4 Erzählraum und erzählter Raum

Heterotopien besitzen nach Foucaults (2006) drittem Grundsatz

> die Fähigkeit, mehrere reale Räume, mehrere Orte, die eigentlich nicht miteinander verträglich sind, an einem einzigen Ort nebeneinander zu stellen. So bringt das Theater auf dem Rechteck der Bühne nacheinander eine ganze Reihe von Orten zur Darstellung, die sich gänzlich fremd sind.
>
> (Foucault 2006, 324)

Während sich das Verhältnis von Zuschauerraum und Bühne/Spielfläche auf Gegebenheiten des physikalischen Aufführungsortes bezieht, der im Kant'schen Sinne a priori ist, so entsteht durch Narrativität ein Erzählraum (bzw. bei geschachtelten Erzählebenen mehrere Erzählräume). Durch das performative Erzählen entstehen repräsentierte erzählte Räume, die sich wiederum zum Erzählraum in Bezug setzen lassen. Der Erzählraum ist für jeden erzählten Raum kon-

---

10 Wer beispielsweise einmal im Wiener Burgtheater eine Aufführung vom Oberrang aus verfolgt hat, kann sich eines Gefühls der Ausgeschlossenheit vom Bühnengeschehen aufgrund der großen Distanz und Höhe des Wahrnehmungsortes nicht erwehren.

stitutiv. Schaut man sich die Aufführung global an, so ist der Erzählraum im performativen Erzählen in seiner Ausdehnung mit dem realen Aufführungsraum deckungsgleich und könnte auch als *discours*-Raum bezeichnet werden. In und mit diesem Erzählraum ist es möglich, beliebig viele und beliebig große erzählte Räume zu repräsentieren. Auf der Mikroebene können jedoch häufig einzelne Erzählräume differenziert werden; z. B. wenn ein Schauspieler selbst zu einem *generative narrator* wird. Ein intradiegetisches Erzählen erzeugt somit auch einen intradiegetischen Erzählraum, der wiederum einen oder mehrere metadiegetische erzählte Räume (oder auch *histoire*-Räume) narrativ repräsentiert. Diese intradiegetischen Erzählräume und metadiegetischen erzählten Räume gliedern sich auf der Makroebene in den globalen Erzählraum der theatralen Aufführung ein. Auf der Mikroebene ist jedoch, solange die Metadiegese nur sprachlich erzeugt wird wie bei der Teichoskopie, der Körper des sprachlich erzählenden Schauspielers in diesem Moment der Erzählraum. Das Schachtelungsprinzip von physikalischen Räumen findet in der Erzählebenenschachtelung folglich eine Analogie und gilt ebenso für Erzählräume und erzählte Räume.

Bereits Kahrmann, Reiß und Schluchter (1977, 52–53) unterscheiden in ihrer Einführung zur Erzähltextanalyse unter anderem den erzählten Raum und den Erzählraum, die sich ebenfalls an der *histoire-discours*-Dichotomie orientieren. Auch Chatman (1993, 96) differenziert entsprechend *story-space* und *discourse-space*. In ihrer Einführung plädieren ebenso Martínez und Scheffel (2012, 22–23) für eine Unterscheidung von Darstellung und erzählter Welt, d. h. einer Ebene der Raumerzeugung und einer Ebene des erzeugten Raums. Schließlich findet diese Unterteilung auch Eingang in den Enzyklopädie-Artikel von Buchholz und Jahn (2005, 552), die darauf aufbauend die beiden deiktischen Zentren „story-HERE" und „discours-HERE" unterscheiden, je nachdem von welcher Origo Ausdrücke (oder visuelle Gegebenheiten) wie rechts/links, hier/dort, nah/fern etc. ausgehen. Und ähnlich findet sich auch bei Herrmann (2006, 506) eine Beobachtung zu diesem grundlegenden Unterschied: „[D]er bedeutende Schauspieler schafft sich seinen Raum selber oder, genauer, er deutet sich den Bühnenraum um in einen tatsächlich nicht vorhandenen Realitätsraum, der nun seinen ganzen Habitus [...] bedingt." Im letzten Zitat wird zudem noch einmal deutlich, dass physikalischer Aufführungsraum und Erzählraum im performativen Erzählen tendenziell deckungsgleich sind und ein *discours*-Begriff im räumlichen Erzählen damit weniger präzise zu definieren ist (vgl. auch Alber und Fludernik 2014, § 25). Dass eine binäre Unterscheidung von Erzählraum und erzähltem Raum sinnvoll ist, wird augenfällig, denkt man sich beispielsweise eine Drehbühne, die in mehrere Spielorte unterteilt ist. Es wäre sinnlos, ginge man allein aufgrund dieser Repräsentation davon aus, dass die dargestellten Figuren in einer fiktiven Welt leben, deren Räume nebeneinander auf einer sich drehenden Scheibe liegen.

So wie man von einer narrativen Handhabung der zeitlichen Verhältnisse ausgehen kann (vgl. Kap. 6), so gelten die Unterschiede von *histoire* und *discours* auch für die Raumkategorie. Bereits Hamburger (1977, 170) macht auf den Zusammenhang von Zeit und Raum aufmerksam, wenn sie auf das Theater zu sprechen kommt: „Die physische, wahrnehmbare Form der Bühne kann leicht die Einsicht verdecken, daß sie so gut wie ein erzählter Schauplatz ein gedachter, imaginärer, fiktiver Raum ist, Raum und Zeit in ihrem Bereiche gleichfalls begriffliche und nicht deiktische Form haben."

Aus den gemachten Beobachtungen lässt sich das Zwischenfazit ziehen, dass durch das performative Erzählen auf der Bühne/Spielfläche ein narrativer *discours* und damit ein Erzählraum entsteht, der wiederum die Vorstellung eines Raumes erzeugt (des erzählten Raumes), der in seiner Ausdehnung von der tatsächlichen Ausdehnung des Erzählraumes abweicht. Der Erzählraum selbst ist ein im physikalischen Aufführungsraum verankerter mentaler *discours*-Raum, der – insofern man keine Intradiegesen, Metadiegesen etc. betrachtet – die gleichen Ausdehnungen hat wie jener physikalische Raum. Somit lassen sich – vor der Folie der im vorangegangenen Zeitkapitel besprochenen Relationen von Erzählzeit und erzählter Zeit – drei verschiedene Verhältnisse von Erzählraum und erzähltem Raum feststellen: raumdehnendes, raumdeckendes und raumreduzierendes Erzählen. Ein wichtiger Unterschied ist dabei folgender: Da räumliches Erzählen, wie wir gesehen haben, insbesondere visuell induziert wird, nehmen wir den Erzählraum zuerst wahr, während das mentale Bild des erzählten Raums erst durch Aktion im Erzählraum entsteht. Bei der Kategorie Zeit ist dies genau andersherum: Die erzählte Zeit wird eher wahrgenommen, während die Erzählzeit zumeist aus ihr geschlussfolgert werden muss bzw. erst am Ende der ganzen Erzählung angegeben werden kann. Eine Zeitdehnung beispielsweise findet daher von der *histoire* zum *discours* hin statt. Bei einer Raumdehnung jedoch sehen wir zunächst einen Erzählraum (d. h. den *discours*), der im Zuge der Narration in sich einen erzählten Raum (die *histoire*) mit größeren räumlichen Ausmaßen erzeugt. Entsprechendes gilt für die Raumreduktion. Abbildung 13 verdeutlicht die drei Raumrelationen.

Größenverhältnis von Erzählraum und erzähltem Raum

raumdehnendes Erzählen	Erzählraum < erzählter Raum
raumdeckendes Erzählen	Erzählraum = erzählter Raum
raumreduzierendes Erzählen	Erzählraum > erzählter Raum

Abb. 13: Größenverhältnis von Erzählraum und erzähltem Raum

Das raumdehnende Erzählen ist im Theater sicher der statistische Regelfall, gerade bei kleineren Bühnen oder gar Zimmertheatern, die aufgrund der gegebenen stark begrenzten räumlichen Möglichkeiten häufig größere erzählte Räume in einem reduzierten Erzählraum behaupten müssen. Tatsächlich ist es aber auch eine originäre Eigenschaft des Kunstwerkes, in seiner behaupteten Räumlichkeit über sich hinauszuwachsen, wie Lotman es beschreibt, wenn er von der „Vorstellung vom Kunstwerk als einem in gewisser Weise abgegrenzten Raum, der in seiner Endlichkeit ein unendliches Objekt abbildet" (Lotman 2006, 529), spricht. Die nicht nur sprachlich behauptete, sondern auch visuelle Raumillusion hat im Theater eine lange Tradition. Seit der Renaissance entstehen durch perspektivische Bühnenmalereien stark illusorische virtuelle Bühnenräume, welche in ihrer Größe die tatsächlichen Bühnenräume bei weitem überragen (vgl. Elam 1980, 67).

Auch raumreduzierendes Erzählen – das häufig thematisch motiviert ist – findet sich immer wieder. So verwandelt Kathrin Nottrodt die riesige Bühne des Deutschen Schauspielhauses in Hamburg in Karin Henkels Ibsen-Inszenierung *John Gabriel Borkmann* (2014) in einen klaustrophobisch anmutenden Betonkeller, der nach hinten hin immer enger wird, sodass die Schauspieler dort nicht mehr aufrecht stehen können und ihre Bewegungen folglich an diese Gegebenheiten anpassen müssen. Dieses an der Rampe dennoch die volle Breite und Höhe des Theatersaales ausfüllende Bühnenbild behauptet einen engen, beschränkenden Keller und das nicht nur dort, wo er auch visuell eng und beschränkend dargestellt wird; es handelt sich hier um raumreduzierendes Erzählen, da der kleinere erzählte Raum im größeren Erzählraum dargestellt wird.

Die vielen Fälle, in denen Raum nicht vordergründig behandelt und auch nicht indirekt thematisiert wird, bilden eine Unterkategorie des raumdeckenden Erzählens. Eine Größenabweichung des erzählten Raumes vom Erzählraum muss immer durch das TRS markiert sein, wohingegen eine Raumdeckung auch unmarkiert hingenommen werden kann.

Der Gebrauch von Metadiegesen (und tieferen Erzählebenen) kann schließlich ein noch komplexeres Verhältnis von Räumlichkeiten hervorbringen. Wird der intradiegetische Erzählraum ausschließlich sprachlich erzeugt (z. B. beim Botenbericht oder der Teichoskopie), beschränkt er sich auf den Körper des jeweiligen *generative narrators*, da Sprache mit Ryan eine räumliche Nullstufe bildet (s. Kap. 7.2). Der durch diesen Erzähler erzeugte metadiegetische erzählte Raum ist in einer Evaluation der Größenverhältnisse auf jenen intradiegetischen Erzählraum (und nicht auf den globalen Erzählraum) zu beziehen. Erzählt der intradiegetische Erzähler in diesem Moment beispielsweise von Ereignissen in einem Zimmer, das kleiner ist als der physikalische Aufführungsraum, handelt es sich dennoch um raumdehnendes Erzählen. Die Größe eines erzählten Raumes ist immer in Relation zu der Größe des ihn konstituierenden Erzählraumes zu setzen. Wird nun eine Metadiegese (z. B. eine Vision oder ein Traum) zusätzlich auch visuell (sowie auditiv, olfaktorisch oder haptisch) repräsentiert, ist der intradiegetische Erzählraum nicht mehr auf den Körper des *generative narrators* beschränkt, sondern kann wieder die Ausmaße des globalen Erzählraums annehmen.

Ein Erzählraum ist per definitionem immer dann vorhanden, wenn die Bedingungen der narrativen Mittelbarkeit erfüllt sind: Mit einer doppelten Zeitlichkeit geht auch eine doppelte Räumlichkeit einher. Wie man sich bei der Festlegung der Erzählzeit auf die Rezeptionszeit bezieht, kann man die Ausdehnung des globalen Erzählraums vor der Folie des physikalischen Aufführungsraums bestimmen. Der erzählte Raum kann nun, weil er gedachter Raum ist, extrem klein (z. B. das Innere eines Moleküls) oder extrem groß (z. B. das Weltall) sein. Die Raumdehnung bzw. die Raumreduzierung ist somit aufgrund der möglichen Fiktivität des Erzählten nicht zwangsläufig beschränkt. Hierbei wird das Nichtvorhandensein einer Begrenzung bzw. eines Innen und Außen behauptet, wenngleich Kants Diktum gültig bleibt, dass Raum a priori und damit immer vorhanden ist. Wir können uns somit die dargestellten Figuren nicht ohne einen sie – auf welche Art auch immer – umgebenden Raum vorstellen. Die TRS-Kanäle können jederzeit raumkonstituierend wirken und die auf *histoire*-Ebene fingierte Raumlosigkeit beenden (z. B. durch die sprachliche Erwähnung eines Zimmers oder das visuelle Präsentieren einer Tür). Die Räume können somit entweder konkret benannt werden (Zimmer), oder eine metonymische Bezeichnung bzw. ein

Objekt aus dem semantischen Feld des zu bezeichnenden Raumes weist implizit auf sie hin (Tür) (vgl. Dennerlein 2009, 73–74). Die unterschiedlichen Varianten der theatralen Raumrepräsentation sind dabei graduell abgestuft und reichen von der konkreten Vergegenständlichung bis hin zum abstrakt-formalen Entwurf von Räumlichkeit als Ordnungsdimension.

In der Tat wird man als Rezipient kaum von einer Raumlosigkeit der dargestellten erzählten Welt ausgehen, nur weil man eine leere Bühne sieht, auf der Schauspieler agieren. Auch wenn kein Mittel zur direkten Raumerzeugung verwendet wird (sowohl visuell als auch sprachlich), so wirkt dennoch das *principle of minimal departure*: Wir gehen solange davon aus, dass die Figuren in einem erzählten Raum zu verorten sind, bis das Gegenteil behauptet wird. Dennerlein bringt dies mit dem Ereignisbegriff zusammen: „Sobald ein Ereignis erzählt wird, ist eine räumliche Gegebenheit impliziert, an/in der sich ein Ereignis abspielt, sei sie auch noch so unbestimmt" (Dennerlein 2009, 83). Hier gliedert sich die Raumkategorie in das narratologische Modell ein; da Raum und Zeit als Kontinuum existieren, gibt es mit einer narrativen Ereignishaftigkeit immer auch einen narrativ erzeugten Raum, sprachlich wie visuell und auch auditiv in Bezug auf Geräusche.

Der erzählte Raum wird in Ryans (2014, §§ 6–10) Terminologie „Narrative Space" genannt. Die von ihr vorgeschlagenen Unterteilungskategorien lassen sich wie folgt auf das Theater übertragen:

- *Spatial frames* sind die Umgebungen der tatsächlichen Ereignisse, die durch den sprachlichen, visuellen oder auditiven Kanal erzählt werden können.
- *Setting* ist die historische Einbettung, die meistens durch Kostüme und/oder Aspekte des Bühnenbildes verdeutlicht wird (z. B. Faust, der eine Schlaghose trägt).
- *Story space* beinhaltet alle *spatial frames* sowie alle Orte, die nur in den Gedanken der Figuren vorkommen, in denen aber keine tatsächlichen Ereignisse der Erzählung stattfinden.
- *Narrative* (bzw. *story*) *world* ist die vom Zuschauer komplettierte narrative Welt, die so lange der unsrigen Welt gleicht, bis Gegenteiliges behauptet wird (*principle of minimal departure*; Ryan 1991). Das bedeutet, auch Dinge, die nicht explizit genannt oder gezeigt werden, gelten als im erzählten Raum vorhanden. So gehen wir beispielsweise nicht davon aus, dass – insofern eine Drehbühne eingesetzt wird, die in mehrere Zimmer/Orte unterteilt ist – die einzelnen Zimmer in der Welt der Figuren tatsächlich auf einer sich drehenden Scheibe angeordnet sind, sondern vermutlich rechtwinklig gegenüber oder nebeneinander liegen und durch Flure verbunden sind.

- Als *narrative universe* gilt schließlich die Gesamtheit der tatsächlichen *storyworld* sowie aller kontrafaktischen Welten, die lediglich in den Wünschen, Träumen, im hypothetischen Denken sowie in den Ängsten oder Spekulationen der Figuren entworfen werden.

Da Erzählraum und erzählte Räume in der performativen Narration immer in einem physikalischen Raum entstehen, ist es interessant, die Verbindungen zu betrachten, die zwischen dem realen Theaterraum und den entstehenden mentalen Räumen der Narration existieren. Der Erzählraum ist als Raum des *discours* immer an die räumlichen Begrenzungen des Aufführungsraumes gebunden und wie das TRS als abstraktes mentales Konstrukt zu begreifen: Ein Raum, in dem performativ erzählt wird, wird zum Erzählraum. Die erzählten Räume jedoch sind nicht von diesen Grenzen abhängig. Wie wir gesehen haben, werden erzählte Räume vor allem visuell und sprachlich erzeugt. Visuell übernimmt dies insbesondere die Dekoration, sprich das Bühnenbild und die Requisiten (vgl. Fischer-Lichte 1983, 144), die im Aufführungsraum arrangiert sind. Der erzählte Raum wird dabei dynamischer je abstrakter die raumkonstituierenden Mittel des TRS gestaltet sind: Eine leere Bühne bietet in Bezug auf den Raum die höchste Dynamik, ein hochgradig naturalistisches Bühnenbild dagegen die geringste. Ebenfalls steigert sich mit zunehmend abstrakt gestaltetem Aufführungsraum der Grad der Involviertheit des Zuschauers, um einen erzählten Raum zu konstituieren. Anders gesagt: Ein abstraktes Bühnenbild fordert und fördert die mentale Konstituierung eines erzählten Raumes durch den Zuschauer weit mehr als ein naturalistisches. Schließlich hängt der Grad der Dynamik des erzählten Raumes auch mit den Schauspielern bzw. Figuren zusammen: In einem abstrakten Bühnenbild oder auf einer leeren Bühne kann jede Figur jeder Zeit für sich einen eigenen erzählten Raum konstituieren. Das folgende Beispiel soll dies verdeutlichen.

Wenn zwei Schauspielerinnen auf einer leeren Bühne nebeneinander stehen und den sie umgebenden erzählten Raum ausschließlich sprachlich konstituieren, so können sie behaupten, an zwei völlig unterschiedlichen Orten des erzählten Raums (*storyworld*) zu sein und sich gegenseitig nicht wahrnehmen zu können. Als Zuschauer nehmen wir diese Gegebenheit ohne Weiteres hin, auch wenn die geäußerten Sprechakte sich abwechseln und sich vielleicht sogar indirekt aufeinander beziehen. Wir würden nicht davon ausgehen, dass die beiden Schauspielerinnen Figuren darstellen, die an einer Wahrnehmungsstörung leiden und sich nicht sehen/hören/riechen etc. können, obwohl sie doch direkt nebeneinander stehen und offensichtlich kein Hindernis zwischen ihnen existiert.

Ganz anders fiele dieses Beispiel aus, wenn die beiden Schauspieler in einem naturalistischen Bühnenbild (z. B. dem bürgerlichen Wohnzimmer) stehen. Der visuelle TRS-Kanal übernimmt hier derartig stark die raumkonstituierende Funktion, dass eine unauflösbare Spannung zwischen auditiv-sprachlich und visuell erzähltem Raum entstünde. Würden die beiden Figuren so nebeneinander stehend nun sprachlich unterschiedliche erzählte Räume konstituieren, so wären wir als Zuschauer verleitet, ihnen jene Wahrnehmungsstörungen zu attestieren, die in einem abstrakten Bühnenbild nicht zur Debatte stehen. Die verminderte Dynamik der Raumkonstituierung durch ein naturalistisches Bühnenbild geht nicht mit einer hohen Raumkonstituierungsdynamik anderer TRS-Kanäle oder auch anderer visueller Modi konform.

Resümierend lassen sich folgende graduelle Relationen für den theatralen Raum festhalten:
- Je abstrakter die Gestaltung des Aufführungsraums, desto höher ist der kognitive Aufwand des Rezipienten bei der mentalen Konstituierung des erzählten Raumes.
- Je abstrakter die Gestaltung des Aufführungsraums, desto dynamischer sind die Grenzen des erzählten Raumes.
- Je abstrakter die Gestaltung des Aufführungsraums, desto schauspielerabhängiger sind die Grenzen des erzählten Raumes.

Das Verhältnis von Aufführungsraum und erzähltem Raum ist daher nicht zuletzt auch ein Indiz für den Grad der narrativen Mittelbarkeit. Wenn ein Bühnenbild hochgradig naturalistisch ausgestaltet ist, findet sich kaum ein Unterschied zwischen Aufführungsraum und erzähltem Raum (die Behauptung der „vierten Wand" im naturalistischen Theater negiert sogar den Anteil, den der Zuschauerbereich am Erzählraum hat). Die beiden Ebenen *discours* und *histoire* sind in diesem Fall kaum noch zu unterscheiden, sodass der Erzählmodus dramatischer wird. Somit lässt sich zusätzlich folgende graduelle Relation aufstellen:
- Je abstrakter die Gestaltung des Aufführungsraums performativer Narration, desto höher ist der Grad der narrativen Mittelbarkeit.

Auch einzelne Modi des visuellen TRS-Kanals können auf ihre raumkonstituierende Funktion hin untersucht und einander gegenübergestellt werden. So kann z. B. Licht alleine stark raumkonstituierend eingesetzt werden: „Das Licht kann […] ein Zimmer oder eine Hütte bedeuten, das Innere einer Kathedrale oder eine Höhle u.a.m. und vermag auf diese Weise die Dekoration sogar vollkommen zu ersetzen" (Fischer-Lichte 1983, 158).

Schließlich sind häufig auch die proxemischen Zeichen raumkonstituierende Elemente. Eine Inszenierung konstituiert sich immer in einem konkreten Raum, nämlich dem wie auch immer gestalteten Aufführungsraum, der semantisiert wird und in dem infolgedessen auch Bewegungen eine Bedeutung erhalten (vgl. Pfister 2001, 338–339). Bewegungen der Schauspieler durch den Raum oder auch Positionen der Schauspieler im Raum (proxemische Zeichen) sind auf einer Bühne nicht nur potentiell hochgradig bedeutungstragend (vgl. Fischer-Lichte 1983, 89), sondern vor diesem Hintergrund auch narrationsverändernd. Ein plakatives Beispiel mag dies verdeutlichen: Wenn ein Teil der Bühne in Dunkelheit, der andere in helles Licht getaucht ist und eine labile Figur sich von der hellen Seite näher auf die dunkle Seite zubewegt, dann kann durch diese Bewegung – und durch den Kontext des Stückes oder der Performance – die Geschichte einer Depression erzählt werden. Cameron und Hoffman (1974, 291) sprechen in ihrem *Guide to Theatre Study* von einem „vocabulary of stage placement" und betonen die Wichtigkeit der theatralen Bedeutungskonstitution durch Bewegungen auf der Bühne, die sowohl figural motiviert sein als auch dem gesamten Regiekonzept eingegliedert werden müssen, um auf der Ebene der Inszenierung Bedeutung zu tragen. „Movement, then, is a powerful means of communicating subtext to the audience; it can, in fact, be the means by which a classic text is reinterpreted for a new audience" (Cameron und Hoffman 1974, 336). Sowohl die Bewegungsrichtungen der einzelnen Schauspieler zueinander als auch vom Publikum aus gesehen, tragen somit potentiell Bedeutung.[11] Die drei Achsen der Raumwahrnehmung müssen daher von jeweils unterschiedlichen Wahrnehmungsobjekten aus gedacht (und vom Regisseur auch so inszeniert) werden: Das Zuschauer-Rechts kann ein anderes (oder eben das gleiche) Rechts sein als das figurale bzw. als dasjenige einer anderen in der Szene anwesenden Figur. Dies wird noch komplizierter, wenn sich Erzählraum und erzählter Raum in einem 90°-Verhältnis zueinander befinden (was durch vorherige Setzungen proxemisch etabliert werden muss).[12] Die Rechts-Links-Achse des Erzählraums kann dann zur

---

[11] Vgl. in dieser Hinsicht vor allem auch die narratologische Beispielanalyse von Jette Steckels Inszenierung *Der Fremde* in Kapitel 9.2.
[12] In der Inszenierung *Bernstein* von Meng Jinghui (Gastspiel aus Peking am Thalia Theater am 29.01.2015) steht beispielsweise in mehreren Szenen ein Schauspieler zum Publikum gewandt und ein anderer ein paar Schritte von ihm entfernt (links oder rechts) seitlich zum Publikum. Der zum Publikum gewandte Schauspieler macht eine Handbewegung, als gebe er jemandem eine Ohrfeige, der andere Schauspieler wird scheinbar von dieser Ohrfeige getroffen, zuckt zusammen und hält sich die Wange. Der erzählte Raum ist in diesem Fall also nicht nur kleiner als der Erzählraum (Raumreduzierung), sondern auch um 90° gedreht.

Vorne-Hinten-Achse des erzählten Raums werden und andersherum. Interessanterweise (und konstituierend für die theatrale Repräsentation) bestehen Erzählraum und erzählter Raum immer zugleich, und ihre Überlagerungsmöglichkeiten sind hochgradig dynamisch. „Der Bühnenraum vermag beide Funktionen simultan zu erfüllen", wie Fischer-Lichte (1983, 91) richtig erkennt, „er kann einen bestimmten Ort denotieren und gleichzeitig abstrakten Raum darstellen, der durch die Bewegungen in signifikanter Weise gegliedert wird".

Auch für die Analyse der Fokalisierung kann der Raum wichtig werden; so können abstrakte Bühnenbilder beispielsweise eher figureninterne Zustände widerspiegeln (eine Form der Introspektion) als solche naturalistischer Machart (vgl. Pfister 2001, 348–350). Die genauere Unterscheidung von Merkmalen der Perspektive und der Fokalisierung soll im folgenden Kapitel vorgenommen werden. Der Zusammenhang mit der Kategorie Raum ist jedoch fundamental: Da performatives Erzählen immer in einem physikalischen Aufführungsraum stattfindet, der vom Ort des Zuschauers aus wahrgenommen wird, ist es per se perspektivisch organisiert. Mit dieser Grundkonstante spielt z. B. Jette Steckels Inszenierung *Der Fremde* (vgl. Kap. 9.2), in der die Zuschauer um eine sich permanent drehende Bühne verteilt sitzen. Hier wirken im Grunde zwei perspektivische Prinzipien gegeneinander und kommen am Ende wieder bei der üblichen Raumkonstitution an, in der das statische Gegenüber jedoch durch ein dynamisches ersetzt wurde. Diese Form der Perspektive (die genauer als visuell perzeptiv beschrieben werden kann) ist jedoch nur eine Unterkategorie des sehr viel komplexeren Untersuchungsfeldes von Perspektive und Fokalisierung.

7.5 Aus der Praxis: Raumverhältnisse im *Goldenen Drachen*

Zuschauerraum und Bühne stehen beim *Goldenen Drachen* in einem Verhältnis, das als statisch-statisch kategorisiert werden muss. Während dies in Anbetracht der festen Stuhlreihen der Zuschauer intuitiv einleuchtet, mag es in Anbetracht der vielen auf der Bühne im Verlauf der Inszenierung dargestellten Räume auf Verwunderung stoßen. Haben wir es hier nicht mit einem hochdynamischen Bühnenraum zu tun? Hier ist es wichtig, zu beachten, dass sich die Kategorisierungen statisch und dynamisch der theaternarratologischen Analyse immer nur auf den physikalischen Aufführungsraum beziehen: Die nahezu leere weiße Fläche der Bühne bietet zwar maximal viele Möglichkeiten der Konstitution von erzählten Räumen, bleibt als Bühne jedoch sehr statisch, da keine Bühnenelemente während der Aufführung verändert werden und auch die Schauspieler die Grenzen dieser Spielfläche nie überschreiten.

Der Goldene Drache ist ein passendes Beispiel für mental erzeugte Räume: Dem Zuschauer wird zunächst das sehr abstrakte, weiße Bühnenbild präsentiert. Die bereits konstatierte hohe Narrativität der Inszenierung bewirkt ab dem ersten Satz die Entstehung eines Erzählraums, in dem der narrative Diskurs stattfindet. Vor allem der sprachliche Kanal (aber auch Elemente des visuellen Kanals wie das Stewardess-Halstuch) konstituiert in diesem Erzählraum die unterschiedlichen erzählten Räume: in der ersten Szene die Küche des Thai-China-Vietnam-Schnellrestaurants „Der Goldene Drache" als auch dessen Speiseraum. Diese beiden erzählten Räume werden vorne an der Rampe des Erzählraums nebeneinander und schließlich ineinander verschränkt dargestellt: Der vor Zahnschmerzen schreiende Chinese sitzt in der Küche (*histoire*), während eine Mitarbeiterin im Speisesaal die Bestellung der beiden Stewardessen aufnimmt (ebenfalls *histoire*). Christiane von Poelnitz, die den jungen Chinesen mit Zahnschmerzen spielt, kniet jedoch links von den Stewardess-Schauspielern (Falk Rockstroh und Johann Adam Oest) und rechts von Philipp Hauss, der die Bedienung spielt. Barbara Petritsch, die durch ihren Sprechakt deutlich macht, dass sie in diesem Moment einen Asiaten in der Küche spielt („Der Zahn muss raus") und dabei besorgt auf die schreiende von Poelnitz schaut, berührt bei diesem Satz Hauß' Arm und spricht ihn direkt an. Die beiden erzählten Orte sind somit im Erzählraum ineinander verschränkt repräsentiert.

Im Verlaufe des gesamten Stückes erhält der Zuschauer Einblick in Ereignisse in den unterschiedlichen Wohnungen des Hauses, in dem sich das Restaurant befindet, als auch in der Wohnung eines Lebensmittelhändlers von gegenüber. Ein raumdehnendes Erzählen kann somit klar konstatiert werden.

Diese Raumdehnung wird in einer weiteren Szene zum Leitmotiv erhoben und ad absurdum geführt, wenn die Restaurantmitarbeiter in der Lücke des entfernten Zahns die Familie des jungen Chinesen sitzen sehen und mit ihr kommunizieren und gleichzeitig nach oben schauend im Erzählraum die chinesische Familie repräsentieren – und damit wiederum einen weiteren erzählten Raum konstituieren. Die Grenze zwischen den einzelnen erzählten Räumen ist dabei hochdynamisch und kann durch eine kleine Veränderung der Körperhaltung, der Stimme, des Blicks oder eines Kostümdetails eines Schauspielers bereits überschritten werden.

Nicht nur eine doppelte Zeitlichkeit, sondern vor allem auch eine doppelte Räumlichkeit von *histoire* und *discours* können somit als Grundpfeiler des *Goldenen Drachen* bezeichnet werden und sind maßgeblich dafür verantwortlich, dass die Inszenierung als derartig narrativ empfunden wird.

8 Perspektive und Fokalisierung im Theater

8.1 Forschung und Begrifflichkeiten

Im vorangegangenen Kapitel habe ich das generelle Schachtelungsprinzip von Räumen erläutert. Bei mehreren ineinander geschachtelten Räumen gibt es folglich auch mehrere Perspektiven, von denen aus man die einzelnen Räume wahrnehmen kann. Das gilt sowohl für den physikalischen Aufführungsraum wie auch für entstehende Erzählräume und erzählte Räume. Diese möglichen Perspektiven gilt es in einer Analyse zu differenzieren.

Die Perspektive von Erzählungen zu analysieren, ist problematisch und wird in den verschiedenen Forschungsfeldern der Narratologie sowie in interdisziplinären Bestrebungen immer wieder diskutiert.[1] Dabei werden *Perspektive* und *Fokalisierung* häufig terminologisch oder auch phänomenologisch vermischt oder vertauscht.

Bei Niederhoff findet sich eine sehr saubere Trennung der beiden Konzepte und Begrifflichkeiten, die auch meinem Ansatz zugrunde liegen soll. Sucht er zunächst nach Gemeinsamkeiten von Perspektive und Fokalisierung und führt beide auf ihre perzeptive Basis zurück (vgl. Niederhoff 2001, 6–8), so treten die Begriffe in seinen beiden Artikeln im *lhn* (2013a, 2013b) klar getrennt voneinander auf: „Perspektive" bzw. *point of view* beschreibt Wahrnehmungs- und „Fokalisierung" Wissensrelationen. Auch Jesch und Stein (2009, 61) treten ein für eine strikte Trennung von „perspective (understood as ‚focus of perception') [and] focalization (understood as ‚selection of narrative information')". Anhand dieser grundlegenden Unterteilung werde ich die maßgeblichen Beiträge der narratologischen Forschung im Folgenden systematisch rekapitulieren. Und auch in meinem Analysemodell sollen die beiden Parameter Perspektive und Fokalisierung und damit Wahrnehmungsverhältnisse von Wissensrelationen strikt getrennt werden, wenngleich sich diese beiden Kategorien weiterhin entlang der Achse Erzählinstanz/Figuren konstituieren, jedoch – wie sich zeigen wird – unterschiedliche Fragestellungen verfolgen. Relationen der Wahrnehmung zwischen TRS und Figuren fasse ich unter dem Begriff der Perspektive, während die Relationen des Wissensstandes zwischen TRS und Figuren in die Kategorie der Fokalisierung fallen. Diese Trennung geht nicht mit einer Zuordnung der TRS-Kanäle zu jeweils einer dieser beiden Kategorien einher. Die Komplexität der theatralen Repräsentation von Geschichten würde beschnitten, ginge man davon aus, dass

---

[1] Vgl. z. B. den Sammelband von van Peer und Chatman (2001).

die Wahrnehmung beispielsweise nur visuell, während das Wissen sprachlich vermittelt werde. Vielmehr können sich sowohl Wahrnehmung als auch Wissen über jeweils mehrere TRS-Kanäle erstrecken.

8.1.1 Fokalisierung und Perspektive in der textorientierten Narratologie

Schon in Genettes (1998, 134) Fokalisierungsbegriff, den er als Alternative zu Begriffen wie *point of view*, *Sicht* oder *Feld* vorschlägt, werden Aspekte des Wissens mit Aspekten der Wahrnehmung vermischt. Fokalisierung ist zwar eine weniger visuelle Metapher als die anderen Begriffe, Genette bezieht sie aber mit der Frage *Wer sieht?*, bzw. später *Wer nimmt wahr?*, auf Aspekte der Wahrnehmung. Den Schwerpunkt möchte er jedoch auf den Grad der Informiertheit des Erzählers gegenüber den Figuren gelegt wissen und damit auf die Wissensrelation. Damit bleibt Genette der Fragestellung Todorovs (1966, 126) treu, ob der Erzähler mehr, genauso viel wie oder weniger als die Figuren wisse. Genette (1998, 134–135) unterscheidet daher in Fortführung Todorovs und Jean Pouillons drei Formen:
– *Externe Fokalisierung*: Der Erzähler sagt weniger als die Figur weiß.
– *Interne Fokalisierung*: Der Erzähler sagt so viel wie die Figur weiß.
– *Nullfokalisierung*: Der Erzähler sagt mehr als irgendeine der Figuren weiß.

Analog zur Nullfokalisierung ließe sich der von Nelles (1990, 369) vorgeschlagene Begriff der freien Fokalisierung (free focalization) nutzen. Einige Probleme birgt in Genettes Modell die nur dürftige Unterscheidung zwischen *Wissen* und *Wahrnehmen*: So können z. B. Ereignisse dargestellt werden, die eine Figur unbewusst wahrnimmt, ohne es zu wissen, oder die Erzählinstanz kann über spezifisches Wissen der Figuren berichten, ohne dass die Figuren in diesem Moment etwas Besonderes wahrnehmen.

Chatmans (1990, 143) Einführung der Begriffe *filter* (für die Figurensicht) und *slant* (für die Erzählersicht) versucht die visuelle Konnotierung des Fokalisierungsbegriffs zwar zu umgehen, den Unterschied zwischen tatsächlichem und metaphorischem Sehen vermögen diese Begriffe jedoch nicht zu umschreiben, wie Chatman (1986, 197; 1990, 144) selbst bemerkt (vgl. auch Jahn 1996, 259). Mit der Aufteilung betont Chatman jedoch, dass die Fokalisierung ein Phänomen ist, das im Verhältnis von Erzählinstanz und Figuren seinen Niederschlag findet, also relational klassifiziert wird. Ebenso konstatiert Nelles (1997, 79): „Focalisation is a *relation* between the narrator's report and the character's thoughts."

Nicht relational ist der Fokalisierungsbegriff im Gegenentwurf Bals (2009, 145–165). Sie behauptet, dass jede Textstelle entweder auf eine Figur oder den

Erzähler fokalisiert, d. h. entweder intern oder extern fokalisiert sei. Der Begriff der Nullfokalisierung wird in einer solchen Herangehensweise obsolet. Bal sieht außerdem im *focalizor* eine zusätzliche Instanz neben der Erzählinstanz und folgt damit ihrer früheren Formel: „X relates that Y sees that Z does" (Bal 1981, 45). Den Begriff „focalizer" übernimmt Abbott (2002, 66), beschreibt damit jedoch vor allem Reflektorfiguren im Sinne Stanzels. Für Rimmon-Kenan (2004, 74–75) ist der „focalizer" das Bewusstseinszentrum („center of consciousness") einer Erzählung, d. h. ebenfalls eine Reflektorfigur, die aber in Bezug auf die repräsentierten Ereignisse sowohl intern als auch extern angelegt sein kann. Die externe Fokalisierung wird in ihrem Modell mit unbegrenztem Wissen, emotionaler Neutralität und einer ideologischen Überlegenheit gegenüber den Figuren gleichgesetzt, wodurch eine Nullfokalisierung in Rimmon-Kenans Ansatz ebenfalls obsolet wird (vgl. Jesch und Stein 2009, 63–64). Niederhoff (2013a, § 16) betont hingegen richtig: „To talk about characters as focalizers is to confuse focalization and perception. Characters can see and hear, but they can hardly focalize a narrative of whose existence they are not aware." Um diese Konfusion zu vermeiden, ist es sinnvoller, Fokalisierung als Phänomen zu begreifen, das die Relation von Erzähler und Figur beschreibt.

Herman (1994), Jahn (1996, 1999), Prince (2001), Herman und Vervaeck (2004) sowie Margolin (2009) behandeln Fokalisierung entweder explizit äquivalent zur Perspektive oder betrachten perspektivische Phänomene unter dem Begriff der Fokalisierung (Jahn). Auf dem Forschungsfeld der narrativen Perspektive ist es jedoch vor allem das Modell Schmids (2008, 130–137), das sich als einflussreich und operationalisierbar erweist. Er entwirft die umfangreichen fünf *Parameter der Perspektive*, die er räumliche, ideologische, zeitliche, sprachliche und perzeptive Perspektive nennt. Diese verschiedenen Perspektiven sind in einer Erzählung entweder figural oder narratorial eingestellt, d. h. die Handlung wird aus der Perspektive der Figuren oder aus der Perspektive der Erzählinstanz geschildert. Zwar bezieht sich Schmids Modell vor allem auf Aspekte der Wahrnehmung, er nimmt jedoch keine kategoriale Trennung zwischen Wahrnehmen und Wissen vor, weshalb auch in diesem Perspektivmodell die Wissenskomponente vertreten ist.

8.1.2 Fokalisierung und Perspektive in transgenerischen und transmedialen Ansätzen

Die Sinnhaftigkeit einer strikten Trennung von Wahrnehmungs- und Wissensaspekten zeigt sich sowohl im transgenerischen Ansatz Munys (2008, 95–102) als auch im transmedialen Analysemodell Kuhns (2011). Muny unterscheidet dabei unter dem Überbegriff Perspektive *Fokalisierung* (Wahrnehmung) und *Fokussierung* (Wissensstand), wobei für ihn nur Passagen der internen Fokalisierung wirklich fokalisiert sind. Wenn eine extradiegetische Erzählinstanz „wahrnimmt", spricht er von *Kameratechnik*, da diese Art der Außenschau keine figurale Subjektivität fassbar mache (vgl. Muny 2008, 107). Im Drama sei auffällig, dass die Kameratechnik häufig fixiert gebraucht werde, so finden sich in vielen Regieanweisungen genaue Deiktika wie rechts oder links, vorne oder hinten, die den Erzählerstandpunkt verdeutlichen. In der Aufführungssituation werde dieses Auge der Kamera durch das reale Auge des Zuschauers ersetzt. Fokalisierung bedeutet nach Muny (2008, 141), dass der Leser das Erzählte durch die Augen der Figur wahrnimmt; Fokussierung bedeutet, der Leser sieht bzw. begleitet eine Figur. Durch die Fokussierung können folglich innere Vorgänge der Figuren verschleiert werden. Als Beispiel dafür nennt er eine Traumsequenz (Muny 2008, 143–45), die er nicht als Fokalisierung bewertet, da man die Figur innerhalb des Traumes als Ganzes wahrnehme, ihre Wahrnehmung also von außen verfolge, und nicht den Traum aus ihrer Sicht miterlebe. Korthals (2003, 287–288), auf den Muny sich häufig bezieht, behandelt eine solche Sequenz jedoch als Form der internen Fokalisierung und bleibt damit dem Genette'schen Gebrauch des Fokalisierungsbegriffes treu. Die Psychomachie ist für Muny (2008, 146) ebenfalls ein Beispiel für die Fokussierung (vgl. auch Korthals 2003, 265). So könne es z. B. in Goethes *Faust. Der Tragödie zweiter Teil* (5. Akt) als Psychomachie gedeutet werden, wenn Faust der Sorge begegnet, einem für ihn bis dahin unbekannten Gemütszustand. Der Leser (oder Zuschauer) sieht die beiden Figuren zwar von außen, kann aber schlussfolgern, dass die Sorge in Faust selbst ist. Fokalisierte Textpassagen sind für Muny (2008, 147) hingegen auch immer fokussiert, da die Darstellung der Gedanken und Gefühle einer Figur auch gleichzeitig diese Gedanken und Gefühle fokussiere.

Auch in Kuhns transmedialer Filmnarratologie werden Wissen und Wahrnehmen kategorial getrennt und unter den Begriffen Fokalisierung (Wissen) und Okularisierung bzw. Aurikularisierung (Wahrnehmen) analysiert. Was für Muny Fokalisierung ist, ist für Kuhn (2011, 122–123) die Okularisierung oder Aurikularisierung (visuelle oder auditive Wahrnehmungsverhältnisse). Was für Muny die

Fokussierung ist, betitelt Kuhn als Fokalisierung (Relation des Wissensstandes).[2] Beide trennen somit Fragen der Informationsrelation zwischen Erzählinstanz und Figur, also Fragen des Wissens, von Fragen der Wahrnehmung, wobei unglücklicherweise der Begriff der Fokalisierung bei Muny für die Wahrnehmung und bei Kuhn für den Wissensstand genutzt wird, es also zu einer chiastischen Anordnung der Begrifflichkeiten kommt.

In meinem eigenen Modell werde ich Kuhns Begriffsdefinitionen übernehmen, da ich ebenfalls einen transmedialen Ansatz verfolge und die Vergleichbarkeit dieser Ansätze ermöglichen möchte. Auch ist die auf Genette und Todorov zurückgehende Traditionslinie durch eine solche Handhabung des Fokalisierungsbegriffs ersichtlicher. Schließlich werde ich Aspekte der Wahrnehmung klarer vom Fokalisierungsbegriff trennen und stattdessen unter der Analysekategorie der Perspektive analysieren.

8.2 Narratoriale und figurale Perspektive als Beschreibung der Wahrnehmungsverhältnisse

Niederhoff (2013b, § 1) definiert in seinem *lhn*-Artikel Perspektive folgendermaßen: „Perspective in narrative may be defined as the way the representation of the story is influenced by the position, personality and values of the narrator, the characters and, possibly, other, more hypothetical entities in the storyworld." Er unterscheidet ferner einen engen Perspektivbegriff, der sich nur auf visuelle Aspekte bezieht, von einem weiter gefassten, in dem „Perspektive" auch metaphorisch verwendet wird (vgl. § 2).

Schmid umreißt Perspektive in so einem weiteren Verständnis als „der von inneren und äußeren Faktoren gebildete Komplex von Bedingungen für das Erfassen und Darstellen eines Geschehens" (Schmid 2008, 128–129). Ein perspektivloses Erzählen von Geschehen sei dabei nicht möglich, da jede Auswahl (vgl. Kap. 2.3 dieser Arbeit) bereits eine Perspektivierung impliziere. Auf Grundlage sowohl westlicher (Gérard Genette, Mieke Bal, Jaap Lintvelt und Shlomit Rimmon-Kenan) als auch russischer Erzähltheorie (Boris Uspenskij) entwirft Schmid seine fünf „Parameter der Perspektive" (vgl. Schmid 2008, 130–137). Die Parameter sind die perzeptive, ideologische, räumliche, zeitliche und sprachliche Perspektive, und diese fünf verschiedenen Perspektiven sind jeweils narratorial oder figural eingestellt, das Figurenbewusstsein ist entweder Objekt oder Subjekt der

---

[2] Die beiden Ansätze nehmen sich dabei gegenseitig nicht wahr. Weder zitiert Muny Kuhn noch Kuhn Muny. Der Vergleich der beiden Modelle findet hier durch mich statt.

Wahrnehmung (vgl. Schmid 2008, 142–150). Schmids Modell ist komplex, und die einzelnen Parameter müssen häufig wegen fehlender textlicher Markierungen undefiniert bleiben. Dennoch soll im folgenden Teil dieses Kapitels eine Übertragung auf das Theater vorgenommen werden, wobei neben der sprachlichen und zeitlichen vor allem die perzeptive Perspektive von Interesse sein wird und im Zuge der transmedialen Erweiterung einiger Justierungen bedarf.

Die narratoriale Perspektive ist laut Schmid solange gegeben, bis man eine markierte figurale Perspektive ausmachen kann. „Die Binarität resultiert daraus, dass das Erzählwerk in ein und demselben Textsegment zwei wahrnehmende, wertende, sprechende und handelnde Instanzen darstellen kann, zwei bedeutungserzeugende Zentren: den Erzähler und die Figur" (Schmid 2008, 137). Es geht in Perspektivfragen demnach zunächst ganz allgemein darum, ob die Wahrnehmung des Erzählers N oder der Figur X dargestellt wird. Dieses grundlegende binäre Modell erweitert das Konzept der Fokalisierung, das ich im nächsten Kapitelabschnitt behandeln werde, mit seiner Frage *Weiß N mehr, genauso viel wie oder weniger als X?*. Perspektive und Fokalisierung behandeln damit grundsätzlich verschiedene Fragestellungen.

Schmid selbst räumt ein, dass die ideologische Perspektive – die „das Wissen, die Denkweise, die Wertungshaltung, den geistigen Horizont" (Schmid 2008, 132) beschreibt – in den anderen Aspekten impliziert sein kann, er betont jedoch, dass sie auch unabhängig in direkten und expliziten Wertungen auftauchen könne (133). Die perzeptive Perspektive betrifft die Wahrnehmung selbst, „das Prisma, durch das das Geschehen wahrgenommen wird" (Schmid 2008, 136), setzt also die Introspektion in eine Figur voraus. Dieser Parameter werde „oft mit der Erzählperspektive überhaupt identifiziert" (136.). Die räumliche Perspektive hängt nach Schmid mit dem Wahrnehmungsfeld zusammen und „erfüllt als einziger der Termini [...] die Intension von *Perspektive* oder *point of view* im eigentlichen, ursprünglichen Sinne des Wortes. Alle anderen Verwendungen des Perspektivbegriffs sind mehr oder weniger metaphorisch" (Schmid 2008, 131). Die zeitliche Perspektive erläutert Schmid (2008, 133–134) mit dem Verweis auf eine zeitliche Verschiebung zwischen Erfassen und Darstellen, die eine Veränderung des Wissensstandes und somit der Bewertung des Geschehens zur Folge haben kann. Die Unterscheidung von erzähltem und erzählendem Ich ist hier maßgeblich. In der sprachlichen Perspektive schließlich sind vor allem die Lexik, Syntax und Sprachfunktion relevant (vgl. Schmid 2008, 134–135).

Schmids Perspektivmodell lässt sich wie folgt auf das performative Erzählen des Theaters übertragen. Für die ideologische Perspektive gilt analog: Ideologien können in sämtlichen TRS-Kanälen vorhanden sein und damit auch raum-zeitlich oder perzeptiv ausgedrückt werden. Es wird mitunter schwierig sein, zu entscheiden, ob ein ideologisches Symbol eher einer Figur oder doch dem TRS zuzuordnen ist. Da es hier jedoch um die narrative Perspektive gehen soll, müssen auch unter dem ideologischen Aspekt vor allem der sprachliche und visuelle TRS-Kanal analysiert werden, da nur diese eine narrative Mittelbarkeit aufweisen.

Die räumliche Perspektive hat Schnittstellen mit der Okularisierung, die ich im nächsten Kapitelabschnitt vorstellen werde. Schmid unterscheidet die perzeptive von der räumlichen Perspektive, da es Fälle gebe, in denen das Geschehen von der räumlichen Warte der Figur erzählt werde, ohne jedoch durch das Prisma dieser Figur wahrgenommen zu werden. Im sprachlichen Erzählen ist dies durchaus nachvollziehbar. Die Frage jedoch, ob es eine Differenz gibt zwischen narratorialer räumlicher Perspektive und narratorialer perzeptiver Perspektive, behandelt Schmid auffälliger Weise nicht. Da es in diesen Fällen keinen Unterschied zu geben scheint und ich das Modell zudem transmedial erweitern möchte, scheint es mir am sinnvollsten zu sein, die räumliche in die perzeptive Perspektive zu integrieren und somit im Theater nur von vier Parametern der Perspektive auszugehen.[3] Das performative Erzählen definiert sich durch die raumzeitliche Kopräsenz von Sender und Empfänger. Dies macht es unmöglich, tatsächlich eine figurale perzeptive Perspektive herzustellen (die sich auf alle fünf Sinneskanäle des TRS bezieht). Es sind genuin filmische Mittel, die hier Abhilfe schaffen: Die Benutzung von Handkameras und Projektionen sowie technische Möglichkeiten der Wiedergabemodulation von Tönen können eine Innerlichkeit suggerieren und damit eine figurale perzeptive Perspektive. Grundsätzlich gilt jedoch: Der Zuschauer nimmt von seiner eigenen Warte wahr, was im TRS erzählt wird. Die perzeptive Perspektive ist damit gewöhnlich narratorial eingestellt. Handelt es sich im sprachlich-literarischen Erzählen stets um eine fingierte Wahrnehmung, basiert die performative Repräsentation hingegen auf physischer Präsentation und kann daher sinnesphysiologisch wahrgenommen werden. Eine Theaternarratologie, wie die hier entworfene, ist somit immun gegen Einwände, die aufgrund einer lediglich fingierten Wahrnehmung in literarischen Erzähltexten erhoben werden können. Richardson (1988, 199) betont schließlich das Phänomen, dass einzelne Figuren häufig Dinge aussprechen, welche die anderen Figuren nicht hören. Richardson nennt dies überhörte Monologe und sieht darin zu Recht ein Merkmal der Perspektive. Wir können in diesen Fällen eine narratoriale

---

3 Vgl. Kap. 7.1: Der Theaterraum existiert zwar a priori; da sich eine Aufführung jedoch immer durch die leibliche Ko-Präsenz von Akteuren und Zuschauern auszeichnet, ist eine perspektivische (bzw. visuell-perzeptive) Raumerfassung im performativen Erzählen per se gegeben.

perzeptive Perspektive klar ausmachen, die außerdem wiederum darauf aufmerksam macht, dass ein Erzähler nicht anthropomorphisiert werden sollte: Das Repräsentationssystem vermittelt eine räumlich nicht an die Diegese gebundene Wahrnehmung des Geschehens. Die Darstellung ist so perspektiviert, dass zwei erzählte Räume im Erzählraum zusammenkommen und nebeneinander dargestellt werden.

Die zeitliche Perspektive ist im performativen Erzählen am deutlichsten in Metadiegesen auszumachen (vgl. die *generative narrators*; Kapitel 4.2), bei denen die doppelte Zeitlichkeit häufig deutlich markiert ist. Im Kapitel zur Zeitlichkeit haben wir gesehen, dass der Zeitpunkt des Erzählens bzw. die TRS-Zeit im performativen Erzählen häufig unmarkiert bleibt. Gerade diese Zeit ist aber für eine global narratorial eingestellte zeitliche Perspektive vonnöten. In Metadiegesen ist eine solche Angabe in der Regel zu machen, insofern der *generative narrator* eine Geschichte erzählt, bei der er als homodiegetischer Erzähler fungiert, zum Erzählten also in zeitlicher Verbindung steht. Somit ist der zeitliche Parameter der Perspektive in einer Analyse nur anwendbar, wenn entweder die TRS-Zeit markiert ist oder eine homodiegetische Erzählerfigur vermittelt.

Es ist augenfällig, dass sich die sprachliche Perspektive nur auf den sprachlichen Kanal des TRS beziehen kann und somit für eine narratoriale Einstellung ein sich sprachlich äußernder Erzähler gebraucht wird (der freilich nicht als Figur auftreten muss). Es gibt Fälle, in denen die Erzählersprache sehr deutlich von den Figurensprachen getrennt ist, aber von mehreren oder allen Schauspielern, die in diesen Momenten aus ihrer Rolle treten, gesprochen wird. Schimmelpfennigs *Der goldene Drache* ist ein Beispiel für diese auffällige Trennung in narratoriale und figurale sprachliche Perspektive. Auch andere theatrale Sprechformen zeugen aber von einer narratorialen sprachlichen Perspektive. Wenn eine Figur mehr über sich aussagt, als sie eigentlich wissen kann, oder einen ungewöhnlich oder gar unglaubwürdig hohen Grad an Selbstreflektion erreicht (etwa in langen Monologen), zeigt sich die narratoriale sprachliche Perspektive deutlich.[4] Auch die Verwendung eines Jargons, der nicht dem Bildungsgrad der jeweiligen Figur entspricht, zeugt von einer narratorial eingestellten sprachlichen Perspektive. In Hinblick auf Erzähltexte beschreibt Phelan (2005, 11) das Phänomen des *redundant telling* und sieht darin eine Möglichkeit für die Erzählinstanz, auch innerhalb von Figurendialogen zu Worte zu kommen.[5] Es ist augenscheinlich, dass im

---

4 Vgl. Kap. 5.1 zu transpsychologisch konzipierten Figuren.
5 Phelan definiert *redundant telling* als „a narrator's apparently unmotivated report of information to a narratee that the narratee already possesses" (Phelan 2005, 11).

dialoglastigen Drama diese Form des Erzählens noch sehr viel häufiger anzutreffen ist. *Redundant telling* ist perspektivisch gesprochen zwar eher der figuralen sprachlichen Perspektive zuzuordnen, ideologisch ist die Perspektive aber wiederum narratorial eingestellt, da hier die Informationsvergabe im TRS relevant ist, um den Zuschauer über vorherige Erfahrungen der Figuren zu unterrichten.

Resümierend lässt sich festhalten: Es ist sinnvoll, die fünf (bzw. vier) Parameter der Perspektive zu trennen, um solche Fälle analysieren zu können, in denen die einzelnen Parameter in unterschiedliche Richtungen ausschlagen, die Perspektive insgesamt also *distributiv* und nicht *kompakt* ausfällt. So kann beispielsweise die Sprache narratorial perspektiviert sein (etwa durch einen hohen Reflektionsgrad), während die perzeptive Perspektive figural ausgeprägt ist (vgl. auch Niederhoff 2013b, § 26). In Schmids Perspektivmodell erfolgt die Grenzziehung wie bei Genette zwischen Erzählinstanz und Figuren. Schmid stellt jedoch konsequenter die Frage *Wer nimmt wahr?* (weshalb er eine Nullfokalisierung ausschließt; vgl. Kap. 8.3), während Genette zwar eben diese Frage stellt, jedoch eine Antwort gibt auf die Frage: *Wer nimmt mehr wahr?* bzw. *Wer weiß mehr?*. Nachteilig ist jedoch, dass Schmid die Wissensrelationen zwischen diesen beiden Polen nicht explizit aus seinem Modell ausschließt. So kommt es auch in seinem Ansatz zu einer Vermischung von Wahrnehmen und Wissen. Ein bipolares Modell (wie Schmids narratorial vs. figural) ist jedoch nur sinnvoll, wenn es um die Wahrnehmung geht, die entweder vom Erzähler oder von der Figur ausgehen kann. Alles sprachliche und sinnliche Zeigen hat seine Origo (im Bühler'schen Sinne) entweder in der Figur oder außerhalb der Figur/im Erzähler.[6] Schmids Modell wurde für schriftsprachliche Erzählungen entworfen und wirkt hier sicher sehr erkenntnisfördernd. Bei einer transmedialen Erweiterung bedurften die einzelnen Parameter jedoch erneuter Prüfung und einiger Justierungen, da sie häufig stark ineinander übergehen – wie es für die ideologische Perspektive auch schon im sprachlichen Erzählen der Fall ist. Weil performatives Erzählen immer räumlich stattfindet und per definitionem einen wahrnehmenden Rezipienten verlangt, hat sich herausgestellt, dass es hierbei keinen Unterschied zwischen einer räumlichen und perzeptiven Perspektive gibt, da sie beide ein sich im realen Theaterraum nicht änderndes Wahrnehmungsverhältnis beschreiben. Eine figurale perzeptive Perspektive ist bei raumzeitlicher Kopräsenz von Schauspielern und Rezipienten nur sprachlich-imaginär oder mithilfe technischer Mittel wie Handkameras und Projektionen realisierbar.

---

6 Zum Origo-Begriff in der Linguistik vgl. Bühler (1965, 102).

8.3 Fokalisierung als Relation des Wissens

Niederhoff (2013a, § 1) definiert Fokalisierung wie folgt: „Focalization [...] may be defined as a selection or restriction of narrative information in relation to the experience and knowledge of the narrator, the characters or other, more hypothetical entities in the storyworld." Mit einer so gearteten Definition lässt sich das tripolare Modell Genettes rechtfertigen. Bei der impliziten Frage *Weiß der Erzähler N mehr, genauso viel wie oder weniger als irgendeine der Figuren X?* stehen genau drei Antworten zur Verfügung: die der Null-, der internen bzw. der externen Fokalisierung, wie sie oben definiert wurden (Kapitel 8.1). Betrachtet man die unterschiedlichen Arten der Fokalisierung genauer, sieht man, dass es kein ‚Entweder-oder' gibt (wie bei Fragen der Perspektive), sondern dass externe und Nullfokalisierung vielmehr die Extrempunkte einer graduellen Abstufung des Wissensstandes der Erzählinstanz sind. Somit kann eine Erzählung auch mehr oder weniger nullfokalisiert oder auch mehr oder weniger extern fokalisiert sein. Die interne Fokalisierung liegt genau in der Mitte dieser Skala, wie Abbildung 14 verdeutlicht.

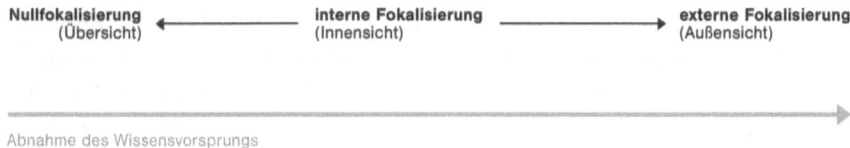

Abb. 14: Graduelle Abstufung der Fokalisierung

Es gibt viele Fälle, in denen eine Fokalisierung nicht genau bestimmbar ist. Ein solcher Tatbestand geht vor allem auf das Fehlen textueller Marker zurück. Gegenteilig kann eine Fokalisierung auch sehr stark markiert sein, indem z. B. bei einer Nullfokalisierung direkt auf das von der Erzählinstanz vermittelte Mehrwissen gegenüber allen Figuren hingewiesen wird.

Schmid (2008, 120) wendet sich mit folgender Argumentation gegen die Möglichkeit einer Nullfokalisierung: „Genettes Begriff der ‚Nullfokalisierung' lässt die Möglichkeit eines Erzählens ohne Perspektive zu. Ein solches Konstrukt erscheint wenig sinnvoll, ist Perspektive doch in jeglichem Erzählen impliziert." Tatsächlich kann das „Null" in diesem Begriff irreleiten, und dieses (begriffliche!) Problem wird auch in die Nullokularisierung Kuhns übertragen. In Schmids Ansatz gibt es daher konsequent nur die binäre Opposition zwischen figuraler und narratorialer Perspektive. Sowohl Phänomene der externen als auch der Nullfokalisierung fallen für ihn unter die narratoriale Perspektive (vgl. Schmid 2008, 137–138), eine Differenzierung zwischen einem Wissensvorsprung und einem Wissensrückstand ist damit nicht gegeben. Zu so einer Reduzierung auf ein bipolares Modell schreibt Niederhoff:

> Within the point-of-view model, this change makes some sense. If one thinks about Genette's zero and external focalization in terms of a point from which the characters are viewed, this point would appear to lie outside the characters in both cases. However, if one thinks in terms of knowledge and information, zero and external focalization are worlds apart.
>
> (Niederhoff 2013a, § 12)

Da weder Genette noch Schmid Fragen des Wissens bzw. des Informationsstandes strikt von Fragen der Wahrnehmung trennen, finden diese beiden Bereiche jeweils Eingang in das Modell der Fokalisierung und das Perspektivmodell, weshalb es möglich ist, beide aufeinander abzubilden. Die Nullfokalisierung (verstanden als Wissensvorsprung) wäre in Schmids Modell vor allem eine narratoriale perzeptive Perspektive, da insbesondere die räumliche Übersicht diesen Wissensvorsprung ermöglicht. Dies heißt jedoch nicht, dass nicht auch andere – z. B. die sprachliche und ideologische – Perspektiven im Falle einer Nullfokalisierung ebenfalls narratorial eingestellt sein können – vielmehr ist genau dieser Fall sehr wahrscheinlich. Auch in Schmids binärem Modell taucht eine dritte Option auf, nämlich die der „Neutralisierung" (2008, 152), die in Fällen auftritt, in denen einzelne Parameter entweder nicht eindeutig der narratorialen oder der figuralen Perspektive oder beiden zugleich zugeordnet werden können. Schmid führt die Neutralisierung in sein Konzept ein, obgleich er zuvor eine „‚neutrale' Perspektive, die in einer Reihe von Theorien [...] vorgesehen ist" (2008, 137–138), explizit aus seinem Modell ausschließt. Eine neutralisierte Opposition erzeuge allerdings „keinen dritten ‚neutralen' Typus der Perspektive" (Schmid 2008, 138, Fußnote 29). Wie genau eine neutralisierte perzeptive Perspektive auszusehen hat, ist bei Schmid jedoch nicht spezifiziert. Sie scheint mir am ehesten in der internen Fokalisierung im Zuge der Introspektion (des Blicks nach innen) feststellbar zu sein, bei der das Innere einer Figur (figurale Perspektive) vom Standpunkt einer Erzählinstanz aus (narratoriale Perspektive) erzählt wird.

Da die beiden Bereiche Wissen und Wahrnehmen so häufig vermischt werden, ist die Frage berechtigt, in welchem Punkt sie sich aufeinander beziehen oder wo sie sich bedingen. Meine Antwort auf diese Frage ist, dass sich alles Wissen in logischer Hinsicht auf zuvor Wahrgenommenes gründet. Auch wenn Wissen neues Wissen erzeugen kann – wie es in philosophischen Diskursen häufig geschieht –, wurde dieser Prozess durch irgendeine Form der physischen

Wahrnehmung aktiviert. Das Wissen einer Figur gründet demnach auf ihrer Wahrnehmung. Und somit basiert die Frage der Fokalisierung auch auf der Frage nach der Perspektive. Genettes erweiterte Fokalisierungsfrage *Wer nimmt wahr?* müsste demnach genauer lauten: *Weiß der Erzähler N aufgrund seiner Wahrnehmung mehr, genauso viel wie oder weniger als irgendeine der Figuren X?*, denn genau diese Frage behandelt er. Der hier skizzierte Zusammenhang von Wissen und Wahrnehmen ermöglicht es, auch unter der Fokalisierungsfrage Aspekte zu analysieren, die mit der Wahrnehmung verbunden sind (d. h. mit einem Mehr oder Weniger der Wahrnehmung).

Auf das Erzähltheater übertragen lassen sich, phänomenologisch gesehen, die drei besprochenen Zustände differenzieren:
- Das TRS vermittelt mehr Wissen als irgendeine der Figuren hat.
- Das TRS vermittelt in etwa so viel Wissen wie irgendeine der Figuren hat.
- Das TRS vermittelt weniger Wissen als irgendeine der Figuren hat.

Terminologisch lassen sich diese Phänomene mit den Begriffen Nullfokalisierung, interne und externe Fokalisierung erfassen. Die Fokalisierung ist in der Regel nicht für ein ganzes Stück allgemein anzugeben. Vielmehr müssen auf der Mikroebene die Fokalisierungen in einzelnen Szenen untersucht werden, um dann eine Gesamttendenz der Fokalisierung – den „Fokalisierungscode" nach Genette (1998, 139) – für das Stück benennen zu können. Anhand dieser Tendenzbenennungen können auch unterschiedliche Inszenierungen eines Stückes kontrastiert oder verschiedene Inszenierungen eines Regisseurs verglichen werden. Schließlich ist es auch möglich, Fokalisierungstendenzen von bestimmten Genres von Theaterinszenierungen zu ermitteln. Innerhalb der einzelnen Fokalisierungsbestimmungen auf Mikroebene lässt sich zudem häufig unterscheiden, durch welchen TRS-Kanal das jeweilige Wissen übertragen wurde, das zwischen narratorialer und figuraler Ebene evaluiert wird. Da sich fünf der sechs TRS-Kanäle auf die menschlichen Sinne beziehen, werden hier Fragen der sinnlichen Perzeption verhandelt, auf die sich das jeweilige Wissen gründet.

8.3.1 Okularisierung, Aurikularisierung und andere TRS-Fokalisierungen

Auffällig in Genettes Definitionen der einzelnen Fokalisierungstypen ist, dass niemals angenommen wird, ein Erzähler sage weniger als er selbst weiß. Wenn ein Erzähler mehr weiß als irgendeine der Figuren (Nullfokalisierung), dann vermittelt er dieses Wissen folglich auch. Der Wissensstand des Lesers und des Erzählers sind damit hinsichtlich der vermittelten Informationen äquivalent. Auch

Jesch und Stein machen darauf aufmerksam, dass Genette mit seiner Frage *Wer sieht?* bzw. später *Wer nimmt wahr?* implizit die Frage stelle, was der Leser wisse und damit das Gewicht auf den Informationsaustausch zwischen Autor und Leser lege (vgl. Jesch und Stein 2009, 60). Man kann vor diesem Hintergrund und auf das Theater übertragen davon ausgehen, dass das dem Zuschauer vermittelte Wissen für das „Wissen des Repräsentationssystems" stehen kann. Diese Herangehensweise ist insofern vorteilhaft, als dass sie eine Anthropomorphisierung des Repräsentationssystems umgeht. Gleiches gilt für Teile der perzeptiven Perspektive: Da performatives Erzählen immer im Hier und Jetzt stattfindet, ist eine perzeptive Perspektivierung nicht nur sprachlich-imaginär festzustellen, sondern ebenfalls real auf die fünf Sinne zu beziehen. Die perzeptive Perspektive ist somit zu unterteilen in die sprachliche, visuelle, auditive, olfaktorische, haptische und gustatorische perzeptive Perspektive. Diese sechs Unterformen der perzeptiven Perspektive können immer entweder narratorial oder figural eingestellt sein. Die narratoriale Perspektive wird in Bezug auf die sinnliche Perzeption (fünf TRS-Kanäle) jedoch wiederum durch den Zuschauer vertreten, da es um realmenschliche Sinneswahrnehmungen geht und einem nicht-anthropomorphen, abstrakten Repräsentationssystem keine Sinneswahrnehmungen zugeschrieben werden sollten. Die zu stellende Frage ist bei diesen Formen der perzeptiven Perspektive nun stets: *Vermittelt das TRS dem Zuschauer die figurale Perzeption oder nicht?* Haptisch und gustatorisch kann eine figurale perzeptive Perspektive somit nur erzeugt werden, wenn dem Zuschauer die Möglichkeit geboten wird, die gleichen haptischen oder gustatorischen Reize wahrzunehmen, wie sie der jeweiligen Figur widerfahren. Am leichtesten ist folglich, eine figurale perzeptive Perspektive sprachlich, auditiv oder olfaktorisch zu erzeugen und mit kleinen Einschränkungen auch visuell (wenn eine Figur z. B. mit dem Rücken zum Publikum steht und somit ungefähr das gleiche visuelle Wahrnehmungsfeld hat).

Als nächster Schritt soll nun die Frage der Fokalisierung gestellt werden (kurz: *Wer weiß mehr?* bzw. *Wer nimmt mehr wahr?*), die sich – da alles Wissen auf vorherige Perzeption gründet – ebenfalls einzeln auf alle sechs TRS-Kanäle anwenden lässt. Auch hier ist das Wissen des Zuschauers entscheidend, da wir nicht davon ausgehen, dass ein abstraktes Repräsentationssystem selbst Wissen hat, sondern nur Wissen vermittelt. Bei einer Evaluierung der Wissensrelationen, wie sie zur Festlegung des Fokalisierungscodes vonnöten ist, stehen sich demnach Figurenwissen und Zuschauerwissen gegenüber. Einer jeden der sechs perzeptiven Perspektiven ist eine bestimmte Form der Fokalisierung zuzuordnen. Ein kurzer Exkurs in die Filmnarratologie und die dort geführte Diskussion (vgl. besonders Kuhn 2011) wird zeigen, dass diese Frage für visuelle und auditive Phänomene bereits behandelt wurde.

Pfister (2001, 48) hebt die Besonderheit des Films gegenüber anderen Medien und Textsorten wie folgt hervor: „Der Betrachter eines Films wie der Leser eines narrativen Textes wird nicht, wie im Drama, mit dem Dargestellten unmittelbar konfrontiert, sondern über eine perspektivierende, selektierende, akzentuierende und gliedernde Vermittlungsinstanz – die Kamera, bzw. den Erzähler." Nach dieser Aussage wäre das darstellende Medium Film eher epischer Text als Drama – insofern man diesen Dualismus aufmachen kann bzw. sollte. Pfister – für den die Kamera offensichtlich das technische Pendant zur literarischen Erzählinstanz ist – vermischt hier Perspektive und Kameraeinstellung; ein Ansatz, der zu kurz greift, wie es die Filmnarratologie hervorhebt. So weist Kuhn (2011, 74) darauf hin, dass im Film das *Zusammenspiel* von Kamera und Montage die narrative Vermittlung konstituiere. Und da der Perspektivbegriff im filmischen Erzählen auch direkt auf visuelle und auditive Elemente bezogen werden kann, unterscheidet Kuhn (2011, 5) zwischen Fokalisierung auf der einen und „Okularisierung" und „Aurikularisierung" auf der anderen Seite. Mit *Okularisierung* werden bei Kuhn Verhältnisse der visuellen Wahrnehmung zwischen Erzählinstanz und Figur bezeichnet, mit *Aurikularisierung* solche der auditiven Wahrnehmung (vgl. Kuhn 2011, 127–128).[7]

Schaut man sich die Möglichkeiten der Kameraeinstellung zur Erzeugung (oder Unterstützung) narrativer Phänomene wie der Perspektivierung an, muss man in Bezug auf das Theater feststellen, dass dieses Mittel auf den ersten Blick nicht gegeben zu sein scheint, da die Zuschauer von einem festen Platz aus gleichsam fixiert die Bühne betrachten. Diezel (1999, 55) fragt jedoch als erster, ob die von Pfister der Kamera zugesprochenen narrativen Möglichkeiten im Film nicht auch mit den vielen Bewegungsmöglichkeiten des dramatischen und szenischen Raums zu leisten wären. Und in der Tat müsste das Theater auf Mittel wie Handkameras und Projektionen gar nicht erst zurückgreifen – die ihm viele der filmischen Möglichkeiten zur kameragestützten Perspektivierung eröffnen –, sondern verfügt auch selbst über Methoden der Veränderung der „Kameraperspektive", die ich hier medienbedingt Blickwinkel nenne oder aber als eine Form der visuellen perzeptiven Perspektive beschreibe. Auch in Fällen eines dynamischen Zuschauerraums (z. B. durch eine fehlende Bestuhlung) können die Zuschauer als theatrales Pendant zur filmischen Kamera ihre Blickwinkel verändern. Interessant sind in dieser Hinsicht auch Drehbühnen und bewegliche

---

[7] Ich übernehme die Begriffe „Okularisierung" und „Aurikularisierung" in mein Modell. Die von mir weiter unten vorgeschlagenen Parallelbegriffe für die anderen perzeptiven Perspektiven benenne ich nicht aus ästhetischen, sondern aus systematischen Gründen, um die Vollständigkeit des Analysemodells zu gewährleisten.

Bühnenbilder (dynamische Bühne/Spielfläche). Außerdem werden immer häufiger Handkameras eingesetzt, welche das Bühnengeschehen aus ganz neuen Blickwinkeln zeigen. Dabei ändert sich die gewöhnlich dominante Nullokularisierung in eine interne Okularisierung.

Die Konzepte Okularisierung und Aurikularisierung lassen sich in Analogie zu Kuhns dreigliedriger Konzeption folgendermaßen auf das Theater übertragen:
- *Nullokularisierung/-aurikularisierung*: Das TRS vermittelt visuell/auditiv mehr als eine Figur wahrnimmt.
- *Interne Okularisierung/Aurikularisierung*: Das TRS vermittelt visuell/auditiv in etwa das, was eine Figur wahrnimmt.
- *Externe Okularisierung/Aurikularisierung*: Das TRS vermittelt visuell/auditiv weniger als eine Figur wahrnimmt.

Ich plädiere dafür, die beiden neuen Begriffe wie die sprachliche Fokalisierung zu begreifen, da sie systematisch gesehen ähnliche Fragen stellen und nicht auf das Entweder-oder der Perspektive abzielen. Der Fokalisierungsbegriff im weiteren Sinne ist daher auf sämtliche TRS-Kanäle anwendbar; im engeren Sinne betrifft er nur den sprachlichen TRS-Kanal und wird mit den neuen Begriffen parallelisiert.

Ein Beispiel zur Okularisierung: Wenn ein Schauspieler sein Spiel gegen die Rückwand der Bühne richtet, betrachtet der Zuschauer das Vorgehen gleichsam von hinten; dazu ist nicht einmal eine Drehbühne notwendig. Die Okularisierung, die wie die Fokalisierung ebenfalls ein graduelles Phänomen ist, wird damit interner, da sich das visuelle Wahrnehmungsfeld der Figur demjenigen des Zuschauers angleicht. Es dürfte unstrittig sein, dass andere Bedeutungsdimensionen eröffnet werden, wenn ein Schauspieler statt das Publikum an- vom Publikum weg spricht.

Die vom Zuschauer wahrnehmbaren sind die im TRS vermittelten Inhalte.[8] Die theatrale Wahrnehmung und damit die Steuerung der Informationsvergabe unterliegen dabei seit jeher einem historischen Wandel: Nicht nur die Form des Theaterbaus selbst, sondern auch die Einsetzung neuer (bühnen-)technischer Mittel und die Entwicklung im Bereich des Bühnenbildes (wie die Entwicklung der zentralperspektivischen Kulissenbilder vor etwa 400 Jahren) evozierten stets neue Wahrnehmungsperspektiven. Der jüngste Wandel der Wahrnehmungsper-

---

8 Wenn hier von „vermitteln" gesprochen wird, ist dieser Begriff nicht im Sinne der narrativen Mittelbarkeit (s. Kapitel 2.3) zu verstehen, sondern allgemeiner als Übertragung sprachlichen oder sinnesphysiologischen Materials.

spektive vollzog sich im Zuge der Einbindung von Aufzeichnungs- und Reproduktionsmedien ins Bühnengeschehen, durch die Integration von Videoprojektionen, elektronischen Klängen etc. (vgl. Fischer-Lichte 2001, 315). Auch Handkameras und Mikroports gehören in diese Gruppe der wahrnehmungsverändernden Medien, da sie eine andere Perspektive auf das *live* produzierte Bühnengeschehen bieten. Weil sie nicht bereits zuvor Aufgenommenes reproduzieren, kommt ihnen jedoch eine Sonderstellung zu. Durch *live*-Übertragungen via Internet können auch zeitgleich und außerhalb des Bühnengeschehens stattfindende Ereignisse dargestellt werden. Die Performativität ist hierbei jedoch eine andere, kann doch nicht mehr von einer raumzeitlichen Kopräsenz von Sendern und Empfängern die Rede sein.

Erinnern wir uns noch einmal an die vier Formen des Raumverhältnisses zwischen Zuschauern und Akteuren (vgl. Kap. 7.3): (1) statisch-statisch, (2) statisch-dynamisch, (3) dynamisch-statisch und (4) dynamisch-dynamisch. Ich habe argumentiert, dass diese unterschiedlichen Darbietungsformen Auswirkungen auf die Okularisierung (und auch auf andere TRS-Fokalisierungen) haben. Die Raumwahrnehmung kann je nach Verhältnis von Bühne/Spielfläche und Zuschauerraum mit Roselt (2004, 69–70) in „zentripetal" und „zentrifugal" unterteilt werden, wobei erstere die eher klassische Theatervariante des Gegenübers beschreibt, zweitere hingegen Inszenierungen umfasst, bei denen der Zuschauer den gesamten Raum um sich herum wahrzunehmen hat. Die zentrifugale Raumwahrnehmung sei daher „tendenziell postdramatisch" (Roselt 2004, 74) und geht mit einem dynamischeren Zuschauerraum einher. Ähnlich geartet sind Jahns (1999, 97–98) Begriffe *ambient* und *strict focalization*, die auf mein Modell übertragen dem Aspekt der Okularisierung zugeordnet werden müssen. Eine umgebende (*ambient*) Okularisierung ist demnach gegeben, wenn der Zuschauerraum dynamisch ist bzw. das Wahrnehmungsverhältnis zentrifugal ist, eine strikte (*strict*) Okularisierung hingegen in zentripetalen Wahrnehmungsverhältnissen, d. h. in statischen Zuschauerräumen.

Die Aurikularisierung betrifft alles Gehörte. Eine spezielle Schwierigkeit ist hier sehr augenfällig: Als Zuschauer können wir nur wissen, was eine Figur hört, wenn sie auf das Gehörte in irgendeiner Form reagiert. Zur Aurikularisierung gehört die Unterscheidung Voice-over und Voice-off, die häufig schwer zu treffen ist. Die Reaktion (bzw. Nicht-Reaktion) der Figuren kann hier wiederum als Indikator dienen, wie bereits Kuhn (2011, 188–189) feststellt. Im Theater sind diese Formen noch schwieriger zu unterscheiden als im Film, denn oft ist der Unterschied nur an der akustischen Klangqualität auszumachen, wenn die Stimme von einer diegetischen Figur stammt, d. h. homodiegetisch ist. Die Reaktionen der anderen Figuren sind entscheidend: Reagieren die Figuren auf der Bühne auf die zu hörende Stimme, handelt es sich vermutlich um ein Voice-off, reagieren sie nicht, ist es höchstwahrscheinlich ein Voice-over. Die Nichtreaktion der Figuren wiederum ist jedoch kein hinreichendes Argument für ein Voice-over. Ob Voice-off oder Voice-over muss im Einzelfall entschieden werden oder auch bei fehlender Markierung unentschieden bleiben. Erschwerend kommt im zeitgenössischen Theater hinzu, dass Figuren häufig nicht an einzelne Schauspieler gebunden sind. Wenn also die Stimme eines mitspielenden Schauspielers als Voice-over erklingt, hat das im Theater – im Gegensatz zum Film – nicht notwendigerweise die Konsequenz, dass es sich um ein homodiegetisches Voice-over handelt. Wir erinnern uns zudem an die von Richardson (1988, 199) benannten überhörten Monologe als Merkmal der Fokalisierung. Die Flexibilität der Grenzen von erzählten Räumen auf einer Bühne sorgt dafür, dass die Aurikularisierung ebenfalls sehr flexibel sein kann. Sobald wir als Zuschauer Anlass dazu haben, anzunehmen, dass eine Figur die Sprechakte oder Geräusche einer anderen Figur nicht wahrnimmt, nähert sich auch das auditive Wahrnehmungsverhältnis formal der Nullaurikularisierung: Das TRS vermittelt auditiv mehr als irgendeine der Figuren wahrnimmt.

Um das Analysemodell auch in Bezug auf die einzelnen Formen der sinnesphysiologischen Fokalisierung zu vervollständigen, müssen ebenfalls Relationen der olfaktorischen, haptischen und gustatorischen Wahrnehmung terminologisch erfasst und analog zur sprachlichen Fokalisierung wie zur Okularisierung und Aurikularisierung in das Modell integriert werden. In der narratologischen Forschung fanden diese Wahrnehmungsformen bislang keine Beachtung. Wie die Frage nach der Perspektive kann aber auch die Frage nach der Fokalisierung in Bezug auf den olfaktorischen, haptischen und gustatorischen TRS-Kanal gestellt werden. Die perzeptive Perspektive in Bezug auf diese drei Kanäle ist jedoch wie gesagt nur figural eingestellt, wenn das TRS dem Rezipienten ermöglicht, die gleichen Reize wie die jeweilige Figur wahrzunehmen, also Gerüche, Berührungen und Geschmack auch im physikalischen Aufführungsraum real erlebbar macht. Die Frage der Fokalisierung (*Wer weiß mehr?* bzw. für die sinnliche Perzeption *Wer nimmt mehr wahr?*) für das Verhältnis zwischen TRS und Figuren muss für den olfaktorischen Kanal folglich *Wer riecht mehr?*, für den haptischen Kanal *Wer fühlt mehr?* und für den gustatorischen Kanal *Wer schmeckt mehr?* lauten.[9] Für diese Fälle schlage ich folgende Terminologie vor: Olfaktorisierung,

---

9 Auch an dieser Stelle sei noch einmal betont, dass der Zuschauer mit seiner Wahrnehmungsfähigkeit in Relation mit der Figurenwahrnehmung gebracht wird, da dem TRS selbst keine Wahrnehmung zugeschrieben werden soll.

Haptisierung und Gustatisierung.[10] Diese drei Kategorien können wiederum jeweils in den bekannten drei Variationen (Null-, intern oder extern) auftreten.

Im folgenden Kapitelabschnitt werde ich die jeweilige Häufigkeit der einzelnen Fokalisierungsformen in den unterschiedlichen TRS-Kanälen besprechen. Hier sollen die verschiedenen Fokalisierungstypen zunächst nur benannt werden. Die abgebildete Tabelle (Abb. 15) gibt eine Übersicht über die in diesem Kapitel entwickelte Terminologie.

Perzeptive Perspektive	Fokalisierung
sprachlich *(Wer spricht?)*	Fokalisierung *(Wer weiß mehr?)*
visuell *(Wer sieht?)*	Okularisierung *(Wer sieht mehr?)*
auditiv *(Wer hört?)*	Aurikularisierung *(Wer hört mehr?)*
olfaktorisch *(Wer riecht?)*	Olfaktorisierung *(Wer riecht mehr?)*
haptisch *(Wer fühlt?)*	Haptisierung *(Wer fühlt mehr?)*
gustatorisch *(Wer schmeckt?)*	Gustatisierung *(Wer schmeckt mehr?)*

Abb. 15: Perzeptive Perspektiven und entsprechende Formen der Fokalisierung

8.3.2 Außensicht oder Übersicht? Nullfokalisierung als Regelfall im Theater

Für Korthals (2003, 273–274) und Muny (2005, 222) ist die Fokalisierung im Drama generell extern, da kein Erzähler uns in das Innere der Figuren schauen lasse. Die Nebentexte ermöglichen dem Rezipienten zwar eine Nullfokalisierung, da die Regieanweisungen im Theater jedoch meistens nicht mit ausgesprochen würden, wäre eine Nullfokalisierung nur im Dramentext, nicht aber in der Aufführung

---

10 Die Begriffsbildung folgt dabei dem Prinzip der intuitiven Erfassbarkeit und nicht der konsequent parallelen Terminologie.

möglich. Diese Argumentation greift zu kurz und betrachtet nur einzelne Teile der theatralen Repräsentation, wie ich zeigen werde. Nur weil wir bei einer Aufführung die Schauspieler stets von außen betrachten, heißt das nicht, dass auch die einzelnen Fokalisierungsformen extern sind. So zeigt auch Weidle (2009, 236–238) beispielhaft, dass es durch die Möglichkeit des simultanen Zeigens mehrerer Ereignisse auf der Bühne (zeitgleiches Erzählen, vgl. Kap. 6.4) durchaus möglich ist, dem Zuschauer eine Übersicht vorzuführen, sodass man von einer Nullfokalisierung sprechen kann. Diese Art der Nullfokalisierung ist in der Literatur nicht praktikabel. Weidle plädiert also mit Recht dafür, wegen der physischen Präsenz von Zuschauern und Schauspielern bei jeder Performanz die Nullfokalisierung und nicht die externe Fokalisierung als den Standardmodus des Theaters anzunehmen, weil wir – anders als bei der Lektüre von sprachlichen Texten – stets die Möglichkeit haben, uns visuell einen Überblick über das Bühnengeschehen zu machen und dabei Dinge wahrzunehmen und somit zu wissen, die von einzelnen Figuren im jeweiligen Moment nicht wahrgenommen werden.

Der Grund, von einer generellen externen Fokalisierung im performativen Erzählen auszugehen, könnte darin liegen, dass die Vertreter dieser These die unterschiedlichen Formen der Fokalisierung in den einzelnen TRS-Kanälen nicht berücksichtigen. Natürlich können wir als Zuschauer das Geschehen nicht mit den Sinnesorganen der Schauspieler/Figuren wahrnehmen. Wenn eine Figur geschlagen, umarmt, geküsst oder gestreichelt wird, ist der Zuschauer von diesen haptischen Erfahrungen ausgeschlossen, und es handelt sich folglich um eine externe Haptisierung (insofern der Zuschauer nicht parallel auch geschlagen, umarmt, geküsst oder gestreichelt wird). Eine Nullhaptisierung ist somit nur schwierig herzustellen und ähnliches gilt für die Nullolfaktorisierung und die Nullgustatisierung, weshalb man in diesen Fällen tatsächlich die externen Varianten als den Regelfall anzusehen hat. Deshalb von einer generellen externen Fokalisierung zu sprechen, verfehlt jedoch den Tatsachenbestand, zumal die Frage nach dem Wissen dabei noch nicht gestellt ist. Während Olfaktorisierung, Haptisierung und Gustatisierung tendenziell eher extern sind, so sind externe Aurikularisierung und externe Okularisierung eher die Ausnahme. In der Regel hat der Zuschauer bei diesen beiden Wahrnehmungsformen gegenüber den Figuren einen „Informations"-Vorsprung, da ihm eine audiovisuelle Übersicht geboten wird. Das wird vor allem deutlich, wenn man sich eine gesamte Aufführung anschaut, die aus unterschiedlichen Szenen mit wechselndem Personal besteht. Der Zuschauer ist der einzige dauerhaft anwesende Teilnehmer und bringt sein Wissen über eine Szene in die nachfolgenden Szenen mit. Da der visuelle und auditive Kanal in der performativen Narration eine weit wichtigere Rolle spielen als die drei anderen wahrnehmungsbasierten TRS-Kanäle, scheint es mir gerechtfertigt, von einer generellen Übersicht zu sprechen und somit die Nullfokalisierung, die nicht zuletzt auch sprachlich unterstützt wird, als Regelfall im Theater anzusehen.

Indizien für eine Nullfokalisierung sind neben dem parallelen Zeigen unterschiedlicher Handlungsstränge (räumlich neben- oder hintereinander), das auf die im TRS erfüllte Auswahl- und Ordnungsfunktion zurückweist, auch thematische Spiegelungen in der *Mise en Scène* (in Kostümen, Requisiten, im Bühnenbild, in den Bewegungsabläufen der Schauspieler etc.), durch welche symbolische Zusammenhänge hergestellt werden (vgl. Kuhn 2011, 140).

Auch Jahn (2003) nähert sich implizit der Fokalisierung, wenn er dramatische Ironie definiert:

> A character says and means one thing, but the audience has reason to suspect (or already knows for certain) that a different interpretation is much more appropriate – either in the sense that what the character says is totally off the mark, or that it unwittingly anticipates a tragic outcome.
>
> (Jahn 2003, D8.10)

Die dramatische Ironie entsteht also durch Nullfokalisierung: Das Publikum weiß mehr als die Figur, weil das TRS mehr vermittelt, als die Figur weiß.

Extern fokalisiert sind z. B. Momente der Teichoskopie oder Konversationen mit einer nur für die Figur sichtbaren Person, die auf der Seitenbühne oder hinter einem Bühnenelement steht (hier gründet sich das Mehrwissen der Figur auf ihrem visuellen Wahrnehmungsvorsprung, also einer vorhandenen externen Okularisierung). Externe Fokalisierung ist auch festzustellen, wenn eine Figur einen Brief liest, ohne dass der Zuschauer seinen Inhalt kennt, wenn eine Figur telefoniert und man nur sie selbst hört, nicht aber ihren Gesprächspartner, oder in Szenen, in denen eine Figur einer anderen Figur etwas zuflüstert, ohne dass der Zuschauer um den Inhalt weiß (bei den beiden letztgenannten Fällen gründet sich das Mehrwissen der Figur auf eine externe Aurikularisierung) (vgl. Kuhn 2011, 159).

Auch ist externe Fokalisierung häufig erst im Rückblick oder bei Zweitrezeption erkennbar und als solche zu beurteilen, wenn z. B. eine Figur am Ende eines Stückes über die Wahrheit eines nicht auf der Bühne dargestellten Sachverhaltes aufklärt, der im Vorfeld geschehen ist. Erst in diesem Moment weiß der Zuschauer, dass er gegenüber der Figur einen Informationsrückstand hatte. Freilich kann auch während des ganzen Stückes deutlich sein, dass einzelne Figuren Dinge wissen, die sie offensichtlich nicht preisgeben wollen – aus welchen Gründen auch immer. Auch hier handelt es sich dann um eine deutliche externe Fokalisierung. All diese Beispiele sind jedoch besondere Momente des bewussten Vorenthaltens von Informationen dem Zuschauer gegenüber und weichen somit vom Regelfall der Übersicht, der Nullfokalisierung, ab. Insgesamt ist der Wechsel von externer und Nullfokalisierung im Theater vor allem eine Technik der Spannungserzeugung. Die Spannung hält so lange an, bis die Figuren untereinander wieder auf dem gleichen Informationsstand sind bzw. der Zuschauer auf dem gleichen Informationsstand ankommt wie die Figuren, wie auch Pfister (2001, 142–143) beobachtet.

Ich habe mit Jesch und Stein (2009, 60) bereits darauf hingewiesen, dass sich eine Kongruenz ausmachen lässt zwischen dem Wissen des Erzählers und dem, was der Erzähler sagt. Oder ex negativo ausgedrückt: Man scheint in der narratologischen Forschung nicht davon auszugehen, dass der Erzähler Dinge weiß, die er für sich behält. Diese Grundannahme unterstützt – auch unabhängig vom spezifisch theatral-performativen Erzählen – die Argumentation gegen eine anthropomorphisierte Erzählinstanz, die realiter nicht wirklich Dinge *wissen* oder *wahrnehmen* kann. Insofern lässt sich im performativen Erzählen auch die Wahrnehmung des Zuschauers mit der „Wahrnehmung" des TRS parallelisieren, wie es in ähnlicher Weise schon bei Genette geschieht, der im Zuge der Nullfokalisierung von „vollständige[r] Information" spricht, „durch deren Besitz dann der *Leser* ‚allwissend' wird" (Genette 1998, 242; Hervorhebung J.H.). Wir sind somit berechtigt, das Wissen der Figuren mit dem Wissen der Zuschauerin in Relation zu bringen, wenn wir über Fokalisierung sprechen.

Nun gibt es viele Fälle, in denen durch die Formung des TRS deutlich wird, dass ein mehr oder weniger vorhandenes *Vorwissen* des Zuschauers antizipiert wird, z. B. über konventionalisierte Gesten und ihre Bedeutungen, aber auch über Textwissen bei der Inszenierung kanonisierter Stoffe. Pfister (2001, 68–69) beobachtet, dass schon der Titel eines Stückes sowie seine Gattungszugehörigkeit und die damit verbundenen Konventionen (Tragödie oder Komödie) dem Zuschauer einen Informationsvorsprung gegenüber den Figuren geben. Man kann vor diesem Hintergrund argumentieren, dass bereits die Kontexte eines Stückes eine Bewegung hin zur Nullfokalisierung bewirken.

Bei einer Analyse der Fokalisierung im performativen Erzählen sollte folglich unterschieden werden zwischen der Inszenierung von schon bestehenden (und daher potentiell mehr oder weniger bekannten) Texten und der Inszenierung neuer Texte. Diese Vorkenntnisse der Zuschauer über die *histoire* haben nicht zu unterschätzende Auswirkungen auf die Fokalisierung im Sinne des Informationsstandes. Ryan (2006, 14) unterscheidet in dieser Hinsicht den autonomen und den illustrativen Narrativitätsmodus. Eine Klassikerinszenierung kann sich sehr viel mehr darauf verlassen, dass der Zuschauer Kenntnisse über die *histoire* hat als Inszenierungen unbekannter Texte und kann daher in ihrer Narrativität sehr viel stärker illustrativ sein. Man sollte diesbezüglich eine intratextuelle von einer extratextuellen Nullfokalisierung unterscheiden, je nach dem ob auf Wissen rekurriert wird, das dem Zuschauer im Zuge der Aufführung zur Verfügung gestellt wird, oder auf solches, das er bereits vor der Aufführung gehabt haben muss. Auf die intratextuelle Nullfokalisierung haben in dieser Hinsicht Leitmotive einen starken Einfluss, da sie innerhalb einer Aufführung ein Bedeutungsnetz konstituieren können, das der Zuschauer früher oder später kennt und als Vorwissen in die folgenden Szenen mitbringt. Leitmotive steigern damit nicht nur die Narrativität einzelner Kanäle im repräsentationssystemischen Zusammenhang (vgl. Kap. 5.1), sondern können ebenfalls dem Rezipienten im Laufe der Vorstellung einen Wissensvorsprung gegenüber den Figuren geben, insofern diese die Leitmotive nicht selbst auch entschlüsseln können. Eine extratextuelle Nullfokalisierung wird häufig in humoristischen Momenten deutlich: In Stemanns *Faust I+II* (vgl. die Analyse in Kapitel 9.1) fällt Gott im „Prolog im Himmel" beispielsweise der Name Fausts nicht ein, als er mit Mephistopheles spricht. Der Schauspieler muss einen sehr langen Gang über die Bühne zurücklegen, um in einem Laptop scheinbar nachzugucken, wie der Name lautete. Das Publikum lacht in diesem Moment ausschließlich, weil es einen Wissensvorsprung vor der Figur hat: Viele kennen vermutlich die ganze Zeile („Kennst du den Faust ..."), alle wissen, wie die Inszenierung heißt, in der sie sitzen, und kennen daher zumindest den Namen, nach dem Gott in diesem Moment sucht. In diesem inszenierten Humor zeigt sich das im TRS antizipierte Vorwissen des Zuschauers und damit ein Mehrwissen gegenüber der Figur.

8.3.3 Fälle der internen Fokalisierung auf der Bühne

Nach Genette (1998, 134–135) lässt sich auch die interne Fokalisierung noch genauer analytisch klassifizieren, indem man sie in *feste* (konstant bei einer Figur verweilende), *variable* (von einer Figur zur nächsten wechselnde) und *multiple* (wiederholt variabel bei repetitivem Erzählen) interne Fokalisierung unterteilt.

„Kongruente Informiertheit" – die am ehesten mit der internen Fokalisierung gleichgesetzt werden kann, wenn diese auch eher im Zusammenhang mit Introspektionen in eine Figur interessant wird – bildet für Pfister (2001, 86) eine Randerscheinung: Der Normalfall der Informiertheit sei die Diskrepanz von Zuschauer- und Figurenwissen.

Während im Theater Formen der internen Okularisierung (der Blick von innen, den Schmid als figurale perzeptive Perspektive beschreiben würde) außer mit Handkameras und Projektionen, also genuin filmischen Mitteln, kaum darstellbar sind, ist eine Darstellung des „Blicks nach innen", der internen Fokalisierung via Introspektion, keine Seltenheit. Hierbei handelt es sich um die Darstellung von Träumen, Wünschen, Erinnerungen, Visionen etc., die zwar auf der Bühne gezeigt werden, jedoch so markiert sind, dass der Zuschauer weiß, dass der Blick in eine Figur dargestellt wird. Introspektion ist damit eine Form der internen Fokalisierung. Wie Schmid genauer differenziert, kann ein Erzähler jedoch die Wahrnehmung einer Figur aus narratorialer Perspektive beschreiben, ohne eine figurale perzeptive Perspektive anzunehmen, d. h. ohne das Geschehen mit den Augen der Figur wahrzunehmen (vgl. Schmid 2008, 136). Eine tatsächliche figural eingestellte perzeptive Perspektive ist damit im theatralen Erzählen kaum möglich. Auch wenn auf der Bühne innere Vorgänge von Figuren visualisiert werden (Introspektion), muss man in Schmids Terminologie immer von einer narratorial eingestellten perzeptiven Perspektive ausgehen, da wir von außen in die Figur schauen und das Figurenbewusstsein immer Objekt der Wahrnehmung bleibt. Interne Fokalisierung via Introspektion und narratoriale perzeptive Perspektive bilden somit keinen Widerspruch.

Kuhn (2011, 149) nennt diese Form der Introspektion auch *mentale Metadiegese*. Außerdem unterscheidet er noch *mentale Projektionen* und *mentale Einblendungen*. Für das Medium Theater scheint es mir nicht nötig zu sein, zwischen mentalen Metadiegesen und mentalen Projektionen zu unterscheiden, da zweitere im Film nur durch Techniken der Kamera (wie z. B. die Verschleierung der Linse) erzeugt werden. Die Kategorie der mentalen Einblendungen kann im Theater durch symbolische Erzeugnisse des Bühnenbildes oder auch Projektionen, die momentane Zustände einer Figur widerspiegeln, aber keine neue Diegese eröffnen, realisiert werden. Sehr viel häufiger handelt es sich jedoch um eine Introspektion mit Ebenenwechsel und damit um eine mentale Metadiegese (vgl. Kuhn 2011, 151, 154). Einen solchen Ebenenwechsel im Theater sicher feststellen zu können, ist jedoch aufgrund des häufig nur metonymischen Verweises auf erzählte Räume sehr viel schwieriger als im Film. Dennoch kann man im Theater immer wieder Markierungen mentaler Metadiegesen finden und als solche analysieren.

Das Bühnenbild als traumhaftes Gebilde wurde vor allem im Symbolismus seit 1900 populär, der sich dezidiert von naturalistischen Konzeptionen abwandte. Paul Fort in seinem Pariser „Théâtre d'Art" war einer der ersten, der dieses neue Theater umsetzte. Die Bühnenbilder beispielsweise für die Inszenierung von Einaktern Maurice Maeterlincks wurden in enger Zusammenarbeit mit modernen Malern sehr reduziert und durch ornamentale Prospekte abstrahiert, wodurch viel stärker suggestiv gearbeitet werden konnte (vgl. Simhandl 2007, 214). August Strindberg, der sich als Schüler Maeterlincks verstand, erklärte in den Anmerkungen zu seinem Drama *Ein Traumspiel* die träumerische Konzeption des symbolistischen Theaters:

> [Ich habe] versucht, die unzusammenhängende, aber scheinbar logische Form des Traums nachzuahmen. Alles kann geschehen, alles ist möglich und wahrscheinlich. Zeit und Raum existieren nicht, vor einem unbedeutenden Wirklichkeitsgrund entfaltet sich die Einbildung und webt neue Muster: ein Gemisch aus Erinnerungen, Erlebnissen, freien Erfindungen, Absurditäten und Improvisationen.
>
> Die Personen spalten sich, verdoppeln sich, sie verflüchtigen und verdichten sich, zerfließen und fügen sich wieder zusammen. Aber ein Bewußtsein steht über allen, das des Träumers. Für ihn gibt es keine Geheimnisse, keine Inkonsequenz, keine Skrupel, kein Gesetz. Er verurteilt nicht, er spricht nicht frei, er berichtet nur. Und da der Traum meistens schmerzlich ist, seltener froh, klingt ein Ton von Wehmut und Mitleid mit allem Lebenden durch die schwankende Erzählung.
>
> (Strindberg 1966, 139–140)

Es ist deutlich, wie sehr hier – wenn auch nicht als solche benannt – eine interne Fokalisierung beschrieben wird. Intern fokalisiert sind nach Korthals (2003, 282) Passagen der Teichoskopie (die ich der externen Fokalisierung zurechne), der Monologe, des Beiseitesprechens oder der theatralen Inszenierungen von Träumen, Erinnerungen, Wahnvorstellungen o. ä. Weidle (2009, 238) macht in diesem Zusammenhang auf die Besonderheit theatraler Fokalisierung aufmerksam, nämlich dass aufgrund der visuellen Perzeption das intern fokalisierte Subjekt immer auch das fokalisierte, auf der Bühne sichtbare Objekt ist. Im Vergleich zur Erzählliteratur folgert er schließlich, dass im Theater „the relation between narration and focalizing [...] less prescriptive and more flexible than in narrative fiction" (Weidle 2009, 240) zu sein scheint.

Werden Figurenwahrnehmungen in epischen Texten meist durch einen Erzähler vermittelt (mit den unterschiedlichen Möglichkeiten der Rede-/Gedankenwiedergabe), so ist es im Drama und seiner Inszenierung häufiger der Fall, dass die Figuren ihr Erleben monologisch selbst ausdrücken. Es handelt sich hierbei jedoch meistens um den gesprochenen Monolog bzw. ein Soliloquium im Gegensatz zum inneren Monolog „epischer" Texte. Eine theatrale Realisierung des inneren Monologes ist am ehesten im Beiseitesprechen auszumachen (vgl. Muny 2008, 124–126). Es gibt Inszenierungen, in denen der Regisseur versucht, diese Kluft zwischen Gedachtem und Gesprochenem zu überbrücken, indem er die Schauspieler mit Mikroports ausstattet, sodass sie nicht übermäßig senden müssen, um das Publikum zu erreichen, sondern leise für sich sprechen und murmeln können, aber trotzdem von allen verstanden werden. Die Zuschauerin soll so den Eindruck erhalten, in den Kopf der Figuren hineinschauen zu können. In den Inszenierungen z. B. von Luk Perceval wird dieser Kunstgriff häufig angewandt. Man könnte in diesen Fällen von einer internen Aurikularisierung sprechen, wenn man das Denken als Zuhören der eigenen Gedanken auffasst. Auch die „Bettszene" in Stemanns *Faust I* ist eine Art der Gedankenrepräsentation, ohne dass die Figur spricht, wie ich es im nächsten Kapitel deutlich machen werde.

Insgesamt lässt sich mit Niederhoff in Bezug auf die großen Kategorien Perspektive (*point of view*) und Fokalisierung folgendes Fazit ziehen:

> *Point of view* seems to be the more powerful metaphor when it comes to narratives that attempt to render the subjective experience of a character; stating that a story is told from the point of view of the character makes more sense than to claim that there is an internal focalization on the character. *Focalization* is a more fitting term when one analyses selections of narrative information that are not designed to render the subjective experience of a character but to create other effects such as suspense, mystery, puzzlement, etc.
>
> (Niederhoff 2013a, § 18)

Welche Analysekategorie auf die jeweilige Inszenierung angewendet wird, muss folglich das Stück selbst, die jeweilige Form des performativen Erzählens bestimmen.

8.4 Aus der Praxis: Perspektive und Fokalisierung im *Goldenen Drachen*

Global gesehen lässt sich der Inszenierung eine kompakte narratoriale Perspektive attestieren. Perzeptiv und zeitlich sind wir an keine figurale Perspektive gebunden. Gerade durch die Verschränkung der beiden erzählten Räume im Erzählraum in der ersten Szene (s. Kapitel 7.5) und das in der Inszenierung omnipräsente Phänomen der überhörten Monologe (vgl. Richardson 1988, 199) wird die narratoriale Perzeption stark hervorgehoben. Sprachlich ist die Perspektive – wie bereits zuvor analysiert – aufgeteilt in Erzähler- und Figurenrede. Durch die Anordnung und Komposition der einzelnen Szenen ist auch die ideologische Perspektive als narratorial eingestellt zu erkennen: Während der Inszenierung entfaltet sich ein spezifisch „westlicher" Blick auf das Geschehen, dem wiederum der Spiegel vorgehalten wird. Man kann in der karrikierenden Darstellung „typischer" ostasiatischer Figuren und „typischer" westeuropäischer Figuren, die jenen begegnen, nicht nur eine narratorial eingestellte ideologische Perspektive erkennen, sondern durch die ironische Darstellung im Kontext der Aufführungssituation im deutschsprachigen Theater ließen sich auch Rückschlüsse auf Ansichten des impliziten Autors ziehen. In einzelnen Szenen findet sich auch eine figural eingestellte ideologische Perspektive; so beispielsweise, wenn der sturzbetrunkene „Mann im gestreiften Hemd" seine beschränkten Ansichten über die chinesische Kultur verbreitet. Die ideologische Perspektive ist in diesem Moment an die sprachliche Perspektive gekoppelt.

Analog zur narratorialen Perspektive lässt sich im *Goldenen Drachen* eine dominante Nullfokalisierung feststellen, d. h. nur das TRS (und mit ihm der Zuschauer) „weiß", was in allen Räumen des Hauses geschieht und dieses Wissen ist nicht auf das Wissen einer Figur beschränkt. Die Okularisierung ist entsprechend der zentripetalen Wahrnehmungsverhältnisse zwischen Zuschauerraum und Bühne eine strikte Nullokularisierung und nicht an den Wissensstand (basierend auf ihrer visuellen Wahrnehmung) einer Figur gebunden.

Die bereits angesprochene Szene, in der die Schauspieler die in der Zahnlücke des jungen Chinesen sitzende Familie spielen, weist eine Introspektion und damit eine interne Fokalisierung auf den jungen Chinesen auf. Die Familienmitglieder schauen während ihrer Antworten immer schräg nach oben und signalisieren so die vorab sprachlich etablierte Rahmenbedingung, dass sie aus der Lücke des entfernten Zahns heraus mit ihrem Sohn sprechen – und daher notgedrungen nach oben schauen müssen. Durch die Darstellung der Familie des jungen Chinesen in Form einer Introspektion bzw. einer figural eingestellten visuellperzeptiven Perspektive wird dem Zuschauer eine Annäherung an die Figur des leidenden jungen Chinesen ermöglicht. Die Szene kann zudem als mentale Metadiegese klassifiziert werden und bildet einen Rahmen zusammen mit einer Szene am Ende der Inszenierung, in der jener junge Chinese als Toter oder lediglich als vergehendes Bewusstsein zurück zu seiner Familie nach China schwimmt. Auch sprachlich ist dieser Moment sehr emotional gestaltet und umreist die Geschichte dieser zentralen Figur. Die stark markierte Fiktionalität der Szene wird also mit einer im Kontext der gesamten Inszenierung außergewöhnlichen narrativen Form gekoppelt und somit hervorgehoben: So wenig es dem jungen Chinesen möglich ist, mit seiner Familie zu sprechen, so wenig ist es möglich, auf eine Gruppe von Menschen in einer Zahnlücke hinabzuschauen und so wenig ist es auch möglich, das Leid von Figuren, die in unserer Gesellschaft ein nahezu unsichtbares Dasein fristen müssen, zu repräsentieren ohne zu abstrahieren.

9 Beispielanalysen

Das entworfene heuristische Analysemodell soll nun exemplarisch auf einzelne Inszenierungen angewendet werden. Dabei kann man sich bei der Sichtung einer Aufführung bzw. der Aufzeichnung einer Aufführung an einem Fragenkatalog orientieren, der die einzelnen Aspekte der performativen theatralen Narration hervorhebt. Zu betonen ist, dass nicht jede Frage für jede Inszenierung beantwortet werden kann und auch nicht alle Fragen in jedem Fall relevant sind. Vielmehr bestimmt die zu analysierende Inszenierung, welche Teilaspekte des narratologischen Fragenkataloges jeweils erkenntnisfördernd sind. Die hier beispielhaft besprochenen Inszenierungen sind keinesfalls repräsentativ für die vielfältige deutschsprachige Theaterkultur. Auch decken sie weder unterschiedliche Theaterformen wie Schauspiel, Oper, Tanz und Performance Art ab noch stammen sie aus verschiedenen Epochen. Ich habe die drei Inszenierungen ausgewählt, weil sie in narrativer Hinsicht besonders interessant sind und die Fruchtbarkeit des hier entworfenen narratologischen Analysemodells facettenreich illustrieren können. Es ist daher auch nicht mein Ziel, die drei Inszenierungen vollständig und Punkt für Punkt zu analysieren. Vielmehr werde ich Szenen auswählen, an denen aus narratologischer Sicht Interessantes geschieht, um zu zeigen, wie mein Analysemodell angewendet werden kann.

Die drei von mir ausgewählten Inszenierungen stammen alle aus dem Repertoire des Hamburger Thalia Theaters und hatten im Jahr 2011 Premiere. Verantwortlich zeichnen Regisseure, die in der deutschen Theaterszene eine hohe Popularität genießen. Nicolas Stemanns Inszenierung von Goethes *Faust I + II* geht dabei auf den berühmtesten deutschsprachigen dramatischen Text zurück, während Jette Steckels *Der Fremde* den Roman Albert Camus' und Bastian Krafts *Orlando* den Roman Virginia Woolfs – und damit zwei originäre Erzähltexte – zur Grundlage haben.

Die maßgeblichen Fragen, an denen ich mich in den Beispielanalysen auswählend abarbeiten werde, liste ich im Folgenden auf. Neben der bloßen Benennung der Vorkommnisse soll auch immer wieder nach der Funktion des jeweiligen Befundes für die performative Narration gefragt, d. h. ein deutender Zusammenhang etabliert werden. Hier begibt man sich freilich in interpretatorische Bereiche, die auf dem heuristischen Analysemodell aufbauen.

- Wie setzt sich das Autorenkollektiv zusammen? Wie ist das Verhältnis zum ursprünglichen Autor der Textgrundlage?
- Finden Metalepsen statt? Wenn ja, welcher Art?
- Gibt es Momente der markierten Trialogizität?

- Wird das Publikum figuralisiert/zum homodiegetischen Adressaten gemacht oder ein aktiver Teil des Autorenkollektivs?
- Welche TRS-Kanäle kommen zum Einsatz?
- Wie narrativ sind die einzelnen Kanäle (insgesamt und in spezifischen Szenen)?
- Gibt es kanalinterne Widersprüche?
- Stehen die einzelnen TRS-Kanäle in einem übereinstimmenden (überlappenden, komplementären) oder diskrepanten Verhältnis?
- Gibt es eine markierte TRS-Zeit?
- Gibt es Besonderheiten bezüglich Ordnung, Dauer oder Frequenz? Gibt es zeitgleiches Erzählen?
- Wie verhalten sich Zuschauerraum und Bühne/Spielfläche? Gibt es Distanzbesonderheiten? Wie lassen sich die Raumachsen oben/unten, vorne/hinten, rechts/links semantisieren?
- Entstehen neben dem globalen Erzählraum einzelne Erzählräume? Wie ist das Verhältnis zu den erzählten Räumen? Gibt es signifikante Schachtelungen?
- Ist der Aufführungsraum abstrakt konstituiert (hohe mentale Raumkonstruktion durch den Zuschauer) oder naturalistisch? Wie dynamisch sind dadurch die erzählten Räume und ihre Grenzen?
- Werden erzählte Räume konkret gezeigt/benannt oder wird metonymisch auf sie verwiesen? Welche TRS-Kanäle bzw. Modi wirken besonders raumkonstituierend?
- Wie konstituieren proxemische Zeichen Räume?
- Sind perzeptive, ideologische, zeitliche und sprachliche Perspektive figural oder narratorial? Sind sie kompakt oder distributiv?
- Sind sprachliche, visuelle, auditive, olfaktorische, haptische und gustatorische perzeptive Perspektive figural oder narratorial eingestellt?
- Sind Fokalisierung, Okularisierung, Aurikularisierung, Olfaktorisierung, Haptisierung und Gustatisierung null/frei, intern oder extern eingestellt?
- Gibt es mentale Metadiegesen oder mentale Einblendungen?

9.1 Nicolas Stemanns *Faust I + II* als grenzüberschreitende Erzählung des klassischen Dramas

Nicolas Stemanns Inszenierung *Faust I + II* zeichnet sich durch ihren starken Gegenwartsbezug aus, durch eine Verhandlung der *Faust*-Themen im Jetzt der Aufführungszeit und ihrer gesellschaftlichen Umstände. Erreicht wird diese Aktualisierung durch eine starke Betonung der Aufführung als Happening, durch Mittel des postdramatischen Theaters und der Performance Art. Meine Interpretationshypothese lautet, dass Stemann durch seine Inszenierung zeigt, wie die durch die drei Hauptfiguren Faust, Mephisto und Margarete vertretenen Prinzipien (Verstand, Versuchung/Verführung und Tugend) in unserer Gegenwart ineinander übergehen und so die Grenzüberschreitung selbst zum leitenden Prinzip wird. *Faust II* kann als Auswuchs dieser Konstellation betrachtet werden: Vormals getrennte Bereiche sind bereits verquickt, die Konsequenzen betreffen den Makrokosmos und damit unsere eigene gegenwärtige Gesellschaft. Die theaternarratologische Untersuchung soll Ergebnisse liefern, die diese Hypothese stützen. Meine Analyse basiert auf der Videoaufzeichnung der Aufführung am 21.08.2011 in Salzburg, auf meinen Erinnerungen an die Premiere im Hamburger Thalia Theater am 30.09.2011 und auf meinen bei den Aufführungen am 08.05.2012, 03.11.2012 (nur *Faust II*), 05.05.2013 und 20.01.2014[1] (jeweils nur *Faust I*) im Thalia Theater Hamburg angefertigten Notizen. Eine weitere wichtige Grundlage ist der von Gutjahr (2012) herausgegebene Sammelband *Faust I/II*, der zu eben jener Doppelinszenierung Stemanns konzipiert wurde und (ein großes Plus für die wissenschaftliche Arbeit mit der Inszenierung) die vollständige Strichfassung des Dramentextes enthält. Bedauerlicherweise ist es bei der vorliegenden Videoaufzeichnung so, dass mit mehreren Kameras gefilmt und daher mit Schnitten gearbeitet wurde, und dass die einzelnen Kameras mit Zoom und Schwenks arbeiten, sodass man häufig nur Ausschnitte der Bühne sieht, während man als Rezipient im Theater stets die ganze Bühne überschauen kann. Außerdem setzen manche Kameras Farbfilter ein, die die Beleuchtungsverhältnisse der Bühnensituation verfremden oder im Halbdunkeln stattfindende Aktionen verschwinden lassen. Auch der Ton lässt den Zuschauer der DVD gelegentlich Worte nicht verstehen, die dem Theaterzuschauer durchaus verständlich waren.

9.1.1 Trialogizität und TRS-Kanäle

Die Frage, ob Paratexte zum fiktionalen Text gehören oder als vom Autor gesetzt angesehen werden können, beantwortet Genette ziemlich eindeutig mit der zweiten Möglichkeit (vgl. Genette 1989, 282–283). Muny (2008, 75) wendet jedoch berechtigterweise ein, dass viele der Paratexte (Kapitelüberschriften, Personenverzeichnisse, Einleitung der Figurensprechakte etc.) Informationen über die erzählte Welt vermitteln bzw. diese kommentieren können und insofern der Erzählinstanz zugerechnet werden müssen. Genau diese Diskussion ließe sich auch auf

---

[1] In dieser Aufführung wurde Patrycia Ziolkowska durch Maja Schöne ersetzt.

die Aufführungssituation übertragen: Wenn Nicolas Stemann am Anfang (oder vor?) der *Faust*-Aufführung auf die Bühne kommt, sein Konzept erläutert und auch die Pausenzeiten ankündigt (wenn die Doppelinszenierung *Faust I + II*, die auch *Faust*-Marathon genannt wird, an einem Abend gespielt wird), spricht er dann als Regisseur oder als Erzähler? Auch später im Stück ist er Teil der Inszenierung, singt Lieder mit oder spielt mit Handpuppen. Diese Selbstinszenierung, die in mehreren Produktionen Stemanns vorkommt, hat postdramatische Züge: Die meisten Zuschauer wissen, dass er der reale Regisseur ist, das äußere Kommunikationssystem wird somit stark betont. Nimmt er die Rolle einer diegetischen Figur ein, wirkt dies folglich stark metaleptisch. Dass diese Auftritte Stemanns nicht in allen Aufführungen vorkommen – so fehlten sie z. B. bei der Aufführung am 8. Mai bzw. bei den Aufführungen einzelner Teile oder wurden von anderen Schauspielern übernommen – spricht gegen die Annahme, ihn als Erzähler zu deuten, der das gesamte Geschehen einrahmt oder generiert. Stemann ist durch seine Popularität dazu in der Lage, die Trialogizität des auf der Bühne gesprochenen Wortes stark hervorzuheben. Es ist nicht letztgültig zu sagen, wann er als Figur, wann er als homo- oder heterodiegetischer Erzähler und wann er als Regisseur spricht. Er spielt bewusst mit der Grenze zwischen Präsentation und Repräsentation, und es ist nicht deutlich, ob seine anfängliche Ansage vor der performativen Narration stattfindet oder bereits einen Teil ihrer selbst bildet. Die verschiedenen Deutungsmöglichkeiten hängen eng mit den konträren Ansichten in der Diskussion um die Paratexte in der Literaturwissenschaft zusammen.

Postdramatisch ist vor allem auch, dass die Figuren nicht schauspielergebunden sind, sondern von jedem der zunächst drei Hauptdarsteller (Philipp Hochmair, Sebastian Rudolph, Patrycia Ziolkowska) gespielt werden – wenn sich auch Tendenzen zu einer Figurenaufteilung ablesen lassen: So spielt Hochmair verstärkt Mephistopheles, Rudolph Faust und Ziolkowska Margarete bzw. Helena in *Faust II*. Die Lockerung der festen Figurengebundenheit erzielt einen metarepräsentativen Effekt und macht auf die reale Spielsituation im Theater sowie die realen Schauspieler und ihre Stimmen aufmerksam. Diese *Faust*-Inszenierung ist eine kontemporäre Befragung des Klassikers, ein gemeinsames Sich-Nähern an die Textvorlage. Hierzu trägt der häufige Einsatz gelber Reclamhefte bei. Rudolph, der die erste Stunde der Inszenierung alleine bestreitet, scheint sich als Schauspieler erst mit der Zeit für die Figur Faust zu entscheiden. Vor allem mit dem Auftritt Hochmairs nach einer Stunde und dessen dominanter Mephistopheles-Darstellung, wird diese Figurenzuordnung offenbar. Ebenso postdramatisch ist die aktive Einbeziehung des Publikums und das Spiel mit dessen Applaus: Bei Fausts Selbstmordversuch (nach: „Der letzte Trunk sei nun, mit ganzer Seele, /

als festlich hoher Gruß, dem Morgen zugebracht!" [*Faust I*, 290])[2] geht Rudolph mehrfach ab und tritt wieder auf, um sich zu verbeugen. Das stark Metaleptische dieses Vorgangs macht den Selbstmordversuch zum Happening und lässt mehr den realen Schauspieler als die repräsentierte Figur agieren. Dies betont aber gleichzeitig die auch heute noch aktuelle Brisanz von Fausts Leiden und vielleicht sogar die gesellschaftliche Art und Weise, damit umzugehen: Ein Abgang mit Applaus und Jubel wird ein starkes Bild für die Möglichkeiten, Schmerz zu verarbeiten bzw. zu verdrängen.

Die Inszenierung spielt häufig mit der Textkenntnis der Zuschauer, wenn bekannte Zitate unterbrochen werden: So fällt dem Herrn im Prolog, wie oben beschrieben, zunächst der Name Faust nicht ein, wenn er mit Mephistopheles wettet. Das sorgt für Lacher im Zuschauerraum, ist aber gleichzeitig auch eine Methode, das Hier und Jetzt der Aufführungssituation und die Trialogizität des performativen Erzählens zu betonen, d. h. auf postdramatische Weise das äußere Kommunikationssystem zu thematisieren. Ähnliches passiert durch die verwendeten Mundarten: Faust ruft beim „Osterspaziergang" immer wieder in Hamburgischer Manier „Moin – Frostern – Moin" (*Faust I*, 291), und Marthe erhält durch Ziolkowska einen Kölner Dialekt. Diese Dialekte gehören zwar zur jeweiligen Figurenkonzeption; durch den Kontrast mit den Stimmen der vom jeweils gleichen Schauspieler verkörperten Figuren wird jedoch der Schauspieler selbst mit seiner Körperlichkeit und seiner Stimme in den Vordergrund gerückt. In *Faust II* findet dies eine noch stärkere Betonung: Das äußere Kommunikationssystem wird noch mehr verhandelt, wenn z. B. Josef Ostendorf, der in diesem Moment Mephistopheles verkörpert, erbost zu Sebastian Rudolph sagt „Für dich immer noch Mephisto, ja Sebastian?!"[3] und damit Figuren- und Schauspielerebene in einem Satz zusammenbringt. Ebenso agiert Hochmair, der in einem humoristischen Vortrag über Postdramatik seine eigenen bisherigen Theaterrollen diskutiert. Die Grenzen zwischen den einzelnen Kommunikationsebenen werden in dieser Inszenierung konstant infrage gestellt und immer wieder überschritten. „Stemann setzt mit dieser Textbefragung durch Perspektivwechsel, Wiederholungen, Entstellung und Spiegelung weniger die Entwicklung von Figuren in Szene denn die Entstehung theatraler Erfahrungswelten", wie Gutjahr (2012, 80) betont. Die leitmotivische Grenzüberschreitung und starke Hervorhebung der Trialogizität des

---

[2] Wörtliche Zitate aus der Inszenierung *Faust I + II* entstammen allesamt der Strichfassung, die in der Reihe *Theater und Universität im Gespräch* (Gutjahr 2012) erschien, und folgen dem Schema „[*Faust I/Faust II*], [Seitenzahl]".
[3] Dieser Satz steht so nicht in der veröffentlichten Strichfassung (vgl. *Faust II*, 409–410); stattdessen wird hier auf einen improvisierten Text für Josef Ostendorf verwiesen.

theatralen Sprechens stützen die anfänglich formulierte Hypothese einer Verquickung der vormals getrennten und durch die drei Hauptfiguren repräsentierten Prinzipien.

Da die Schauspieler-Figuren-Zuordnung nicht statisch und zudem das Bühnenbild sehr abstrakt und lediglich durch einzelne Elemente überhaupt existent ist, kommt dem sprachlichen Kanal bei der Vermittlung der Erzählung besonderes Gewicht zu. Zentral für den sprachlichen TRS-Kanal in *Faust I + II* ist die prominente Einsetzung der von der Decke hängenden elektronischen Texttafel, die stets die durchnummerierten Überschriften der einzelnen Kapitel oder Auftritte angibt. Auch bei Liedern ist sie dafür verantwortlich, die gesungenen Texte zu verschriftlichen. Nach dem missglückten Selbstmordversuch Fausts bedroht Rudolph mit der Pistole die Schrifttafel und ruft „Osterspaziergang", woraufhin die Schrift umspringt in „5. Vor dem Tor (Osterspaziergang)". Später, beim Mord an Margaretes Bruder Valentin, übernimmt die Tafel sogar vollständig die Repräsentation dieses wichtigen Ereignisses, indem sie die Nebentexte einblendet, die ereignishaft beschreiben, wie Faust Valentin ersticht, ohne dass dieser Vorgang explizit durch den visuellen Kanal gezeigt wird (*Faust I*, 369).

Am Ende von *Faust I* spricht Ziolkowska die Figurennamen und die Regieanweisungen der Dramenvorlage mit und übernimmt dadurch Teile des schon im Drama zu findenden sprachlichen Erzählkanals: „Mephistopheles: Sie ist gerichtet! / Stimme von Oben: Ist gerettet! / Stimme von Innen, verhallend: Heinrich! Heinrich!" (*Faust I*, 377).

In *Faust II* schließlich trägt der sprachliche Kanal zur allgemeinen und intendierten Überforderung bei, wenn die elektronische Anzeigetafel beispielsweise im vierten Akt in rasend schneller Geschwindigkeit Texte anzeigt, die nicht gesprochen werden, oder ganz am Ende nach dem Erleben des höchsten Augenblicks die restlichen Dialoge anzeigt, während auf der Bühne schon sämtliche Darsteller ausgelassen singen. Damit kommentiert der sprachliche Kanal die Aufführung selbst, die sich in selbstironischer Manier vorgenommen hat, „Faust 2 – ungestrichen" (*Faust II*, 386) auf die Bühne zu bringen und damit die Bewältigung der Textmenge in den Fokus gerückt hat. Dieses Vorhaben wird auch visualisiert, indem für alle hundert abgehandelten Verse ein weißer Strich auf großen schwarzen Stellwänden vorne am Bühnenportal angemalt wird.

Das Verhältnis der einzelnen TRS-Kanäle ist überwiegend komplementär: So werden z. B. Projektionen dann eingesetzt, wenn sie zum Dargestellten oder Gesprochenen passen. In dem Moment, in dem Mephistopheles (Hochmair) sich einen „Teil von jener Kraft" nennt (*Faust I*, 304), verdoppelt sich die Projektion eines Pudels auf der hinteren Wand. Der Einsatz von anderen Medien ist ebenso bedacht: So ist Mephistopheles' Überschreitung der Schwelle aus dem Studierzimmer hinaus zugleich eine Medienüberschreitung. Mephistopheles möchte Faust einschläfern, um unbemerkt entwischen zu können; in diesem Moment betreten ein Tänzer (Franz Rogowski) und eine Sängerin (Friederike Harmsen) die Bühne, die auf ihre medienspezifische Art das erzählen, was Mephistopheles in ein Mikrophon spricht (*Faust I*, 308–311). Tanz und Musik sind hier illustrativ narrativ, durch ihre Einbettung in das Repräsentationssystem ist ihre vom Autorenkollektiv vorgesehene Semantisierung durch den Rezipienten jedoch sichergestellt.

Visuell wird die Figurendistinktion kaum durch Kostümwechsel angezeigt, vielmehr werden einzelne Requisiten hinzugefügt (z. B. Teufelshörner für Mephistopheles). Rudolph und Hochmair tragen zudem sehr ähnliche Grundkostüme. Stärker werden Figuren durch eine veränderte Körperlichkeit und eine verstellte Stimme der Darsteller unterscheidbar. Der visuelle Kanal liefert in *Faust I + II* zudem zahlreiche Beiträge zu einer über den Dramentext hinausgehenden Narration, allem voran die körperliche Nähe zwischen Faust und Mephistopheles, die sich häufiger innig umarmen oder küssen. Visuell wird hier die Deutungsmöglichkeit angezeigt, die Figuren ineinander verschwimmen zu lassen und Faust als vom Teufel besessen zu verstehen. Szene 17 „Marthens Garten" unterstützt diese Interpretation: Hier löst sich die übliche Schauspieler-Figuren-Verteilung auf, und Rudolph und Hochmair spielen gemeinsam Faust. Dies ist eine Methode des visuellen und auditiven TRS-Kanals, die Deutung zu ermöglichen, Faust und Mephistopheles seien ein und dieselbe Person. Schon in der 16. Szene „Wald und Höhle" werden die Grenzen zwischen den beiden Figuren verwischt, indem Hochmair und Rudolph die Faust-Texte passagenweise gemeinsam oder leicht versetzt sprechen (*Faust I*, 349–354). Ferner forciert der visuelle TRS-Kanal diese Deutung, indem Hochmair bei seinem ersten Auftritt in „Studierzimmer I" nicht nur ähnlich wie Faust gekleidet ist, sondern auch eine mit Farbe besprizte Hose trägt, da in der Szene zuvor Rudolph seine Hose ebenfalls mit Farbe beschmutzt hatte. Möchte man Mephistopheles als Teil Fausts begreifen, der von jenem besessen ist, so ist die Repräsentation der Teufelsfigur auf der Bühne durch einen Schauspieler eine Form der Introspektion in Faust. In Kapitel 6.3 habe ich bereits mit Richardson (1987, 304) darauf aufmerksam gemacht, dass in Momenten, die als Introspektion verstanden werden können und damit als figurale Perspektive, Erzählzeit und erzählte Zeit deckungsgleich sind. Dies ist zu berücksichtigen, möchte man Aussagen über zeitliche Verhältnisse der *Faust*-Inszenierung machen, wie ich es im folgenden Abschnitt dieser Analyse vornehme.

Es ist ebenso eine Leistung des visuellen Kanals, dass in *Faust I* Teufels- und Liebespakt (zwischen Faust und Mephistopheles bzw. zwischen Faust und Margarete) parallelisiert werden: Die Figuren drehen sich an den Händen haltend schnell umeinander und rufen wiederholt „Ewig" oder „Kein Ende!" bzw. werden vom Chor begleitet, der immerzu „Dann" singt (*Faust I*, 319, 348). Diese Zeitwörter werden nicht zufällig durch die Wiederholung derart betont.

In *Faust II* sind es Elemente des visuellen Kanals, die für intertextuelle Bezüge sorgen: sowohl zu kontemporären Diskursen (wie z. B. die Bankenrettung durch die Verwendung populärer Bankensymbole oder die an Hitler erinnernde Armbinde Fausts in Akt 4, die statt eines Hakenkreuzes einen weißen Pudel zeigt) als auch zu anderen Stemann-Inszenierungen. Diese intertextuellen Anspielungen sind z. B. die Erotisierung des Geldes, die schon aus Stemanns Jelinek-Inszenierung *Die Kontrakte des Kaufmanns* (2009) bekannt ist, oder die Verwendung von Requisiten aus *Die Räuber* (2008) wie die Stehlampe, den Sessel oder das Modell eines Hauses im 5. Akt um Philemon und Baucis.

Es gibt auch Momente, in denen der auditive im Gegensatz zum visuellen Kanal besonders betont wird. Dies ist der Fall, wenn alles dunkel ist und man nur noch die Stimme Fausts hört. Hier übernimmt das stimmliche Element die illustrierende Wirkung, die jetzt nicht mehr von visuellen Modi erfüllt werden kann. Ebenso ist es der auditive Kanal, der strukturierend wirkt, wenn ein Gelehrtendiskurs erst prominent auf die Rückwand projiziert wird, dann aber immer leiser und dadurch auditiv in den Hintergrund gedrängt wird. Ähnliches gilt, wenn viele Projektionen gleichzeitig zu sehen sind. So werden in einer Szene viele wissenschaftliche Vorträge über *Faust* an Seitenwände und Rückwand projiziert, die zwar alle gleichzeitig zu sehen, aber nur nacheinander zu hören sind. Im ersten Fall bewirkt die Reduktion der Lautstärke einerseits eine Fokussierung der Aufmerksamkeit weg von der Projektion und zurück zum Bühnengeschehen. Im zweiten Fall vermag der auditive Kanal auch eine Aussage über die Aufmerksamkeit der zuhörenden Figuren zu treffen. Somit lässt sich hier eine figurale auditiv-perzeptive Perspektive bzw. eine interne Aurikularisierung ausmachen.

Die übrigen drei TRS-Kanäle kommen in der *Faust*-Inszenierung Stemanns kaum zum Einsatz. In *Faust II*, das sich ohnehin durch eine noch gesteigerte Integration der Zuschauer auszeichnet und eher einem performativen Happening gleicht, bekommt das Publikum jedoch Drinks angeboten oder wird mit Süßigkeiten beworfen. Der Gebrauch des gustatorischen und haptischen Kanals betont auf einer zusätzlichen Ebene noch einmal die leitmotivische Grenzüberschreitung. Von einer gustatorisch- oder haptisch-perzeptiven Perspektive oder gar von Gustatisierung oder Haptisierung kann man hier jedoch nicht sprechen, da es keine Figur auf der Bühne gibt, deren Sinneswahrnehmung der Zuschauer teilt.

Die Zuschauerwahrnehmung bildet daher in diesem Fall nicht das Pendant zur narratorialen Perspektive, sondern steht ganz für sich.

9.1.2 Zeit und Raum

Stemanns Inszenierung ist vor allem eine Auseinandersetzung mit der Zeit. Ich möchte hier auf einzelne für die Thematik sehr wichtige und erhellende Momente aufmerksam machen.

Gleich mehrere Rahmenhandlungen etablieren einen späteren Erzählzeitpunkt, wie es bereits in der Dramenvorlage angelegt ist. Narratologisch gesehen müsste man die „Zueignung" als Extradiegese betrachten, denn hier wird von den Gestalten gesprochen, die sich der Sprecherinstanz nähern und die vermutlich die Figuren aus *Faust* sind. Das „Vorspiel auf dem Theater" ist demnach schon eine Intradiegese. Diese hat eine starke metafiktionale Funktion, da sie das gesamte folgende Geschehen wiederum einrahmt und auf den Ort des Theaters einschränkt. Auf der gleichen Ebene stehen in *Faust II* die in Weimar spielenden Handlungen um Goethe (gespielt von Barbara Nüsse in einem langen Abendkleid, das zur Rezeptionszeit passt, nicht aber zur Goethezeit) und seine Zeitgenossen, oder auch die Ebenen der in der Inszenierung auftauchenden Figur Max Reinhardt. Der „Prolog im Himmel" und schließlich der Haupttext, der mit der „Nacht" beginnt, gehören zu ein und derselben Diegese, da in beiden Teilen die Figur Mephistopheles auftaucht. Der gesamte Haupttext inklusive Prolog ist demnach eine Metadiegese: Es wird erzählt, dass in einem Theater erzählt wird, dass Gott und Teufel im Himmel eine Wette über Fausts Gottestreue abschließen usw. bzw. im zweiten Teil, dass Goethe in Weimar seinen „Faust 2 – ungestrichen" (*Faust II*, 386) zur Aufführung bringen will. Die TRS-Zeit ließe sich demnach als (nicht unwesentlich) spätere markiert verstehen.[4]

Immer wieder thematisieren die Figuren zeitliche Phänomene wörtlich oder der visuelle Kanal betont diese Passagen durch Wiederholungen. Wichtig sind in diesem Zusammenhang z. B. die Szenen der Paktschließungen (Teufelspakt und Liebesschwur). Der Teufelspakt enthält die berühmten Worte:

> Werd ich zum Augenblicke sagen:
> Verweile doch! du bist so schön!
> Dann magst du mich in Fesseln schlagen,
> Dann will ich gern zugrunde gehn!

---

[4] Auch hier sei betont, dass es nur bedingt sinnvoll ist, unterschiedliche diegetische Ebenen in zeitliche Relation zu setzen; vgl. Kap. 6.2.

> Dann mag die Totenglocke schallen,
> Dann bist du deines Dienstes frei,
> Die Uhr mag stehn, der Zeiger fallen,
> Es sei die Zeit für mich vorbei!

(*Faust I*, 319, 321)

Diese Worte werden von beiden Schauspielern erst abwechselnd, dann chorisch gesprochen und später noch einmal wiederholt. Der Chor kommt hinzu und singt wiederholt das Wort „Dann". Augenblick, Sukzession und Auflösung der Zeit sind in diesem kurzen Abschnitt bereits enthalten, und die Inszenierung betont diese wichtige Passage zum Thema Zeit mit ihren Mitteln. Die Auflösung der Zeit impliziert eine Ewigkeit, die durch das Sich-umeinander-Drehen der beiden Schauspieler, die sich an den Händen halten, verdeutlicht wird. Der visuelle Kanal parallelisiert den Liebesschwur zwischen Faust und Margarete später durch genau dieses gemeinsame Umeinander-Drehen. Faust spricht hier die Worte: „Sich hinzugeben ganz und eine Wonne / Zu fühlen, die ewig sein muß! / Ewig! – Ihr Ende würde Verzweiflung sein / Nein, kein Ende! Kein Ende!" (*Faust I*, 348). Auch an dieser Stelle arbeitet der visuelle Kanal wieder viel mit Wiederholungen, es geht um ein Auflösen der Zeit. Diese beiden in *Faust I* zentralen Ereignisse (des Typs II; vgl. Kap. 2.2) legen somit den Grundstein für die Interpretationshypothese, die Stemanns Inszenierung auf den Dramentext anwendet. Das Sich-umeinander-Drehen mit ausgestreckten Armen findet sich auch in *Faust II* wieder, wenn Faust und Helena aufeinander treffen. Sie wollen sich ihrer Gegenwart versichern („Faust: [...] Die Gegenwart allein – – / Helena: ist unser Glück" [*Faust II*, 452]), Raum und Zeit erscheint ihnen aber unwirklich: „Helena: Ich fühle mich so fern und doch so nah, / Und sage nur zu gern: Da bin ich! da!"; „Faust: [...] Es ist ein Traum, verschwunden Tag und Ort" (*Faust II*, 452).

Die metaleptische Überschreitung zeitlicher und räumlicher Grenzen wird in *Faust II* zum Leitmotiv. Nicht nur reisen Faust und Mephistopheles schon in der Dramenvorlage in die Antike und treffen (in einer mittelalterlichen Burg) Helena, auch in der Inszenierung bringt Goethe in unserer Gegenwart seinen *Faust* auf die Bühne und versammelt Figuren wie Freifrau Charlotte von Stein, Johann Peter Eckermann oder Max Reinhardt an einem Tisch. Einer der Geheimräte, der sich als „Goethe, postdramatischer Geheimrat" (*Faust II*, 423) vorstellt, hält (gespielt von Hochmair) als Greis einen Vortrag über postdramatisches Theater: „damals [bei] Faust [...], erster und zweiter Teil, 2011" (*Faust II*, 421). Dieses „Team" Goethes entscheidet über szenische Vorgänge und damit über die Handlungen vor allem des Schauspielers Rudolph.[5] Die Betonung der Trialogizität setzt sich hierbei fort: Goethes Team spielt im gleichen Kostüm auch „Die Furien" (*Faust II*, 397). Sehr viele andere Szenen und deren Zusammenstellung suchen ebenfalls nach Möglichkeiten, das Zeitphänomen im theatralen Erzählstil auszuloten.

Die Inszenierung *Faust I + II* zu besuchen, ist eine Begegnung mit der Zeit, nicht nur, weil der Abend etwa neun Stunden Darstellungszeit (inklusive Pausen) beansprucht. In *Faust II* wird nach der „kleine[n] Welt [...] jetzt die große" (*Faust II*, 384) gezeigt. Wie im zugrundeliegenden Dramentext geht damit eine sehr viel flexiblere Räumlichkeit einher, da der (zumindest in seiner Größe) unveränderte Bühnenerzählraum nun sehr viel größere und verschiedenere Räume erzählen muss. Die metonymische Konstitution erzählter Räume ist hier das Mittel der Wahl: Einzelne Requisiten stehen für ganze Räume; eine Tür deutet Fausts Studierzimmer an, ein gedeckter Tisch ein Esszimmer für Faust und Helena, kleine zweidimensionale Modelle von Hochhäusern ganze Großstädte. Und auch die Chronologie der Ereignisse folgt nicht mehr länger einem historisch vorgegebenen linearen Ablauf: Auf der Bühne treffen sich Figuren aus vielen verschiedenen Zeitaltern und Ländern. Dennoch sorgt das Autorenkollektiv für eine enge Verknüpfung mit dem ersten Teil, und auch hier bilden Wiederholungen von schon Erzähltem ein zentrales Element: Fausts und Helenas Sohn Euphorion beispielsweise benutzt genau die gleichen Worte, um sich einem Mädchen zu nähern, wie Faust sie im ersten Teil zur Verführung Margaretes verwendete: „Mein schönes Fräulein, darf ich wagen, / Meinen Arm und Geleit ihr anzutragen?" (*Faust II*, 465), woraufhin das Mädchen ebenfalls mit Margaretes Worten antwortet: „Bin weder Fräulein, weder schön, / Kann ungeleitet nach Hause gehn" (465). Während sich Euphorions Äußerung noch figürlich naturalisieren ließe (er könnte diesen Satz von seinem Vater gelernt haben), markiert die Antwort des Mädchens deutlich die narratoriale sprachliche Perspektive und damit die narrative Mittelbarkeit in der Anordnung der Szenen.

Schauen wir uns den Anfang an: Zunächst spielt Rudolph „Zueignung", „Vorspiel auf dem Theater", „Prolog im Himmel" und die ersten Kapitel der Haupthandlung um die Figur Faust vollständig alleine. Eine geschlagene Stunde leidet man als Zuschauer mit diesem einsamen Schauspieler – der sich so mutig und körperlich anstrengend durch den Text schlägt, Gott wie Teufel in sich vereinigt, sich als Mensch an die Grenzen seines Wissens gedrängt sieht und sich, nachdem er den Erdgeist beschworen und von diesem zurückgestoßen wurde,

---

5 So stehen beispielsweise Nüsse und Rudolph am Anfang von *Faust II* nebeneinander auf der Bühne, Nüsse beschreibt als Goethe die erste Szene, in der Faust auf einer Wiese *liegt*. In dem Moment des Beschreibens wirft sich Rudolph auf den Bühnenboden.

umbringen will, davon aber abgehalten wird usw., bevor der andere wie eine Störung und tatsächlich störend durch einen über den Boden quietschenden Tisch, den er vor sich herschiebt, in das Bühnengeschehen eintritt. Dieser zweite Schauspieler (Hochmair) nimmt schließlich ein Reclamheft zur Hand und beginnt *Faust I* von vorne zu rezitieren, während er vom anderen Faust entsetzt und erschöpft angestarrt wird. Der visuelle Kanal inszeniert hier riesig groß ein repetitives Erzählen, das nicht nur den ersten Faust, sondern vermutlich auch die Zuschauer im Angesicht der schon verlebten Stunde erschreckt. Hochmair jedoch rafft den Text im Folgenden sehr stark, indem er nur Ausschnitte rekapituliert, während Rudolph in seinem eigenen Text fortfährt: Hier laufen nun zwei unterschiedliche Zeitphasen der *histoire* zeitgleich ab. Wir sehen repetitives, raffendes und zeitgleiches Erzählen in einem Moment. Auch die dritte Schauspielerin (Ziolkowska) wiederholt später bei ihrem Auftritt zentrale Passagen aus Fausts Anfangsmonolog („Habe nun, ach [...]" [*Faust I*, 328]).

In die „Schülerszene" schließlich (*Faust I*, 321–324) wird eine Projektion integriert, die einen Gelehrten zeigt, der über das Phänomen Zeit in wissenschaftlicher Manier philosophiert und u. a. fragt, ob Zeit präexistent sei.

Eine besonders poetische Wirkung entfaltet sich durch die Handhabung der doppelten Zeitlichkeit von *discours* und *histoire* sowie des Verhältnisses von Erzähl- und erzähltem Raum in jener Szene, in der Faust in die Kammer Margaretes eindringt, um dort das Schmuckkästchen zu verstecken. Er sieht das Bett und stellt sich vor, wie Margaretes warmer Körper dort gelegen hat. Wenn es zu dieser Szene kommt, werden die Worte Fausts jedoch von Ziolkowska gesprochen (und nicht visuell unterstützt): „Hier lag das Kind! mit warmem Leben / Den zarten Busen angefüllt, / Und hier mit heilig reinem Weben / Entwirkte sich das Götterbild!" (*Faust I*, 337). Die Handlung schreitet hiernach sukzessive fort, es folgen die Szenen 13 „Spaziergang" und 14 „Der Nachbarin Haus", bevor in Szene 15 „Garten" (*Faust I*, 346) Rudolph im Hintergrund auftritt – derjenige Schauspieler, den der Zuschauer am ehesten mit der Figur Faust assoziiert – und schweigend auf Margaretes Bett zugeht, die Kissen zärtlich berührt und sich an sie schmiegt. Der visuelle Kanal wiederholt hier, was drei Szenen zuvor nur verbal gesprochen wurde, und das, während zeitgleich die 15. Szene im Vordergrund gespielt wird. Auch räumlich ist diese Szene somit interessant: Der Raum der „Garten"-Szene wird im Vordergrund durch die beteiligten Schauspieler, ihre Bewegungen und ihr Sprechen etabliert. Margaretes Zimmer wird im Hintergrund lediglich durch ein Bett metonymisch repräsentiert. Ohne eine sichtbare Grenze liegen hier zwei erzählte Räume hintereinander, die im Erzählraum direkt aneinander rücken. Es handelt sich somit um raumdehnendes Erzählen, das die Mittelbarkeit der Darstellung stark hervorhebt. Da die einzelnen Kanäle im TRS zusammen arbeiten, vermögen es die Zuschauer auch, das lediglich visuelle Erzählen im Hintergrund genau zu dekodieren: Die Gedanken Fausts aus dieser Szene wurden ihnen bereits zuvor verbal geschildert. In *Faust II* wird das Erzählen bedingt durch die Dramenvorlage später noch sehr viel stärker raumdehnend, da der an die Ausdehnung des Aufführungsraums gebundene Erzählraum insgesamt sehr viel kleiner ist als der erzählte Raum bzw. die Vielzahl der erzählten Räume. Die durch das abstrakte Bühnenbild gewährleistet hohe Flexibilität, erzählte Räume zu konstituieren, ermöglicht die hier notwendige krasse Form der Raumdehnung.

Schließlich gibt es in *Faust I* eine Szene des spezifisch audiovisuellen iterativen Erzählens: Szene 18 „Zwinger" (*Faust I*, 364–366), die ein besonderes Zeitgefühl Margaretes vermittelt, welches in Szene 21 „Kerker" (*Faust I*, 370–377) mit dem Fausts aufeinanderprallt. Margarete (hier schauspielergebunden gespielt von Ziolkowska) „tanzt" eine immer gleichbleibende Bewegungsabfolge, die teilweise von dem Tänzer Rogowski synchron begleitet wird. Nonverbal wird hier im Medium des Tanzes eine Zustandsveränderung mehrere Male wiederholt. Die Bewegung ist jedoch so stark gebetsmühlenartig, dass man als Zuschauer den Eindruck bekommt, nur einen Ausschnitt des immer gleichbleibenden Ablaufes zu sehen, dass das Vorkommnis zwar mehrmals gezeigt wird, aber noch viel häufiger geschehen ist: die audiovisuelle Form des iterativen Erzählens. Margarete ist hier nicht nur körperlich gefangen im Zwinger, sondern vor allem psychisch gefangen in ihrem immer gleichbleibenden Gedankenstrudel, der sie langsam aber sicher dem Wahnsinn und dem Tod entgegenführt. Sprachlich unterstützt wird diese Szene durch Gesang und Übertitel mit Texten wie: „Ach neige, / Du Schmerzenreiche, / Dein Antlitz gnädig meiner Not!" (*Faust I*, 364). Auch dies wird wiederholt gesungen (Harmsen) und illuminiert. Diese Szene steht einerseits in intratextuellem Zusammenhang zu Margaretes zuvor häufig wiederholtem Ausspruch „Meine Ruh' ist hin, / Mein Herz ist schwer; / Ich finde sie nimmer / Und nimmermehr" (*Faust I*, 350–353). Andererseits lässt sich hier auch ein intertextueller Bezug auf Schuberts berühmte Vertonung eben dieser Szene in *Gretchen am Spinnrad* (1814) herstellen, in der das Drehen und damit die Unruhe Margaretes ebenfalls durch ein häufig wiederholtes Motiv angedeutet wird (vgl. Schröder 2011, 55).

In Szene 21 werden dann zunächst die von Margarete gesprochenen Worte „O weile!" mit Fausts Aufforderung „Eile!" (*Faust I*, 372) direkt kontrastiert: Während sie einen Stillstand fordert, mahnt er zur Bewegung und zur Flucht. In diesem Moment kollidieren die unterschiedlichen Zeitschemata, er will eine Bewegung in die Zukunft („Lass das Vergangne vergangen sein" [*Faust I*, 374]), sie verweigert sich jedoch jedem weiteren Fortschreiten. Er versucht sie in der Ewigkeit zu finden („Ich bleibe bei dir. Ewig" [*Faust I*, 375]), für sie bedeutet Ewigkeit aber bereits die transzendente Ewigkeit, die im Stillstand jeder Bewegung liegt, im Tod, während er ein ewiges Fortschreiten, eine ewige Bewegung forciert. Faust spricht: „Besinne dich doch! / Nur einen Schritt, so bist du frei!" (*Faust I*, 375); aber Margarete wird diesen Schritt nicht machen.

Auch *Faust II* endet schließlich mit einer letzten Vermischung unterschiedlicher Zeitkonzepte. Die Schauspieler und Bühnenarbeiter singen den „Chorus mysticus", während wiederum Stemann eine Abmoderation macht und allen an der Produktion Beteiligten dankt, indem er die Namen (in umgekehrter Reihenfolge als gewöhnlich) vom Hospitanten bis zu den Hauptdarstellern verliest. Der gesungene Text lässt sich, da Stemann *Faust I + II* als Happening inszeniert, gleichermaßen auf inhaltliche wie formal-inszenatorische Aspekte beziehen.

> Alles Vergängliche
> Ist nur ein Gleichnis;
> Das Unzulängliche
> Hier wird's Ereignis;
> Das Unbeschreibliche,
> Hier ist's getan;
> Das Ewig-Weibliche
> Zieht uns hinan.

(Faust II, 507)

9.1.3 Perspektivierung und Fokalisierung

Die einzelnen TRS-Kanäle tragen in *Faust I + II* häufig dazu bei, die vorherrschende Nullfokalisierung zu modifizieren. So wird das Zwiegespräch zwischen dem Herrn und Mephistopheles im Prolog – die hier beide durch Rudolph dargestellt werden – dadurch beendet, dass die Redeanteile Mephistopheles' gegen Ende immer lauter werden. Er ruft und deutet in den Zuschauerraum hinein, und schließlich antwortet der Herr nicht mehr, während Mephistopheles leiblich präsent auf der Bühne zurückbleibt. Dies kann als interne Fokalisierung auf Mephistopheles verstanden werden, denn sein Wissen (bzw. Nichtwissen, wohin der Herr entschwunden ist) ist es, an dem das Publikum in diesem Moment teilhat. Ähnliches passiert später zwischen Faust und Mephistopheles, wenn die beiden Figuren bereits von zwei Schauspielern gespielt werden: Während Faust (Rudolph) auf der Bühne zurückbleibt, ist die Stimme Mephistopheles' (Hochmair) nur noch als Voice-off zu hören. Diese Szene kann ebenfalls als interne Fokalisierung (bzw. Aurikularisierung), und zwar auf Faust, gelesen werden. Und schließlich wird gegen Ende von *Faust I* auch auf Margarete mithilfe von Voice-overs intern fokalisiert. In der „Walpurgisnacht" sind die vielen Stimmen der Teilnehmer des Festes auf dem Blocksberg über die Lautsprecher als Surround-Sound zu hören, während auf der Bühne Margaretes Elend dargestellt wird. Auch hier entsteht der Eindruck, die Vielzahl der gegeneinander sprechenden Stimmen finde im Kopf Margaretes statt und malträtiere sie.

Als interne Fokalisierung, die durch Lichteffekte und die Benutzung des Mikrophons erzeugt wird, lässt sich auch die Erdgeistbeschwörung durch Faust deuten. Die Figurenstimme beschreibt dabei in völliger Dunkelheit die Wahrnehmung Fausts, der Zuschauer erfährt ausschließlich durch diese Stimme, was die Figur erlebt; es handelt sich also um eine Introspektion. Zudem lässt diese Szene den Schluss zu, dass sich an diesem Punkt der Fokalisierungscode der gesamten Inszenierung ins Interne verlagert, da der Erdgeist in der Dunkelheit, gleichsam im Nichts die Worte „Wo ist die Brust, die eine Welt in sich erschuf" (*Faust I*, 285) spricht. Bereits hier wird die Interpretationsmöglichkeit angelegt, Mephistopheles als Teufelsbesessenheit Fausts zu verstehen und damit das gesamte Stück als Introspektion in Faust zu begreifen. Auch die eingesetzten Projektionen auf der Rückwand der Bühne fördern diese Lesart, da sie häufig Dinge repräsentieren, die – möchte man das Repräsentierte interpretatorisch naturalisieren – eher Fausts Innerem als der tatsächlich erzählten Welt (TAW) zuzuschreiben und damit als mentale Projektion zu werten wären. So sieht man z. B. einen sich verdoppelnden großen weißen Pudel oder später, wie Faust und Mephistopheles über die Welt fliegen.

Einer solchen Interpretation ist freilich nicht zwangsläufig zu folgen. Sie ist nur eine von vielen von der Inszenierung angedeuteten Lesarten des Stückes, die mit einer Verlagerung der generellen Nullfokalisierung ins Interne einhergeht. Auch die Szene „Studierzimmer I" ist ein gutes Beispiel für das Spiel mit der Nullfokalisierung: Die Dekonstruktion des Textes durch das gleichzeitige Sprechen unterschiedlicher Textpassagen, die in ein gegenseitiges Anbrüllen der beiden Schauspieler bzw. Figuren mündet, ist nicht nur ein Sinnbild für die vielen in Goethes *Faust* thematisierten widerstreitenden Diskurse, sondern spielt auch mit der Übersicht der Zuschauer, d. h. mit der Nullfokalisierung. Hat der Zuschauer am Anfang noch den Überblick, welche Textpassagen jeweils gesprochen werden, und kann interpretatorische Schlüsse aus der Art der Kombination ziehen, so wechselt dieser Informationsvorsprung rasant in einen Informationsrückstand, also eine externe Fokalisierung, wenn die beiden Redeteilnehmer zu laut werden und man keinem der beiden mehr folgen kann. Der auditive Kanal ist es hier, der den Rezipienten vom jeweiligen Wissen der Figuren (dem Wissen um ihre Rede) ausschließt. Zeitgleiches Erzählen scheint zwangsläufig mit einer externen Fokalisierung im Sinne eines Informationsrückstandes des Zuschauers einherzugehen.

Der im Zusammenhang mit dem Blickwinkel der Zuschauer angesprochene Effekt des Gegen-die-Rückwand-Sprechens wird in *Faust I* sogar zur Markierung unterschiedlicher Figuren genutzt, die in der „Hexenküche" allesamt von Ziolkowska verkörpert werden: Wenn sie gegen die Rückwand und in das Mikrophon spricht, ist sie Faust; als Hexe spricht sie in anderer Fasson gegen das Publikum (*Faust I*, 327–330). Indem das Publikum wechselhaft einen anderen Blickwinkel einnimmt (wenn sich auch der erzählte Raum selbst dreht und die Zuschauer im physikalischen Aufführungsraum am selben Ort bleiben), verfolgt es sozusagen ein – wenn auch verfremdetes – Gespräch zwischen den Figuren. Durch das wiederholte Umdrehen wird auf theatral entstellte Weise ein filmisches Gespräch nachgestellt, das häufig durch zwei POV-shots oder zwei Overshoulder-shots die Perspektive des jeweils zuhörenden Rezipienten darstellt. Da das Verhältnis von Zuschauerraum und Bühne in *Faust I + II* jedoch statisch-dynamisch ist und damit auch die Distanz zwischen Zuschauerraum und Bühne unverändert bleibt, kann der Zuschauer nicht selbst seinen Blickwinkel ändern, sondern die Dynamik der Bühne muss die Statik des Zuschauerraums kompensieren. Es wird hier zudem eine figurale visuelle perzeptive Perspektive hergestellt: Da Faust gegen die Rückwand, die Hexe aber gegen das Publikum spricht, übernimmt das Publikum die perzeptive Perspektive Fausts und erlebt somit die Szene in der Hexenküche gleichsam von seiner Warte aus. Auch diese narrative Technik weist somit auf die Interpretation hin, das ganze Geschehen internalisiert in Bezug auf Faust zu deuten. Im dritten Akt in *Faust II* erzählt der visuelle Kanal repetitiv – eine Reminiszenz dieses Nach-vorne- und Nach-hinten-Sprechens – und bringt damit den Auftritt Helenas (ebenfalls Ziolkowska) mit diesem ersten Auftritt der Schauspielerin in Verbindung. Die Funktion dieses wiederholten Mittels ist nicht nur die Verknüpfung der beiden Teile von *Faust*, sondern wiederum auch die Betonung des äußern Kommunikationssystems und damit der Trialogizität. Kurz nach ihrem ersten Auftritt benutzt Ziolkowska das Mikrophon zur Markierung Mephistopheles' im Gespräch mit Faust, für den sie das Mikrophon weglässt. Hier ist es nicht die Perspektive, sondern die narrative Distanz (die in Bezug auf die Figur Mephistopheles aufgrund der technischen Verfremdung seiner Stimme höher ist als in Bezug auf Faust), die dem Zuschauer die Figur Faust näherbringt.

Die Schmuckschatulle aus *Faust I* lässt sich als „Wortkulisse" (Pfister 2001, 351) beschreiben. Das Requisit der Lichterketten zeigt uns nicht objektiv, ob es sich tatsächlich um teuren und schönen Schmuck handelt, wir erfahren dies nur durch die Aussage Margaretes. Nur der sprachliche Kanal vermittelt dem Rezipienten hier intern fokalisiert bzw. figural ideologisch die Schönheit des Schmucks; der visuelle Kanal hingegen bleibt abstrakt, macht aber gerade dadurch darauf aufmerksam, dass es sich hier um eine interne Fokalisierung handelt. Die beiden Kanäle stehen in dieser Szene daher in einem komplementären Verhältnis.

Wie schon angesprochen, ist auch die bereits unter dem Aspekt der Zeitlichkeit thematisierte Szene an Margaretes Bett in *Faust I* eine nonverbale Gedankenrepräsentation: Die Zuschauerin kennt die Gedanken Fausts, weil sie sie zwei Szenen zuvor wörtlich präsentiert bekommen hat. Der visuelle Kanal schafft es hier durch die Einbettung in den Systemzusammenhang – und mithilfe des damit einhergehenden spezifisch repetitiven Erzählens – intern auf die Figur Faust zu fokalisieren.

Schließlich hat auch das Spielen mit der Textkenntnis der Zuschauer eine Wirkung auf die Fokalisierung: Inszenierungen sehr bekannter Stücke – wie es vor allem *Faust I* auf jeden Fall ist – können von einem sehr viel höheren Grad der Vor-Informiertheit der Zuschauer ausgehen und mit diesem Vorwissen spielen. Erzähltexte können hingegen niemals mit schon bestehender Kenntnis des Lesers bezüglich ihres Inhalts rechnen. Der „Text" Inszenierung ist also dezidiert auf das Vorwissen der Zuschauer hin angelegt. Dies passiert sehr häufig in Stemanns *Faust*, wenn z. B. bekannte Zitate plötzlich unterbrochen oder abgebrochen werden oder wenn dem Herrn im „Prolog im Himmel" der Name Fausts nicht auf Anhieb einfällt. Diese Momente sind nicht bloß selbstreferentielle ästhetische Spielereien, sondern sind aufgrund der vorausgesetzten Textkenntnis der Zuschauer möglich und machen dezidiert auf den vorherrschenden Modus der Nullfokalisierung im Theater aufmerksam.

9.1.4 Resümee

Die narratologische Analyse ausgewählter Momente aus Stemanns Doppelinszenierung *Faust I + II* hat gezeigt, dass die Aktualisierung des klassischen Dramas eine Vergegenwärtigung in Form eines Happenings ist. Gemeinsam nähern sich Darsteller und Zuschauer den Figuren des alten Textes. Die Trialogizität des gesprochenen Wortes wird stets stark betont, ebenso wie die Gemachtheit der erzählten Räume und die Beliebigkeit der Kombination unterschiedlichster zeitlicher Ebenen. Die Grenzüberschreitung wird zum Leitmotiv und übernimmt die

Position einer ehemals klaren Trennung der drei durch die Hauptfiguren vertretenen Prinzipien. Eine interne Fokalisierung auf die Figur Faust deutet darauf hin, dass kein Erklärungsmodell mehr angeboten werden soll, dass vielmehr einzelne Deutungsmöglichkeiten ineinander übergehend nebeneinander existieren. Die Inszenierung erhält dadurch eine sehr hohe Komplexität mit vielschichtigen Interpretationsangeboten und wird somit zum Repräsentanten einer unübersichtlich komplexen *Faust*-Rezeption im Speziellen und der Gegenwartsgesellschaft im Ganzen. Die theatrale Performance spielt mit den Grenzen von Raum und Zeit, von Figuren und Schauspielern, von Schauspiel, Tanz und Gesang, von U- und E-Musik sowie von hohem literarischen Anspruch, Comedy und Slapstick und findet darin doch ihren eigenen Ton, den Ton der performativen und damit gegenwärtigen Auseinandersetzung mit einem kulturellen Artefakt.

9.2 Jette Steckels *Der Fremde* als räumlich-perspektivische Erzählung des Romans

Steckels Inszenierung von Albert Camus' existenzialistischem Roman *Der Fremde*[6] feierte 2011 auf der kleineren Studiobühne des Hamburger Thalia Theaters an der Gaußstraße Premiere. Die Bühne zeichnet sich durch eine flexiblere Gestaltung des Verhältnisses von Zuschauerraum und Spielfläche aus. Gewöhnlich steht auf einer Seite ein Zuschauerpodest, und die Schauspieler agieren auf der anderen Raumseite dem Publikum gegenüber. Dieses spektakuläre Gegenüber wurde von Steckel und ihrem Team (Bühne: Florian Lösche) aufgehoben. Stattdessen steht ein etwa 50cm hohes rundes Podest mit einem Durchmesser von etwa 8–10 Metern in der Mitte des Raumes. Gelblich-roter feiner Kies bedeckt die runde Fläche vollständig. Da sich das Podest, das als Spielfläche dient, automatisch dreht, ist das Verhältnis von Zuschauerraum und Bühne statisch-dynamisch, allerdings sind die Zuschauerplätze um die Spielfläche angeordnet: auf drei Seiten befinden sich jeweils zwei Stuhlreihen und auf der vierten ein Podest mit mehreren Stuhlreihen. Es kommt so zwangsläufig zu einem Gegenüber und damit zu einer schon räumlich konstituierten Vermischung von Darstellern und Betrachtern. Das direkte Einbeziehen des Zuschauers in die *Mise en Scène* lässt diesen auch zu einem Teil des Autorenkollektivs werden, der visuell präsent ist. Der Zuschauer ist somit sowohl mit dem eigentlich Gesendeten, der im Vorfeld

---

[6] Meine Analyse stützt sich auf eine Aufzeichnung der Premiere am 28.10.2011 durch eine statische Kamera oberhalb des größeren Zuschauerpodestes, auf die Erinnerungen an die Vorstellung vom 24.05.2012 sowie auf meine Aufzeichnungen während der Aufführung am 16.1.2013.

geplanten performativen *top-down*-Narration, als auch mit der Reaktion auf diese aufgeführte Erzählung konfrontiert. Seine Reaktion komplettiert in nicht planbarer Weise im Zuge eines *bottom-up*-Prozesses das Erzählen und ist somit unabdingbarer Teil desselben.

Auf dem sich zumeist drehenden Podest spielen drei männliche und eine weibliche Schauspieler/in. Die Schauspieler Julian Greis, Mirco Kreibich und Daniel Lommatzsch tragen schwarze Anzüge mit weißen Hemden, die Schauspielerin Franziska Hartmann einen schwarzen, knielangen Faltenrock, eine weiße Bluse und darüber einen schwarzen Blazer. Greis stellt sich zu Beginn auf Französisch als Albert Camus vor und spricht über die Hauptfigur seines Romans *Der Fremde* namens Meursault, die sich aus zwei Männern und einer Frau zusammensetze. Eine dieser Gestalten sei er selbst. Es folgt ein nicht als solches gekennzeichnetes Zitat aus Camus' *Der Mythos des Sisyphos*, das dort in Bezug auf Shakespeares *König Lear* im Zusammenhang mit Betrachtungen des Schauspielers als absurdem Menschen gebracht wird. Kreibich wiederholt den gleichen einführenden Text in deutscher Übersetzung: „Die Seelen sind den Dämonen und ihrem Reigen ausgeliefert. Nicht weniger als vier Narren – einer aus Beruf, einer aus Neigung, die beiden anderen aus Qual: vier verwirrte Körper, vier unaussprechliche Gesichter einer und derselben conditio" (Camus 2000 [1942], 106–107). Gerade weil die vier Schauspieler alle auch Meursault spielen, lässt sich dieses Zitat ebenfalls als Motto der Inszenierung begreifen. Der Erzähler wird zunächst mit dem Autor parallelisiert, der gleichzeitig auch noch Teil der Hauptfigur ist.[7] Alle vier Darsteller spielen im Folgenden Meursault, während in den einzelnen Szenen in der Regel einer von ihnen die jeweilige Figur verkörpert, mit der Meursault sich konfrontiert sieht, wie z. B. der Pflichtverteidiger, seine Freundin Marie, der Geistliche, der Nachbar etc. Diese Figuren sind in der Konfrontation mit Meursault dann häufig mit allen drei Meursault-Darstellern abwechselnd im Gespräch.

Ich möchte in diesem Kapitel vor allem der Frage nachgehen, wie sich die räumliche Konstituierung dieser performativen Narration und der damit einhergehenden Perspektivverhältnisse analytisch beschreiben und interpretatorisch fruchtbar machen lassen. Als Folie soll dabei auch die Romanvorlage dienen, die in epischer Breite sukzessive alle Ereignisse beschreibt und dabei eine Vielzahl unterschiedlicher Räume der *histoire* zusammenbringt. Die theatrale Repräsentation der gleichen Geschichte lässt in ihrer Form Aussagen über das Verhältnis

---

7 Diese teilweise Identifikation des Autors mit seiner Hauptfigur stammt aus Camus' Tagebuch und wurde daher in die Bühnenfassung übernommen (vgl. Hegemann 2011).

von epischem und dramatischem Erzählen zu und bildet selbst einen Beitrag zur theatralen Selbstreflektion – in zeitlicher wie auch in räumlicher Hinsicht.

9.2.1 Räumlichkeit und Perspektive

Da sämtliche Handlungen auf einer sich zumeist drehenden Scheibe stattfinden, werden die drei Raumachsen bedeutungslos. Vielmehr lässt sich das Verhältnis von Peripherie und Zentrum mit Bedeutung füllen. Van Leeuwen (2005) schlussfolgert in Bezug auf die Zentral/peripher-Relation, dass

> if a composition makes significant use of the centre, placing one element in the middle and the other elements around it – or placing elements around an ‚empty' centre – the centre is presented as the nucleus of what is communicated, and the elements that flank it, the margins, are presented as in some sense subservient to it, or ancillary to it, or dependent on it.
> (Van Leeuwen 2005, 208)

Die erste dargestellte Handlung ist der Mord, den Meursault am Strand verübt. Die vier Schauspieler stehen in regelmäßigen Abständen an der Außenseite des Podestes und schauen in die Mitte. Ein Schauspieler schießt auf sein Gegenüber, ein dritter läuft in die Mitte und hält dort die vermeintliche Kugel im Flug auf, woraufhin das Podest anfängt, sich im Uhrzeigersinn zu drehen und alle Schauspieler im *freeze* stehen bleiben. Dieses ereignishafteste *event II* der gesamten Erzählung wird somit nicht nur an den Beginn der performativen Erzählung verschoben, sondern auch räumlich ins Zentrum gestellt und damit hervorgehoben. Der Mord wird im weiteren Verlauf der Erzählung auch im Zentrum des Interesses stehen: Bei der folgenden Gerichtsverhandlung werden die Ereignisse, die zu dem Mord geführt haben, retrospektiv erzählt, bis sie wieder im Moment des Schusses ankommen. Aufgrund der räumlichen Hervorhebung ließe sich das gesamte folgende Geschehen auch als eine mentale Metadiegese des Protagonisten deuten. Unter dieser Prämisse ergäben sich vor allem für die zeitlichen Verhältnisse andere Analyseergebnisse, die im Folgeabschnitt besprochen werden sollen. Die gesamte, von dem angehaltenen Schuss eingerahmte Handlung als „Nahtoderlebnis" zu beschreiben, wie der Dramaturg Hegemann (2011) es tut, erscheint mir nicht richtig, da es Meursaults Erlebnisse sind, die erzählt werden, er aber nicht derjenige ist, der erschossen wird.

Ebenso wird die Leichenhalle, in der Meursaults Mutter aufgebahrt liegt, in der Mitte der Fläche repräsentiert. Meursaults Distanz zum Tod seiner Mutter, die ihm später vorgeworfene geringe Regung bei ihrem Anblick, wird visuell verdeutlicht, indem die Meursault-Darsteller sich in dieser Szene am äußeren Rand der

Fläche aufhalten, also mit möglichst großem Abstand zur Toten oder auch mit möglichst großem Abstand zu seinen eigenen Gefühlen.

Meursaults Freundin Marie, das Kennenlernen der beiden und der Heiratsantrag werden ebenfalls in der Mitte eingeführt. Das Zentrum der Scheibe repräsentiert somit nicht nur die größte Ereignishaftigkeit, sondern häufig auch eine Zone der Emotion der Hauptfigur. In diesen Szenen wird Meursault auch stets von nur einem Schauspieler gespielt, als wäre er ganz bei sich und ganz er selbst.

Das Prinzip der Erzählraumschachtelung lässt sich hier sehr veranschaulicht abgebildet finden. Die runde Spielfläche ist ein Erzählraum für alle Ereignisse der *histoire*, die nach ihrer Ereignishaftigkeit von innen nach außen gestaffelt sind und raumreduzierend erzählt werden. Dieser Erzählraum ist wiederum in den größeren Erzählraum eingebettet, der die gesamte performative Narration fasst. Das *discours*-Ereignis, die äußere theatrale Ereignishaftigkeit, schließt auch die Zuschauer mit ein, die räumlich am weitesten vom Zentrum der Spielfläche entfernt sitzen und so die geringste Ereignishaftigkeit verkörpern. Sie werden vor allem durch Mittel des Lichts einbezogen. So wird das Publikum als Ganzes von Zeit zu Zeit als Geschworene angesprochen, während der gesamte Saal in kaltem Weiß erleuchtet ist, oder in einer Szene mit einzelnen Scheinwerfern von der Spielfläche her angestrahlt.

Im statisch-dynamischen Verhältnis von Zuschauerraum und Spielfläche wirken zwei perspektivische Prinzipien gegeneinander. Eine stillstehende Rundbühne böte einen anderen Blickwinkel von jeder Seite. Die sich drehende Bühne sorgt durch ihre Dynamik jedoch dafür, dass von allen Seiten aus das Gleiche wahrgenommen werden kann – wenn auch zeitlich versetzt. Dadurch wird in perzeptiv-perspektivischer Hinsicht im Grunde wieder eine Guckkasten-Situation hergestellt, bei der alle Zuschauer ungefähr das Gleiche wahrnehmen können, da sie sämtlich von einer Seite auf das Geschehen schauen. Die Dynamik der Drehbühne hebt somit die Statik des Zuschauerraums auf: Sie imitiert dadurch einen Blick auf das Geschehen, das an Kunstperformances erinnert, die von allen Seiten betrachtet werden können. Da es in diesem Fall aber die Spielfläche ist, die für die Dynamik sorgt, und die Zuschauer statisch am selben Platz bleiben, sind die Blickwinkel einzelner Zuschauer in einem *top down*-Verfahren im Vorfeld festgelegt und können von diesen innerhalb der Aufführung nicht mehr beeinflusst werden. Die imitierte Übersicht des Zuschauers erweist sich somit als Illusion. Die Zuschauer werden visuell eingebunden, man ermöglicht ihnen einen Blickwinkel auf das Geschehen in allen Perspektiven, dennoch müssen sie dem vorab Konzipierten folgen, ohne es beeinflussen zu können. Dadurch wird die Fremdheit der Figur Meursault verdeutlicht: Wie im Roman werden sämtliche

Handlungen und Ereignisse wahrgenommen, eine Deutung oder gar die Motivation der Hauptfigur erfährt man jedoch nicht. Diese räumliche Grundkonstitution kann jedoch auch zu negativer Kritik veranlassen. So schreibt Laages (2011) hierüber in seiner Besprechung der Inszenierung: „[D]er Zuschauer-Blick gewöhnt sich viel zu schnell daran, dass andere Perspektiven, andere Blickwinkel als die im ewigen Zwangsgekreisel der Bühne nicht möglich sein werden an diesem Abend."

Die auf der Spielfläche erzählten Räume werden vor allem durch den sprachlichen Kanal konstituiert, z. B. mit Worten wie: „Aus all diesen Steinen sickert Schmerz", die Meursault im Gefängnis spricht und durch die der erzählte Raum *Zelle* erzeugt wird. Visuell gibt es keine Bühnenelemente, die raumkonstituierend wirken könnten, dennoch unterstützt die Positionierung der Schauspieler die Bildung des jeweils erzählten Raums, und auch einzelne eher dem Kostüm zugehörige Mittel werden zur Raumkonstituierung umfunktioniert. So wird z. B. eine Strumpfhose über einen von der Decke herabgelassenen Kleiderbügel gespannt und so zu einem Kreuz, das auf die Leichenhalle verweist. Lichtwechsel zeigen vor allem den Wechsel zwischen den erzählten Räumen Strand (warmes Gelb, während der Bereich außerhalb des Podestes dunkel bleibt) und Verhandlungssaal (kaltes Weiß, das den gesamten Erzählraum ausleuchtet) an. Da die TRS-Kanäle in einem überlappenden bzw. komplementären Verhältnis stehen, wird die Mittelbarkeit von sprachlichem und visuellem Kanal in ihrem systemischen Zusammenspiel sichtbar. Auch der auditive Kanal unterstützt gelegentlich die Markierung von Räumlichkeit: Die Schauspieler sind mit Mikroports ausgestattet, sodass ihre Stimmen im gesamten Erzählraum hörbar sind, in welche Richtung sie auch immer sprechen. Die Übersetzung der menschlichen Stimme in eine technische Repräsentation birgt die Möglichkeit der Verfremdung oder Überformung. So bekommt beispielsweise Kreibichs Stimme einen Halleffekt, wenn er als Verteidiger Meursaults die Worte „Alles ist wahr und nichts ist wahr" spricht. Der auditive Kanal unterstreicht hier einerseits die Bedeutung der Worte und wirkt darin kommentierend, andererseits verwandelt er den Aufführungsraum ebenfalls in den erzählten Gerichtssaal und steht somit mit dem sprachlichen Kanal in einem überlappenden Verhältnis. Ein ähnlicher Halleffekt wird auch zur Markierung von Erinnerungen und damit zur Repräsentation von vergangenen erzählten Räumen genutzt, wie es in der Szene am Strand mit Hartmanns Stimme geschieht, die in diesem Moment Marie spricht (bzw. genauer: Meursaults Erinnerungen an das von Marie Gesprochene). Auditiv erzählte Räume werden durch die Mikroports außerdem erzeugt, wenn durch das Schütteln einer Wasserflasche direkt am Mikroport Meeresrauschen imitiert wird.

Das sich drehende Podest ist eine ziemlich eindeutige Visualisierung des intradiegetischen Erzählraums, der in sich mehrere erzählte Räume vereinigt. Die Schauspieler betreten zu Beginn die Spielfläche, und alle *histoire*-Ereignisse finden auf dieser Spielfläche statt. Umso bemerkenswerter sind daher Momente, in denen diese physikalische Grenze und damit die Grenze des inneren Erzählraums überschritten werden. Diese Momente werde ich besprechen, nachdem ich zunächst frage, wie proxemische Zeichen innerhalb der Spielfläche die erzählten Räume konstituieren.

Poetisch wirkt in diesem Zusammenhang besonders eine Szene, in der Meursaults Freundin Marie ihn im Gefängnis besucht. Hartmann spielt in diesem Moment Marie, auf ihre Sprechakte reagiert Greis als Meursault. Beide stehen am äußeren Ende der Scheibe nach innen einander zugewandt. Etwa in einem Abstand von einem Meter von ihnen entfernt und damit näher am Zentrum stehen Lommatzsch und Kreibich ihnen gegenüber. Die Räumlichkeit trennt hier äußeres Gespräch und Gedanken. Die beiden inneren Schauspieler sprechen die autodiegetische Erzählerstimme, die Meursaults Gedanken und Gefühle in dieser Situation reflektiert, also wiederum näher an ihm sind. Die beiden äußeren Spieler versuchen am Ende dieser Szene zwei mal, sich zu erreichen, indem sie aufeinander zulaufen, werden jedoch von den ihnen gegenüber stehenden Spielern gewaltsam festgehalten. Die räumliche Anordnung sorgt dafür, die Szene metaphorisch zu lesen: Repräsentiert das Zentrum der Spielfläche Meursaults Inneres, und repräsentieren die beiden weiter innen stehenden Schauspieler in diesem Moment die Gedanken und Gefühle Meursaults, so wird der Vorgang zweifach bedeutungstragend. Einerseits können weder Marie noch Meursault zu seinem inneren Kern, zu einer tieferen Bedeutungshaftigkeit hervordringen, andererseits steht Meursault selbst einer tatsächlichen Annäherung von Marie und ihm im Wege, gerade weil ihre Begegnung in einer Äußerlichkeit haften bleibt. Somit stellt sich in der performativen Erzählung ein ähnlicher Effekt ein, wie er beim Lesen von Camus' Roman hervorgerufen wird: Obwohl man als Leser die ganze Geschichte durch den autodiegetischen Erzähler Meursault vermittelt bekommt, hat man nicht das Gefühl, diese Figur verstehen zu können oder ihre Beweggründe und Motive zu erfahren. Genette (1998, 274–275) wählt daher auch *Der Fremde* als Beispiel für eine homodiegetische und dabei dennoch extern fokalisierte Erzählung.

Die Szene geht fließend über in die Folgeszene. Hartmann versucht ein drittes Mal an dem sie aufhaltenden Lommatzsch vorbeizukommen, ihr Kampf wird härter und ohne markierten Übergang wechseln die beiden die Figuren, die sie darstellen. Sie werden zu dem Nachbarn und zu der von ihm geschlagenen Frau. Die beiden übrigen Schauspieler verdeutlichen diesen Szenenübergang, indem sie aufhören zu kämpfen und zu Beobachtern der anderen Szene werden. Damit nehmen sie die Haltung am Rande der Spielfläche ein, die der Zuschauer (insofern mehrere Schauspieler derartig beisammen stehen) bereits als Verkörperung von Meursault identifizieren kann.

Proxemische Zeichen verdeutlichen auch Meursaults Gefühlsregungen, wenn die Schauspieler außen im Kreis laufen. Dieses Mittel wird beispielsweise in einer Szene eingesetzt, die davon handelt, wie Marie und Meursault am Strand sind und dort das Gefühl haben, einander nah und glücklich zu sein. Das Laufen im Uhrzeigersinn auf einer sich im Uhrzeigersinn drehenden Scheibe indiziert eine Vorwärtsbewegung, ein Laufen mit der Zeit, ein Sich-Hineinstürzen in den Strom des Lebens und der Liebe. Diese positive Stimmung wird durch proxemische Zeichen hervorgerufen. Der auditive Kanal arbeitet hier zudem komplementär und unterstützt das Dargestellte mit emotionsweckender Musik und dem Geräusch von Wellen. Wenn die Szene übergeht in die Begegnung mit den Arabern am Strand (die schließlich in den von Meursault begangenen Mord münden soll), bleiben jeweils zwei Schauspieler nebeneinander und an gegenüberliegenden Enden der Scheibe stehen, während das Rauschen der Wellen in ein metallisches Schlagen wechselt und die Musik bedrohlich wird. Die Konfrontation eskaliert, und die Spieler fangen an, *gegen* den Uhrzeigersinn der sich nun etwas schneller im Uhrzeigersinn drehenden Scheibe zu laufen. Dieser Wechsel der Bewegungsrichtung ist, da die Szenen kurz aufeinander folgen, sehr markiert und lässt sich daher leicht semantisieren. Alle positiven Gefühle werden negiert, es entsteht eine rückwärtige Bewegung und damit gleichsam ein Anlaufen gegen die eigentlich vorgesehene Richtung. Auf Meursaults Gefühlslage übertragen versinnbildlicht dies die Negativität, in die er stürzt.

Der Moment, in dem die Binnenerzählung wieder am Beginn der theatralen Erzählung ankommt und Meursault die Waffe auf den Araber hält, ist schließlich auch der Zeitpunkt, in dem die Grenzen des inneren Erzählraums überschritten werden. Hier verlassen drei Schauspieler die Spielfläche und verschwinden hinter das Zuschauerpodest, Kreibich bleibt mit gezogener Waffe und ausgestrecktem Arm alleine zurück. Diese räumliche Markierung stellt einen großen Bruch mit den bis dahin etablierten Gesetzen dar, und die Grenzüberschreitung gleicht einer Metalepse. Der gleichsam in der erzählten Welt alleingelassene Meursault steht damit nur noch sich selbst gegenüber. In dem Moment der Entscheidung, ob er zum Mörder wird oder nicht, ist er alleine mit sich selbst konfrontiert und zerfällt nicht mehr in mehrere Teile. Kreibich spricht in dieser Position ein kurzes Soliloquium im Sinne der Theorie des Absurden: „Man könnte schießen oder nicht schießen. Man könnte hier bleiben oder man könnte weggehen. Es läuft auf dasselbe hinaus", bevor er anfängt, erst langsam und dann immer schneller werdend gegen den Uhrzeigersinn im Kreis zu laufen. Auch am Ende dieser Szene wird der Mord, der zu Beginn der Erzählung im *discours* angehalten wurde, noch nicht gezeigt. Die nächste Szene spielt nach einem *black* wieder im Gefängnis und zeigt das Gespräch zwischen Meursault und dem Geistlichen. Die drei anderen Schauspieler, die in der Dunkelheit wieder auf die Spielfläche zurückgekehrt sind, spielen diese sehr statische Szene, während Kreibich das Podest verlassen hat. Hartmann und Greis stehen sich in der Mitte gegenüber, und die Figurenaufteilung ist eindeutig: Hartmann spielt Meursault, Greis den Geistlichen. Lommatzsch geht in Zeitlupe am äußeren Rand im Uhrzeigersinn im Kreis.

Nachdem diese Szene Meursaults der Theorie des Absurden verpflichtete Grundhaltung verdeutlicht hat, werden die Grenzen des intradiegetischen Erzählraumes erneut überschritten, dieses Mal jedoch nicht physikalisch, sondern mit Mitteln des Lichts. Jeder der Schauspieler richtet, am Rand des Podests stehend und rückwärts gen Zentrum gehend, einen Scheinwerfer nach außen auf das Publikum, das somit visuell in den (extradiegetischen) Erzählraum integriert wird. Der Impetus ist klar: Die Frage geht an das Publikum (und innerhalb der Repräsentation auch an die Geschworenen der dargestellten Verhandlung): Hat Meursault recht oder nicht? Gibt es einen Sinn? Macht es einen Unterschied, ob wir handeln oder nicht? Kann man einen Menschen verurteilen, weil er bei der Beerdigung seiner Mutter nicht geweint hat? Meursault scheint in dieser Hinsicht ganz klarer Meinung zu sein; für ihn macht es keinen Unterschied. Die Inszenierung zeigt dies dadurch, dass alle vier Schauspieler schließlich Rücken an Rücken im Zentrum der Spielfläche beieinander stehen. Die Zuschauer werden durch die veränderten Lichtverhältnisse somit von den Beobachtenden zu den von den Darstellern Beobachteten und werden als Geschworene des Prozesses angesprochen. Meursault wird im Folgenden nicht mehr von drei Schauspielern, sondern nur noch von einem gespielt. Die anderen drei verkörpern Figuren aus der Gerichtsverhandlung. Meursault scheint sich somit in seinem Nicht-Standpunkt, in der Negation aller Bedeutung selbst gefunden zu haben.

Nach der Urteilverkündung ist man als Zuschauer ganz bei Meursault. Ein Lichtkegel verkleinert die Spielfläche, die vier Schauspieler wiederholen synchron eine immer gleichbleibende Bewegung: ein Schritt nach vorne und wieder zurück, nacheinander in alle vier Himmelsrichtungen, während drängende Musik spielt. Meursault ist nicht nur in seiner Zelle und wartet auf die Vollstreckung des Urteils, er ist auch gefangen in seinen Gedanken, die ihm keine Sinngebung ermöglichen. Die Schauspieler sprechen hier zudem abwechselnd die Gedanken Meursaults im Präsens. Die sprachliche Perspektive ist damit von einer narratorialen in eine figurale Einstellung gewechselt; das erzählende Ich berichtet nicht mehr retrospektiv von den Ereignissen und Gedanken, sondern das erlebende Ich kommt selbst präsentisch im nun extradiegetischen Erzählraum zu Wort.

Im Anschluss an diese Szene hat ein grundlegender Wandel stattgefunden: Drei Schauspieler verkörpern den mit Meursault sprechenden Geistlichen, während dieser nur von Lommatzsch gespielt wird. Das genuin theatrale Mittel der Figurenbesetzung durch Schauspieler verdeutlicht somit den indizierten Perspektivwechsel: Meursault ist hier kein schwer greifbares Kollektiv mehr, sondern steht durch einen einzigen Schauspieler verkörpert vor den Zuschauern. Auch die zeitliche und ideologische Perspektive sind somit eher figural. Einerseits ist Meursault sowohl mit sich selbst als auch mit seiner Meinung in der Gesellschaft ganz allein und steht einem starken Kollektiv gegenüber, andererseits ermöglicht es die performative Repräsentation dieser Szene, Meursault recht zu geben: Die Gesellschaft ist jetzt gespalten und vielzüngig wie zuvor Meursault, während er von seinem Standpunkt überzeugt und ganz bei sich ist. Auch das Podest dreht sich in diesem Moment nicht mehr und ermöglicht damit zum ersten Mal eine fixierte visuell-perzeptive Perspektive, die zwar weiterhin narratorial eingestellt bleibt, sich für diejenigen Zuschauer, die hinter Mersault sitzen, jedoch der figuralen Perspektive zumindest annähert.

9.2.2 Zeitlichkeit

Steckels Inszenierung von Camus' *Der Fremde* zeichnet sich gegenüber der Romanvorlage durch die neue Anordnung der Ereignisse im *discours* aus. Im Gegensatz zum Roman, in dem alle Ereignisse sukzessive erzählt werden und sich einem Bereich A (vor dem Mord) und einem Bereich B (die Gerichtsverhandlung nach dem Mord und die Rekapitulation der Ereignisse in A) zuordnen lassen, findet hier eine Neuordnung statt: Der Mord steht am Beginn und gegen Ende, direkt im Anschluss bilden die Verhandlung bzw. die Gespräche mit dem Pflichtverteidiger eine wiederkehrende Erzählebene, von der aus alle anderen Ereignisse gleichsam retrospektiv, aber innerhalb dieser Analepsen der *histoire*-Chronologie treu bleibend, erzählt werden. Man kann davon ausgehen, dass im Hier und Jetzt der Aufführung eine Gerichtsverhandlung erzählt wird (durch das extradiegetische TRS) und alle anderen dargestellten Ereignisse analeptische Metadiegesen sind, die autodiegetisch erzählt werden, d. h. Meursault sowohl zum Erzähler als auch zur Hauptfigur haben.

Damit erinnert die zeitliche Anordnung der Ereignisse im *discours* eher an ein klassisches Drama, das an etwa einem Tag spielt und alle bisherigen Ereignisse durch Figuren oder den Chor retrospektiv zusammenfasst. Steckels Erzählen nähert sich in dieser Inszenierung eines epischen Erzähltextes somit einem dramatischen Erzählen, das seit jeher mit dem Theater assoziiert wird. Aus diesem Befund sollte man jedoch nicht ableiten, dass Drama und Theater auf der einen und epische Erzähltexte und Film auf der anderen Seite ein Paar bilden. Vielmehr belegt diese Inszenierung, dass man im performativen Erzählen eine neue Ereignisanordnung und damit eine neue narrative Mittelbarkeit vorfinden kann, als sie der zugrundeliegende Text vorsieht. Die Annäherung an die zeitliche Ordnung des klassischen Dramas in diesem Fall darf nicht als generelle Regel missverstanden werden. Es wäre genauso möglich, die Ereignisse sukzessive auf der Bühne zu erzählen.

Folgt man nun der weiter oben erwähnten möglichen Interpretation, den Schuss als äußere Handlung und alles andere als mentale Metadiegese Meursaults zu deuten, verschieben sich die zeitlichen Verhältnisse. Die diegetische Zeit betrüge in diesem Fall lediglich eine Sekunde – die des Schusses. Alle sich auf die Gerichtsverhandlung und die Gespräche im Gefängnis beziehenden Ereignisse wären damit prospektiv bzw. als früheres Erzählen zu verstehen, alle Ereignisse vor dem Mord als späteres Erzählen bzw. Erinnerungen Meursaults. Die beiden Teile A und B stehen somit in jeder Szene in direktem Zusammenhang und „spiegel[n] einen intensiven Denkvollzug in absoluter Gleichzeitigkeit wider" (Hegemann 2011).

Welche Interpretation man auch immer bevorzugt, die TRS-Zeit wird in der Intradiegese sprachlich als späteres Erzählen markiert. Diejenigen Schauspieler, die in den einzelnen Szenen jeweils Meursault verkörpern, sprechen immer wieder auch die autodiegetische Erzählerstimme, die in der Vergangenheitsform die jeweilige Situation kommentiert oder erläutert. Somit wird der Erzählzeitpunkt nicht nur durch die offensichtliche nachträgliche Anordnung der erzählten Ereignisse, sondern auch direkt sprachlich durch die Nutzung der grammatikalischen Vergangenheitsform als späterer markiert.

Die einzelnen Szenenübergänge – und damit Zeitsprünge und Ortswechsel – sind häufig mit einem Schauspieler-Figuren-Wechsel verbunden. Einer der drei in der vorangegangenen Szene Meursault verkörpernden Schauspieler nimmt eine andere Rolle an, die er durch veränderte Körperlichkeit und Stimmlichkeit markiert. Der in der vorigen Szene die externe Figur verkörpernde Schauspieler kehrt zurück ins Kollektiv und ist wieder Teil Meursaults.

Gegen Ende kehrt die Inszenierung zu ihrem Ausgangspunkt zurück. Kreibich läuft in die Mitte, hält die vermeintliche Pistolenkugel fest und schleudert sie dann auf Lommatzsch. Diese gleichsam als Anhalten der erzählten Zeit zu beschreibende Erzählform erinnert stark an filmische Mittel, die hier theatral umgesetzt werden. Hartmann als Meursault feuert nach diesem Vorgang mit Platzpatronen vier Mal auf die schon getötete Figur. Um dieses viermalige Schießen ging es in der zuvor gezeigten Verhandlung, und es bildet auch einen der Hauptgründe für die (im Anschluss gezeigte) Verurteilung Meursaults zur Enthauptung durch die Guillotine. Die hohe Ereignishaftigkeit dieses Mordes innerhalb der Erzählung wird durch die naturalistische auditive Qualität der Schüsse unterstrichen. Außerdem ist es dem Zuschauer möglich, den Geruch der Platzpatronen wahrzunehmen. Nicht nur die auditiv-perzeptive, sondern auch die olfaktorisch-perzeptive Perspektive ließe sich hier daher als figural eingestellt beschreiben bzw. lässt sich annehmen, dass Aurikularisierung und Olfaktorisierung in diesem Moment interner werden.

Schließlich unterstützt auch die Drehgeschwindigkeit des Podests visuell das Erzähltempo, und die Drehrichtung bzw. die Bewegungen auf der sich drehenden Scheibe können zum Teil mit der Erzählrichtung parallelisiert werden. Wenn sich das Podest dreht, dann ausschließlich im Uhrzeigersinn. Es beschreibt somit ein sukzessives Voranschreiten der Zeit und kann daher mit der grundlegenden Ereignisabfolge der Erzählung verglichen werden. Auch wenn die meisten Ereignisse retrospektiv und intradiegetisch erzählt werden, so findet die Ereignisrepräsentation innerhalb dieser Analepsen doch immer sukzessive und chronologisch statt. Auch folgen die einzelnen Analepsen im Verhältnis zueinander der internen Chronologie der Ereignisse, das heißt zuerst dargestellte metadiegetische Ereignisse fanden in der *histoire* auch vor später erzählten metadiegetischen Ereignissen statt. Das Podest ändert nun zwar niemals seine Drehrichtung, kann jedoch seine Drehgeschwindigkeit ändern. Das könnte einen Effekt auf die Erzählgeschwindigkeit oder den Erzählrhythmus haben, wird jedoch vor allem zur Markierung einer figuralen Perspektive, als Repräsentation von Meursaults Zeitempfinden, genutzt. Langsames Drehen und zeitlupenartiges Gehen im Uhrzeigersinn am äußeren Podestrand indizieren somit Langeweile oder das Gefühl des Nicht-Vorankommens. Ein schnelles Drehen oder ein Rennen im Uhrzeigersinn bewirkt das Gegenteil und gibt der Aufführung eine hohe Dynamik. Wenn Kreibich gegen den Uhrzeigersinn im Kreis läuft, kann dies schließlich auch als innerfigürliche Äußerung gedeutet werden, als Wunsch, die Zeit zurückdrehen zu können und vielleicht gar nicht erst in die Situation mit den Arabern am Strand zu geraten.

Schlussendlich ist auch die kreisrunde Form des inneren Erzählraums ein Hinweis auf die zeitliche Strukturierung der performativen Erzählung. Wir finden keine lineare, sondern vielmehr eine zirkuläre Erzählung vor. Wie der (auch metaphorisch) im Kreis gehende und darin keinen Sinn sehende Meursault kehren

Darsteller und Zuschauer am Ende wieder an den Ausgangspunkt der Erzählung zurück: der Mord mit anschließender Verhandlung/Urteilsverkündung. Die raumzeitliche Konstituierung dieser Inszenierung zeigt somit den Metadiskurs des Theaters im Theater: Die performative Theaterkunst zeichnet sich aus und grenzt sich von anderen Medien ab durch ihre Gegenwärtigkeit und räumliche Flexibilität. Eine Geschichte wird nicht einfach sukzessive erzählt, sondern in das Hier und Jetzt der Aufführungs- und Rezeptionszeit eingebunden, während die Anordnung von Zuschauerraum und Spielfläche es schafft, eine Fremdheit in der scheinbaren Übersicht zu erzeugen und damit im theatralen Medium einen ähnlichen Effekt zu erzeugen wie es Camus' Roman durch seine sprachliche Form schafft. Das streng gegenwärtige performative Erzählen erfüllt somit die Forderungen des Absurden, wie sie von Camus selbst formuliert wurden, noch mehr als der Roman:

> „Für nichts" arbeiten und schaffen, in Ton formen, zu wissen, daß sein Werk keine Zukunft hat, sein Werk in einem Tag zerstört sehen und wissen, daß das im Grunde keine andere Bedeutung hat als das Bauen für Jahrhunderte – das ist die schwierige Weisheit, zu der das absurde Denken die Gründe liefert.
>
> (Camus 2000, 147)

9.3 Bastian Krafts *Orlando* als vergegenwärtigende metanarrative Verhandlung von Identität

Die Geschichte des jungen englischen Adligen Orlando, der nicht nur mehrere Zeitalter durchlebt, sondern in einem gewissen Moment auch zur Frau wird, ist nicht die gewöhnliche Geschichte eines lebenden, liebenden, leidenden, denkenden und schreibenden Menschen. Woolfs Hauptfigur ist vielmehr „ein philosophisches Konstrukt, ein [...] mit Metaphern ausgeschmücktes Paradebeispiel" (Brault 2011). Gerade weil *Orlando – eine Biographie,* wie der vollständige Titel von Woolfs Roman lautet, dennoch textintern als Biographie gekennzeichnet und diskutiert wird, steht die Frage nach der Identität im Vordergrund; sowohl die nach der narrativen Identität eines Menschen als auch die nach der Identität von Erzählung und Leben.[8] Krafts Inszenierung[9] übernimmt diese grundlegende

---

8 Zu den unterschiedlichen Verwendungen des Begriffs „Identität" vgl. Ricoeur (1991).
9 Meine Analyse von Krafts *Orlando* stützt sich auf die Videoaufzeichnung der Premiere am 01.10.2011 durch eine statische, über dem Zuschauerpodest positionierte Kamera, die Erinnerungen an den Besuch der Aufführung am 10.10.2012 sowie meine schriftlichen Aufzeichnungen während der Aufführung am 04.03.2013.

Frage von Woolf und diskutiert sie auf unsere Gegenwart gemünzt mit theatralen und filmischen Mitteln. Die erwähnte bewusste Überschreitung naturalisierbarer Gegebenheiten innerhalb der *histoire* setzt einen starken metanarrativen Akzent und diskutiert das Erzählen selbst sowie seine Möglichkeiten – nicht nur in der Romanvorlage. Die somit hervorgebrachte Sekundärillusion (des dargestellten Erzählaktes) drängt über weite Strecken die Primärillusion (der erzählten Welt) in den Hintergrund (vgl. Lahn und Meister 2013, 171). Was bei Kraft auf die Bühne kommt, ist ein inszenierter Erzählprozess, der sich stets seiner selbst bewusst bleibt. Im Zuge dieses metanarrativen Impetus kommen daher auch ironisch-humoristische Sätze wie der folgende zustande: „Während die Trompeten ‚Wahrheit! Wahrheit! Wahrheit!' schmetterten, bleibt uns nichts anderes übrig, als zu gestehen: Er war eine Frau."

Zu Beginn der Aufführung versammeln sich vier Schauspielerinnen (Sandra Flubacher, Nadja Schönfeldt, Cathérine Seiffert und Victoria Trauttmansdorff) und ein Schauspieler (Leon Pfannenmüller bzw. in späteren Aufführungen Sven Schelker) hinter einem weißen, pultartigen Tisch vorne in der Mitte. Hinter ihnen steht ein weißes, ca. fünf mal drei Meter großes und hochkant stehendes Podest, das als Projektionsfläche dient. Auf dem Tisch vor ihnen liegt ein Bilderkatalog, der von oben gefilmt und auf die Fläche projiziert wird. Auf der ersten Seite dieses Buches steht der Titel der Inszenierung: „Orlando".

Die Schauspieler sprechen allesamt auch die Texte der in der Vergangenheitsform erzählenden Erzählinstanz, wie sie in Woolfs Roman ebenfalls vorkommt – in Form der für die Inszenierung angefertigten Strichfassung. So wird ca. die ersten fünf Minuten ausschließlich sprachlich erzählt. Alle Schauspieler stehen dabei still in der Mitte der Bühne hinter dem Tisch und sprechen gegen das Publikum. Dadurch herrscht eine große Konzentration auf den Inhalt des Gesprochenen, gerade weil dieser Inhalt noch nicht visuell erzählt wird. In diesen ersten fünf Minuten steht demnach der sprachliche TRS-Kanal im Zentrum der Aufmerksamkeit und arbeitet stark narrativ. Dieser „primacy effect" (Lahn und Meister 2013, 171) sorgt direkt zu Beginn dafür, dass der Erzählvorgang selbst in seiner narrativsten Form dargestellt wird. Die Primärillusion einer erzählten Welt wird dadurch direkt dekonstruiert und infrage gestellt. Auch im Zuge der folgenden Aufführung bildet die Herstellung der theatralen Szene immer einen fundamentalen Teil ihrer selbst. Erst mit dem Umblättern der ersten auf die Leinwand projizierten Seite, der damit einhergehenden Sichtbarmachung des Untertitels „Eine Biographie" auf der zweiten Seite und dem gesprochenen Satz „Und das ist Orlando" wird die erste Szene aufgelöst. Die Schauspieler gehen an Schminktische, die an den Seiten stehen und jetzt beleuchtet sind, und ziehen sich Kostüme an. Dem Zuschauer wird im nächsten Schritt die Geschichte Orlandos nähergebracht, indem der visuelle Kanal den sprachlichen unterstützt. Eine markierte Trialogizität ist dabei der Standardfall: Die Schauspieler sprechen die Texte der Erzählinstanz sowie der einzelnen Figuren und bleiben dabei doch immer Schauspieler, die auf offener Bühne in Rollen schlüpfen und ihre Kostüme wechseln. Dies lässt sich der übergeordneten Identitätsthematik zuschreiben und der Frage nach einer Einheitlichkeit von Biographien oder Lebenserzählungen. *Orlando* negiert diese Einheitlichkeit und betont damit die Gemachtheit einer jeden Biographie sowie die Konstruktion von Identität. In Krafts Inszenierung „geht es um die zentrale Frage in der modernen Medienwelt, um das Verhältnis von Innen zu Außen, von gewachsenem Ich zur Selbststilisierung" (Brault 2011). Als die Schauspieler den mittleren Tisch das erste Mal verlassen und zu den Schminktischen gehen, ertönt rhythmische Musik, die von einer singenden Säge getragen wird. Danach sprechen die Schauspieler in der Ich- bzw. der Wir-Form und im Präsens, wenn sie ihre Position als Biographen Orlandos reflektieren. Orlandos Geschichte selbst erzählen sie in der ganzen Inszenierung in sprachlichen Vergangenheitsformen.

Die gesamte Aufführung vergegenwärtigt die Geschichte Orlandos und markiert den Prozess dieser Vergegenwärtigung durch räumliche Dopplungen, weshalb im Folgenden die inszenatorischen Methoden, die das Hier und Jetzt der Aufführung (d. h. den Raum und die Zeit) hervorheben, näher betrachtet werden sollen.

9.3.1 Räumlichkeit

Wie die zuvor besprochene Inszenierung von *Der Fremde* kam auch *Orlando* auf der Studiobühne des Thalia Theaters in der Gaußstraße zur Aufführung. Hierbei wurde jedoch die klassische Gegenüberstellung von Zuschauerpodest und Bühne/Spielfläche beibehalten, sodass kein Erzählen von innen nach außen zustande kommt, sondern alles von der Bühne gegen das Zuschauerpodest gerichtet ist. Diese grundlegende Statik der Aufteilung wird durch ein abstraktes und multifunktionales Bühnenbild (von Peter Baur) dynamisiert, sodass man dennoch von einem statisch-dynamischen Verhältnis von Zuschauerraum und Bühne sprechen kann.

Orlando verfügt über eine mehrfache Dopplung von Erzählräumen. Der von oben gefilmte Tisch vorne erzeugt in der Projektion auf das stehende Podest hinter dem Tisch zunächst einen erzählten Raum. Das Podest selbst wird dadurch zu einem kleineren Erzählraum innerhalb des globalen Erzählraums. Dieses Podest lässt sich nun hinlegen und wird dann ebenfalls von oben gefilmt. Dies wiederum wird auf eine noch größere Leinwand weiter hinten projiziert, die damit wiederum einen eigenen Erzählraum konstituiert, in dem erzählte Räume sichtbar werden. Die Bilder beider Kameras werden nun zusammen auf die hintere Leinwand projiziert. In vielen Szenen liegen die Schauspieler auf dem nun ebenfalls liegenden Podest (Projektionfläche A), während auf der hinteren Leinwand (Projektionsfläche B) die Hintergründe zu sehen sind, die aus dem Bilderkatalog vorne auf dem Tisch stammen. Die liegenden Schauspieler bewegen sich dabei so, als stünden sie in genau jener gezeigten Szene. Die Erzählräume Projektionsfläche A (bzw. in diesen Szenen genauer: Podest) und Tisch erzeugen somit gemeinsam erzählte Räume auf Projektionsfläche B, die sich zu den Erzählräumen Podest und Tisch in einem 90-Grad-Winkel verhalten. Die Erzählräume sind horizontal, der erzählte Raum vertikal. Dass die beiden vorderen Erzählräume Tisch und Podest ebenfalls Teil der Bühne sind, betont hier einerseits die Gemachtheit der hinten erzählten Szenen, und ermöglicht andererseits auch eine doppelte narratoriale Perspektive auf das Geschehen: sowohl eine auf den diskursiven Aspekt (Tisch und Podest) als auch eine *histoire*-basierte (Projektionsfläche B). Das Geschehen auf der Plattform und am Tisch (das Umblättern der Seiten sowie die Bedienung einiger beweglicher Elemente innerhalb der Bilder) zeigt gleichsam den *discours*, das *Wie* des intradiegetischen Erzählens, während das zusammengesetzte Bild auf Projektionsfläche B die metadiegetische *histoire* zeigt, das *Was* des Erzählens: Eine zusammenhängende Darstellung eines Lebens, eine narrative Identität wird durch diese Dopplung gleichsam als hochgradig konstruiert markiert. Unterstützt wird dieses visuell-räumlich Erzählte durch den überlappend und komplementär arbeitenden sprachlichen TRS-Kanal.

Die hintere Projektionsfläche B, die vor allem die erzählte Welt als Doppelprojektion darstellt und damit – wie durch die Verlagerung in die Metadiegese – das Erzählte räumlich zunächst vom Zuschauer entfernt, wird beim Auftauchen neuer Figuren wie z. B. der russischen Prinzessin Sasha, dem Dichter Nick Greene oder der Erzherzogin Harriet schließlich wieder funktionaler Teil des gesamten Erzählraumes. Die Prinzessin schiebt ein Element der hinteren Projektionsfläche nach vorne, tritt dahinter hervor und steht damit leiblich vor der erzählten Welt. Der visuelle Kanal verdeutlicht somit die Überraschung Orlandos und Unvorhersehbarkeit des Ereignisses. Mit der Prinzessin tritt das erste Mal eine große Liebe in Orlandos Leben und erschüttert damit seine Welt, mit Nick Greene die Dichtkunst, mit der Erzherzogin die Genderthematik – allesamt Momente großer Ereignishaftigkeit, die ihr inszenatorisches Pendant erhalten. Der Schauspieler, der bis dahin in der Projektion Orlando dargestellt hat, steht vom Podest auf, tritt nach vorne vor das Publikum und berichtet aufgeregt, aber dennoch in der dritten Person und im Präteritum, wie erschütternd dieses Ereignis auf Orlando wirkte. Das Heraustreten aus der bislang doppelt inszenierten Realität hinein in die leibliche Präsenz und direkte Konfrontation mit dem Publikum und damit in den globalen Erzählraum verdeutlicht auf Inszenierungsebene, wie groß diese Veränderung für Orlando war. Die Projektion verändert sich in diesem Moment und zeigt die sich nicht mehr bewegende Silhouette der Prinzessin auf einheitlich rosafarbenem Grund. Die erzählte Zeit wird angehalten und durch den Erzählerkommentar des Orlando-Darstellers unterbrochen: eine narrative Ellipse. Dass der Schauspieler in dieser Szene sprachlich die narratoriale Perspektive, auditiv (durch die Aufregung in seiner Stimme) jedoch noch die figürliche Perspektive innehat, erzeugt ein effektvolles diskrepantes Verhältnis der beiden TRS-Kanäle, das nicht zuletzt ebenfalls die Trialogizität der gesprochenen Worte hervorhebt und damit wiederum die Sekundärillusion betont.

Die hintere Projektionsfläche wird im Laufe der Vorstellung immer fragmentarischer. Einzelne Elemente stehen mit Abstand nebeneinander und auch am Bühnenrand und werden zudem in einzelnen Szenen nacheinander im Sekundentakt angestrahlt. Außerdem schieben die Schauspieler kleinere, etwa mannshohe Spiegelelemente zwischen Podest und ehemalige Projektionsfläche B. Das langsam dekonstruierte Bühnenbild kann als Visualisierung des Erzählens selbst verstanden werden, das immer grenzüberschreitender und fragmentarischer wird. Auch mit diesen Mitteln wird die kohärente narrative Identität infrage gestellt und der Konstruktions- wie der Dekonstruktionsvorgang werden betont.

Ab dem Auftritt der Erzherzogin Harriet wird das Podest mehr und mehr zur real-szenischen Spielfläche. Die Projektion auf der hinteren Leinwand zeigt hier nur noch die Bilder vom vorderen Tisch, während die Vorgänge auf dem Podest nicht mehr Teil der Projektion sind, sondern senkrecht im realen Raum gespielt werden. Ca. 20 Minuten vor Ende der Aufführung wird das Podest wieder hochkant aufgestellt und als Projektionsfläche genutzt. Auf diese Projektionsfläche A und die hintere, mittlerweile fragmentarische Projektionsfläche B, die nur noch aus einzelnen Bildersäulen besteht, werden nun die gleichen – und nicht mehr überlagerten – Inhalte projiziert. Außerdem spielen nun szenisch verkörperte Dialoge auf der oberen Kante der Projektionsfläche A, dem aufgestellten Podest. Orlandos Geschichte wird somit von der Dopplung in die einfache Projektion bzw. die direkte Darstellung gehoben und dadurch auch räumlich vergegenwärtigt.

Passend dazu wird auch das Publikum gelegentlich in die Diegese gezogen und damit näher an Orlandos Erlebnisse gebracht. Als Orlando einen Ehepartner sucht, gehen die Schauspieler auf das Publikum zu, geben einzelnen Zuschauern die Hand und schauen sich ihre Hände an, um danach festzustellen, dass jeder außer Orlando einen Partner hat. Ein Händeschütteln im Theater muss immer als figurale haptisch-perzeptive Perspektive gedeutet werden, da Figur und Zuschauer hier haptisch das Gleiche wahrnehmen können. Zudem wird das Publikum hier aktiv in die Diegese gezogen und als Masse der Verheirateten figuralisiert. Ob die Zuschauer tatsächlich einen Ehering tragen oder nicht, spielt keine Rolle. Die raumzeitliche Vergegenwärtigung wirkt somit nicht nur einseitig durch ein Annähern an das Publikum (im Zuge der oben beschriebenen Rücknahme der Dopplungen), sondern auch durch ein Heranziehen der Zuschauer, eine nonverbale Aufforderung, einen Teil der erzählten Welt darzustellen und durch diese Figuralisierung ihren ontologischen Status im Narrationsgefüge zu verändern. Trotz dieser Methoden muss jedoch gesagt werden, dass dem Publikum nicht wirklich die Möglichkeit einer *bottom-up*-Partizipation geboten wird. Es erfüllt lediglich die Funktion des intradiegetischen Adressaten, der nicht selbst zum Sender wird. Der Narrativitätsmodus bleibt somit *scripted-receptive* (vgl. Ryan 2006), d. h. dem *top-down*-Prinzip verhaftet.

9.3.2 Zeitlichkeit

Eine große digitale Uhr, die auf den weißen Hintergrund projiziert wird, zeigt schon während des Zuschauereinlasses die Echtzeit an. Auch das Ticken eines Sekundenzeigers ist zu hören, das noch bleibt, wenn die Aufführung schon begonnen hat und ein häufig wiederkehrendes Element der Inszenierung ist. Immer wieder flechten die Schauspieler in die sprachlichen Erzählpassagen die Echtzeit der Aufführungssituation ein, wie z. B. Trauttmansdorff zu Beginn: „Nachdem er über die Truhe gestolpert war um ..." – hier schaut sie auf die Uhr und sagt – „20:11 Uhr ...". Der sprachliche TRS-Kanal ist hier also zu einem gewissen Grad flexibel und abhängig von der jeweiligen Aufführung. Da die aufgezeichnete Premiere erst um 20:07 Uhr anfing, wurde dieser Satz in den meisten anderen Aufführungen vermutlich schon vor 20:11 Uhr gesprochen und enthielt infolgedessen eine andere Uhrzeitangabe. Dieses Prinzip zieht sich durch die gesamte Aufführung, sodass auch Sätze wie z. B. „Eines Morgens – um 21:08 Uhr – erwachte Orlando nicht" entstehen. Das nachträgliche sprachliche Erzählen vermischt sich permanent mit der Gegenwärtigkeit der Darstellung. Auch wenn wir eine schon vergangene Geschichte erzählt bekommen (markiert durch die Verbformen), so hängt diese Vergangenheit doch untrennbar mit der Gegenwart der Rezeption zusammen. Es wird deutlich, dass in der Jetztzeit ein Biograph (mit mehreren Stimmen) die vergangene Geschichte Orlandos erzählt. Die Gegenwart dieses Biographen ist ebenso unsere Gegenwart, die TRS-Zeit ist in dieser Inszenierung als gleichzeitig markiert. In Metakommentaren besprechen die Schauspieler z. B. die Schwierigkeiten beim Schreiben einer Biographie und vergleichen die vielen Perspektiven, die man auf den zu beschreibenden Menschen hat, mit den „tausend Kameras", die „in tausend verschiedenen Winkeln" jederzeit unsere Gesichter filmen und somit widersprüchliche Versionen von ihnen erzeugen, die in der Biographie jedoch zu einem vollständigeren Bild der Person zusammengesetzt werden müssten und könnten. Die Fragmentierung von Identität wird hier gleichsam als Prinzip der Konstruktion derselben behandelt.

Die leitmotivische Vergegenwärtigung vergangener Ereignisse und Personen wirkt sich schließlich auch auf das sprachliche Erzählen aus, wenn audiovisuelle Elemente hinzukommen. Sätze wie „Das ist Orlando, wie er ..." reihen sich bei der Beschreibung der hinteren Doppelprojektion aneinander und wirken wie ein historisches Präsens, das gerade bei der Betrachtung eines Bildes in der Beschreibung am Platz scheint.

In Bezug auf die Zeitlichkeit werden diejenigen Szenen unüberschaubar komplex, in denen Orlandos Zeitgenossen aus dem siebzehnten Jahrhundert Auskunft über ihn geben. Die Schauspieler werden in diesen Momenten im Figurenkostüm mit einer Handkamera gefilmt. Sie sprechen in der Vergangenheitsform direkt in die Kamera, während das Bild auf die hintere Leinwand projiziert wird. Die Differenz der zeitlichen Ebenen wird spätestens in diesem Moment ad absurdum geführt. Was Woolf im Roman mit der erzählten Zeit macht, überträgt Kraft mit theatralen und filmischen Mitteln in die Aufführungszeit. Die einzige Möglichkeit, dies ansatzweise zu naturalisieren, bestünde darin, zu sagen, dass der gegenwärtig erzählende Biograph Zeugnisse von Orlandos Zeitgenossen direkt zitiert, die diese noch zu Lebzeiten, aber nach ihren Erlebnissen mit Orlando, zu Papier brachten oder bringen ließen. Auch dieser Ansatz wird jedoch durch die hervorgehobene Nutzung von Handkameras direkt wieder negiert. Die innerhalb der Diegese historischen Zeugnisse werden hier ebenfalls vergegenwärtigt und in Form zeitgenössisch-medialer Präsentation re-inszeniert, wie ein Biograph vergangene Ereignisse durch seine Erzählung in die Gegenwart holt.

Stellenweise werden die Sekunden mitgezählt. Eine Schauspielerin sagt währenddessen: „Die Zeit verrinnt. Fünf Minuten. Fünf Jahre" bzw. spricht sie in einer späteren Szene ebenfalls im Sekundentakt aufeinanderfolgende Monatsnamen, während die anderen die real ablaufenden Sekunden zählen. Sie erzählt somit raffend und verdeutlicht hierdurch in metanarrativer Manier die Diskrepanz zwischen den unterschiedlichen Zeitabläufen oder -ebenen in Erzählungen. Auch kann man hierin eine Behandlung der Subjektivität des Zeitempfindens sehen.

Gegen Ende der Aufführung sitzt Orlando am Schreibtisch und schreibt über Jahre an einem Manuskript. Die Monate werden wie oben beschrieben von den anderen Schauspielern im Sekundentakt gezählt. Der vordere, vormals vor allem zur Erzeugung erzählter Räume genutzte Tisch wird hier selbst zur Darstellung einer diegetischen Gegebenheit genutzt. Eine Schauspielerin (Flubacher) sitzt an diesem Tisch und hält eine Feder, während die anderen (der Biograph) auf der oberen Kante des wieder aufgestellten und als Projektionsfläche dienenden Podestes darüber sprechen, wie wenig es über eine Person zu erzählen gibt, die nur am Schreibtisch sitzt und denkt, dass Leben und Denken im Grunde zwei prinzipiell verschiedene Dinge wären. Die vom Kollektiv ausgesprochene Entscheidung, Orlando müsse endlich zu einem Schluss kommen, nimmt die in dieser Szene Orlando darstellende Schauspielerin auf, dreht sich zu den anderen um und einigt sich mit ihnen darauf, die letzten zehn Minuten der Aufführung anbrechen zu lassen, wodurch sie wiederum erzählte Zeit und TRS-Zeit zusammen bringt.

Ein zeitdeckendes Erzählen ist in *Orlando* genauso stark hervorgehoben wie die Zeitraffung in Bezug auf die Ereignisse in Orlandos Leben. Das Erzählen selbst wird hier auf die Bühne gebracht und metanarrativ verhandelt. Die theatrale Erzählung dauert so lange wie das biographische Erzählen. Die Passagen, die Orlandos Leben beschreiben, sind damit bereits metadiegetischer Art und folgen einer anderen zeitlichen Struktur: Wie in Woolfs Roman werden in ihnen sehr große Zeitsprünge gemacht – Orlando lebt in unterschiedlichen Zeitaltern –, es liegt im Verhältnis von intra- und metadiegetischer Ebene folglich stark zeitraffendes Erzählen vor.

Einzelne kurze Szenen dieser Metadiegese erzählen jedoch tatsächlich szenisch/zeitdeckend. Diese finden vor allem stehend auf dem Podest statt, das in diesen Momenten ein szenischer Erzählraum wird, ohne als Projektion auf die hintere Leinwand übertragen zu werden. Hier sprechen z. B. Orlando und Sasha einen Dialog in Echtzeit. In mikrostruktureller Hinsicht ist in diesem Moment das erste Mal keine narrative Mittelbarkeit markiert. Die Szene dauert jedoch nur etwa eine Minute.

Orlandos Warten auf Sasha wird dann wiederum direkt in die Gegenwart der Aufführung übertragen. Alle Schauspieler wiederholen mehrmals „Er wartete" und lassen dazwischen Pausen des tatsächlichen Wartens. Dieses repetitive sprachliche Erzählen erhöht seine Geschwindigkeit (*pace*) und Lautstärke (*volume*) sowie seine emphatischen Betonungen (*emphatic stress*), wodurch auditive Mittel der Stimme Orlandos Ungeduld verdeutlichen.

Auditiv wirksam ist zudem vor allem die häufig eingesetzte Musik, die wie ein filmischer Soundtrack wirkt (komponiert von Arthur Fussy). Nicht *live* gespielt, sondern aufgenommen und über Lautsprecher abgespielt, hört der Zuschauer zumeist ein mit barock anmutenden Cembaloklängen untermaltes Streicherquartett, das ein staccatoartiges Voranschreiten der Zeit illustriert und damit die Erzählzeit zu einem mitreisenden Strudel formt, dem man sich als Zuschauer nur schwer entziehen kann. Passend dazu folgen die auf der hinteren Leinwand gezeigten Szenen ziemlich schnell aufeinander, sodass Raum- und große Zeitsprünge zu Leitmotiven werden und nur die gleichbleibende Musik den Zusammenhang bewahrt und darauf aufmerksam macht, dass es ein zusammenhängendes Leben ist, das hier angeblich erzählt wird. Auch der auditive TRS-Kanal verdeutlicht daher sowohl den internen Zusammenhang als auch die Gemachtheit biographischer Erzählungen.

Die letzten zehn Minuten werden sprachlich eingeleitet. Die bislang auf dem vorderen Tisch stehende Digitaluhr wird über dem aufrecht stehenden Podest aufgehängt, sichtbar für das Publikum. Orlando beendet sein Manuskript und landet in der heutigen Gegenwart. Er wundert sich über die ohne Pferde fahrenden Kutschen und über Schalter, die – werden sie betätigt – den ganzen Raum mit Licht durchfluten lassen. Die Frage „Und jetzt?" wird häufiger wiederholt, die Schauspieler verbreiten ein starkes Gefühl von Gehetztheit und Stress. Auffällig ist in diesen letzten zehn Minuten außerdem das Fehlen der später erzählenden sprachlichen Erzählinstanz des Biographen. Alle Schauspieler sprechen nur noch Rollentexte, die fragmentarisch aneinander gefügt werden. Häufig fragen sie einander nach der genauen Uhrzeit oder vergleichen ihre – angeblich unterschiedliche Minuten anzeigenden – Uhren, schieben dabei die Leinwand- und Spiegelelemente über das Bühnenbild und verkünden: „Der Augenblick der Gegenwart ist da." Diese letzten zehn Minuten werden durchmischt mit rhythmischer, unmelodiöser Musik, die sehr geräuschlastig ist und auch Frequenzen aus Nachrichten und Wetterberichten enthält. Die Gegenwart ist die Zeit der Reizüberflutung, erzählt wird hier postdramatisch, chaotisch, hektisch: „Willkommen im multimedialen Zeitalter, hier splittet sich Orlandos Leben auf in quer durch das World Wide Web verstreute Informationshäppchen und effekthascherische Musikvideos", schreibt Brault (2011) über diesen Moment der Inszenierung. Das Tempo wird angezogen, die Musik wird lauter, bevor alles plötzlich stoppt, die Schauspieler ruhig stehen bleiben und nur noch das Ticken der Uhr hörbar ist. Die Schauspieler treten an den vorderen Tisch, schauen zur Uhr hinauf und zählen die letzten zehn Sekunden rückwärts ab. Nach der „Null" blickt sich eine Schauspielerin um und fragt: „Orlando?", eine andere klappt laut den auf dem vorderen Tisch liegenden Bilderband zu und mit dem Erlöschen allen Lichts endet die Aufführung.

9.3.3 Resümee

Krafts *Orlando* changiert zwischen Konstruktion und Dekonstruktion von Identität und Illusion, wobei beide Pole gleichsam betont werden. Der Prozess der Vergegenwärtigung tritt in seiner Gemachtheit ebenfalls klar zutage. Räumlich werden perspektivische und erzählerische Dopplungen eingeführt und wieder aufgehoben, und die erzählte Zeit beschreibt einen schnellen Ritt durch die letzten Jahrhunderte, bevor sie in einem mitreißenden Strudel und musikalisch unterstützt in der Gegenwart ankommt. Diese Gegenwart war bislang vom Erzählakt des Biographen selbst geprägt und identisch mit der Rezeptionszeit des Publikums. In dem Moment, in dem die erzählte Zeit in der Gegenwart der Darstellung ankommt, verschwindet jedoch diese Erzählerebene, deren Sekundärillusion bislang die Primärillusion bestimmte und das performative überformt das sprachliche Erzählen. In diesem Akt der raumzeitlichen Vergegenwärtigung zeigt die Inszenierung sowohl auf abstrakte Weise den konstruierenden Impetus beim Erzählen von (Lebens-)Geschichten als auch in metanarrativer Hinsicht Möglichkeiten des Transmedialen innerhalb der performativen Narration.

10 Fazit: Die Produktivität eines narratologischen Analysemodells für Theaterinszenierungen

Die vorliegende Arbeit nähert sich dem Gegenstandsbereich der performativen Narration zweigleisig. Einerseits bietet sie ein umfassendes theoretisches Fundament: Sie charakterisiert sich in Bezug auf die Forschungsfelder der klassischen und postklassischen Narratologie als transmedial und neoklassisch und schlägt außerdem eine Brücke zur Theaterwissenschaft bzw. insbesondere der Theatersemiotik. Andererseits bietet sie aber auch ein heuristisches Analysemodell, das sich zur praktischen Anwendung in der erzähltheoretisch orientierten Aufführungsanalyse eignet, in der die narrative Dimension bislang unterrepräsentiert war. Die entwickelten Analysekategorien machen es möglich, das theatrale Erzählen intersubjektiv nachvollziehbar zu beschreiben und in narratologischer Hinsicht nicht nur in intertheatrale, sondern auch in intermediale Kontexte zu stellen. Meine Arbeit stellt erstmalig ein konzises narratologisches Analysemodell für diese besondere Form des Erzählens bereit, das gleichzeitig die Performanzdimension als fundamentalen Bestandteil stets hervorhebt und in sich integriert. Somit wird nicht nur eine beachtliche Forschungslücke der transmedialen Narratologie und Erzählforschung allgemein geschlossen; auch bestehende theaterwissenschaftliche Analysemodelle für Inszenierungen (vor allem solche theatersemiotischer Provenienz von Elam oder Fischer-Lichte) werden erweitert und in einen größeren Kontext gestellt. Performativität und Narrativität zusammen und nicht als Gegensätze zu denken, eröffnet die Möglichkeit einer Annäherung theaterwissenschaftlicher und narratologischer Forschung. Wie in der Theaterwissenschaft bereits narrative Performances analysiert wurden (vgl. z. B. Tecklenburg 2014), so nähert sich meine Studie dem Phänomen der performativen Narration gleichsam von der anderen – der narratologischen – Seite und schließt somit den Kreis. Anders als bei Tecklenburg ist meine Arbeit daher auch nicht korpusbasiert, sondern behandelt seinen Gegenstand von (erzähl-)theoretischer und transmedialer Warte. Dabei wurden die vor allem literaturwissenschaftlichen narratologischen Forschungsdebatten und Analysekonzepte in Bezug auf einen anderen Forschungsgegenstand – das Kompositmedium Theater – weitergeführt, präzisiert und je nach Bedarf modelliert. Das vorliegende Projekt schreibt sich daher nicht nur in die lange Forschungstradition der literaturwissenschaftlichen wie der transmedialen und allgemein postklassischen und neoklassischen Narratologien ein, sondern eröffnet selbst zahlreiche Anknüpfungspunkte der wissenschaftlichen Auseinandersetzung, in narratologischer wie in theater- oder performancetheoretischer und -praktischer Hinsicht. Die performative Narration vereinigt in sich sämtliche potentiell narrativen Kanäle, die in anderen Medien (teilweise) ebenfalls ihren Niederschlag finden. Die hier in Bezug auf den Gegenstandsbereich der repräsentierenden Theaterinszenierung geführten Diskussionen und entwickelten Analysekategorien sind somit rückwirkend wiederum auf andere Medien übertragbar. Ein hochdynamisches, mehrkanaliges und multimodales Repräsentationssystem birgt ein großes Potential zur präziseren Analyse narrativer Repräsentation in sämtlichen Medien und trägt damit dazu bei, das Phänomen der Narrativität insgesamt genauer zu erfassen und analysierbar zu machen.

Zunächst hat sich in einer systematischen Sichtung existierender Bedingungen der Narrativität gezeigt, dass das Theater innerhalb einer als graduelles Phänomen verstandenen Narrativität als hochgradig narratives Medium klassifiziert werden kann und muss. Es erzählt sprachlich, und es erzählt, indem es auf allen sinnesphysiologischen Kanälen zeigt. Es formt die Narration sprachlich *und* visuell, auditiv, olfaktorisch, haptisch und gustatorisch, womit es sich einerseits als Kompositmedium zwischen Dichtung, Malerei, Tanz, Rauminstallation, Musik etc. positioniert und diese Teilbereiche in sich vereinigt. Andererseits kommen ihm dadurch aber auch sehr viel komplexere Möglichkeiten des Erzählens zu als dem schriftsprachlichen Erzählen oder auch audiovisuellen Erzählformen technisch vermittelnder Medien. So betonen u. a. auch Barthes, Pfister, Fischer-Lichte oder Pavis bereits die hohe Komplexität des theatralen Zeichens – ohne diese jedoch in den Zusammenhang mit der resultierenden Komplexität der performativen Narration zu stellen. In der Untersuchung der verschiedenen Narrativitätskonzeptionen hat sich gezeigt, dass das Theater alle Bedingungen erfüllen kann – seien es engere oder weitere Narrativitätsparameter, die Minimalerzählung mit ereignishafter Zustandsveränderung, die *experientiality*, *tellability* oder die Narrativität als ein kognitives Schema, das im Rezeptionsprozess seinen eigentlichen Niederschlag findet. Auch finden sich im performativen Erzählen auf der Bühne die Funktionen der narrativen Mittelbarkeit erfüllt, die nicht mit der im Theater vorzufindenden technisch-physiologischen Unmittelbarkeit zu verwechseln ist – ein Tatbestand, der in der Vergangenheit häufig dazu führte, dem Theater die Mittelbarkeit per se abzusprechen. Diese Frage der narrativen Mittelbarkeit ist unabhängig von der Debatte um den Erzähler und seine Existenz oder Nicht-Existenz außerhalb der Diegese diskutierbar. Es ist somit wichtig, auch die performative Darstellung von Ereignissen als narrative Repräsentation von Ereignissen oder als medienspezifische Erzeugung einer von der Welt der Darsteller und Zuschauer getrennten *storyworld* oder Diegese mit anderen raumzeitlichen Bedingungen zu begreifen, der man ebenfalls mit medienspezifischer *charity*

(Walton 1990) begegnen muss. Das heißt, man geht nicht davon aus, dass Fausts Arbeitszimmer in Stemanns Inszenierung lediglich aus einer Tür besteht und sonst keine Wände hat. Die nicht repräsentierten Elemente der erzählten Welt werden durch den Rezipienten in seiner Vorstellung im Sinne des *principle of minimal departure* (Ryan 1991) wie auch in narrativen Repräsentationen anderer Medien ergänzt. Gleichzeitig werden medienspezifische Elemente ignoriert und nicht als Teile der repräsentierten Diegese begriffen – die spezifische Körperlichkeit und Stimmlichkeit der Schauspieler, sichtbare Scheinwerfer oder (Dreh-)Bühnenelemente versteht der Zuschauer intuitiv als Aspekt der Darstellung, der nicht Teil des Repräsentierten ist. Ich habe aufgrund dieses Befundes dafür argumentiert, in der Nachfolge von Chatmans *covert narrator*, der ebenfalls nur funktional nachweisbar ist, und als konzeptionelle Fortführung von Kuhns (2011) Unterscheidung zwischen visuellen und sprachlichen Erzählinstanzen, ein Repräsentationssystem anzunehmen, das die terminologischen Schwierigkeiten des Erzählerbegriffes und auch des Erzählinstanzenbegriffes umgeht, und dieses gleichsam zum Fundament meines Analysemodells werden zu lassen. In diesem Theatralen Repräsentationssystem (TRS) werden narrative Selektions-, Ordnungs-, Kommentar- und Präsentations- oder Perspektivierungsfunktionen realisiert, sodass hier nicht nur eine doppelte Zeitlichkeit, sondern auch eine doppelte Räumlichkeit von *histoire* und *discours* nachweisbar und somit die narrative Mittelbarkeit sichtbar werden. Das Präfix „Re-" macht dabei auf die Ikonizität der Darstellung – den Unterschied von Repräsentation und Repräsentiertem – aufmerksam und impliziert nicht etwa eine nachträgliche Darstellung von bereits zuvor Geschehenem. In diesem Punkt liegt auch der Unterschied zwischen repräsentierender performativer Narration und den Happenings der Performance Art. Dort von einem Repräsentationssystem zu sprechen, wäre irreführend und dem Untersuchungsgegenstand nicht angemessen. Selbstverständlich arbeiten auch Künstler der Performance Art mit sämtlichen Kanälen, die das TRS bilden, und stellen sie in ein dynamisches Miteinander. Anders als auf der Theaterbühne sollen dabei jedoch gerade keine (mehr oder weniger) fiktiven Ereignisse re-präsentiert werden, sondern die Performance selbst ist das Ereignis, das präsentiert wird, weshalb man konsequenterweise in Bezug auf die Performance Art von einem Präsentationssystem sprechen müsste.

Eine wissenschaftliche Beschäftigung mit Theaterinszenierungen sieht sich dennoch immer mit der Problematik konfrontiert, dass Aufführungen sich in ihrem Verlauf erschöpfen und keine tradierbaren Artefakte sind – wenn man sie auch mit Currie (2010) als intentional-kommunikative Artefakte begreifen kann.

Eine Inszenierungsanalyse stützt sich daher immer auf einzelne, in ihrer Gesamtheit nicht rekonstruierbare Aufführungen; das gilt nicht nur für herkömmliche theaterwissenschaftliche Analysen, sondern auch für die Theaternarratologie.

Aufgrund dieser medialen Konzeption der theatralen Performance hat sich in der Annäherung an das Theater die Notwendigkeit gezeigt, sich gegenüber dramentheoretischen wie dramennarratologischen Ansätzen zu positionieren, die häufig nicht klar oder gar nicht von theatertheoretischen Ansätzen getrennt auftreten, obwohl die dort behandelten textlichen Artefakte sich gerade durch ihre Tradierbarkeit auszeichnen. In der Behandlung jener Ansätze wurde deutlich, dass dem vermeintlich strukturellen Unterschied von Drama und Erzähltext, wie er vor allem von Forschern wie Szondi und Pfister vertreten wird, nicht zuzustimmen ist. Was Pfister Episierungstendenzen nennt und als Ausnahme im absoluten Drama betitelt, ist als Normalfall anzusehen, da jedes Drama und jede auf einem Dramentext basierende Theaterinszenierung wie auch epische Texte ein vermittelndes Kommunikationssystem – im performativen Erzählen das Theatrale Repräsentationssystem – aufweisen. Jede Inkonsistenz im Raum-Zeit-Kontinuum des Dargestellten – d. h. jeder innerrepräsentative Ortswechsel und jeder kleine Zeitsprung, jede Zeitraffung und jede Zeitdehnung – weist auf die Grenze von Repräsentation und Repräsentiertem hin. Ein Forschungsdesiderat der (historisch orientierten) Dramennarratologie sind korpusgestützte Analysen zu der Frage, ob in den Nebentexten von Dramen meistens extradiegetisch im Präsens erzählt wird – eine Erzählform, die in der narrativen Prosaliteratur erst seit dem zwanzigsten Jahrhundert Konjunktur hatte.

Die Beschäftigung mit Aspekten der Dramennarratologie hat gezeigt, dass in diesem Forschungsfeld einerseits vor allem Vorkommnisse homodiegetischen Erzählens analysiert werden, andererseits aber auch zunehmend die Realisierung von Funktionen narrativer Mittelbarkeit durch heterodiegetische Erzählsysteme Beachtung finden – sei es in strikt transgenerischen Zugängen oder in Ansätzen, die auch eine mögliche theatral-performative Umsetzung mitdenken. Die Performanz – die oft als ein in der Plurimedialität des Textes angelegtes Phänomen begriffen wird – sehe ich in meinem transmedialen Ansatz als Merkmal wirklich verschiedener Inszenierungen eines Stückes mit unterschiedlichen Autorenkollektiven. Das von mir entworfene dynamische narratologische Modell theaterspezifischer Kommunikation berücksichtigt nicht nur die Besonderheiten der innertheatralen Kommunikation zwischen Produzenten und Rezipienten, sondern ist zudem mit den narratologichen Modellen anderer Medien vergleichbar. Das in dieser Hinsicht in der Einleitung der vorliegenden Arbeit hervorgehobene Forschungsdesiderat wurde damit behoben. Zudem habe ich in Zusammenhang der theatral-narrativen Kommunikation die Besonderheit der *Trialogizität* betont:

Neben der „Stimme" des Erzählers – d. h. der metaphorischen Stimme der Repräsentation selbst – und der Stimme der Figur hören wir immer auch die tatsächliche Stimme der Schauspielerin. Im Theater bildet die *liveness* der Aufführungssituation somit eine wichtige Grundkonstante auch der narrativen Kommunikation. Diese Gleichzeitigkeit von Produktion und Rezeption ist es, die viele Wissenschaftler dazu verleitet, Pfisters erwähnter These eines fehlenden vermittelnden Kommunikationssystems zu folgen.

Mein mit so einem vermittelnden Kommunikationssystem vergleichbares Theatrales Repräsentationssystem (TRS) gliedert sich in die sechs besprochenen Kanäle, die zumeist aus einer Vielzahl von Modi bestehen. In einer Evaluation der Narrativität ist es möglich, die Narrativitätswerte der einzelnen Kanäle getrennt voneinander zu eruieren und diese einander gegenüberzustellen. So kann mit Bezug auf die Narrativität begründet werden, warum eine Inszenierung vornehmlich sprachlich erzählt, eine andere aber vielleicht besonders visuell oder gar auditiv. Da die einzelnen Kanäle zudem in einem dynamischen Miteinander agieren und ihre getrennte Betrachtung nur aus analytischen Zwecken sinnvoll ist, bedingt sich allerdings auch ihre jeweilige Narrativität – insofern die Kanäle in einem überlappenden oder komplementären Verhältnis stehen. Durch den Gebrauch von Leitmotiven wird es somit z. B. dem auditiven Kanal möglich, eine Ereignishaftigkeit darzustellen; ein Mittel, das ihm außerhalb des Systemkomplexes nicht gegeben wäre. Außerdem erhalten einzelne Kanäle eine gesteigerte Möglichkeit, Zeitverhältnisse zu markieren. Die Einbettung einzelner Kanäle oder auch Modi in ein Repräsentationssystem bildet damit das Fundament, auf dem multimodale Erzählungen analysiert werden können: die getrennte und dennoch gemeinsame und sich bedingende Wirkungsweise der einzelnen Bestandteile.

Die Kapitel 6 bis 8 haben sich sowohl theoretisch als auch praktisch-modellkonstituierend mit den drei großen narratologischen Analysekategorien Zeit, Raum und Perspektive/Fokalisierung auseinandergesetzt. Die Parameter Genettes zur narratologischen Zeituntersuchung haben sich in der Übertragung auf das performative Erzählen dabei als unproblematisch erwiesen: Im zeitlichen Verhältnis von *discours* und *histoire* bzw. von Erzählzeit und erzählter Zeit lassen sich auch hier Dauer, Ordnung und Frequenz untersuchen. Da ich in meinem Modell nicht von einem Erzähler ausgehe und die narrative Mittelbarkeit im TRS lediglich durch die Erfüllung der Erzählfunktionen nachweisbar ist, bedurfte es einer genaueren Beschreibung und Begründung, eine Erzählerzeit – bzw. hier: eine TRS-Zeit – als Zeitpunkt des Erzählens anzunehmen, die von der Erzählzeit zu unterscheiden ist. Im Theater sollte man nicht annehmen, dass Erzählzeit und TRS-Zeit per se gleich sind – ein Urteil, zu dem die *liveness* der performativen Narration nur zu leicht verleitet –, sondern die TRS-Zeit als unmarkiert begreifen, wenn keine Hinweise zu ihrer genaueren Einordnung geliefert werden. Deshalb kann bei Theateraufführungen auch nicht unbegründet von gleichzeitigem Erzählen gesprochen werden: Der Erzählzeitpunkt ist in den meisten Fällen unmarkiert, kann aber auch durchaus häufig später situiert werden als der Zeitpunkt der dargestellten Ereignisse. Hinzugefügt wurde dem Analyseparameter der Zeit das *zeitgleiche Erzählen*, das im an das Sukzessionsprinzip gebundenen schriftsprachlichen Erzählen nicht verwirklicht werden kann. Hierbei werden zwei in der Diegese gleichzeitig oder auch zu unterschiedlichen Zeitpunkten stattfindende Ereignisse zeitgleich – räumlich hinter- oder nebeneinander – im Diskurs erzählt.

Die in der narratologischen Forschung unterrepräsentierte Analysekategorie Raum hat sich als komplexer, aber für die performative Narration nicht zu vernachlässigender Bestandteil eines Analysemodells erwiesen. Das generelle Prinzip der Raumschachtelung findet sowohl im physikalischen Aufführungsraum, im Erzählraum des *discours*, als auch in den erzählten Räumen der *histoire* Niederschlag. Räume werden dabei nicht nur visuell, sondern vor allem auch sprachlich und auditiv, aber potentiell ebenfalls durch die übrigen TRS-Kanäle erzeugt. Bei der Raumerzeugung spielt der Zuschauer eine entscheidende Rolle, denn je abstrakter das Bühnenbild ist, desto mehr muss der Rezipient die nur angedeuteten Räume mental selbst konstituieren. Die Konstitution erzählter Räume wird dabei ebenfalls stärker figurenabhängig, und die Grenzen zwischen einzelnen erzählten Räumen werden mit zunehmender Abstraktion fließender. Von sich aus sind alle Räume dabei bedeutungsneutral und werden im Zuge der Aufführung durch den Rezipienten semantisiert – wobei diese Semantisierung freilich durch das Autorenkollektiv im Vorbereitungsprozess der Inszenierung bereits angelegt und damit forciert werden kann. Sowohl die drei Raumachsen als auch das Verhältnis von innen und außen können im Verhältnis von Zuschauerraum zur Spielfläche sowie im Verhältnis von Erzählräumen und erzählten Räumen somit prinzipiell zur Bedeutungskonstitution genutzt werden und dadurch die Narration nachhaltig beeinflussen. Erzählräume und erzählte Räume können zudem in ihrer divergierenden Größe in Relation gestellt werden, sodass sich zu den Zeitanalysekategorien der Dauer die parallelen Raumanalysekategorien *raumdehnendes*, *raumdeckendes* und *raumreduzierendes Erzählen* ergeben haben.

Die problematischen und auch innerhalb der narratologischen Forschung häufig diffundierenden Kategorien der narrativen Perspektive und Fokalisierung wurden in der vorliegenden Studie strenger getrennt, wodurch sowohl Genettes tripolares Fokalisierungsmodell als auch Schmids bipolares Perspektivmodell integriert werden konnten. Die Grenze zwischen diesen beiden Konzepten bezieht sich auf die Unterscheidung von Wahrnehmen (Perspektive) und Wissen (Fokalisierung), wodurch sich zwei unterschiedliche Frageformen ergeben: Die Frage der Perspektive lautet allgemein: *Nimmt der Erzähler wahr oder die Figur?*, wohingegen die Frage der Fokalisierung etwas komplizierter lauten muss: *Weiß der Erzähler (aufgrund seiner Wahrnehmung) mehr, genauso viel wie oder weniger als irgendeine der Figuren?* Ein Grund für die häufig gemischte Betrachtung dieser trennbaren Konzepte liegt in der Tatsache, dass Wissen immer auch auf einer vorherigen Wahrnehmung beruht, sodass sich die Notwendigkeit ergeben hat, auch in Bezug auf die Wahrnehmung unterschiedliche Formen der Fokalisierung terminologisch zu unterscheiden – wie es in der Filmnarratologie bereits ähnlich in Bezug auf auditive und visuelle Elemente geschehen ist (vgl. Kuhn 2011). Die Kategorie der Fokalisierung wird hier somit – da sie sich auf das Wissen bezieht – wie die Narrativität selbst als graduelles Phänomen betrachtet.

Da man das TRS als abstraktes Konstrukt begreifen und es infolgedessen nicht anthropomorphisieren sollte, müssen für eine narratorial eingestellte Perspektive wie für einen Wissensvorsprung oder -rückstand die Wahrnehmung und das Wissen des Zuschauers als Pendant zur Wahrnehmung des Erzählers herangezogen werden. Einem abstrakten Repräsentationssystem sollte man keine Wahrnehmung oder ein bestimmtes Wissen zuschreiben. Dieser Schritt war argumentativ insofern wenig problematisch, da auch in der klassischen Narratologie (bei Genette) davon ausgegangen wird, dass der Erzähler nicht mehr weiß, als er dem Leser mitteilt, sodass der Informationsstand des Zuschauers die eigentlich ausschlaggebende Kategorie bildet. Das Theater ist darüber hinaus der Ort, an dem am meisten mit dem Kontextwissen der Rezipienten gespielt wird: Eine Inszenierung kann häufig annehmen, dass der zugrundeliegende Dramentext dem Zuschauer bekannt ist; ein Erzähltext nimmt dies niemals an. Somit bedingen hier die Kontexte sehr viel stärker das Mehrwissen der Zuschauer, was unmittelbare Auswirkungen auf den Fokalisierungscode hat, der sich dadurch sehr viel stärker der Nullfokalisierung nähert.

Die theaternarratologischen Beispielanalysen, in denen gezeigt wurde, wie die entworfenen Kategorien je nach Inszenierung fruchtbar angewendet werden können, erheben keinesfalls den Anspruch, umfassend oder für die deutschsprachige Theaterkultur repräsentativ zu sein. Vielmehr wollte ich durch die Hervorhebung auffälliger Merkmale des Zusammenspiels der erzählenden Kanäle des Theatralen Repräsentationssystems, der Markierung von Trialogizität, der Zeit- und Raumkonstitutionen und -semantisierungen sowie der Perspektivierungen und Fokalisierungen einen beispielhaften Einblick in die Produktivität geben, die eine narratologisch orientierte Aufführungsanalyse birgt. Da ich Narratologie, wie hervorgehoben, vor allem als eine heuristische Wissenschaft begreife, sollen auch die vorgeschlagenen Interpretationshypothesen in den Beispielanalysen nicht im Vordergrund stehen. Wichtiger war es mir zu zeigen, wie der intersubjektiv nachvollziehbare narratologische Befund Interpretationen forcieren und stützen kann.

Die Aktualität einer Inszenierung liegt (auch) in der Art und Weise ihres Erzählens, die immer einen – mehr oder weniger stark ausgeprägten – Bezug zu ihrer Entstehungszeit hat. Da jede Inszenierung etwas Anderes erzählt, können auch die gleichen Texte immer wieder inszeniert werden. Die Verhältnisse der TRS-Kanäle untereinander ermöglichen dabei ebenfalls dezidierte Vergleiche unterschiedlicher Inszenierungen desselben Stückes oder Vergleiche unterschiedlicher Theaterformen. Auch Feststellungen, welche Modi der einzelnen Kanäle verstärkt die Narration tragen, lassen solche Vergleiche zu. Die Theaternarratologie könnte sich daher als ein hilfreiches Werkzeug für die Historiographie des Theaters erweisen, nämlich als Mittel zur Beschreibung seiner vielen theoretischen Transformationen. Nicht zuletzt ergibt sich dadurch auch ein großer Nutzen für die dramaturgische Analyse von Aufführungen.

So erweist sich die Theaternarratologie sogar für postdramatische Inszenierungen – die sich dem narrativen Element allzu häufig verweigern – als nützliches Analysewerkzeug. Die theoretischen Verschiebungen in postdramatischen Theaterentwürfen lassen sich in das Modell der theatralen Kommunikation eingliedern, denn hierbei werden die äußeren Ebenen sehr viel stärker thematisiert und auch die ontologischen Grenzen zwischen den einzelnen Ebenen heftiger strapaziert, wenn z. B. die Zuschauer zum aktiven Mitproduzieren oder zur Repräsentation einer diegetischen Figur oder eines diegetischen Ereignisses aufgefordert oder genötigt werden.

Ich hoffe mit meinem Ansatz den naiven Blick auf Theateraufführungen dahingehend zu schärfen, dass man dem performativen Erzählen – trotz seiner scheinbaren Unmittelbarkeit – genauso kritisch begegnet wie dem lediglich sprachlichen Erzählen in Texten. Aufgrund dieser grundlegenden Ähnlichkeit der unterschiedlichen Medien Theater und schriftsprachlichem Erzähltext sehe ich ein neues großes Forschungsfeld für die verschiedensten narratologischen Theorien: Die Narratologie des Raums kann im Theater einzigartige Raumkonzepte finden und beispielsweise der Frage nachgehen, wie sich die Dynamik des Verhältnisses zwischen Zuschauer- und Bühnenraum auf die Narrativität des Dargestellten auswirkt. Rhetorische, unnatürliche, interaktive oder kognitive Narratologien können ihre Thesen ebenfalls an Theaterinszenierungen erproben oder sogar verstärken, finden sich doch in der performativen Repräsentation z. B. einzigartige Phänomene wie die *liveness* oder das *zeitgleiche Erzählen*.

Das entwickelte Modell bietet ebenfalls das Potential zur transkulturellen Anwendung. So macht es die komparatistische narratologische Analyse von Theaterinszenierungen unterschiedlicher Länder und Kulturen möglich und bietet dabei das Potential, nicht nur den Grad der Narrativität zu vergleichen, sondern auch die Nutzung narrativer Strukturen im transnationalen und transkulturellen Vergleich einander gegenüber zu stellen. Diese Befunde ließen sich wiederum kulturhistorisch und kulturphilosophisch kontextualisieren und interpretieren – z. B. wäre zu fragen, was die Nutzung besonders komplexer oder auch besonders einfacher narrativer Strukturen im Theater über die jeweilige Kultur aussagt. Welche Verwendung unterschiedlicher Metalepsen findet statt? Wie narrativ werden die einzelnen TRS-Kanäle gestaltet und wie ist ihr Verhältnis zueinander? Wird mit den Möglichkeiten doppelter Zeitlichkeit und doppelter Räumlichkeit experimentiert? Alle in dieser Arbeit entwickelten Analysekategorien bieten ein großes heuristisches Potential des transmedialen wie transkulturellen und transdisziplinären Vergleichs.

Die in der Einleitung dieser Arbeit benannte Forschungslücke eines soliden theoretischen Fundaments und eines anwendbaren Analysemodells für das Phänomen der performativen Narration wurde mit der vorliegenden Arbeit gefüllt, sodass sich zukünftig größere Forschungsarbeiten anschließen können, die korpusbasiert systematische und historische Vergleiche ziehen und damit dem Komplex des mehrkanaligen oder multimodalen Erzählens auch im transmedialen Bereich gerechter werden.

Literaturverzeichnis

Abbate, Carolyn (1991). *Unsung Voices: Opera and Musical Narrative in the Nineteenth Century*. Princeton Studies in Opera. Princeton.
Abbott, H. Porter (2002). *The Cambridge Introduction to Narrative*. Cambridge [u.a.].
Abbott, H. Porter (2008). „Narrative and Emergent Behavior". In: *Poetics Today* 29.2, 227–244.
Aczel, Richard (1998). „Hearing Voices in Narrative Texts". In: *New Literary History* 29.3, 467–500.
Alber, Jan und Monika Fludernik (Hgg. 2010). *Postclassical Narratology: Approaches and Analyses*. Theory and Interpretation of Narrative. Columbus, Ohio.
Alber, Jan und Monika Fludernik (2014). „Mediacy and Narrative Mediation". In: Peter Hühn et al. (Hgg.), *the living handbook of narratology*. Hamburg. http://www.lhn.uni-hamburg.de/article/mediacy-and-narrative-mediation (25. März 2016).
Alber, Jan, Stefan Iversen, Henrik Skov Nielsen und Brian Richardson (2010). „Unnatural Narratives, Unnatural Narratology: Beyond Mimetic Models". In: *Narrative* 18.2, 113–136.
Alber, Jan, Stefan Iversen, Henrik Skov Nielsen und Brian Richardson (2013). „Introduction". In: Jan Alber, Henrik Skov Nielsen und Brian Richardson (Hgg.), *A Poetics of Unnatural Narrative*, 1–15. Theory and Interpretation of Narrative. Columbus, Ohio.
Allain, Paul (2008). *The Routledge Companion to Theatre and Performance*. Hg. von Jen Harvie. London [u.a.].
Aristoteles (1994). *Poetik: Griechisch/deutsch*. Hg. von Manfred Fuhrmann. Stuttgart.
Austin, John L. (1971). *How to Do Things with Words: The William James Lectures Delivered at Harvard University in 1955*. Hg. von James O. Urmson. London [u.a.].
Aylett, Ruth (1999). „Narrative in Virtual Environments – towards Emergent Narrative". In: *Proceedings of the AAAI Fall Symposium on Narrative Intelligence*, 83–86.
Bachtin, Michail M. (1971). *Probleme der Poetik Dostoevskijs*. Hg. von Adelheid Schramm. München.
Bachtin, Michail M. (1979). *Die Ästhetik des Wortes*. Hg. von Rainer Georg Grübel und Sabine Reese. Frankfurt am Main.
Bachtin, Michail M. (2008). *Chronotopos*. Hg. von Michael Dewey. Frankfurt am Main.
Balme, Christopher (2008 [1999]). *Einführung in die Theaterwissenschaft*. Berlin.
Bal, Mieke (1981). „Notes on Narrative Embedding". In: *Poetics Today* 2.2, 41–59.
Bal, Mieke (2009 [1985]). *Narratology. Introduction to the Theory of Narrative*. Toronto [u.a.].
Bamberg, Michael (2013). „Identity and Narration". In: Peter Hühn et al. (Hgg.), *the living handbook of narratology*. Hamburg. http://www.lhn.uni-hamburg.de/article/identity-and-narration (25. März 2016).
Banfield, Ann (1982). *Unspeakable Sentences: Narration and Representation in the Language of Fiction*. Boston [u.a.].
Baroni, Raphaël (2014). „Tellability". In: Peter Hühn et al. (Hgg.), *the living handbook of narratology*. Hamburg. http://www.lhn.uni-hamburg.de/article/tellability (25. März 2016).
Barthes, Roland (2012 [1968]). „Der Tod Des Autors". In: Fotis Jannidis et al. (Hgg.), *Texte zur Theorie der Autorschaft*. Stuttgart, 185–193.
Baumer, Allan und Brian Magerko (2009). „Narrative Development in Improvisational Theatre". In: Ido A. Iurgel, Nelson Zagalo und Paolo Petta (Hgg.), *Interactive Storytelling*. Berlin, Heidelberg, 140–151.

Bayerdörfer, Hans-Peter (2005). „Drama/Dramentheorie". In: Erika Fischer-Lichte, Doris Kolesch und Matthias Warstat (Hgg.), *Metzler Lexikon Theatertheorie*. Stuttgart, Weimar, 72–80.
Ben-Arie, Udi (2009). „The Narrative-Communication Structure in Interactive Narrative Works". In: Ido A. Iurgel, Nelson Zagalo und Paolo Petta (Hgg.), *Interactive Storytelling*. Berlin, Heidelberg, 152–162.
Benjamin, Walter (1991). *Gesammelte Schriften*. Band 1, zweiter Teil. Hg. von Rolf Tiedemann und Hermann Schweppenhäuser. Frankfurt am Main.
Berns, Ute (2014). „Performativity". In: Peter Hühn et al. (Hgg.), *the living handbook of narratology*. Hamburg. http://www.lhn.uni-hamburg.de/article/performativity (25. März 2016).
Birkenhauer, Theresia (2008). *Theater, Theorie. Zwischen Szene und Sprache*. Hg. von Barbara Hahn. Berlin.
Böhme, Gernot (1995). *Atmosphäre. Essays Zur Neuen Ästhetik*. Frankfurt am Main.
Bohrer, Karl Heinz (1994). *Das Absolute Präsens. Die Semantik ästhetischer Zeit*. Frankfurt am Main.
Booth, Wayne C. (1961). *The Rhetoric of Fiction*. Chicago [u.a.].
Brandstätter, Gabriele (2004). „Aufführung und Aufzeichnung – Kunst der Wissenschaft?" In: Erika Fischer-Lichte, Clemens Risi und Jens Roselt (Hgg.), *Kunst der Aufführung – Aufführung der Kunst*. Berlin, 40–50.
Brandstätter, Gabriele (2005). *Bild-Sprung. TanzTheaterBewegung im Wechsel der Medien*. Berlin.
Breger, Claudia (2012). *An Aesthetics of Narrative Performance. Transnational Theater, Literature, and Film in Contemporary Germany*. Theory and Interpretation of Narrative. Columbus, Ohio.
Brook, Peter (1988 [1969]). *Der Leere Raum. Möglichkeiten des heutigen Theaters*. München.
Buchholz, Sabine und Manfred Jahn (2005). „Space in Narrative". In: David Herman, Manfred Jahn und Marie-Laure Ryan (Hgg.), *Routledge Encyclopedia of Narrative Theory*. London, New York, 551–555.
Bühler, Karl (1965 [1934*]*). *Sprachtheorie. Die Darstellungsfunktion der Sprache*. Stuttgart.
Bundesministerium für Justiz und Verbraucherschutz: „Urheberrechtsgesetz". In: http://www.gesetze-im-internet.de/urhg/ (24. März 2016).
Butler, Judith (1990). „Performative Acts and Gender Constitution: An Essay in Phenomenology and Feminist Theory". In: Sue-Ellen Case (Hg.), *Performing Feminisms. Feminist Critical Theory and Theatre*. Baltimore [u.a.], 270–282.
Butler, Judith (1994 [1990]). *Das Unbehagen der Geschlechter*. Frankfurt am Main.
Butler, Judith (2006 [1997]). *Haß spricht. Zur Politik des Performativen*. Hg. von Katharina Menke. Frankfurt am Main.
Cameron, Keneth M. und Theodore J. C. Hoffman (1974). *A Guide to Theatre Study*. New York.
Camus, Albert (2000 [1942]). *Der Mythos von Sisyphos*. Hg. von Vincent von Wroblewsky. Reinbek bei Hamburg.
Certeau, Michel de (1988). *Kunst des Handelns*. Berlin.
Chatman, Seymour B. (1986). „Characters and Narrators. Filter, Center, Slant, and Interest-Focus". In: *Poetics Today* 7.2, 189–204.
Chatman, Seymour B. (1990). *Coming to Terms. The Rhetoric of Narrative in Fiction and Film*. Ithaca [u.a.].
Chatman, Seymour B. (1993 [1978]). *Story and Discourse. Narrative Structure in Fiction and Film*. Ithaca [u.a.].

Chenoweth, Vida (1986). „Music as Discourse". In *Word: Journal of the International Linguistic Association* 37.1, 135–139.
Cohn, Dorrit (1990). „Signposts of Fictionality: A Narratological Approach". In: *Poetics Today* 11.4, 775–804.
Cohn, Dorrit (1999). *The Distinction of Fiction*. Baltimore [u.a.].
Currie, Gregory (2010). *Narratives and Narrators. A Philosophy of Stories*. Oxford [u.a.].
Dennerlein, Katrin (2009). *Narratologie des Raumes*. Narratologia 22. Berlin, New York.
Diderot, Denis (1968). *Ästhetische Schriften*. Band 2. Hg. von Friedrich Bassenge und Theodor Lücke. Frankfurt am Main.
Diezel, Peter (1999). „Narrativik und Polyphonie des Theaters". In: Eberhard Lämmert (Hg.), *Die Erzählerische Dimension. Eine Gemeinsamkeit der Künste*. Berlin, 53–71.
Döring, Jörg und Tristan Thielmann (2008a). „Einleitung: Was lesen wir im Raume? Der spatial turn und das geheime Wissen der Geographen". In: Jörg Döring und Tristan Thielmann (Hgg.), *Spatial Turn. Das Raumparadigma in den Kultur- und Sozialwissenschaften*. Bielefeld, 7–45.
Döring, Jörg und Tristan Thielmann (2008b). *Spatial Turn. Das Raumparadigma in den Kultur- und Sozialwissenschaften*. Bielefeld.
Dünne, Jörg (2006). „Einleitung". In: Jörg Dünne und Stephan Günzel (Hgg.), *Raumtheorie. Grundlagentexte aus Philosophie und Kulturwissenschaften*. Frankfurt am Main, 289–303.
Dünne, Jörg und Stephan Günzel (Hgg. 2006). *Raumtheorie. Grundlagentexte aus Philosophie und Kulturwissenschaften*. Frankfurt am Main.
Eckermann, Johann Peter (1999 [1836]). *Gespräche mit Goethe in den letzten Jahren seines Lebens*. Johann Wolfgang Goethe. Sämtliche Werke. Briefe, Tagebücher und Gespräche. Abteilung 2, Band 12. Hg. von Christoph Michel. Frankfurt am Main.
Elam, Keir (1980). *The Semiotics of Theatre and Drama*. London [u.a.].
El-Nasr, Magy Seif (2007). „Interaction, Narrative, and Drama: Creating an Adaptive Interactive Narrative Using Performance Arts Theories". In: *Interaction Studies* 8.2, 209–240.
Esslin, Martin (1989). *Das Zeichen des Dramas. Theater, Film, Fernsehen*. Hamburg.
Fischer-Lichte, Erika (1983). *Das System der theatralischen Zeichen*. Semiotik des Theaters. Band 1. Tübingen.
Fischer-Lichte, Erika (1988 [1983]). *Die Aufführung als Text*. Semiotik des Theaters. Band 3. Tübingen.
Fischer-Lichte, Erika (2001). *Ästhetische Erfahrung. Das Semiotische und das Performative*. Tübingen [u.a.].
Fischer-Lichte, Erika (Hg. 2003). *Performativität und Ereignis*. Tübingen [u.a.].
Fischer-Lichte, Erika (2004). *Ästhetik des Performativen*. Frankfurt am Main.
Fischer-Lichte, Erika und Jens Roselt (2001). „Attraktion des Augenblicks – Aufführung, Performance, Performativ und Performativität als theaterwissenschaftliche Begriffe". In: *Paragrana* 10.1, 237–253.
Fisher, Walter R. (1984). „Narration as Human Communication Paradigm: The Case of Public Moral Argument". In: *Communication Monographs* 51.1, 1–22.
Fludernik, Monika (1993). *The Fictions of Language and the Languages of Fiction: The Linguistic Representation of Speech and Consciousness*. London [u.a.].
Fludernik, Monika (1996). *Towards a 'Natural' Narratology*. London [u.a.].
Fludernik, Monika (2000). „Genres, Text Types, or Discourse Modes? Narrative Modalities and Generic Categorization". In: *Style* 34.2, 274–292.

Fludernik, Monika (2003). „Natural Narratology and Cognitive Parameters". In: David Herman (Hg.), *Narrative Theory and the Cognitive Sciences*. Stanford, 243–267.
Fludernik, Monika (2008). „Narrative and Drama". In: John Pier und José Ángel García Landa (Hgg.), *Theorizing Narrativity*. Narratologia 12. Berlin, New York, 355–383.
Forster, Edward M. (1969 [1927]). *Aspects of the Novel*. London.
Foucault, Michel (2003). *Schriften zur Literatur*. Hg. von Daniel Defert, Michael Bischoff und Martin Stingelin. Frankfurt am Main.
Foucault, Michel (2006 [1967]). „Von Anderen Räumen". In: Jörg Dünne und Stephan Günzel (Hgg.), *Raumtheorie. Grundlagentexte aus Philosophie und Kulturwissenschaften*. Frankfurt am Main, 317–329.
Frank, Caroline (2014). „Prolegomena zu einer historischen Raum-Narratologie am Beispiel von drei autodiegetisch erzählten Romanen". In: *DIEGESIS. Interdisziplinäres E-Journal für Erzählforschung* 3.2, 22–49.
Friedemann, Käte (1969 [1910]). *Die Rolle des Erzählers in der Epik*. Darmstadt.
Friedman, Norman (1955). „Point of View in Fiction: The Development of a Critical Concept". In: *PMLA* 70.5, 1160–1184.
Früchtl, Josef und Jörg Zimmermann (2001). „Ästhetik der Inszenierung. Dimensionen eines gesellschaftlichen, individuellen und kulturellen Phänomens". In: Josef Früchtl und Jörg Zimmermann (Hgg.), *Ästhetik der Inszenierung. Dimensionen eines künstlerischen, kulturellen und gesellschaftlichen Phänomens*. Frankfurt am Main, 9–47.
Genette, Gérard (1972). „Discours du récit. Essai de Méthode". In: *Figures III*. Paris, 65–282.
Genette, Gérard (1983). *Nouveau discours du récit*. Paris.
Genette, Gérard (1989). *Paratexte. Das Buch vom Beiwerk des Buches*. Hg. von Dieter Hornig und Harald Weinrich. Frankfurt am Main [u.a.].
Genette, Gérard (1993). *Fiction & Diction*. Ithaca, London.
Genette, Gérard (1998 [1994]). *Die Erzählung*. Hg. von Andreas Knop. München.
Georgakopoulou, Alexandra (1997). *Narrative Performances: A Study of Modern Greek Storytelling*. Amsterdam [u.a.].
Goethe, Johann Wolfgang (1827). *Ueber Kunst und Alterthum in den Rhein und Mayn Gegenden*. Band 6. Stuttgart.
Goffman, Erving (1969). *Wir alle spielen Theater. Die Selbstdarstellung im Alltag*. München.
Gordon, Robert (2006). *The Purpose of Playing. Modern Acting Theories in Perspective*. Ann Arbor, Michigan.
Grishakova, Marina und Marie-Laure Ryan (Hgg. 2010). *Intermediality and Storytelling*. Narratologia 24. Berlin, New York.
Grünzweig, Walter und Andreas Solbach (Hgg. 1999). *Grenzüberschreitungen. Narratologie im Kontext*. Tübingen.
Gumbrecht, Hans Ulrich (2001). „Produktion von Präsenz, durchsetzt mit Absenz". In: Josef Früchtl und Jörg Zimmermann (Hgg.), *Ästhetik der Inszenierung. Dimensionen eines künstlerischen, kulturellen und gesellschaftlichen Phänomens*. Frankfurt am Main, 63–76.
Günzel, Stephan (2006). „Einleitung". In: Jörg Dünne und Stephan Günzel (Hgg.), *Raumtheorie. Grundlagentexte aus Philosophie und Kulturwissenschaften*. Frankfurt am Main, 19–43.
Gutjahr, Ortrud (Hg. 2012). *Faust I/II von Johann Wolfgang von Goethe. Nicolas Stemanns Doppelinszenierung am Thalia Theater Hamburg*. Theater und Universität im Gespräch 14. Würzburg.
Hall, Edward Twitchell (1969). *The Hidden Dimension*. New York.

Halliday, Michael A. K. (1978). *Language as Social Semiotic. The Social Interpretation of Language and Meaning.* London.
Hamburger, Käte (1977 [1957]). *Die Logik Der Dichtung.* Stuttgart.
Hansen, Per Krogh (2010). „All Talking! All Singing! All Dancing! Prologomena: On Film Musicals and Narrative". In: Marina Grishakova und Marie-Laure Ryan (Hgg.), *Intermediality and Storytelling.* Narratologia 24. Berlin, New York, 147–164.
Hatten, Robert (1991). „On Narrativity in Music: Expressive Genres and Levels of Discourse in Beethoven". In: *Indiana Theory Review* 12, 75–98.
Hauthal, Janine (2009). *Metadrama und Theatralität: Gattungs- und Medienreflexion in zeitgenössischen englischen Theatertexten.* Trier.
Hegel, Georg Wilhelm Friedrich (1966 [1842]). *Ästhetik.* Band 2. Hg. von Georg Lukács und Friedrich Bassenge. Berlin, Weimar.
Hegemann, Carl (2011). „Der Fremde. Letter of Intent". In: *Thalia Theater.* http://www.thalia-theater.de/de/journal/hamburgische-dramaturgie/der-fremde-letter-of-intent-/ (25. März 2016).
Herman, David (1994). „Hypothetical Focalization". In: *Narrative* 2, 230–253.
Herman, David (Hg. 1999). *Narratologies. New Perspectives on Narrative Analysis.* Theory and Interpretation of Narrative Series. Columbus, Ohio.
Herman, David (2005). „Storyworld". In: David Herman, Manfred Jahn und Marie-Laure Ryan (Hgg.), *Routledge Encyclopedia of Narrative Theory.* London, 569–570.
Herman, David (2012). *Narrative Theory. Core Concepts and Critical Debates.* Theory and Interpretation of Narrative. Columbus, Ohio.
Herman, David (2013). „Cognitive Narratology". In: Peter Hühn et al. (Hgg.), *the living handbook of narratology.* Hamburg. http://www.lhn.uni-hamburg.de/article/cognitive-narratology-revised-version-uploaded-22-september-2013 (25. März 2016).
Herman, Luc und Bart Vervaeck (2004). „Focalization between Classical and Postclassical Narratology". In: John Pier (Hg.), *The Dynamics of Narrative Form. Studies in Anglo-American Narratology.* Narratologia 4. Berlin, New York, 115–138.
Herrmann, Max (2006 [1931]). „Das Theatralische Raumerlebnis". In: Jörg Dünne und Stephan Günzel (Hgg.), *Raumtheorie. Grundlagentexte aus Philosophie und Kulturwissenschaften.* Frankfurt am Main, 501–514.
Hogan, Patrick Colm (2014). „Emplotting a Storyworld in Drama: Selection, Time, and Construal in the Discourse of Hamlet". In: Marie-Laure Ryan und Jan-Noël Thon (Hgg.), *Storyworlds across Media. Toward a Media-Conscious Narratology.* Lincoln, Neb. [u.a.], 50–66.
Honzl, Jindřich (1976). „Dynamics of the Sign in the Theater". In: Ladislav Matejka und Irwin R. Titunik (Hgg.), *Semiotics of Art. Prague School Contributions*, Cambridge, 74–93.
Horn, András (1998*). Theorie der literarischen Gattungen. Ein Handbuch für Studierende der Literaturwissenschaft.* Würzburg.
Hühn, Peter (2008). „Functions and Forms of Eventfulness in Narrative Fiction". In: John Pier und José Ángel García Landa (Hgg.), *Theorizing Narrativity.* Narratologia 12. Berlin, New York, 141–163.
Hühn, Peter (2013). „Event and Eventfulness". In: Peter Hühn et al. (Hgg.), *the living handbook of narratology.* Hamburg. http://www.lhn.uni-hamburg.de/article/event-and-eventfulness (25. März 2016).
Jahnke, Manfred (2004). „Erzähltheater. Narrative Strukturen im Kinder- und Jugendtheater als intermediales Experiment". In: Hajo Kurzenberger und Annemarie M. Matzke (Hgg.), *TheorieTheaterPraxis.* Theater der Zeit. Recherchen 17. Berlin, 297–302.

Jahn, Manfred (1996). „Windows of Focalization: Deconstructing and Reconstructing a Narratological Concept". In: *Style* 30.2, 241–267.
Jahn, Manfred (1999). „More Aspects of Focalization: Refinements and Applications". In: John Pier (Hg.), *GRAAT: Revue Des Groupes de Recherches Anglo-Américaines de L'Université François Rabelais de Tours* 21. Debrecen, Ungarn, 85–110.
Jahn, Manfred (2001). „Narrative Voice and Agency in Drama: Aspects of a Narratology of Drama". In: *New Literary History* 32.3, 659–679.
Jahn, Manfred (2003). „A Guide to the Theory of Drama. Part II of Poems, Plays, and Prose: A Guide to the Theory of Literary Genres". In: *English Department, University of Cologne*. http://www.uni-koeln.de/~ame02/pppd.htm (25. März 2016).
Jannidis, Fotis (2002). „Zwischen Autor Und Erzähler". In: Heinrich Detering (Hg.), *Autorschaft. Positionen und Revisionen*, Stuttgart [u.a.], 540–556.
Jesch, Tatiana und Malte Stein (2009). „Perspectivization and Focalization: Two Concepts – One Meaning?" In: Peter Hühn, Wolf Schmid und Jörg Schönert (Hgg.), *Point of View, Perspective, and Focalization. Modeling Mediation in Narrative*. Narratologia 17. Berlin, New York, 59–77.
Kahrmann, Cordula, Gunter Reiß und Manfred Schluchter (1977). *Erzähltextanalyse. Eine Einführung in Grundlagen und Verfahren. Mit Materialien zur Erzähltheorie und Übungstexten von Campe bis Ben Witter*. Kronberg.
Kant, Immanuel (2008 [1781]). „Der Transscendentalen Elementarlehre. Erster Theil. Die Transscendentale Ästhetik. Erster Abschnitt. Von Dem Raume". In: *Akademieausgabe von Immanuel Kants Gesammelten Werken. Elektronische Edition*. Band IV: Kritik der reinen Vernunft, Prolegomena, Grundlegung zur Metaphysik der Sitten, Metaphysische Anfangsgründe der Naturwissenschaft. Bonn, Essen. https://korpora.zim.uni-duisburg-essen.de/Kant/aa04/031.html (26. März 2016).
Kindt, Tom und Hans-Harald Müller (1999). „Der ‚implizite Autor'. Zur Explikation und Verwendung eines umstrittenen Begriffs". In: Fotis Jannidis et al. (Hgg.), *Rückkehr des Autors. Zur Erneuerung eines umstrittenen Begriffs*. Tübingen, 273–287.
Kolesch, Doris (2001). „Ästhetik der Präsenz: Theater-Stimmen". In: Josef Früchtl und Jörg Zimmermann (Hgg.), *Ästhetik der Inszenierung. Dimensionen eines künstlerischen, kulturellen und gesellschaftlichen Phänomens*. Frankfurt am Main, 260–275.
Kolesch, Doris (2005). „Narration". In: Erika Fischer-Lichte, Matthias Warstat und Doris Kolesch (Hgg.), *Metzler Lexikon Theatertheorie*. Stuttgart, Weimar, 217–220.
Korthals, Holger (2003). *Zwischen Drama und Erzählung. Ein Beitrag zur Theorie geschehensdarstellender Literatur*. Berlin.
Kott, Jan (1969). „The Icon and the Absurd". In: *The Drama Review* 14.1, 17–24.
Krah, Hans (1999). „Räume, Grenzen, Grenzüberschreitungen. Einführende Überlegungen". In: *Kodikas/Code: Ars Semeiotica* 22.1–2, 3–12.
Kress, Gunther (2010). *Multimodality. A Social Semiotic Approach to Contemporary Communication*. London, New York.
Kress, Gunther und Theo van Leeuwen (2001). *Multimodal Discourse. The Modes and Media of Contemporary Communication*. London, New York.
Kress, Gunther und Theo van Leeuwen (2006 [1996]). *Reading Images. The Grammar of Visual Design*. London, New York.
Kuhn, Markus (2011). *Filmnarratologie. Ein erzähltheoretisches Analysemodell*. Narratologia 26. Berlin, New York.

Laages, Michael (2011). „Mersault, ‚Der Fremde'. Jette Steckel inszeniert den Roman von Albert Camus". In: *Deutschlandfunk*, 29. Oktober 2011. http://www.deutschlandfunk. de/meursault-der-fremde.691.de.html?dram:article_id=56228 (26. März 2016).
Labov, William (1972). *Language in the Inner City. Studies in the Black English Vernacular*. Philadelphia.
Lahn, Silke (2013 [2008]). „Zeitrelationen zwischen Diskurs und Geschichte". In: Silke Lahn und Jan Christoph Meister, *Einführung in die Erzähltextanalyse*, Stuttgart, Weimar, 133–156.
Lahn, Silke und Jan Christoph Meister (2013 [2008]). *Einführung in die Erzähltextanalyse*. Unter Mitarbeit von Matthias Aumüller [u.a.]. Stuttgart, Weimar.
Lämmert, Eberhard (1955). *Bauformen des Erzählens*. Stuttgart.
Laurel, Brenda (1991). *Computers as Theatre*. Reading, Massachusetts [u.a.].
Lefebvre, Henri (2006 [1974]). „Die Produktion des Raums". In: Jörg Dünne und Stephan Günzel (Hgg.), *Raumtheorie. Grundlagentexte aus Philosophie und Kulturwissenschaften*. Frankfurt am Main, 330–342.
Lehmann, Hans-Thies (1999). *Postdramatisches Theater*. Frankfurt am Main.
Lessing, Gotthold Ephraim (1954 [1769]). *Hamburgische Dramaturgie. Leben und leben lassen*. Gotthold Ephraim Lessing. Gesammelte Werke in Zehn Bänden. Band 6. Hg. von Paul Rilla. Berlin.
Lessing, Gotthold Ephraim (1990 [1766]). *Werke 1766–1769*. Band 5.2. Laokoon, Briefe, antiquarischen Inhalts. Hg. von Wilfried Barner. Frankfurt am Main.
Levinson, Jerrold (2004). „Music as Narrative and Music as Drama". In: *Mind & Language* 19.4, 428–441.
Lodemann, Caroline A. (2010). *Regie als Autorschaft: Eine diskurskritische Studie zu Schlingensiefs ‚Parsifal'*. Göttingen.
Longacre, Robert E. und Vida Chenoweth (1986). „Discourse as Music". In: *Word: Journal of the International Linguistic Association* 37.1, 125–134.
Lotman, Jurij M. (1972). *Die Struktur literarischer Texte*. Hg. von Rolf-Dietrich Keil. München.
Lotman, Jurij M. (2006 [1970]). „Künstlerischer Raum, Sujet und Figur". In: Jörg Dünne und Stephan Günzel (Hgg.), *Raumtheorie. Grundlagentexte aus Philosophie und Kulturwissenschaften*. Frankfurt am Main, 529–545.
Louchart, Sandy, Ivo Swartjes, Michael Kriegel und Ruth Aylett (2008). „Purposeful Authoring for Emergent Narrative". In: Ulrike Spierling und Nicolas Szilas (Hgg.), *Interactive Storytelling*. Berlin, Heidelberg, 273–284.
Loxley, James (2007). *Performativity*. London, New York.
Lubbock, Percy (1968 [1921]). *The Craft of Fiction*. London.
Lwin, Soe Marlar (2010). „Capturing the Dynamics of Narrative Development in an Oral Storytelling Performance: A Multimodal Perspective". In: *Language and Literature* 19.4, 357–377.
MacIntyre, Alasdair (1981). *After Virtue. A Study in Moral Theory*. London.
Margolin, Uri (2009). „Focalization: Where Do We Go From Here?" In: Peter Hühn, Wolf Schmid und Jörg Schönert (Hgg.), *Point of View, Perspective, and Focalization. Modeling Mediation in Narrative*. Narratologia 17. Berlin, New York, 48–58.
Martínez, Matías und Michael Scheffel (2012 [1999]). *Einführung in die Erzähltheorie*. München.

Mateas, Michael (2004). „A Preliminary Poetics for Interactive Drama and Games". In: Noah Wardrip-Fruin, Pat Harrigan und Michael Crumpton (Hgg.), *First Person. New Media as Story, Performance, and Game*. Cambridge, Massachusetts [u.a.], 19–33.

Maus, Fred Everett (2005). „Classical Instrumental Music and Narrative". In: James Phelan (Hg.), *A Companion to Narrative Theory*. Malden, Massachusetts [u.a.], 466–483.

McClary, Susan (1997). „The Impromptu That Trod on a Loaf: Or How Music Tells Stories". In: *Narrative* 5.1, 20–35.

Meelberg, Vincent (2006). *New Sounds, New Stories. Narrativity in Contemporary Music*. Amsterdam.

Meelberg, Vincent (2009). „Sounds Like a Story: Narrative Traveling from Literature to Music and Beyond". In: Sandra Heinen und Roy Sommer (Hgg.), *Narratology in the Age of Cross-Disciplinary Narrative Research*. Narratologia 20. Berlin, New York, 245–261.

Meister, Jan Christoph (2002). „‚Narrativität' und ‚Ereignis': ein Definitionsversuch". http://www.jcmeister.de/downloads/texts/jcm-narrativity-event.html (26. März 2016).

Meister, Jan Christoph (2003). *Computing Action. A Narratological Approach*. Narratologia 2. Berlin, New York.

Meister, Jan Christoph (2013 [2008]). „Handlung". In: Silke Lahn und Jan Christoph Meister, *Einführung in die Erzähltextanalyse*. Stuttgart, Weimar, 210–231.

Meister, Jan Christoph, Tom Kindt und Wilhelm Schernus (Hgg. 2005). *Narratology beyond Literary Criticism. Mediality, Disciplinarity*. Narratologia 6. Berlin, New York.

Michels, Ulrich (2005). *DTV-Atlas Musik. Systematischer Teil. Musikgeschichte von den Anfängen bis zur Gegenwart*. München [u.a.].

Modrow, Lena (2016). *Wie Songs erzählen. Eine computergestützte, intermediale Analyse der Narrativität*. Frankfurt am Main.

Moretti, Franco (2013). „‚Operationalizing'. Or, the Function of Measurement in Literary Theory". In: *New Left Review* 84, 103–119.

Mukařovský, Jan (1975). „Zum heutigen Stand der Theorie des Theaters". In: Aloysius van Kesteren und Sergej D. Baluchatyj (Hgg.), *Moderne Dramentheorie*. Kronberg. 76–95.

Muny, Eike (2005). „Verfahren der Erzähltheorie. Vom Weg zu einer Narratologie des Dramas". In: Martin Roussel, Markus Wirtz und Antonia Wunderlich (Hgg.), *Eingrenzen und Überschreiten. Ver-Fahren in der Moderneforschung*. Würzburg, 213–226.

Muny, Eike (2008). *Erzählperspektive im Drama. Ein Beitrag zur transgenerischen Narratologie*. München.

Nattiez, Jean-Jaques und Katharine Ellis (1990). „Can One Speak of Narrativity in Music?" In: *Journal of the Royal Musical Association* 115.2, 240–257.

Neitzel, Britta (2014). „Narrativity of Computer Games". In: Peter Hühn et al. (Hgg.), *the living handbook of narratology*. Hamburg. http://www.lhn.uni-hamburg.de/article/ narrativity-computer-games (26. März 2016).

Nelles, William (1990). „Getting Focalization into Focus". In: *Poetics Today* 11.2, 365–382.

Nelles, William (1997). *Frameworks. Narrative Levels and Embedded Narrative*. New York [u.a.].

Nicholls, David (2007). „Narrative Theory as an Analytical Tool in the Study of Popular Music Texts". In: *Music & Letters* 88.2, 297–315.

Niederhoff, Burkhard (2001). „Fokalisation und Perspektive". In: *Poetica* 33, 1–21.

Niederhoff, Burkhard (2013a). „Focalization". In: Peter Hühn et al. (Hgg.), *the living handbook of narratology*. Hamburg. http://www.lhn.uni-hamburg.de/article/focalization (26. März 2016).

Niederhoff, Burkhard (2013b). „Perspective – Point of View". In: Peter Hühn et al. (Hgg.), *the living handbook of narratology*. Hamburg. http://www.lhn.uni-hamburg.de/article/perspective---point-view (26. März 2016).
Nietzsche, Friedrich (1988 [1872]). *Die Geburt Der Tragödie. Unzeitgemäße Betrachtungen I–IV. Nachgelassene Schriften 1870–1873*. Friedrich Nietzsche. Sämtliche Werke. Hg. von Giorgio Colli und Mazzino Montinari. München [u.a.].
Nünning, Ansgar und Vera Nünning (Hgg. 2002). *Erzähltheorie transgenerisch, intermedial, interdisziplinär*. Trier.
Nünning, Ansgar und Roy Sommer (2002). „Drama und Narratologie: Die Entwicklung erzähltheoretischer Modelle und Kategorien für die Dramenanalyse". In: Ansgar Nünning und Vera Nünning (Hgg.), *Erzähltheorie transgenerisch, intermedial, interdisziplinär*. Trier, 105–128.
Nünning, Ansgar und Roy Sommer (2008). „Diegetic and Mimetic Narrativity: Some Further Steps towards a Narratology of Drama". In: John Pier und José Ángel García Landa (Hgg.), *Theorizing Narrativity*. Narratologia 12. Berlin, New York, 331–354.
Nünning, Ansgar und Roy Sommer (2011). „The Performative Power of Narrative in Drama: On the Forms and Functions of Dramatic Storytelling in Shakespeare's Plays". In: Greta Olson (Hg.), *Current Trends in Narratology*. Narratologia 27. Berlin, New York, 200–231.
Ochs, Elinor und Lisa Capps (2001). *Living Narrative. Creating Lives in Everyday Storytelling*. Cambridge, Massachusetts [u.a.].
Pauli, Hansjörg (1976). „Filmmusik: Ein Historisch-Kritischer Abriß". In: Hans-Christian Schmidt (Hg.), *Musik in den Massenmedien Rundfunk und Fernsehen. Perspektiven und Materialien*. Mainz, 91–119.
Pavis, Patrice (1976). *Problèmes de Sémiologie Théâtrale*. Montréal.
Pavis, Patrice (1989). „Die Inszenierung zwischen Text und Aufführung". In: *Zeitschrift für Semiotik* 11.1, 13–27.
Peirce, Charles S. (1903). *Phänomen und Logik der Zeichen*. Hg. und übers. von Helmut Pape. Frankfurt am Main.
Pfister, Manfred (2001 [1977]). *Das Drama. Theorie und Analyse*. München.
Phelan, James (2005). *Living to Tell about It. A Rhetoric and Ethics of Character Narration*. Ithaka, London.
Phelan, James (2017). *Somebody Telling Somebody Else. A Rhetorical Poetics of Narrative*. Columbus.
Pier, John (2014). „Narrative Levels". In: Peter Hühn et al. (Hgg.), *the living handbook of narratology*. Hamburg. http://www.lhn.uni-hamburg.de/article/narrative-levels-revised-version-uploaded-23-april-2014 (26. März 2016).
Platon (2000). *Der Staat. Griechisch-Deutsch. Politeia*. Hg. von Thomas Alexander Szlezák. Übers. von Rüdiger Rufener. Düsseldorf [u.a.].
Platz-Waury, Elke (1978). *Drama und Theater. Eine Einführung*. Tübingen.
Poschmann, Gerda (1997). *Der nicht mehr dramatische Theatertext. Aktuelle Bühnenstücke und ihre dramaturgische Analyse*. Zugl. Dissertation Universität München 1996. Tübingen.
Prince, Gerald (1973). *A Grammar of Stories. An Introduction*. The Hague [u.a.].
Prince, Gerald (1982). *Narratology. The Form and Functioning of Narrative*. Berlin [u.a.].
Prince, Gerald (1987). *A Dictionary of Narratology*. California. 2., wesentl. veränderte Aufl.: Prince 2003.

Prince, Gerald (2001). „A Point of View on Point of View or Refocusing Focalization". In: Willie Van Peer und Seymour B. Chatman (Hgg.), *New Perspectives on Narrative Perspective*. Albany, 43–50.
Prince, Gerald (2003 [1987]). *A Dictionary of Narratology*. Lincoln [u.a.]. 2., wesentl. veränderte Aufl.
Rajewsky, Irina O. (2005). „Intermediality, Intertextuality, and Remediation: A Literary Perspective on Intermediality". In: *Intermédialités* 6, 43–64.
Rajewsky, Irina O. (2007). „Von Erzählern, die (nichts) vermitteln. Überlegungen zu grundlegenden Annahmen der Dramentheorie im Kontext einer transmedialen Narratologie". In: *Zeitschrift für französische Sprache und Literatur* 117.1, 25–68.
Reuter, Jasmin (2007). *Wahrnehmung und Wirkung von Musik im Film. Anforderungen im genrespezifischen Kontext*. Diplomarbeit Hochschule der Medien. Stuttgart.
Reyland, Nicholas (2007). „Lutoslawski, ‚Akcja', and the Poetics of Musical Plot". In: *Music & Letters* 88.4, 604–631.
Richardson, Brian (1987). „‚Time Is out of Joint'. Narrative Models and the Temporality of the Drama". In: *Poetics Today* 8.2, 299–309.
Richardson, Brian (1988). „Point of View in Drama: Diegetic Monologue, Unreliable Narrators, and Author's Voice on Stage". In: *Comparative Drama* 22.3, 193–214.
Richardson, Brian (2001). „Voice and Narration in Postmodern Drama". In: *New Literary History* 32.3, 681–694.
Richardson, Brian (2007). „Drama and Narrative". In: David Herman (Hg.), *The Cambridge Companion to Narrative*. Cambridge [u.a.], 142–155.
Richardson, Brian (2011). „Endings in Drama and Performance. A Theoretical Model". In: Greta Olson (Hg.), *Current Trends in Narratology*. Narratologia 27. Berlin, New York, 181–199.
Richardson, Brian (2016a). „Rejoinders to the Respondents". In: *Style* 50.4, 492–513.
Richardson, Brian (2016b). „Unnatural Narrative Theory". In: *Style* 50.4, 385–405.
Ricoeur, Paul (1991). „Narrative Identity". In: *Philosophy Today* 35.1, 73–81.
Rimmon-Kenan, Shlomith (2004 [1983]). *Narrative Fiction. Contemporary Poetics*. London [u.a.].
Roselt, Jens (2004). „Wo die Gefühle wohnen – zur Performativität von Räumen". In: Hajo Kurzenberger und Annemarie M. Matzke (Hgg.), *TheorieTheaterPraxis*. Theater der Zeit. Recherchen 17. Berlin, 66–76.
Ryan, Marie-Laure (1991). *Possible Worlds, Artificial Intelligence, and Narrative Theory*. Bloomington, Indiana [u.a.].
Ryan, Marie-Laure (2005a). „On the Theoretical Foundations of Transmedial Narratology". In: Jan Christoph Meister, Tom Kindt und Wilhelm Schernus (Hgg.), *Narratology beyond Literary Criticism*. Narratologia 6. Berlin, New York, 1–23.
Ryan, Marie-Laure (2005b). „Tellability". In: David Herman, Manfred Jahn und Marie-Laure Ryan (Hgg.), *Routledge Encyclopedia of Narrative Theory*. London, New York, 589–591.
Ryan, Marie-Laure (2006). *Avatars of Story*. Minneapolis, Minnesota [u.a.].
Ryan, Marie-Laure (2009). „From Narrative Games to Playable Stories: Toward a Poetics of Interactive Narrative". In: *Storyworlds. A Journal of Narrative Studies* 1.1, 43–59.
Ryan, Marie-Laure (2014). „Space". In: Peter Hühn et al. (Hgg.), *the living handbook of narratology*. Hamburg. http://www.lhn.uni-hamburg.de/article/space (26. März 2016).
Ryan, Marie-Laure und Jan-Noël Thon (Hgg. 2014). *Storyworlds across Media. Toward a Media-Conscious Narratology*. Lincoln, Nebraska [u.a.].
Sasse, Sylvia (2010). *Michail Bachtin zur Einführung*. Hamburg.

Schank, Roger C. und Bob Abelson (1977). *Scripts, Plans, Goals and Understanding. An Inquiry into Human Knowledge Structures*. Hillsdale, New Jersey.
Scheer, Brigitte (2001). „Inszenierung als Problem der Übersetzung und Aneignung". In: Josef Früchtl und Jörg Zimmermann (Hgg.), *Ästhetik der Inszenierung. Dimensionen eines künstlerischen, kulturellen und gesellschaftlichen Phänomens*. Frankfurt am Main, 91–102.
Schmid, Wolf (1982). „Die narrativen Ebenen ‚Geschehen', ‚Geschichte', ‚Erzählung' und ‚Präsentation der Erzählung'". In: *Wiener Slawistischer Almanach* 9, 83–110.
Schmid, Wolf (1999). „‚Dialogizität' in der narrativen ‚Kommunikation'". In: Ingunn Lunde (Hg.), *Dialogue and Rhetoric. Communication Strategies in Russian Text and Theory*. Bergen, 9–23.
Schmid, Wolf (2003). „Narrativity and Eventfulness". In: Tom Kindt und Hans-Harald Müller (Hgg.), *What Is Narratology? Questions and Answers Regarding the Status of a Theory*. Narratologia 1. Berlin, New York, 17–33.
Schmid, Wolf (2005). *Elemente der Narratologie*. Narratologia 8. Berlin, New York. 2., verb. Aufl.: Schmid 2008.
Schmid, Wolf (2008 [2005]). *Elemente der Narratologie*. Berlin, New York. 2., verb. Aufl.
Schneider, Enjott (1997). *Komponieren für Film und Fernsehen. Ein Handbuch*. Mainz [u.a.].
Schouten, Sabine (2004). „Zuschauer auf Entzug. Zur Wahrnehmung von Aufführungen". In: Erika Fischer-Lichte, Clemens Risi und Jens Roselt (Hgg.), *Kunst der Aufführung – Aufführung der Kunst*. Theater Der Zeit. Recherchen 18. Berlin, 104–118.
Schröder, Christian (2011). „Erzählen mit Musik". In: Matías Martínez (Hg.), *Handbuch Erzählliteratur. Theorie, Analyse, Geschichte*, Stuttgart [u.a.], 53–56.
Seaton, Douglass (2005). „Narrative in Music: The Case of Beethoven's 'Tempest' Sonata". In: Jan Christoph Meister, Tom Kindt und Wilhelm Schernus (Hgg.), *Narratology beyond Literary Criticism. Mediality, Disciplinarity*. Narratologia 6. Berlin, New York, 65–81.
Seel, Martin (2001). „Inszenieren als Erscheinenlassen. Thesen über die Reichweite eines Begriffs". In: Josef Früchtl und Jörg Zimmermann (Hgg.), *Ästhetik der Inszenierung. Dimensionen eines künstlerischen, kulturellen und gesellschaftlichen Phänomens*. Frankfurt am Main, 48–62.
Simhandl, Peter (2007 [1996]). *Theatergeschichte in einem Band*. Berlin.
Sinko, Grzegorz (1991). „Die Gestalt in der Literatur und auf der Bühne. Beitrag auf dem internationalen Dramen- und Theatersymposium 1984 in Büchum". In: Herta Schmid und Hedwig Král (Hgg.), *Drama und Theater. Theorie – Methode – Geschichte*. München, 256–266.
Sommer, Roy (2005). „Drama and Narrative". In: David Herman, Manfred Jahn und Marie-Laure Ryan (Hgg.), *Routledge Encyclopedia of Narrative Theory*. London, New York, 119–124.
Souriau, Etienne (1951). „La structure de l'univers filmique et le vocabulaire de la filmologie". In: *Revue Internationale de Filmologie* 7/8, 231–240.
Stanzel, Franz K. (1955). *Die typischen Erzählsituationen im Roman. Dargestellt an Tom Jones, Moby-Dick, The Ambassadors, Ulysses u.a.* Wien [u.a.].
Stanzel, Franz K. (1979). *Theorie des Erzählens*. Göttingen.
Stenglin, Maree (2011). „Space and Communication in Exhibitions. Unravelling the Nexus". In: Carey Jewitt (Hg.), *The Routledge Handbook of Multimodal Analysis*. London, New York, 272–283.
Strindberg, August (1966). *Über Drama und Theater*. Hg. von Marianne Kesting und Verner Arpe. Köln.
Szondi, Peter (1956). *Theorie des modernen Dramas*. Frankfurt am Main.

Tanenbaum, Joshua und Karen Tanenbaum (2008). „Improvisation and Performance as Models for Interacting with Stories". In: Ulrike Spierling und Nicolas Szilas (Hgg.), *Interactive Storytelling*. Berlin, Heidelberg, 250–263.
Tecklenburg, Nina (2014). *Performing Stories. Erzählen in Theater und Performance*. Bielefeld.
Thon, Jan-Noël (2016). *Transmedial Narratology and Contemporary Media Culture*. Lincoln, London.
Thurner, Christina (2011). „Erzählen mit dem Körper". In: Matías Martínez (Hg.), *Handbuch Erzählliteratur. Theorie, Analyse, Geschichte*. Stuttgart, Weimar, 56–58.
Todorov, Tzvetan (1966). „Les catégories du récit littéraire". In: *Communications* 8, 125–151.
Todorov, Tzvetan (1969). *Grammaire du Décaméron*. The Hague [u.a.].
Todorov, Tzvetan (1971). „The 2 Principles of Narrative". In: *Diacritics* 1, 37–44.
Todorov, Tzvetan (1972). *Poetik der Prosa*. Hg. von Helene Müller. Frankfurt am Main.
Turner, Victor (1988 [1986]). *The Anthropology of Performance*. New York.
Uspensky, Boris A. (1975). „'Left' and 'Right' in Icon Painting". In: *Semiotica* 13.1, 33–39.
van Baak, Jan Joost (1983). *The Place of Space in Narration. A Semiotic Approach to the Problem of Literary Space. With an Analysis of the Role of Space in I. E. Babel's Konarmija*. Amsterdam.
Vanhaesebrouck, Karel (2004). „Towards a Theatrical Narratology?" In: *Image & Narrative. Online Magazine of the Visual Narrative* 9. Performance. http://www.imageandnarrative.be/inarchive/performance/vanhaesebrouck.htm.
van Leeuwen, Theo (2005). *Introducing Social Semiotics*. London [u.a.].
van Peer, Willie und Seymour B. Chatman (Hgg. 2001). *New Perspectives on Narrative Perspective*. Albany, New York.
Walsh, Richard (2007). *The Rhetoric of Fictionality. Narrative Theory and the Idea of Fiction*. Theory and Interpretation of Narrative. Columbus, Ohio.
Walsh, Richard (2011a). „Emergent Narrative in Interactive Media". In: *Narrative* 19.1, 72–85.
Walsh, Richard (2011b). „The Common Basis of Narrative and Music". In: *Storyworlds: A Journal of Narrative Studies* 3.1, 49–71.
Walton, Kendall L. (1990). *Mimesis as Make-Believe. On the Foundations of the Representational Arts*. Cambridge, Massachusetts [u.a.].
Weidle, Roland (2009). „Organizing the Perspectives: Focalization in the Superordinate Narrative System in Drama and Theater". In: Peter Hühn, Wolf Schmid und Jörg Schönert (Hgg.), *Point of View, Perspective, and Focalization. Modeling Mediation in Narrative*. Narratologia 17. Berlin, New York, 221–242.
Wolf, Werner (2002a). „Das Problem der Narrativität in Literatur, bildender Kunst und Musik. Ein Beitrag zu einer intermedialen Erzähltheorie". In: Ansgar Nünning und Vera Nünning (Hgg.), *Erzähltheorie transgenerisch, intermedial, interdisziplinär*. Trier, 23–104.
Wolf, Werner (2002b). „Intermedialität: ein weites Feld und eine Herausforderung für die Literaturwissenschaft". In: Herbert Foltinek und Christoph Leitgeb (Hgg.), *Literaturwissenschaft. Intermedial – Interdisziplinär*. Wien, 163–192.
Wolf, Werner (2005). „Metalepsis as a Transgeneric and Transmedial Phenomenon. A Case Study of the Possibilities of 'Exporting' Narratological Concepts". In: Jan Christoph Meister, Tom Kindt und Wilhelm Schernus (Hgg.), *Narratology beyond Literary Criticism*. Narratologia 6. Berlin, New York, 83–107.
Wolf, Werner (2011). „Narratology and Media(lity): The Transmedial Expansion of a Literary Discipline and Possible Consequences". In: Greta Olson (Hg.), *Current Trends in Narratology*. Narratologia 27. Berlin, New York, 145–180.

Zunshine, Lisa (2006). *Why We Read Fiction: Theory of Mind and the Novel*. Theory and Interpretation of Narrative Series. Columbus, Ohio.

Abbildungsverzeichnis

Abb. 1	Graduell abgestufte Bedingungen für Narrativität
Abb. 2	Narratives Potential unterschiedlicher Medien (Wolf 2002a, 96)
Abb. 3	Ebenen der literarischen Erzählkommunikation (Lahn und Meister 2013, 14)
Abb. 4	Theatrale Kommunikation nach Elam (1980, 39)
Abb. 5	Vereinfachtes Modell narrativer Kommunikation (Kuhn 2011, 81)
Abb. 6	Epische Kommunikationsstrukturen (Pfister 2001, 123)
Abb. 7	Modell narrativer Genres (Jahn 2001, 675)
Abb. 8	Dramatische, performative Kommunikation (Fludernik 2008, 365)
Abb. 9	Erzähltheoretisches Kommunikationsmodell für Theaterinszenierungen
Abb. 10	Die Kanäle des TRS
Abb. 11	Narrativitätsmatrix mehrkanaligen Erzählens im Theater
Abb. 12	Das Verhältnis der Erzählkanäle zueinander
Abb. 13	Größenverhältnis von Erzählraum und erzähltem Raum
Abb. 14	Graduelle Abstufung der Fokalisierung
Abb. 15	Perzeptive Perspektiven und entsprechende Formen der Fokalisierung

Inszenierungsregister

4.48 Psychose. Reg. Katie Mitchell (2017). Deutsches Schauspielhaus Hamburg. – Kapitel 5.1
Alles Weitere kennen Sie aus dem Kino. Reg. Katie Mitchell (2013). Deutsches Schauspielhaus Hamburg. – Kapitel 5.1 und 6.3
Bernstein. Reg. Meng Jinghui (Gastspiel 2015). Thalia Theater Hamburg. – Kapitel 7.4
Der Fremde. Reg. Jette Steckel (2011). Thalia Theater Hamburg. – Kapitel 7.4 und 9.2
Der Goldene Drache. Reg. Roland Schimmelpfennig (2009). Akademietheater Wien. Fernsehregie: Hannes Rossacher. – Kapitel 1.2, 4.7, 5.3, 6.5, 7.5, 8.2 und 8.4
Die Kontrakte des Kaufmanns. Eine Wirtschaftskomödie. Reg. Nicolas Stemann (2009). Thalia Theater Hamburg. – Kapitel 4.6 und 9.1
Die Räuber. Reg. Nicolas Stemann (2008). Thalia Theater Hamburg. – Kapitel 9.1
Don Giovanni. Letzte Party. Reg. Antù Romero Nunes (2013). Thalia Theater Hamburg. – Kapitel 6.3
Faust I + II. Reg. Nicolas Stemann (2011). Thalia Theater Hamburg. – Kapitel 5.2, 6.3, 7.4, 8.3.2, 8.3.3 und 9.1
John Gabriel Borkmann. Reg. Karin Henkel (2014). Deutsches Schauspielhaus Hamburg. – Kapitel 7.4
Kommune der Wahrheit. Wirklichkeitsmaschine. Reg. Nicolas Stemann (2013). Thalia Theater Hamburg. – Kapitel 4.6
Orlando. Reg. Bastian Kraft (2011). Thalia Theater Hamburg. – Kapitel 9.3
Re:igen. Reg. Georges Delnon (2014). Schwetzinger Festspiele. – Kapitel 6.4

Sachregister

Artefakt 250f., 17, 23, 48f., 56f., 90, 165, 227
Aufführung 1, 3ff., 7, 10, 13, 250f., 253, 255, 15ff., 23, 29, 31, 46, 48ff., 55, 57f., 61, 65, 71, 76, 78f., 86, 90, 96ff., 102ff., 106, 111, 117f., 120f., 124, 137ff., 146, 149, 155, 156, 161, 165, 167f., 171, 173f., 182, 190, 201f., 205, 210ff., 215, 218, 227, 230, 235, 237ff., 242ff., 247
Aufführungsraum 253, 22, 167, 171, 173ff., 177, 179ff., 184, 200, 211, 225, 231
Aufführungssituation 252, 30, 49, 58, 80, 82, 89, 91, 94f., 98, 102, 107, 118, 122, 126, 135, 137, 160f., 187, 209, 213f., 243
Aufzeichnung 49f., 136, 138, 210, 212, 227, 238, 243
Aurikularisierung 11, 187, 195, 197ff., 208, 211, 217, 224, 237
Autorenkollektiv 6, 8, 251, 253, 15, 31, 46, 50, 95ff., 102f., 106f., 115, 128, 134, 149, 210f., 216, 220, 227

Botenbericht 54, 65, 73, 86, 177
Bühne 3ff., 7, 10, 12, 249f., 253, 255, 16, 22f., 26, 28, 39f., 51f., 54, 57, 65, 68f., 73, 75f., 80f., 91, 97ff., 104, 114, 117f., 123, 125, 128, 130, 133ff., 139, 141, 143, 147, 149, 151, 154, 156, 158, 160, 164, 166ff., 173ff., 178ff., 197ff., 202f., 205ff., 209, 211ff., 215ff., 219f., 222ff., 227, 230f., 236, 239ff., 245f.

Chor 65, 67f., 71, 73, 75, 86, 93, 108, 217, 219, 223, 236
Computerspiel 9, 93, 103f., 107, 119
covert narrator 250, 32, 38f., 58, 67, 70, 84ff.

Dialogizität 8, 61, 87ff., 108
Diegese 249, 253, 34, 36, 60, 78, 92, 98, 110, 112, 114, 117, 123, 132f., 140, 142, 151, 154, 156, 191, 206, 218, 243f.
– diegetisch 255, 65, 69, 74ff., 86, 92, 95, 110, 130, 148, 158, 199, 213, 232, 236, 245

Diegesis 6, 32, 34
discours 2, 7, 10, 12, 250, 252f., 18f., 21, 23, 25, 28, 31, 33, 35, 38, 40, 43f., 46, 69, 71, 79, 114, 117f., 124f., 138ff., 143, 145ff., 150f., 153ff., 167, 174f., 179f., 183, 221, 230, 234f., 241
Dominantenbildung 54f.
doppelte Zeitlichkeit 7, 10, 250, 256, 38, 55, 69, 114, 117, 119, 126, 145, 147, 155, 177, 183, 191, 221
Drama 6ff., 12, 251, 15f., 20, 22, 28f., 32ff., 48, 62, 64ff., 93f., 97, 110, 115f., 120, 130f., 140, 143f., 147f., 153, 187, 192, 197, 201, 207, 211, 215, 226, 236
– dramatisch 4, 6, 8, 12, 23, 64f., 67ff., 72ff., 79, 81f., 102, 105, 115, 136, 140, 144, 149, 151, 154, 172, 180, 203, 210, 229, 236
– Dramentext 251, 254, 16, 41, 48, 62, 66, 70ff., 77ff., 86f., 96, 100, 114, 130f., 140, 153f., 201, 212, 215f., 218ff., 222
Dramennarratologie 1, 251, 70, 73, 76, 80ff., 86
– dramennarratologisch 6, 251, 23, 63, 70, 72, 86

episch 4, 6, 8, 12, 251, 52, 62, 64f., 67ff., 72f., 75, 77, 79, 83, 85, 89, 93, 105, 114ff., 136, 139ff., 147, 197, 207, 228f., 236
Episierung 8, 251, 65ff., 73, 77, 144
Ereignishaftigkeit 3f., 6, 9f., 249, 252, 18, 20f., 25ff., 35, 45f., 58, 74, 77, 105, 110, 113f., 117, 121, 124f., 127, 132f., 159, 167, 178, 215, 229f., 237, 241
Erzähler 9, 11, 249f., 252, 254, 18, 21f., 27, 31ff., 47, 58ff., 68ff., 77, 79, 85, 88f., 108, 110, 112, 118, 136, 140ff., 144, 147, 150, 154, 172, 177, 185ff., 189, 191ff., 195, 197, 201, 204, 206ff., 213, 228, 232, 235f., 242, 247
Erzählerzeit 10, 252, 139, 191

Erzählinstanz 8, 250, 27f., 33, 35f., 38ff., 46ff., 50, 55, 59f., 66ff., 72f., 76ff., 80, 82, 84f., 89, 93, 95f., 99, 101, 103, 108ff., 115, 118ff., 130, 139f., 144, 154f., 184ff., 191ff., 197, 204, 212, 239f., 246
Erzählkommunikation 8f., 60f., 108
Erzählmodus 5, 8, 144, 151, 172, 180, 204, 243
Erzählraum 10, 253, 152, 158, 164, 167, 171, 173ff., 179ff., 183f., 191, 208, 211, 220f., 230ff., 237, 240ff., 245
erzählte Zeit 10, 252, 66, 71, 139, 141, 143ff., 155, 175, 216, 236, 242, 244f., 247
erzählter Raum 7, 10, 253, 123, 139, 152, 158, 164, 167, 171, 173ff., 179ff., 191, 200, 206, 208, 211, 220ff., 225f., 231f., 241, 245
Erzählzeit 10, 252, 66, 71, 138, 140, 143, 145f., 155, 175, 177, 216, 246
Erzählzeitpunkt 10, 252f., 138ff., 154f., 157, 191, 218, 236
experientiality 249, 18f., 21f., 25, 44, 58, 83, 114
extradiegetisch 251, 36f., 68, 71, 77, 92, 95, 99, 101f., 107, 110, 112, 118, 123, 154, 187, 218, 234f.

Figur 8f., 11, 252ff., 17f., 22, 27f., 32, 34, 43, 52, 67ff., 71f., 74f., 77f., 85, 88f., 93ff., 98, 102, 108ff., 115ff., 123, 125, 130ff., 136, 140, 142, 144f., 147, 149, 151f., 155f., 158ff., 168, 175, 177ff., 184ff., 211ff., 223ff., 230ff., 234ff., 240f., 243f.
Fiktion 9, 250, 36f., 64, 68, 105, 131, 134
Fiktionalität 46f., 60, 79, 96, 139, 209, 212, 218
Filmnarratologie 254, 40f., 110f., 143, 187, 196f.
Fokalisierung 10f., 252ff., 66, 73, 77, 85, 119, 145, 150, 182, 184ff., 192ff., 200ff., 211, 223f., 226f., 232
frame 21f., 41, 43, 75, 114, 178

Gattung 6, 64f., 77, 140, 204

heterodiegetisch 251, 36f., 60, 68ff., 72, 76, 78, 84ff., 108, 110, 112, 140, 144f., 213

histoire 7, 10, 12, 250, 252f., 18f., 21, 23ff., 28, 30, 33, 35, 38, 40f., 43, 64, 71, 74, 79, 96, 114, 117, 124, 138ff., 143, 145ff., 150f., 153ff., 164, 167, 173ff., 177, 180, 183, 204, 221, 228, 230, 232, 235, 237, 239, 241
homodiegetisch 251, 36, 60, 70ff., 77, 85f., 93, 112, 118, 140f., 144f., 154, 191, 199f., 211, 213, 232

Identität 2, 12, 44, 47, 57, 90, 130f., 171, 238, 240ff., 244, 247
Ikonizität 3, 9, 250, 41, 51ff., 58, 111, 117ff., 124, 131, 135
impliziter Autor 9, 60, 78, 84, 95, 100ff., 110, 209
Inszenierung 1, 3f., 7, 9ff., 248ff., 15ff., 22f., 25, 29, 39ff., 46ff., 53, 56ff., 62, 66, 68ff., 77ff., 87, 90, 94ff., 99ff., 105f., 108ff., 113ff., 117f., 122, 125f., 128, 130ff., 137f., 141, 143, 146, 148f., 151, 153, 155, 163, 169, 171, 176, 181ff., 195, 199, 204ff., 216ff., 223f., 226ff., 231, 234ff., 238ff., 242ff., 246f.
interaktive Narratologie 5, 9, 255, 93, 99, 102ff., 173
Intermedialität 5, 248, 20, 40f., 43f., 46
intradiegetisch 36, 68, 70, 72, 75, 95, 174f., 177, 218, 232, 234, 236f., 241, 243

Kommunikation 7f., 250ff., 255, 15, 25, 29ff., 44, 56f., 60ff., 64, 66f., 69ff., 75, 77, 84, 87f., 90ff., 99ff., 108, 111, 119f., 122f., 133, 140, 142, 149, 154, 168, 213f., 225
Kommunikationsmodell 7, 9f., 55, 59, 62f., 91, 95, 100, 102, 110
Kompositmedium 12, 248f., 41, 127

liveness 3ff., 7, 252, 255, 29, 87, 90f., 93, 95, 106, 111, 118, 127, 138ff., 199, 246

Medium 1f., 4, 6f., 9, 12, 249ff., 255, 16, 18, 20ff., 32f., 36, 39f., 49ff., 56, 58, 119, 137, 139, 141, 145, 148, 150, 161, 169, 197, 199, 206, 222, 238
mehrkanalig 7, 249, 256, 42, 51, 58, 80, 122, 128, 133, 145

Metadiegese 68, 70, 72, 74f., 92, 118f., 134, 141f., 147, 174f., 177, 191, 206, 209, 211, 218, 229, 235ff., 241, 245
Metalepse 8, 256, 46, 60, 92ff., 102, 104, 109, 210, 213f., 219, 233
Mimesis 6, 9, 21, 32, 34f., 38, 69, 74ff., 85f., 130
Mittelbarkeit 7f., 249, 251f., 21, 23, 25, 31ff., 38ff., 46ff., 58, 66, 69f., 73f., 77, 79, 86, 98, 100, 102, 104f., 110ff., 117ff., 123f., 126, 130ff., 135f., 151, 153, 167, 177, 180,190, 198, 220, 222, 231, 236, 245
Multimodalität 5, 249, 252, 256, 42, 51, 122, 127, 129, 132f., 143, 153, 164

narrative point 19, 24
Narrativierung 45, 115, 124, 127, 132
Narrativität 1ff., 7, 9, 12, 248f., 252, 254ff., 15, 17ff., 27, 29, 31ff., 37ff., 55ff., 65, 70f., 74ff., 80, 82f., 87, 98, 100, 102f., 107,113, 114, 117, 123f., 131ff., 136ff., 167, 170f., 173, 183, 205
– narrativ 1f., 4f., 7ff., 248ff., 255f., 18, 20, 22, 26f., 39, 42ff., 48, 59, 65ff., 71f., 74ff., 89ff., 98, 100f., 103ff., 109ff., 115ff., 122ff., 135f., 138f., 142ff., 153, 156f., 159, 163, 167, 170ff., 174f., 177ff., 183, 186, 197f., 209ff., 216, 220, 225, 236, 238f., 241f., 244f., 247
– Narrativitätsbedingung 4, 7, 249, 15, 18f., 40, 44, 58, 114, 117, 124f., 129, 132, 145
– Narrativitätsbegriff 2, 4, 24, 41ff., 76, 82
– Narrativitätsmatrix 114, 128
– Narrativitätsparameter 4, 249, 18, 24f., 114, 121f., 124
– Narrem 44

Okularisierung 11, 187, 190, 193, 195, 197ff., 206, 209, 211

Performance Art 3f., 9, 250, 31, 55, 58, 102, 104, 107, 137, 166, 169, 210, 212, 230
Performativität 1ff., 8, 12, 248, 15ff., 23, 31, 40, 43, 48, 54ff., 70, 78, 80, 87, 90, 99, 111, 159, 199
– performativ 1ff., 248ff., 255f., 15f., 23, 30f., 34, 48, 54, 56ff., 74f., 80, 83ff., 89ff.,

94f., 98, 102ff., 106ff., 113f., 119f., 122, 129f., 132, 137f., 143, 151ff., 157, 160f., 169, 171, 173ff., 179f., 182, 189ff., 196, 202, 204, 208, 210, 213f., 217, 227ff., 232, 235ff., 247
Perspektive 10f., 14, 250, 252ff., 34, 50, 69, 73, 117, 157, 160f., 164, 170, 176, 182, 184ff., 206, 208f., 211, 214, 216f., 220, 223, 225, 227ff., 234f., 237, 241ff., 247
Plurimedialität 6, 251, 16, 41, 51, 66, 68, 76, 80, 130, 133
postdramatisch 255, 25, 29ff., 48, 52, 58f., 78, 93, 114, 118, 128f., 133ff., 149f., 153, 199, 212ff., 219, 246

Raum 10, 251ff., 255, 17, 22, 53f., 71, 90, 117, 120, 122, 131, 139, 143, 152, 154, 156ff., 164ff., 190, 192, 197, 199, 207, 209, 211, 218ff., 227ff., 240, 242, 246
Räumlichkeit 10f., 14, 253ff., 81, 109, 131, 144, 148, 151, 153ff., 157f., 163, 175, 178, 186, 188ff., 194, 203, 220f., 227ff., 238, 240ff., 247
Raumschachtelung 10, 253, 160, 167, 174, 184, 230
raumzeitliche Koexistenz 8, 17, 24f., 55, 106, 119, 135, 137, 142, 190, 192, 199
Regisseur 30, 46, 84, 95ff., 100, 105, 110, 170, 181, 195, 207, 210, 213
Repräsentation 6, 9f., 13, 249ff., 255, 20ff., 25, 27, 29f., 38, 40, 44, 47, 52, 55f., 58ff., 65, 68, 74, 84f., 87, 92, 94ff., 98ff., 102ff., 107f., 112, 115, 118f., 124, 127, 131, 135, 139, 143, 146, 149f., 155,164, 167, 175, 178, 182, 184, 190, 202, 208, 213, 215f., 226, 228, 231, 234f., 237
– repräsentiert 9, 250, 15, 21f., 34, 36, 40, 47, 50, 61, 93, 113f., 116, 119, 123ff., 128, 133, 140ff., 148, 150ff., 154, 159, 164, 167, 173f., 177, 183, 186, 209, 214, 221, 224, 229f., 232
Rezipient 7, 250f., 253f., 17ff., 31, 41f., 44, 47, 53, 55f., 60, 69, 71, 83, 93, 95, 99ff., 104ff., 112, 117, 120f., 124ff., 128, 132, 139, 141, 150f., 153, 156, 166, 173, 178, 180, 192, 200f., 205, 212, 216, 225f.

Sachregister

Schauspieler 3, 8f., 13, 250, 252, 16f., 24, 27, 29f., 50, 52ff., 61, 67, 84, 89, 92, 94, 96ff., 102, 104ff., 108f., 117ff., 122f., 125f., 128, 132ff., 136, 142f., 148, 155f., 161, 164, 168, 172, 174, 176, 178ff., 191f., 198, 200, 202f., 205, 207, 209, 213ff., 219ff., 227ff., 239, 241ff.
showing 32, 39f., 65, 73f., 76, 111
Spielfläche 7, 10f., 253, 104, 117, 158, 160, 168f., 173, 175, 182, 198f., 211, 227, 230ff., 238, 240, 242
Stimme 5, 8, 250, 252, 77, 79, 82, 87ff., 92, 99, 108, 110, 119, 121ff., 132, 165, 183, 199, 213ff., 223ff., 231, 242f., 245
storyworld 249, 20, 119, 156, 178f., 188, 193

Teichoskopie 54, 65, 68, 73, 120, 141, 174, 177, 203, 207
tellability 249, 18f., 21f., 24, 58, 114
telling 24, 32, 39, 65, 73ff., 111, 191
Theatersemiotik 6, 8, 248, 50ff., 134
Theaterwissenschaft 1, 3ff., 12, 14, 248, 251, 15, 23, 29ff., 48ff., 55, 65, 72f., 89f., 98, 103, 133, 157
Theatrales Repräsentationssystem (TRS) 7, 9ff., 249ff., 254, 36f., 55, 80, 95, 101f., 107, 110ff., 116, 118, 120, 129, 133f., 140, 142, 154, 156, 191, 196, 205, 216
theatralischer Code 14
Tradierbarkeit 7, 250f., 17, 23, 41, 49f., 56
transgenerisch 2, 6, 8, 251, 15, 40, 70, 73, 76, 78, 82, 86, 187
Transmedialität 15, 18, 20, 34, 38, 40f., 43ff., 51, 70, 78, 82, 86, 247
– transmedial 2, 4, 6ff., 12, 248, 251, 256, 40, 119, 145, 164, 187ff., 192

Trialogizität 8f., 251, 254, 87, 89ff., 108f., 118, 122f., 210, 212ff., 220, 225f., 240, 242
TRS-Kanäle 5f., 9f., 12, 249, 252ff., 109ff., 120ff., 126ff., 141ff., 145, 148ff., 153, 156f., 164ff., 172, 177f., 180, 183ff., 189ff., 195f., 198, 200ff., 205, 211f., 215ff., 221ff., 231, 233, 239ff., 246

Unmittelbarkeit 4, 7, 249, 255, 32, 39, 68f., 99, 115, 118f., 147, 151, 154, 197
Unzuverlässigkeit 72, 119

Werk 17, 30, 44, 48, 56, 66, 68, 79, 81, 95ff., 100, 124, 159, 176, 189, 238

zeitgleiches Erzählen 10, 253, 255, 137, 149, 151f., 202, 211, 221, 225
Zeitlichkeit 1, 7f., 10, 14, 251ff., 23, 28, 30, 44, 64, 66, 68f., 71, 77, 79, 81f., 90, 96, 105, 109, 137ff., 148f., 151ff., 156, 158ff., 165f., 169, 175, 178f., 186, 188ff., 208, 211, 213, 216, 218ff., 226f., 229f., 233, 235ff., 240, 243ff.
Zuschauer 3, 11, 249, 253ff., 16f., 24f., 29f., 42, 50, 54, 59, 61, 67, 71, 89, 91, 93ff., 97ff., 102ff., 109, 115ff., 125, 127f., 133, 135, 137, 142, 147, 149, 160f., 163f., 166ff., 172f., 178f., 181ff., 187, 190, 192, 196ff., 202ff., 208f., 211ff., 217, 220ff., 224ff., 230, 233ff., 237f., 240ff., 246
Zuschauerraum 7, 10f., 253, 69, 99f., 104, 109, 117, 128, 133f., 158, 160, 164, 167ff., 173, 180, 182, 197, 199, 209, 211, 214, 223, 225, 227, 230, 238, 240
Zustandsveränderung 4, 249, 18, 25ff., 47, 58, 114, 124f., 127, 132f., 222

www.ingramcontent.com/pod-product-compliance
Lightning Source LLC
Chambersburg PA
CBHW031802220426
43662CB00007B/493